深圳统计信息年鉴

SHENZHEN STATISTICS AND INFORMATION YEARBOOK

1999

深圳市统计信息局编
Shenzhen Statistics and Information Bureau

中国统计出版社
China Statistics Press

(京)新登字 041 号

图书在版编目(CIP)数据

深圳统计信息年鉴　1999/深圳统计信息局编——北京:中国统计出版社,1999

ISBN　7-5037-3024-2

Ⅰ.深…

Ⅱ.深…

Ⅲ.社会经济统计-统计资料-广东-深圳-1999-年鉴

Ⅳ.C832.653-54

中国版本图书馆 CIP 数据核字(1999)第 31753 号

中国统计出版社出版

(北京市西城区三里河月坛南街 75 号 100826)

利丰雅高印刷(深圳)有限公司印刷

*

787×1092 毫米　16 开本　28 印张　10 彩页　75 万字

1999 年 7 月第 1 版　1999 年 7 月深圳第 1 次印刷

印数:1—1500 册

*

定价 180 元

《深圳统计信息年鉴—1999》编委会名单

卷 首 语

郑通扬

当我们翻开这部《深圳统计信息年鉴—1999》时,为《年鉴》所记载的辉煌而感到由衷的高兴。1998 年,在党中央、国务院、省委、省政府的领导下,通过全市人民的共同努力以及国内外朋友们的大力支持,深圳经济快速发展,社会全面进步,人民安居乐业,法制日趋完善,两个文明建设同步发展。这一年全市实现国内生产总值 1289 亿元,增长 14.5%。工业增加值 517 亿元,增长 16.9%。高新技术产业作为第一经济增长点的地位更加突出,1998 年全市高新技术产品产值 655 亿元,增长 38.1%,占工业总产值的比重达 35.4%。全社会固定资产投资 480 亿元,增长 22.2%。进出口总额 453 亿美元,其中出口总额 264 亿美元,增长 3.0%。地方预算内财政收入 165 亿元,增长 13.9%。社会消费品零售总额 423 亿元,扣除物价因素实际增长9.5%。

然而,这一年又是极不平凡的一年:东南亚金融危机导致全球性的金融动荡和经济萧条,它猛烈地冲击我国经济,尤其是外向型的我市经济;祖国南北的特大洪灾,也使我们经济上的困难雪上加霜。面对这些困难,我市人民继续高举邓小平理论伟大旗帜,紧密团结在以江泽民同志为核心的党中央周围,奋发拼搏,知难而进,抵御了冲击,取得了经济和社会的全面发展和长足的进步。

在世纪之交的 1999 年,我国要庆祝新中国成立五十周年,迎接澳门回归祖国,做好今年的工作意义十分重大。我们要继续高举邓小平理论伟大旗帜,以江泽民总书记“增创新优势,更上一层楼”的指示统揽全局,深入贯彻党的十五大、省第八次党代会、市委二届八次全会精神和市委工作会议部署,以建设园林式、花园式城市,区域经济中心城市和现代化国际性城市为目标,继续深化改革,扩大开放,大力推动经济发展,积极促进深港合作,加快完善城市功能,加强民主法制建设,推进各项社会事业全面进步,努力以更加骄人的数字载入下一部年鉴,迎接新世纪的到来。

这部年鉴以翔实的数据记录了深圳的发展轨迹。它是由深圳市政府统计信息主管部门编纂的,具有权威性,相信它对社会各方面了解深圳,探索城市发展的某些规律,开发信息资源是大有帮助的。

乘此机会,我对一贯关心、支持深圳统计信息年鉴的领导和朋友们、对长年从事统计信息收集、整理、加工工作的深圳市统计信息局全体同志,特别是多年来为深圳市统计信息年鉴辛苦工作的同志表示衷心的感谢!

深圳远眺
A Fine View of Shenzhen

深圳之夜
Shenzhen Nightscape

世界之窗
Window of the World

锦绣中华
Splendid China Miniature Scenic Spot

中国民俗文化村
China Folk Culture Villages

大梅沙海滨
Dameisha Sea Shore

观澜高尔夫球会
Mission Hills Golf Club

深圳火车站
Shenzhen Railway Station

城市立交桥
One of the Municipal Flyover

深圳机场
Shenzhen Airport

盐田港
Yantian Harbor

深圳体育场
Shenzhen Stadium

何香凝美术馆
He Xiangning Art Museum

关山月美术馆
Guan Shanyue Artist Museum

深圳书城
Shenzhen Book City

深圳大学
Shenzhen University

大亚湾核电站
Daya Bay Nuclear Power Station

康佳集团公司
Konka Group Co. Ltd

高交会展厅
China Hi-Tech Fair Exhibition Hall

深圳科学馆
Shenzhen Science Museum

长城计算机公司
Greatwall Computer Co. Ltd

编 辑 说 明

1. 为了全面系统地反映深圳市国民经济和社会发展情况，以及统计与信息化工作概况，我们编印了《深圳统计信息年鉴—1999》。

2. 本期年鉴以主要篇幅刊载了深圳市丰富、翔实的统计资料，分列了“特载”、“信息化建设”、“统计工作”、“统计调查”、“统计资料”和“统计信息大事记”等篇，相应增加了有关资料，目的是使年鉴内容的涵盖面更广，信息容量更大。同时，统计图表和指标解释等还配了英文，以方便国外读者。

3. 本年鉴统计资料系根据 1998 年统计年报和有关资料整理而来，主要指标着重反映了 1998 年深圳市经济和社会各方面所取得的成就，还包括了深圳建市以来历年统计数据，统计资料内容分为 15 个部分，即：(1)综合；(2)人口和劳动力；(3)工业；(4)运输、邮电；(5)农业；(6)固定资产投资；(7)商业、物价；(8)物资；(9)财政、金融；(10)对外经济贸易和旅游；(11)劳动工资；(12)科学、教育、文化、卫生；(13)环境保护与城市公用事业；(14)人民生活；(15)五区概况。为了便于读者正确使用资料，还附上了主要统计指标解释。

4. 本年鉴中的“全市”包括经济特区和宝安区、龙岗区，“特区”即为市区，包括罗湖区、福田区、南山区和盐田区。

5. 根据最新掌握到的统计资料以及国家新的统计年报制度之规定，本期年鉴对过去发表的一些重要统计资料重新予以核实，对部分历史数据进行了调整。因此，读者在使用历史资料时，凡与本年鉴有出入的，均以本年鉴为准。

6. 本年鉴对部分数据合计数或者相对数由于单位取舍不同产生的计算误差均未作机械调整。

7. 为了读者使用方便，本年鉴特编制了主要指标定基指数、环比指数和年平均增长速度。本年鉴中所列指数和年平均增长速度均系按可比口径计算得来。

8. 本年鉴使用的符号说明：“…”表示数据不足最小单位数；“空白”表示该项统计指标无数据或数据不详；“#”表示其中的主要项；“*”表示另有注解。

9. 限于我们的水平，本年鉴仍存在许多不足和错漏，希望读者不吝批评指正，帮助我们改进编辑工作，以期更好地为广大读者服务。

目　　录
CONTENTS

特　载
SPECIAL ARTICLES

信息化建设
INFORMATION CONSTRUCTION

统计工作
STATISTICAL WORK

统计调查
STATISTICAL SURVEY

统计资料
STATISTICAL CHART

三、工业

INDUSTRY

四、运输、邮电

TRANSPORTATION AND POSTAL TELECOMMUNICATION SERVICES

六、固定资产投资

INVESTMENT OF FIXED ASSETS

七、商业、物价

DOMESTIC TRADE AND PRICE

八、物资

MATERIALS

九、财政、金融

PUBLIC FINANCE AND BANKING

十、对外经济贸易和旅游

FOREIGN TRADE AND TOURISM

十二、科学、教育、文化、卫生

SCIENCE, EDUCATION, CULTURE AND HEALTH CARE

十三、环境保护和城市公用事业

ENVIRONMENT AND URBAN PUBLIC UTILITIES

统计信息大事记
ISSUES OF STATISTICS AND INFORMATION

光荣榜
HONOUR ROLL

附　录
APPENDIX

特　　载

政府工作报告

——1999年3月23日在深圳市第二届人民代表大会第五次会议上

深圳市市长　李子彬

各位代表：

现在，我代表深圳市人民政府，向大会作政府工作报告，请予审议。并请各位政协委员和其他列席人员提出意见。

一九九八年的工作回顾

1998年，我们在党中央、国务院、省委、省政府和中共深圳市委的坚强领导下，高举邓小平理论伟大旗帜，以江泽民总书记"增创新优势，更上一层楼"的指示统揽全局，认真贯彻落实党的十五大、省第八次党代会和市委二届八次全会精神，全市人民团结拼搏，开拓进取，抵御了亚洲金融危机的冲击，经济社会协调发展，物质文明建设和精神文明建设取得了新成就。

(一)国民经济持续快速健康发展，经济结构不断优化，经济质量进一步提高。

全年实现国内生产总值1289亿元，增长14.5%。工业总产值1848亿元，增长18.5%，工业增加值515.7亿元，增长16.9%。全社会固定资产投资475亿元，增长20.7%。进出口总额452.8亿美元，其中出口总额264.2亿美元，增长3.6%。地方预算内财政收入164.4亿元，增长13.8%。社会消费品零售总额423亿元，扣除物价因素实际增长9.5%。商品零售价格总水平下降2.5%，居民消费价格总水平下降0.7%。"菜篮子工程"建设取得新进展，农村经济稳步发展。人民生活水平提高，生活质量改善。

高新技术产业作为第一经济增长点的地位更加突出。大力推进科技与经济的紧密结合，制定了扶持高新技术产业发展的22条政策，抓紧筹备首届中国国际高新技术成果交易会，积极探索建立科技风险投资机制。1998年全市高新技术产品产值655亿元，增长38.1%，占工业总产值的比重达35.4%，其中有自主知识产权的高新技术产品产值增长迅速，占高新技术产品总值的43%。

外贸出口保持一定增长。亚洲金融危机对我市外贸出口冲击很大。我们对外贸出口的形势作了正确的分析判断，先后出台了扶持外贸发展的两个"十条"规定，紧紧抓住出口大户，紧紧抓住加工贸易，充分调动企业出口创汇的积极性。大力扶持高新技术产品、机电产品的出口，保证了外贸出口的增长，出口总额连续六年居全国大中城市首位。

固定资产投资规模扩大。抓住国家扩大内需的有利时机，将固定资产投资规模由年初的464亿元调整为500亿元，实际完成475亿元，其中基本建设投资239.6亿元,更新改造投资20亿元,房地产开发投资161.6亿元,分别比上年增长18.9%、20.4%、18.3%。固定资产投资拉动我市经济增长约6个百分点。

第三产业稳步发展。加强金融监管,防范和化解金融风险取得成效。年末金融机构各项存款余额2238亿元,比年初增长21.3%;各项贷款余额1550亿元,增长29.1%。外币存款75.89亿美元,贷款85.74亿美元。上市公司数量增加52家。加快物流中心建设,加快商贸业重组,新建了一批批发市场和专业市场。港口集装箱吞吐量增长70%,达195万标箱,居全国第二位。机场旅客吞吐量、航空货运量分别增长16%、18.2%。通信和信息业成长迅速。

(二)以国有企业改革为重点的各项改革继续深化,进一步推进了社会主义市场经济体制的建立。

继续落实国有企业改革的五个“暂行规定”,逐步完善企业法人治理结构。规范资产经营公司的职能,基本理顺了资产经营公司与直属企业之间的关系,三个层次的国有资产管理体制不断完善。建立和强化企业内部动力机制,在全市市属国有企业推行经营者年薪制,148家国有企业实行了内部员工持股试点。进一步完善了国有企业经理人员评价体系,基本实现市属国有企业经理持证上岗。“抓大放小”有新的进展,大中型工业企业产值增幅高于全市平均水平2个百分点。通过多种规范的企业重组方式,全市“放小”800多家。

转变政府职能取得新进展。出台了《深圳经济特区土地使用权招标、拍卖规定》,对经营性土地使用权出让实行公开招标拍卖,制定了《深圳市政府审批制度改革方案》,审批项目由723项减少到305项,核准项目由368项减少到323项。积极推进政府采购制度改革,实行集中招标采购,规范了政府采购行为。这些改革措施的实施,对于进一步转变政府职能,提高办事效率,加强廉政建设都有积极的促进。

各项配套改革进一步推进。加快了社会保险立法,社会统筹与个人帐户相结合的基本医疗保险制度不断规范和完善,进行了企业补充养老保险的试点,加强了社会保险基金的使用监管,社会保障体系不断完善。认真做好国有企业下岗职工基本生活保障和失业人员再就业工作,实现了“两个确保”,国有企业下岗员工基本生活保障率达到100%,按时足额发放离退休人员养老金,提高了城乡居民最低生活保障标准,城镇登记失业率控制在2.5%以内。口岸管理体制改革不断深化,建成了皇岗口岸计算机查验网络,改革海关通关作业方式,积极推进卫检、动检、商检“三检合一”,边检职业化改革逐步完善。

(三)对外开放态势良好,与内地的交流进一步加强。

利用外资水平有新的提高。我们进一步改善投资环境,重点加强了对世界知名大公司的引进,引导外资投向高新技术产业和城市基础设施建设。全年合同利用外资27.5亿美元,增长55.2%,实际利用外资25.5亿美元,其中外商直接投资16.6亿美元,比上年略有增长。4家外资银行试办人民币业务,2家外资保险公司深圳代表处和比利时联合银行深圳分行获准成立。保税区在利用外资和扩大外贸出口方面的作用增强。

深港合作进一步加强。深港两地举行了高层会晤。跨境大型基础设施建设的衔接工作进一步深化,双方就合作发展高新技术产业进行了广泛探讨,口岸管理合作加强,进出更加方便、快捷、安全。在联合打击走私、贩毒、黑社会等各种犯罪活动以及保护生态环境方面取得积极成效。继续推进了金融、房地产、信息、商贸、旅游、航运、展览等产业的合作。加强了两地政府、民间、专家之间的联系与沟通。

与内地的交流合作更加密切。加强了与兄弟省市的互访交流和考察学习,积极支持内地省市来我市开展招商活动。继续开展对口扶贫,向贵州、三峡等地投放资金3110万元,扶持了26个项目;向省内大埔、丰顺、五华、紫金四个特困县和惠州市等地投放6180万元,扶持11个项目。

(四)城市功能日趋完善,城市面貌进一步改观。

重大基础设施建设步伐加快。东部供水水源工程超额完成计划进度,市供水网络干线工程、深圳河治理二期工程全面铺开。机场新航站楼建成,盐田港二期工程进展顺利,机荷高速公路西段建设加快。会展中心建设前期工作积极推进。深港西部通道已经国家批准立项,并初步确定了深圳湾大桥深港两地落岸选址。市中心区建设全面启动,市民中心等六大重点建设项目正式开工。

市容市貌有新的变化。完善了城市功能定位,加强了城市规划和城市设计。巩固国家卫生城市创建成果,大力整治脏乱差,拆除违法违章建筑300万平方米,清理违法用地345万平方米。实施城市形象工程,塑造深圳关口、通道新形象,加大灯光夜景建设力度,加快了城市公园、街心花园的建设,搞好道路绿化美化,特区内新增造林绿化面积1.27万亩,提高了城市的净化、绿化、美化水平,以最高分数被评为"全国优秀旅游城市"。

交通整治效果明显。"三横两纵"改造和东环东段建设进展顺利,东环快速路南段、东环泥岗路北段、滨河路车公庙立交、华强北立交等工程已竣工或基本竣工。完成了深南中路、笋岗路、上步路等11条城市干道的改造。加强交通管理,完善交通设施,增加公共大巴运力,调整优化线路,城市交通更加便利。

环境保护加强。西海堤机场段加固工程主体部分已完工,深圳水库流域污水截排工程正式动工,污水排海和滨河、罗芳污水处理厂的续建工程进展顺利。加强饮用水源保护,加大了水土流失治理力度,减少水土流失面积50平方公里。强化建设项目环境管理,全面开展排污申报登记,推行排污许可证和环保许可证制度。治理噪声和机动车尾气,加强环境质量监测,发布深圳城市大气和环境质量指数,公众环境意识不断提高,巩固了国家环保模范城创建成果。

(五)依法行政和勤政廉政建设继续深入,社会治安进一步好转。

依法行政取得成效。改革行政执法体制,在罗湖区开展行政综合执法试点。依法行政责任制试点取得进展,行政复议工作力度加大。积极推进基层依法治理,实行民主选举、民主管理,实现了村务公开。

机关作风建设和反腐保廉工作继续加强。在与企业和群众联系较多的政府部门实行"窗口式办文"。开展"创廉洁文明高效机关、做优秀公务员"活动,机关作风进一步好转。继续纠正部门和行业不正之风,治理行政事业性乱收费、清理预算外资金,对重点市政工程招投标工作进行专项检查。加大反腐败力度,全市共查处大案要案139宗。改革政府审批制度,经营性土地实行公开招标、拍卖,建立政府采购制度,这三项改革是从制度上加强廉政建设的治本措施。

社会治安进一步好转。继续实行社会治安综合治理,严厉打击严重刑事犯罪活动,先后开展了4次全市性的严打专项斗争,刑事案件比上年下降了4.4%,大案要案下降2.9%。严厉打击经济领域犯罪活动,破获特大经济犯罪案件148宗、走私案件155宗。深入开展创建安全文明小区活动,加强流动人口和出租屋管理,继续清理"三无"人员,收缴非法枪支弹药,消除社会治安隐患。扫除"黄赌毒"态度坚决,措施得力,社会丑恶现象得到有效遏制。得到了中央和省的充分肯定,全市人民感到高兴。

(六)坚持"两手抓,两手都要硬",精神文明建设和各项社会事业全面进步。

各级党政部门深入学习邓小平理论,继续实施《深圳市社会主义精神文明建设"九五"规划》,全面开展创建文明市、文明区活动。加强爱国主义、集体主义、社会主义思想教育和普法教育,大力倡导《深圳市民行为道德规范》和"七不"准则,倡导文明习俗,移风易俗,殡葬改革成效显著。大力支援灾区抗洪抢险和灾后重建,向灾区派出了医疗分队,全市捐款、捐物合计2.3亿元。

各项社会事业蓬勃发展。实施科教兴市战略取得新进展,荣获“全国科教兴市先进城市”称号。全面推进素质教育,深化招生考试制度改革,规范社会办学行为,基础教育、职业教育、成人教育、高等教育全面发展,教育质量稳步提高。努力增加教育投入,改革教育投入机制,集中资金改造一般学校,改善了中小学办学条件。社会科学研究取得新成果,与中国社会科学院联合举办了纪念党的十一届三中全会20周年国际学术讨论会。文化艺术繁荣,一大批文艺作品获国际国内奖,成功地举办了'98深圳国际民间艺术节等一系列大型文化活动。文化基础设施不断完善,群众文化生活日益丰富。加强了社区健康服务网络建设、预防保健工作和传染病的防治,医疗、药品市场管理和整顿医风医德取得初步成效。全面完成省下达的人口计划生育指标,全市户籍人口出生率11.65‰,计划生育率96.36%。贯彻《全民健身计划纲要》,积极开展群众性体育活动。竞技体育有进步,我市运动员在亚运会中获得两枚金牌、四枚铜牌的好成绩,在省运会上夺得总分、金牌第二名。

双拥工作继续加强,军地双方互办10件实事已经完成,连续第三次被评为“全省双拥模范城”。武装工作和民兵预备工作进一步加强。基本取消了供水供电中间层,为市民办实事项目基本落实。三年同富裕工程取得了较好成绩,促进了我市欠发达村的经济发展。切实加强安全生产管理,全年没有发生重、特大事故。发挥信访工作的桥梁、纽带作用,加强了对传销纠纷、烂尾楼盘的处理,有效化解劳动纠纷等社会矛盾,促进了社会政治稳定。外事、侨务、台务、统计、审计、档案工作为我市的社会发展和改革开放作出了新贡献。

各位代表,回顾过去一年的工作,我们取得的成绩来之不易,这是党中央、国务院、省委、省政府和市委正确领导的结果,是全市人民团结奋斗、顽强拼搏的结果。在此,我谨代表市人民政府,向奋斗在各行各业的广大干部群众,向驻深解放军、武警官兵和各民主党派、人民团体及社会各界人士致以崇高的敬意!向所有参与和关心、支持深圳建设的港澳台同胞、海外侨胞、国际友人表示衷心的感谢!

在充分肯定成绩的同时,我们也清醒地看到,我们工作中还有一些薄弱环节,我市经济社会发展中还存在不少困难和问题。

一是部分国有企业锄品积压,效益下滑,少数上市公司连续两年以上亏损,处于十分困难的境地,一些区属企业资产质量较差,有的甚至家底不清,问题比较严重,相当一部分企业仍未建立起与市场经济体制相适应的激励机制和自我约束机制,国有企业改革任务还很艰巨。

二是防范和化解金融风险的任务很重。有的金融机构不良资产率比较高;有的企业财务状况差,造成逾期贷款增加,形成新的呆账,对金融风险不能有丝毫大意。

三是社会治安仍然是群众关心的热点问题,杀人、抢劫、盗车等重大刑事案件虽然连续几年都在逐年下降,但是发案率还比较高,利用高科技手段的犯罪活动越来越多,执法队伍的建设需要进一步加强。

四是政府部门的工作还有许多方面需要改进,整顿机关作风,加强廉政建设,整治乱收费,强化为基层和群众服务,提高办事效率的任务仍然很重,依法行政有待加强。

五是城市建设和管理还存在一些薄弱环节,有的建设项目程序不够规范,乱搭建、违章建私房屡禁不止。有的市政设施建设没有规划好,反复拆建,造成浪费。城市管理水平离现代化国际性城市的要求还有差距。

对于这些问题,我们将高度重视,认真对待,努力解决。

一九九九年的主要工作

世纪之交的1999年,是具有特殊意义的一年。做好今年的工作至关重要。新的一年里，一些对经济发展不利的外部因素仍然存在，国际金融市场情况复杂多变，亚洲金融危机的影响还在继续加深，国内市场需求不足没有明显好转，改革和发展中积累的矛盾和问题也在逐步暴露，今年工作面临的困难更大，任务更重。但是，我们对做好今年的工作充满信心。我们看到，国际国内经济形势变化给我们带来了新的发展机遇和新的发展空间；国家采取一系列积极有效措施，为国民经济稳定健康发展创造了条件；深圳有十九年改革、开放、发展奠定的比较雄厚的经济基础和体制条件；在抵御亚洲金融危机的冲击中，积累了一些经验，采取的一些措施在今后会进一步显露出积极效果；更为重要的是，以江泽民同志为核心的党中央和广东省委的正确领导和亲切关怀，为我们克服困难、做好工作提供了重要保证。

同志们，今年我们将庆祝新中国成立五十周年，迎接澳门回归祖国，做好今年的工作意义十分重大。今年市政府工作的总体要求是：高举邓小平理论伟大旗帜，深入贯彻党的十五大、省第八次党代会、市委二届八次全会精神和市委工作会议部署，以建设园林式、花园式城市，区域经济中心城市和现代化国际性城市为目标，继续深化改革，扩大开放，继续实施科教兴市战略和可持续发展战略；大力推进经济体制和经济增长方式两个根本性转变；深化国有企业改革；大力发展高新技术产业，调整优化经济结构；稳定和加强农业；千方百计扩大外贸出口，积极扩大国内需求，努力开拓城乡市场；切实防范和化解金融风险；积极促进深港经济合作；加快完善城市功能，提高城市规划、建设和管理水平；进一步推动社会主义精神文明建设，加强民主法制建设、机关作风建设、勤政廉政建设，推进各项社会事业全面进步，以两个文明建设的优异成绩迎接新中国成立50周年和澳门回归祖国。

1999年，我市国民经济和社会发展宏观调控的主要预期指标是：国内生产总值1475亿元，增长13%。工业总产值2153亿元，增长16.5%。全社会固定资产投资555亿元，增长17%。外贸出口增长2%。地方预算内财政收入171亿元，同口径比增长12%。实际利用外资25.5亿美元，与上年持平。社会消费品零售总额468亿元，增长10.6%。商品零售价格涨幅控制在2%以内，居民消费价格涨幅控制在3%以内。户籍人口出生率14.2‰，人口自然增长率11.3‰。城镇登记失业率控制在3%以内。

按照这一总体要求，重点做好九个方面的工作：

(一)坚持发展是硬道理，知难而进，千方百计确保国民经济持续快速健康发展。

我们要坚持能快则快的方针，利用各种有利条件，在确保速度、结构、质量、效益统一的前提下，加快经济发展。

1. 千方百计扩大外贸出口。扩大外贸出口，是我市经济工作的重中之重。我们要在难中求进，确保外贸出口增长2%。切实保证中央、广东省和我市各项鼓励外贸出口政策措施落实到位。重点抓好加工贸易出口，抓好出口创汇大户。积极与国家有关部门协调，规范检查，加强服务。鼓励和支持跨国联销企业在深圳采购产品，带动我市一般贸易出口。把扩大出口同发展高新技术产业、推动产业升级相结合，支持高新技术产品、机电产品、成套设备等高附加值产品的出口。继续实施国际市场多元化战略，稳住亚洲市场，努力开拓欧美、拉美、非洲等市场。培育新的出口增长点，引导和鼓励有条件的企业到国外进行加工贸易或其它经济合作，不断拓展国际市场。组织企业参与国际网络贸易，推广新的贸易方式。积极开展境外工程承包，带动设备和劳务输出。进一步深化外贸体制改革，推行代理制，扩大国有企业和私营生产企业的自营出口权。努力办好经国家对外贸易经济合作部批准的两个中外合资外贸企业。

2. 扩大消费需求，努力开拓国内城乡市

场。扩大内需是我们经济发展的基本立足点和长期战略方针。要重点拓展高新技术产品在国内的市场,与外国产品争夺更大的市场份额,使巨大的国内城乡市场容量,成为我市高新技术产业上规模、上水平,增强国际竞争力的广阔空间。加快商贸基础设施建设,搞好商业旺区和大型购物中心的规划建设,加快老东门步行街的改造,优化购物环境,继续引进外资商业企业,促进连锁经营,繁荣商品零售业。实施名牌战略,举办形式多样的展销会,提高我市产品的知名度和市场占有率。加强与香港及内地旅游业的合作,吸引游客购物、消费。

3. 加大固定资产投资力度,搞好重点项目建设。我市今年固定资产投资比上年有较大增长,尤其是重点建设项目多,政府投资力度大。安排重点建设项目 77 个,年度总投资 150 亿元。政府用于基本建设的资金 85 亿元。固定资产投资主要突出三个重点,一是完善城市功能的基础设施建设。集中资金保证市中心区的建设项目,东部供水水源工程和市供水网络干线工程的建设,保证盐田港二期、国际会展中心、滨海大道、东部沿海高速公路、市内交通整治工程。二是增强经济发展后劲的高新技术产业和工业投资项目。加快龙岗大工业区、高新技术产业园区和三个保税区的基础设施建设和投资项目引进。继续提高工业投资占固定资产投资的比重,保证工业投资的效益,促进产业升级。三是促进社会全面进步的文化、医疗设施和精神文明建设项目。

百年大计,质量第一。继续完善项目法人责任制、项目资本金制、工程招投标制度和工程监理制度,要建立和落实工程质量领导责任制,严格执行建设程序和工程管理制度,整顿建筑市场,加强项目前期工作,杜绝"三边"工程,杜绝恶性工程质量事故。严格项目概预算审查和项目建设管理,对政府投资项目实行跟踪审计。

4. 积极鼓励引导中小企业和个体、私营经济的发展。要把扶持中小企业、个体私营经济的发展,纳入到全市的经济发展战略中去统筹考虑,努力创造公平竞争的市场环境,切实加强服务和指导,探索建立中小企业投融资担保体系和技术支持体系,帮助它们解决融资、培训、技术创新、市场、信息、干部职工档案存放费用高、子女入学等具体困难,促使它们上规模、上档次、提高管理水平,规范发展,增强竞争力。要大胆学习和借鉴国内外发展中小企业的经验和做法,抓紧制订《深圳经济特区中小企业条例》及配套的法规。建立健全促进非公有制经济发展的政策法规和服务机构,引导公有制企业与个体、私营等非公有制企业通过市场进行各种形式的购并联合,促进企业转换经营机制,实现优势互补,共同发展。

5. 改造和提高优势传统产业,稳定发展提高"三来一补"。传统产业是我市经济不可或缺的重要组成部分,发展优势传统产业是现阶段经济发展水平的客观要求。要加强企业技术改造,用先进技术和设备改造传统产业,鼓励和支持企业采用新材料、新工艺,形成规模优势、品牌优势、市场竞争优势,实现高新技术产业与传统产业的协调发展。对"三来一补"企业,要继续实行稳定、发展、提高的方针,切实减轻企业负担,创造良好的投资环境。

6. 加快物流中心建设,促进第三产业发展。我市具有发展成为华南乃至全国重要物流中心城市的综合优势,我们要大力发展交通运输、通信信息产业,积极推动集装箱运输、航空货运及批发配送等现代化物流业务的发展,兴建一批辐射力强的大型专业批发市场。要为中外各类金融机构在深圳拓展业务、提高效益、扩大规模提供更好的环境。抓好市话、移动电话扩容和计算机网站建设管理,抓紧解决计算机"千年虫"问题,提高我市信息化建设水平。进一步搞好旅游发展规划,充分开发利用旅游资源,加快东部黄金海岸和西部田园风光景区建设,发展有特色的精品旅游项目,争创全国最佳旅游城市。

7. 稳定和加强农业与农村工作。认真贯彻落实十五届三中全会《关于农业和农村工作若干重大问题的决定》,加强农村和农业发展规划,加快小城镇规划、建设,重视解决农村城市化问题,发展村镇经济,壮大经济实力,加强村镇精神文明建设。依法保护农业用地,大力发展“三高”农业、创汇农业、“观光农业”和“菜篮子工程”,鼓励农业企业抓好适应深港市场需求、技术含量高、经济效益好的项目,规范发展农村股份合作经济,加快乡镇企业发展,依靠科技进步提高农业现代化水平。

(二)大力发展高新技术产业,加快产业升级。

要牢固树立起科学技术是第一生产力的思想,把大力发展高新技术产业作为全市经济的第一增长点,一把手要抓第一生产力。总的目标是把深圳建设成为高新技术研究开发基地、高新技术产业基地、高新技术成果交易中心和高新技术产品出口基地,信息技术产业的某些领域要赶上世界先进水平,生物技术、新材料等新兴产业要在全国处于领先水平。

继续发挥政府的推动和引导作用。进一步完善我市高新技术产业的发展规划和发展战略,全面落实扶持高新技术产业发展的22条政策,不断建立和完善发展高新技术产业的服务体系,努力营造促进高新技术产业发展的政策环境、法制环境、人才环境和良好的工作生活环境,吸引更多的高科技企业来深圳投资,吸引更多的高科技人才来深圳发展。

努力办好首届中国国际高新技术成果交易会。从今年起,我市与对外贸易经济合作部、科学技术部、信息产业部、中国科学院联合举办每年一次的“中国国际高新技术成果交易会”,这是国家对我市高新技术产业发展的肯定和支持,对于推动我国技术贸易进出口、科技成果转化为生产力、推进我国产业结构和产品结构的升级有着重要而深远的意义。我们要下大决心、花大力气,动员全市的力量,把首届交易会办好,办出影响,办出成效,促进我市高新技术产业再上新台阶。当前要抓紧做好展馆建设、信息网络工程建设、境内外的招商招展工作、宣传推介工作,并要认真组织好我市的高新技术企业和研究开发机构的参展工作,展示我市高新技术产业的实力和水平。

积极探索建立科技风险投资机制。加快筹建境内、境外(香港)科技风险投资基金,力争年内正式投入运作。探索产权交易、证券市场第二板块的运作机制,争取早日建立起由项目市场、资本市场和股权交易市场组成的高科技风险投资市场体系。积极引进国外风险投资公司来深圳投资高新技术产业,争取更多的高新技术企业上市,拓宽高新技术企业的融资渠道。

进一步推动科技与经济紧密结合。鼓励在竞争性领域国有企业和外资、个体私营资本组成合资企业,引导高新技术企业实行内部员工持股,促进高新技术企业体制创新。继续加强和完善以企业为主体的科技开发体系,鼓励企业与高等院校、科研院所合作,支持著名大学和科研院所在深圳建立科研、教学基地,继续加强企业博士后工作站和企业开发研究中心的建设。

培育高新技术产业新的增长点。重点扶持具有自主知识产权的高新技术企业和产品,抓好网络技术、数字技术、微电子及芯片制造技术和软件开发。加快数字化电子产品的开发和生产,提高电子信息产品的市场占有率。大力扶持生物技术、新材料等高新技术产业扩大规模,形成规模优势、品牌优势和市场竞争优势。

(三)继续深化以国有企业改革为重点的经济体制改革,增创体制新优势。

改革是深圳发展的动力所在。我们要战胜困难,寻求新的突破,仍然要在深化改革上找出路,不断完善社会主义市场经济体制及其运行机制。

深化国有企业改革。继续探索公有制的多种实现形式,加快产权主体多元化进程,切实转换企业经营机制,把改革、改组、改造与加强科学管理紧密结合起来,努力建立符合社会主义市场经济的竞争机制、激励机制、压力机制、监督约束机制、技术创新机制。扩大企业内部员工持股试点,全面推行经营者年薪制。完善三个层次国有资产管理体制,加强资产经营公司自身的建设,使其成为真正的投资主体,进一步理顺资产经营公司和直属企业的关系,建立母子公司体制。继续实施"三个一批"战略,搞好"抓大放小",推进国有经济的战略性重组。完善企业法人治理结构,切实贯彻执行我市关于国有企业改革的五个"暂行规定"。加强企业领导班子建设,提高企业经营者素质和管理水平,把企业的扭亏增盈作为考核班子的硬指标。

深化财税体制改革。总结我市分税制改革的经验,进一步完善市、区分税制的财政管理体制。深化税收征管体制改革,提高税收征管效率。加快实现工商、银行、海关、统计、技术监督等部门与税务部门的电脑联网。提高预算透明度,强化财政预算约束。加强对预算外资金和政府各类专项基金的管理。全面推行和落实《政府采购条例》。

积极稳妥地推进机构改革。按照中央和省的部署,完成我市机构改革任务。坚持精简机构与转变政府职能相结合,认真组织实施政府审批制度改革,把基层能办的事情交给基层,把能用市场机制解决的问题交给市场,政府把主要精力转到经济调节、社会管理、公共服务等方面上来,转到积极推进经济体制、经济增长方式根本转变上来。在机构改革中,妥善做好人员的转岗分流工作。

积极推进医疗卫生体制改革。全面实行院长负责制,强化院长任期目标责任制考核,把干部任免权和机构设置权放给院长,逐级聘任,择优竞争上岗。改革医院内部分配制度,按工作量、医疗效果和服务水平拉开分配档次。加强医德医风建设,整顿医疗秩序,加强对医疗责任事故的管理,下大力气提高医疗质量和水平。加快医院后勤服务社会化的改革,精简医院后勤人员,实行药品医疗器械集中招标采购制度。试办中外合资医院、股份制医院、私人医院等各种所有制形式的医院,逐步建设一批有影响的重点专科。

健全完善社会保障体系。继续扩大养老、医疗、失业等社会保险的覆盖面,提高户籍员工各项社会保险参保率。加快社会保障立法,健全社会保险执法监督机制。认真做好国有企业下岗职工的基本生活保障和再就业工作,完善最低生活保障和社会救济制度。

健全市场规则,规范市场行为。进一步培育、完善资本市场、技术市场、信息市场、人才市场以及建筑市场、土地批租与转让市场和产权交易市场。继续整顿规范各类中介组织,提高服务水准,建立和完善自律公正、监管科学、规范完备的社会经济监督服务体系。深化口岸管理、劳动力管理、住房制度、户藉制度等各项配套改革,不断完善社会主义市场经济体制。

(四)防范和化解金融风险,促进金融业健康发展。

金融是现代经济的核心,防范和化解金融风险关系到整个社会经济的安全。我们要坚决贯彻落实中央关于金融工作的方针政策,切实保证正常的金融秩序。采取有效措施,提高资本充足率和贷款质量,降低地方金融机构的不良资产率。继续支持深交所的建设,规范、优化、整合我市证券业,做好本地企业股份制改组与上市工作,支持证券管理机构加强对本地上市公司的监管,推动上市公司资产重组。坚决贯彻落实国务院《金融违法行为处罚办法》,严肃金融法纪,严厉查处各种违规违纪行为,坚决打击骗汇、逃汇和套汇等金融犯罪活动。高度重视部分企业相互贷款担保形成的金融风险隐患,对市、区属国有企业资产运营情况进行摸底清理,采取强有力的措施对重点企业进行资产、债务重组,化解金融风险。全力支持中国人民银行深圳中心支行加大对我市金融机构监管工作力度,加强金融机构领导班子建设,强化内部管理,改进金融服务,提高金融业整体盈利水平。

(五)坚持发展外向型经济,不断提高对外开放水平。

受亚洲金融危机的影响,今年我市利用外

资工作仍将面临较大困难,我们要在更宽领域、更高层次、更高水平上扩大开放,争取利用外资和对外开放有新的进展。

1. 加大招商引资力度。重点加强与世界知名大公司、跨国集团的沟通联络,争取世界知名大公司更多地来深圳投资,提高利用外资的水平和效益。抓住中国国际高新技术成果交易会召开的契机,引导外资投向高新技术产业、城市基础设施建设和出口型项目,优化外商投资结构。不断拓展新的招商方式和渠道,外事、侨务、台务要更好地为招商引资服务。切实做好已有外资企业的稳定工作,掌握重点外资企业的发展动向,积极帮助解决生产经营中的困难和问题。建立公开、公平竞争的市场秩序和良好的经济秩序,继续改善投资环境,增强深圳对外商的吸引力。

2. 继续推进深港经济合作。重点抓好五个方面的工作:一是一项一项地落实大型基础设施建设项目,力争取得更大进展。二是加强深港发展高新技术产业的合作。三是加强口岸管理的合作,进一步按照国际惯例,简化查验手续。四是继续推进产业发展、环境保护、生活服务等领域的广泛合作。五是扩大两地政府、民间、专家之间各种联系渠道,加强联合打击走私、贩毒、黑社会等各种犯罪活动。

3. 加强与内地省市的经济合作与交流。更好地把内地的科技、人才、资源、市场等优势与我市的体制、机制、信息、地缘和高新技术产业等优势结合起来,优势互补,互惠互利,共同发展。引进更多的国内优秀企业、科技人才和研究开发机构来我市落户和合作,为内地省市在深招商引资、产品展销和开设"窗口"提供更全面、更完善的服务。继续搞好对口扶持和扶贫开发,走共同富裕道路。

(六)坚持可持续发展战略,全面提高城市规划、建设、管理水平。

要立足于增强可持续发展能力,合理利用土地资源和水资源,创建节水型城市,不断提高城市规划建设管理水平和城市生态环境质量,创造优美、舒适的工作和生活环境。

抓好城市规划的完善和落实。继续完善我市城市规划,特别是加强镇、村的规划管理和用地管理,实现城市规划覆盖全市每个镇、村的目标。进一步开放建筑市场,强化竞争机制。认真开展城市设计,精心塑造城市整体形象。注重建筑单体和群体、建筑物与环境的和谐,使整个城市景观更加和谐统一,努力建设一批精品建筑和城市的标志性建筑。有计划地改造老住宅区,重点地区、重要地段和重点项目的规划设计实行国际招标,切实提高我们的城市规划设计水平,塑造国际性城市的整体形象。加大执法力度,认真贯彻实施市人大常委会通过的关于查处违法建筑的决定,坚决查处违法占地、违章搭建现象,抓紧解决农民私房建设和管理问题。加强土地管理和清理,严格实行经营性土地使用权出让公开招标拍卖,促进土地的集约开发与利用。

不断加强环境保护。牢固确立环境保护在经济社会发展中的重要地位,进一步巩固环保模范城的成果。下决心解决水源污染和水土流失的问题,加快大沙河、龙岗河、莲塘河等河流的治理,切实保护海岸线生态。加强空气质量监测,重点治理机动车尾气、工业废气排放,严格控制噪音污染。不断提高污水处理率,更科学地处理好工业垃圾和生活垃圾。大力发展环保产业,推广使用环保产品。污染物排放总量控制在规定的指标内,工业污染源排放污染物达到国家规定的标准,大气、水环境质量达到国家规定的标准。加强环境法制建设,强化市民环境保护意识,促进经济与人口、环境和资源的协调发展。

继续整治市容环境。加强城市环境综合治理,整治脏乱差,清除卫生死角,治理乱摆卖和乱张贴,坚决取缔对城市环境造成严重影响、危害群众健康的各种地下加工窝点。抓好城市形象工程建设,加强户外广告管理,精心建设好高品位的标志性灯光景观、城市雕塑、文化广场、街心花园。有计划地逐步做好旧城、旧村的改造。抓紧老东门改造、深南东路改造、福田800米绿化带改造和罗湖口岸环境整治,因地制宜做好园林和道路绿化,美化路容路貌,使市容市貌和“城门”、“关口”面貌发生更大的变化。优质高效地完成市内交通三年综合整治工程,发展适应现代化国际性城市要求的公共交通事业。进一步完善城市管理体制,提高城市管理水平。

(七)全面推进依法治市,加快建设社会主义法治城市。

认真贯彻落实市委“关于加强依法治市工作加快建设社会主义法治城市的决定”,增强依法治市的紧迫感和责任感,提高依法治市水平,保障我市改革开放健康有序推进,实现社会治安更大好转。

进一步健全促进我市经济社会发展的法规和规章。加大立法和普法工作力度,特别是针对违法建筑、外来人口管理和“黄、赌、毒”等热点、难点问题,制订和完善法规规章。严厉打击走私贩私、制作销售假冒伪劣产品、逃汇骗汇、欺行霸市以及商业欺诈等各种违法行为,努力建立良好的市场经济秩序和社会秩序。

坚持依法行政,规范行政执法行为。全面推行依法行政责任制,推行政务公开,增加行政执法工作透明度,规范行政执法行为。继续搞好罗湖区行政综合执法试点,建设一支高素质的行政综合执法队伍,探索分片综合管理。

加大执法监督力度。建立健全严密、有效的监督体系和监督机制,加强行政复议工作,逐步使个案监督方式制度化、法规化。要强化外部监督,加强新闻监督、中介组织监督和群众舆论监督,认真解决以权代法和执法犯法问题。坚持向人大报告工作和向政协通报工作的制度,依法接受人大的监督,认真听取政协、民主党派和社会各界的意见和建议,不断改进政府的工作。

坚持不懈地开展社会治安综合治理。继续贯彻落实市委市政府《关于加大综合治理力度两年内实现社会治安更大好转的决定》,继续开展严打专项斗争,集中力量打击凶杀、“两抢”、涉枪等重大刑事犯罪,严厉打击黑社会和带黑社会性质的团伙及流氓恶势力。针对社会治安的突出问题,加强对重点场所、重点区域的管理控制。坚决扫除“黄、赌、毒”,深入开展“扫黄打非”,加强文化市场管理,打击非法出版犯罪团伙,铲除各种丑恶现象,净化社会风气。大张旗鼓地开展禁毒戒毒宣传,加强禁毒打击力量,坚决堵住毒源。加强对外来人口和出租屋的管理,按期完成出租屋普查登记。全面落实治安责任制,强化基层基础工作。坚持从严治警,加强公安干警队伍建设,积极推进警务体制改革,合理配置警力,加强一线力量,提高装备技术水平。依靠群众,加强技防、群防,建立快速反应网络系统。

推进基层民主法制建设。建立健全民主选举制度、民主议事制度、民主监督制度和依法管理制度,建立完善村民、居民委员会等基层工作机构,全面实现政务、财务两公开。

(八)继续实施“科教兴市”战略,促进各项社会事业协调发展。

坚定不移地实施“科教兴市”战略,加大科学普及力度,提高市民科技素质,真正把我市的经济社会发展建立在依靠科技进步和提高劳动者素质的基础上,推进我市各项社会事业的发展。

切实把教育摆在优先发展的战略地位。抓紧制订《深圳市教育发展十年规划》,加大对教育的投入,合理配置教育资源,提高高等教育水平,加强职业教育和义务教育。推进素质教育,实施六岁儿童入学计划,加强教师队伍建设,进一步提高教育质量和办学效益。鼓励和规范社会力量办学,探索教育产业化的路子。坚持培养和引进相结合,继续引进高素质人才,特别是对高新技术企业、重点项目建设和企业生产经营急需的人才引进,要大开绿灯,在政策上给予优惠。继续完善人才大市场的建设,开设网上人才市场,拓宽人才引进渠道。加强现有人才的培训和知识更新,提高我市人才队伍的层次和水准,营造尊重知识、尊重人才的社会环境。

继续实施我市文化事业发展规划,深化文化体制改革,加强文化市场管理和文物保护工作,加快发展文化产业,繁荣社会科学、文化艺术、新闻出版、广播电视事业。加快深圳中心图书馆、音乐厅、电视中心、少年宫等重点文化设施建设,抓好重点剧目创作。围绕建国50周年、澳门回归祖国和首届中国国际高新技术成果交易会等主题,精心组织开展好丰富多彩的大型文艺活动和各项纪念活动。

认真贯彻实施《广东省计划生育条例》,加大计生行政执法力度,积极开展创建计划生育模范区和优质服务活动,强化流动人口的计划生育管理。抓好基层计生队伍建设,加强计划生育科研工作。积极开展"双拥"工作,增进军政军民团结,搞好军民互建。坚持武装工作的各项制度,加强民兵预备工作。坚决贯彻落实"全民健身计划纲要",完善我市体育设施的布局与建设,抓紧筹备第11届省运会,提高竞技水平。认真做好民族、宗教事务,统计、审计、档案、保密等各项工作都要更好地服从和服务于特区改革发展,取得新的成绩。

正确处理好改革、发展和稳定的关系,进一步做好社会稳定工作。切实解决好人民群众关心的热点难点问题,维护群众的利益,倾听群众的呼声,解决群众的困难,依靠群众的力量,接受群众的监督,为人民办好事、办实事,做好我市的各项工作。要抓好安全生产,杜绝重、特大事故。依法加强对各种民间组织和社团的管理。加强信访工作,及时妥善处理劳资、房地产等方面的纠纷,把各种人民内部矛盾化解在基层,把各种不稳定因素消除在萌芽状态,确保社会政治稳定。

(九)坚持"两手抓,两手都要硬",把精神文明建设摆在更加突出的位置。

要进一步加强思想道德和文化建设,努力提高市民素质和城市文明程度,推动精神文明建设上新水平。大兴学习之风。掀起学习邓小平理论和党的十五大精神的新高潮,进一步提高贯彻执行党的路线方针政策的自觉性,增强各级领导班子的凝聚力和战斗力。紧密联系思想和工作实际,认真抓好"讲学习、讲政治、讲正气"的"三讲"教育,营造科学文明、团结融洽、健康向上、振奋人心的舆论氛围,大力弘扬"开拓、创新、团结、奉献"的深圳精神,提高全体市民的思想道德和科学文化素质。

深入开展创建文明市、文明区活动。把创建文明市、文明区活动与创建文明单位、文明村镇、"双拥共建"等各项创建活动紧密结合起来,以创"优美环境、优良秩序、优质服务"为重点,搞好安全文明小区建设,全面提高城市文明程度,树立深圳的良好形象。按照市委市政府《关于开展创建文明市、文明区活动的决定》,全面落实责任制,把各项创建措施落到实处,深入宣传发动,调动市民的积极性和创造性,力争我市成为首批全国文明城市。把"三讲"教育与整顿机关作风结合起来,努力创建"团结、廉洁、开拓"的好班子。继续开展"创建文明机关,做人民满意公务员"活动,所有政府工作人员都要努力培养为人民服务的职业道德意识、依法行政的法治意识、刻苦钻研的成才意识、勇于突破的创新意识,提高政策水平和行政能力,建成一支政治强、业务精、作风正、纪律严的机关干部队伍。

要切实抓好领导干部、政府部门的廉洁自律工作,坚决纠正行业不正之风,认真开展自查自纠。要认真落实廉政建设责任制,进一步加大反腐败力度,标本兼治,综合治理。继续抓好大案要案的查处,严厉打击和清除腐败份子。努力建设廉洁、勤政、务实、高效的政府。要继续营造干事创业的大环境,保证改革和建设事业顺利进行。

各位代表,在邓小平理论和党的基本路线指引下,在党中央、国务院、省委、省政府的关怀、支持下,全市人民开拓进取,顽强拼搏,深圳经济特区的各项事业突飞猛进,城市面貌日新月异。1998年国内生产总值、工业总产值、全口径税收、地方预算内财政收入,都比1994年翻了一番,比1992年翻了二番,国民经济综合实力已经位居全国大型城市前列。经济结构得到优化,经济素质显著提高;城市基础设施大大加强,城市功能不断完善;社会秩序和经济秩序逐步规范,社会治安逐年好转;人民生活水平逐年提高;特别是去年以来,加大了社会主义精神文明建设的力度,城市的净化、绿化、美化工作大大加强,扫除黄赌毒取得明显成效。我们一定要按照党中央的要求,努力争取两个文明建设都走在全国前列,不断探索创新总结新鲜经验,加快推进社会主义现代化城市的建设,争取在下世纪初叶,率先基本实现现代化。

各位代表,综观当前国际国内形势,挑战与机遇并存,机遇大于挑战;困难与希望同在,希望多于困难。只要我们高举邓小平理论伟大旗帜,紧密团结在以江泽民同志为核心的党中央周围,在党中央、国务院、省委、省政府和中共深圳市委的正确领导下,统一思想、坚定信心,抓住机遇、知难而上,团结一致、艰苦奋斗,就一定能够战胜困难,全面完成1999年各项工作任务,以两个文明建设的新成就,迎接新中国成立50周年,满怀信心地阔步迈向21世纪。

'98 回眸

周　理

世纪之交,风云变幻。回首极不平凡的1998年,深圳经历了国内外形势的严峻考验,在巨大的困难面前,深圳以她特有的坚定步伐,在实现国民经济持续增长的道路上努力探索,积极应对,奋力拼搏,取得了令人瞩目的成绩。这一年,全市实现国内生产总值1289.02亿元,在全国大中城市的位次跃居至第六位;人均国内生产总值3.33万元,居全国各大中城市的首位;实现工业总产值(新口径)1848.54亿元,完成全社会固定资产投资480.39亿元,均居全国各大中城市的第五位;实现地方预算内财政收入164.91亿元,居全国各大中城市第三位,完成进出口总额452.74亿美元,连续六年居全国各大中城市榜首。深圳的经济实力进一步增强,经济质量不断提高,深圳不断跻身于全国各大中城市前列。

回顾过去的一年,我局在市委、市政府的正确领导下,按照市委二届八次会议精神和市经济工作会议部署,进一步开创统计信息工作新局面,为全面推进国民经济信息化和全市经济社会快速健康发展作出了应有的贡献。

我们的信息化建设按照既定的战略部署"一年启动,三年初见成效,五年形成基本框架",取得显著成效。首先,组织制定了包括全市总体规划、各区局分规划、信息产业和信息资源专项规划在内的科学的规划体系。起草了包括信息化条例、各项管理规定和管理办法的信息化法规体系,信息化支撑环境得到明显改善。第二,推动了包括信息产品制造业、信息服务业的信息产业的发展,开展了信息资源开发和网络服务的规范管理。通过组织全国部分省市信息产业发展座谈会,取得了体现职能、开展协调、积极规划、促进发展的显著成效。按照国家信息产业部的设置要求,进一步理顺职能,发展协调推进作用。信息资源开发利用程度不断提高。第三,信息化应用系统建设卓有成效,推进了23个重点系统工程建设,同时扩建新建15个应用信息系统。目前已覆盖到包括政府、金融、税务等近20个领域,使以"政府推动"为先导的应用系统建设开始走向"市场配置与政府导引相结合"的轨道。第四,深圳信息网络建设在有关单位的配合下,完成了建设投资审计,并经国家主管部门及专家评审验收。第五,深港信息化建设和技术产业交流有了密切合作。1998年粤港合作联席会议信息技术与产业化合作专责小组首次会议在深召开,为今后两地信息化的进一步合作进行了积极的准备。第六,解决计算机2000年问题全面展开,市计算机2000年问题工作领导小组办公室在我局挂牌并运作,为解决世纪之交的全球性"千年虫"问题,提供了组织保障。第七,加强了信息技术教育和人才的培训。

我们的统计工作按照朱镕基总理对统计提出的"快、精、准"的要求,全面提高统计数据质量,进一步拓展统计服务的深度和广度,为市领导宏观决策发挥了有力的参谋作用。同时在深化统计改革,大力开展统计执法,全面推进统计现代化建设等方面取得了可喜的成绩。

首先,加强宏观经济监测和预测,加大对策研究力度,为市领导提供决策参考。1998 年,我们面临了极其复杂的国内外经济形势,经济发展过程中出现了很多不确定因素。为了确保年初确定的经济增长目标,市委、市政府和社会各界对经济运行的关注程度超过了以往任何时期,因此,加强宏观经济监测成为去年我们统计工作中最重要的内容。我们一方面及时监测宏观经济运行态势,每月准确提供第一手监测信息资料。另一方面通过对各种宏观经济指标的数据评估、相关分析、及时为市领导提供月度宏观经济监测分析。同时,还加强对主要经济指标的月度预测,增加预测频率。此外,加强了对GDP、外贸出口、大中型企业运转情况、重大项目进展情况及所有制结构调整和完善、国有经济战略性改组等重点问题的调查和分析。

第二,统计改革取得突破性进展,。一是通过大量的调研,提出了统计指标体系改革方案。二是拟出了《深圳市在地统计方案》已报市政府。三是抓了审批制度改革,明确了我局审批核准及备案制度 12 项。四是组建了企业调查队。五是进一步加强了抽样调查的运用。

第三,统计现代化建设全面推进。我局统计信息系统建设完成了设计联网方案和专业传输测试,并在工交、投资、经贸、社科、人口等专业处室部分对口专业单位试运行。办公自动化系统经有关部门验收并投入试运行。

第四,进一步加大了统计执法力度。通过开展全市统计执法大检查,提高了数据质量,制止了在统计上的弄虚作假行为。

在精神文明建设方面,过去一年,我局自始至终抓好十五大文件精神和邓小平理论的学习,全面加强机关党的建设、领导班子建设和干部队伍思想作风建设。开展创建"好班子"和创建"文明机关"活动,在深圳"二次创业"中求真务实,开拓创新,不断提高干部职工的政治素质和业务素质,开展了世界观、人生观和价值观教育,进一步增强了凝聚力和战斗力。

一年来,我们的工作得到了国家有关部门和省、市领导以及全国同行的充分肯定。全年获得国家级集体奖 10 项,省级 15 项,国家级单项个人奖 23 人次,省级 20 人次。我局连续三年被评为全省统计年报先进集体。深圳信息网络建设经验为国家信息中心充分肯定并向全国推广。

展望未来,我们对深圳和深圳的统计信息事业充满信心,我们将认真贯彻党的十五大、省八次党代会和市委二届八次会议的精神,团结奋斗,锐意进取,做好各项工作,再创新业绩,迎接建国五十周年和澳门的顺利回归。

信息化建设

深圳市信息产业发展规划

在新技术革命的推动下,信息产业正在全世界范围内由先导产业逐渐发展为主导产业,并将在不久的将来成为最大的产业,信息化已成为推动世界经济和社会发展的关键因素。党的十五大明确提出实施科教兴国战略,全面推进国民经济信息化,表明党和政府对信息产业寄予厚望,将它视为决定21世纪中国综合国力和国际竞争力的战略性产业,作为国民经济新的增长点。广东省委、省政府已明确提出把信息产业作为全省经济主要的支柱产业,把以信息产业为代表的高新技术产业当作广东增创新优势的战略性产业。深圳市委、市政府也明确提出要以发展信息产业为突破口,促进产业升级,带动我市经济有效快速增长,为我市二次创业增创新优势。

面对全球信息化的潮流,制定有效的战略,进一步推动信息产业的发展,发挥出信息化整体潜力,提高我市经济增长质量,带动经济社会的进步,是亟待解决的问题。

一、现状

深圳特区建设18年来,信息产业从无到有,从小到大,已在国民经济中占有相当大的比重,是我市重要的高新技术产业。1997年信息产业增加值达347亿,占全年国内生产总值30.7%。1997年,信息产品制造业产值588亿元,占全市工业总产值的46.8%,完成工业增加值212亿元,其中约70%属高新技术产业。超亿元产值的企业有62家,超10亿元的企业有17家。全市约有4300家企业从事信息产业,其中制造业1500家,服务业2800家。从事与信息产业相关的就业人数达99万。深圳信息产品制造业已形成计算机及软件、通信、微电子和视听四大产业,在计算机整机、大容量局用数字交换机、无绳电话、数字移动通信、无线接入、光纤光缆、无线寻呼、液晶显示器、彩电、彩显等方面已成为全国重要的生产开发基地。1997年我市计算机制造业产值达221亿元。生产微型计算机56.87万台,比上年增长81.9%,占全国产量五分之一。通信设备制造业产值达130亿元,程控交换机产量达647.35万线,增长近1倍,生产企业已超过16家,产量则占全国程控交换机产量的三分之一。微电子及元器件产业产值达112亿元。超大规模集成电路后封装1997年生产能力为7亿只,将成为我国重要的集成电路封装测试基地之一。深圳是全国最大的彩电生产基地之一。1997年,视听产业产值达115亿元。电子信息企业康佳、华强、赛格、华为、桑达等10家企业已进入1997年全国电子百强企业行列。赛格日立、中康玻璃是国内重要的彩管、玻壳的生产基地。

软件业从九十年代开始每年以50%以上的速度高速发展,今年产值达10亿元,占深圳市国民经济发展的0.9%。已建成电子信息网络88个,其中政府部门占34%,事业单位占32%,信息服务企业占34%;向社会提供增值服务的信息网络有26个,占总数的30%。从事软件开发并形成自己技术特色的企业有10多家。深圳在证券软件、教育软件、财务软件、地理信息系统、多媒体技术的开发和应用等方面已走在全国的前列。

信息服务业发展迅速,将成为新的经济增长点。1997年,全市信息服务业产值达135亿元,其中信息传输业 92.7 亿元。全市 2800 家信息服务业企业中信息咨询服务业 2010 家,计算机应用服务业 790 家,从业人员达 10 多万人。具有规模较大、知名度较高的信息服务企业约有 10 多家,主要从事法律、房地产、建筑工程、金融咨询及技术咨询等。

我市的信息产业在高速发展的同时,仍然存在一些问题。

信息服务业发展滞后于信息产品制造业,导致设备利用率低或设备功能不能充分发挥;重设施建设,轻资源开发的倾向仍然存在。软件公司存在"小、散、杂"的现象,形成不了规模效益,且拥有自主知识产权的软件产品少,竞争力不强。

资金不足和技术薄弱仍在一定程度上制约着信息产业的发展。制造业自主开发能力不强,缺乏核心技术支撑,对决定着硬件核心内容的超大规模集成电路芯片制造等技术还依赖于外国。在机制上,政企不分的行政管理体制和部门利益缺乏协调,使相当部分企业缺乏活力。

二、信息产业发展战略和目标体系

(一)信息产业发展总战略目标

贯彻党的十五大精神和"科教兴国"的国策,抓住全球信息经济和数字化、网络化的发展机遇,加强政府主导作用,加强产业配套和联合,加强人才优势,在发展现在名优产品规模经济的同时,大力提高创新能力和产业科技含量,力争在 21 世纪初,使深圳形成一批占有国际市场的支柱产品,建设一批先进的工业设施,开发一批有自主知识产权的重要技术,使深圳成为中国的硅谷。

到 2000 年,信息产业年增加值达 630 亿元,平均年递增为 22%,约占当年国内生产总值 44%。信息产品制造业达到 1130 亿元,信息服务业年增加值达 180 亿元。

到 2005 年,信息产业年增加值达 1336 亿元,平均年递增为 16%。信息产品制造业翻一番达到 2047 亿元,信息服务业年增加值达 395 亿元。

(二)各产业分目标

1. 信息产品制造业

(1)计算机产业发展目标

到 2000 年计算机产业年产值达 420 亿元,其中高新技术产品产值 320 亿元,配套及其它产品产值 100 亿元,出口创汇 40 亿元。整机方面:微机 40 万台、专用机 20 万台。外设方面:彩显 250 万台,打印机 190 万台,板卡 1600 万块,硬盘驱动器 1000 万只,磁头 12000 万个,键盘 100 万台,电源 456 万台。

到 2005 年,计算机产业年产值达 676 亿元。

发展策略是:调整产品结构,联合优势企业,形成以信息终端机为龙头的产业集团,生产规模化,产品系列化。充分利用本地智力资源雄厚和市场体制较为健全的优势,组织外设和零部件配套,从家用电脑、专用机起步,逐步发展高档产品和微机的核心技术,开发生产与信息化工程建设相应的计算机产品和软件,争取部分产品达到国际先进水平。

产品方向:主机方面重点发展多媒体电脑、家庭信息终端、便携式电脑;可靠性高、容错结构好的工控机;银行、证券、财务专用机、自动票据机、IC 卡读写机(ATM 机或 POS 机);CAD/CAM 微机工作站;电视和电话与计算机的结合产品;外设方面重点发展外存硬驱、CD-ROM、可擦写光盘驱动器、高分辨率彩显、激光打印机和喷墨打印机。零部件方面重点发展不间断电源 UPS、便携式高能电磁、开关电源、开发薄膜磁头、多媒体卡;光贮存产品重点发展 CD-RW、DVD-VIDEO、DVD-ROM、DVD-RAM 等新型产品以及 CD-RW、DVD 系列光驱。

(2)软件产业发展目标

到 2000 年,软件产业产值达到 20 亿元,出口产值达 5 亿元。到 2005 年,软件产业产值达到 83 亿元。

发展策略:采取"有所为、有所不为"的方针,有限目标、重点突出,着重发展一些优势项目。注意加强软件技术创新的研究,实现软件产业化,尽快改变我市软件企业"弱、小、散"的状况。从政策和经济上予以扶持,推动优势联合,尽快形成一批软件骨干企业。同时注意向外向型发展。

产品方向:重点发展我市相对优势行业的应用软件。狠抓应用软件在行业的推广。促使应用软件产品化,创出若干具有中国自主版权和深圳品牌的软件产品,在条件成熟时发展支撑软件及系统软件产品。

(3)通信产业发展目标

到2000年,通信产业年产值达280亿元,其中高新技术产品产值260亿元,配套及其它产品产值20亿元,出口产值120亿元。程控交换机90亿元,移动通信70亿元,光纤、卫星微波40亿元,通讯终端40亿元。

到2005年,通信产业年产值达516亿元。

发展策略:以国内外市场为导向,大力发展信息化建设所需的产品,用自身力量支持我市公用通讯平台建设,并朝着开发生产数字化、智能化、宽带化、综合化产品发展,力争在程控交换、移动通信、光纤卫星通信以各类通信终端和安全网络设备方面成为我国重要生产基地。

产品方向:电信交换产品方面,在现有数字程控交换产品基础上,进一步发展增值服务功能和综合业务功能,同时积极发展ATM交换机及相应的接入设备;移动通信方面重点发展数字蜂窝电话系统设备(GSM,CDMA)、数字集群移动电话、多信道多功能无绳电话设备、中英文传呼机,并在此基础上鼓励发展第三代宽带移动通信产品;光纤通信设备上向大容量发展,重点发展SDH系列设备及SDH网管系统和光纤网络端机、光纤元器件、光复用设备、光纤放大器等全光通信网络产品;光纤生产方面重点发展光纤、光缆;在卫星和微波通信方向主要发展卫星通信小站、高频段数字微波通信设备,并在此基础上发展卫星移动通信设备;通讯终端设备方面重点发展有线电视终端、适配卡、调制解调器。

(4)微电子、光电子及基础元器件产业发展目标

到2000年,微电子及元器件年产值达250亿元,其中高新技术产品产值100亿元,其它产品80亿元,出口产值120亿元。彩色显示器和彩色监视器达年产量300万只,超大规模集成电路后工序年封装达20亿块能力,液晶显示器12624万片,激光光学头1000万只,CD系列机芯3500万只,石英晶体元件5000万只,厚膜电路1200万块,微电机3100万台,玻壳800万套 。

到2005年,微电子及元器件年产值达503亿元。

发展策略:以国际市场为目标,继续调整产品结构向投资类、基础元器件类方向发展。联合国际集成电路大企业集团,加大投资强度,促使产品生产上规模上档次;增强超大规模集成电路的设计能力,逐步开发高档芯片,在条件成熟时,发展超大规模集成电路的前工序设备制造业。

产品方向:在集成电路方面在重点扶持大规模集成电路的设计,着重开发生产语音合成芯片及外设接口芯片、动态图像压缩芯片、多媒体制作芯片、IC卡芯片、厚膜电路;在液晶器材方面重点发展中高档点阵液晶屏和相应驱动电路、有源点阵屏、超扭曲液晶显示产品、高档LED、等离子体显示器、真空微电子显示器;在电力电子器件方面重点发展节能灯和电子镇流器用的电子器件、固体功率继电器;在片状元器件方面重点发展片状电阻、片状电容、片状半导体;在光电元器件方面侧重发展光贮存介质磁头、光学头、半导体激光器、光电转换器件。

(5)视听产业发展目标

到2000年,视听产业年产值达160亿元,出口产值80亿元,到2005年年产值达266亿元。主要产品产量:彩电为600万台,VIDEO-CD和CVD机100万台,DVD-VIDEO机10万台、家庭影院和组合音响100万台。

发展策略:顺应数字化网络化的技术发展趋势,充分利用视听产业已成熟的生产设备和工艺技术,创名牌降成本,扩大国内市场,拓展出口贸易,实现跨国经营,不断提高创新能力,全方位赶超国际先进水平。

产品方向:在彩电方面向高清晰数字电视发展,重点发展交互式电视;在音响方面以生产高档音响为主,发展数字音响;在影像设备方面重点发展数字解码器、VCD、CVD、DVD 放送机。到 2005 年要使新型大屏幕壁挂电视 - 等离子体显示器的生产达到一定规模。

2. 信息服务业

(1)技术服务业(系统集成业)

到 2000 年,我市技术服务业增加值达 30 亿元。2005 年达 130 亿元,将成为未来我市信息服务业中发展较快的产业。技术服务业将致力于发展系统集成、软件开发、信息处理、数据库建设,提高和改善传统产业的信息应用水平,形成一批具备高水平开发、研制、维护能力的企业。力争在 2000 年,以建设金字工程为龙头,建立全市性计算机信息网络系统和企业的多功能、多媒体的网络系统。

发展方向:加强纵向联系和横向合作,加强与国内外计算机大型专业公司的合作交流,进一步提高计算机服务水平,逐步提高信息技术服务的产值,达到运用计算机技术武装产业的目的。发展系统集成业要着重提高系统开发、维护、更新、保密的服务水平,加大对多媒体技术、数字音像技术、数字无线通信技术、光存储技术的应用力度,使我市系统集成业在技术上达到世界水平。加强人员的教育和培训,普及计算机知识,提高全市各部门、各单位和家庭电脑使用程度。

(2)信息传输业

到 2000 年,信息传输业年增加值达 110 亿元,2005 年达 161 亿元。电信网进一步提高的综合通信能力,提高网络技术水平和运行效率,加快宽带化、智能化、个人化的综合业务试验网建设,使电信网的规模容量、技术层次、服务水平处于全国大、中城市的先进行列。广播电视传播网将加快广播、电视传播系统的建设和发展,建立无线、有线和卫星转播在内的全方位、覆盖率高立体化的广播电视传播体系。并逐步实现数字化。使广播电视与视听业务、通迅、计算机三网合一,向多媒体方向发展。

到 2000 年,电话交换机容量达到 175 万门,长途交换机容量达到 8.7 万路端,长途电路达到 6.9 万条,分组达到 2000 个端口,DDN 达到 9000 个端口,电话用户达到 118 万户,移动电话用户达到 50 万户,数据网用户达到 8500 户。全市电话主线普及率(含移动电话)为 42%(含暂住人口)。

发展方向:电信网将大力发展移动通信,在现在 GSM 数字移动网基础上重点发展 CDMA 数字移动网,增加基站,扩大覆盖面;加快建设数据通信网,大力发展数据业务。实现数据、话音、图像综合通信的网络基础。提高网络安全性。建立电子商务系统,探索联合国内外力量,共同拓展 EDI 业务的有效途径。完善已有的信息处理系统(MHS),大力拓展电子邮箱、传真邮箱业务。加快七号信令网、数字同步网和电信管理网的建设。

广播电视传播网将进一步完善现有设备系统,广泛使用数字电视编码和传输技术,不断提高节目制作质量和播出水平。深圳有线广播电视台完成全市铺网计划,实现有线广播电视联网覆盖全市,并与国家综合经济信息网、省有线电视网联网,规划多功能网络开发,发展光纤/同轴电缆(HFC)混合网的准点播电视服务,把有线广播电视网建成集图像、数据、语音传输为一体的高速信息传输网。

(3)信息生产经营业

到 2000 年,信息生产经营业增加值达 2 亿元,到 2005 年达 10 亿元。信息开发经营业以组建一批专业大型公用电子数据库和信息检索平台,建立信息资源的共享机制,并大力拓展计算机信息检索业务,逐步扩大到全省、全国联网服务。实现信息资源数据库化、网络化。

发展方向:组织开发一批与国民经济和人民群众日常生活紧密相关的重点大型数据库,充实信息产品市场。鼓励发展 INTERNET 服务业,充分利用 INTERNET 的信息资源,争取到 2000 年联上 300 台服务器。进一步促进对现有数据库的网络化,组织各种数据库集中上网,并采用低用户收费政策,提高数据库的利用率。并在我市各大行业内建立行业信息资源库和相应的共享机制,推进行业的信息应用工程建设;此外,进一步拓展增值网服务范围和咨询信息系统开发,尽快实现金融、商贸、投资等信息服务的电子化,逐步建设各行业内的清算系统、服务系统。

(4)信息咨询服务业

到2000年,信息咨询服务业增加值达38亿元。到2005年达100亿元。将建立起与社会及经济发展水平相适应的,以市场需求为导向,以高素质人才和网络信息资源为基础,以现代化信息技术为手段,按国际惯例运作,具有国际权威和服务水准的咨询中介服务体系。

发展方向:建立适应社会发展需求的,结构合理的专业化分工与社会大协作相结合的服务体系。进一步加大行业的开放度,实行国际化的规范运作程序,提供国际化的标准服务,使咨询服务业运行机制与国际惯例接轨,使国内业务发展与国际市场拓展相结合。咨询业务的开展,要广泛地使用现代化信息技术成果,运用计算机网络、多媒体等技术手段,提高咨询中介业务的质量、水平和拓展业务范围。与此同时,提高从业人员素质,培养一批信息采集、应用开发、管理的跨世纪、高技术、高素质的人才队伍。重点培养财经、商贸、建筑、化工、能源、法律、信息管理及应用的高级人才,并在层次上保持合理的比例。

(三)重点发展项目和产品

1. 重点发展项目

(1)华为的坂田600万线生产基地

(2)长城、联想、方正等公司的生产基地扩建项目

(3)赛博韦尔软件园项目

(4)康佳、创维公司开发数字化彩电起步项目

(5)希捷公司硬盘驱动器二期扩建设工程

(6)爱普生、施乐等公司打印机生产的扩建计划

(7)先科、航科、华为、赛意法的IC电路设计和后工序加工

(8)中兴通信的高新区500万线生产基地建设项目

(9)基于INTERNET上增值服务项目

(10)信息网络安全技术开发项目

(11)电子商务项目

(12)海量公司7000万美元增次扩建项目

(13)万德莱高档电话基地建设工程

2. 重点发展产品

(1)多媒体个人计算机(含信息终端)

从家用机和商用机等低档产品起步,逐步向工作站、服务器等高档产品发展。组织本地优势外部设备与整机生产配套,使功能板卡、磁盘机、光贮存设备、显示器、打印机、IC卡设备等配套产业与整机协调发展,形成百万台级别的规模产业,形成有国际竞争力的优品牌。

(2)数字电视接收机

在本市已拥有的100HZ局部电路数字化的基础上加快电视机的成果转化并投入规模生产提高市场份额,同时创造条件对全数字化电视发射、传输、接收技术进行预研,待国家有关技术标准出台后抓紧组织力量以产、学、研结合方式开展联合攻关研究。并鼓励企业开发具有交互功能的网络电视(含机顶盒)终端,为网络电视进入家庭作好技术产品准备。

(3)专用集成电路设计

面向社会、面向应用、面向整机(系统),配合通信、计算机、网络产品、视听设备的开发,开展全定制设计的IC产品,完善设计工具和建立检测手段,针对专用配套电路、核心电路、系统芯片,机顶盒电路,在信号处理(DSP)、数模转换、压缩解压电路等产品上设计有自己特色的电路和系统。

(4)数字程控交换机和网络接入设备

在现在数字程控交换机产品的基础上,进一步增加增值服务功能,扩大生产规模,提高国内市场占有率,并且能为建设ISDN和智能网提供全面解决方案和提供相关设备。与此同时,加速有线和无线接入设备的研究开发、扩大生产规模,降低成本,提高市场占有率,重点发展光纤、ADSL和CDMA无线本地环路等接入

设备。

(5)个人通信产品

重点发展公用网数字蜂窝电话设备,包括GSM系统和CDMA系统基站和手机;专用网数字集群通信系统设备和手机;无绳电话,包括多信道多功能无绳电话和数字无绳电话;无线寻呼发射机和BP机;多功能电话机和数字电话机等。同时,积极争取建立移动卫星通信手机生产基地。

(6)行业应用软件产品

根据我市的产业和行业优势来发展软件产业,例如在金融、证券、商贸、旅游、港口、邮电、交通等领域大力发展应用软件。扶持软件重点企业开发出若干重点软件产品,如商业POS系统、税务系统、电子商务系统、教育软件、娱乐软件等,创出深圳品牌。

(7)硬盘、磁头

促进企业整合,发挥整体优势,增加地区配套比重,发展市场规模。

(8)信息网络安全技术产品

开发、利用拥有自主知识产权的密码算法及其相关软硬件,研制安全认证系统和电子商务系统。在整合各单位科技成果和产品基础上,开发、生产网络安全设备,包括安全路由器、防火墙、服务器等,初步形成我国自主的信息安全产品体系。

(9)光贮存技术产品

建立CD-ROM和DVD系列光盘的母盘刻录设备;建立年产400万片的CD-ROM或DVD-RAM介质的生产线;建立年产50万台CD-RW光驱的生产线。并逐步拥有介质材料、光驱机芯和光学头等关键产品的自主知识产权。

三、主要措施

(一)进一步提高思想认识,发挥政府主导作用

信息产业是一个高投入、高风险的产业,而我国又是处在以国有经济为主、企业实力弱小、市场经济尚不健全的状况,发挥政府主导作用势在必行。市信息化主管部门定期制定信息产业发展规划和指导方针,坚持“统筹规划,协调发展”的原则。各行业发展规划和计划中,应包括信息化的内容。政府各部门对信息产业的审批、立项、融资、生产和运营等方面给予优惠支持,推进我市信息产业的发展。成立我市信息化发展战略研究中心,跟踪全球信息化发展动态,研究信息化对我市经济、文化、道德、法律、管理模式、生活方式等方面产生的冲击和影响,为政府提供和不断修订我市信息化发展战略。

(二)加大投资力度,建立信息产业风险投资机制

鼓励境内外企业、其他经济组织和个人投资我市的信息产业。建立信息产业风险投资机制,设立信息产业风险投资基金,鼓励社会各界对信息产业进行风险投资。积极推行信息企业的股份制改革,优先方便科技股份公司上市。政府每年在固定资产投资中拿出不低于5%的比例用于信息基础设施的建设,加大对信息基础设施建设的投资。

(三)建立信息技术创新体系,提高成果转化速度

技术是关键,创新是灵魂。要建立以产品为中心的信息技术创新体系,鼓励我市高校和研究机构进行信息产品开发和推广应用,支持我市信息企业同国内外知名大学和企业进行技术合作,推进“产、学、研”三结合,加快科研成果转化为产品的速度。要建立高水平的信息技术开发中心;争取国家重点实验室和博士后站在我市设点;加强对国外先进技术和管理经验的引进和吸收工作,争取国家级信息技术攻关项目在我市进行,提高我市信息产品的自主开发能力。

(四)执行“三个一批”战略,建立以产品为核心的产业联盟

扶持一批品质优良的名牌产品,对开发出具有自主知识产权、并具有重大推广价值的信息技术和产品,经市信息化主管部门认定,政府采取技术开发经费补贴等形式给予支持;对占国内市场10%以上或国际市场1%以上的信息产品,对我国我市产业结构有重大影响的产品,

给予更优惠的政策支持。

实行优惠政策,扶持一批具有支柱产品的龙头企业,实施“一厂一品”战略。每个企业至少要开发出一种优质产品。鼓励强强合作,成立以龙头产品为支柱的大型企业联盟,支持信息企业向集约化、规模化、国际化发展;鼓励有规模、有优质产品、有效益、技术开发能力强的企业兼并效益差、无好产品的企业;扶持一批具有自主开发能力,并具有占领一定市场份额名优产品的中小企业。

每年在信息产业中选择一批具有国内先进技术水平、规模较大 、社会效益和经济效益显著的工业设施,尤其是对开发和生产支柱产品有重要作用的设施,作为信息产业发展重点项目,并列入全市重点项目,从资金、基建、物资、人才和政策上给予重点支持;鼓励企业联合建设重大攻关项目。

(五)大力发展信息服务业,规范信息市场

加强我市信息市场的规范管理工作,制定信息市场管理办法、信息资源开发利用管理办法等法规,保护信息资源开发和信息服务提供者的合法权益;保护国家机密和商业秘密;打击盗版软件和其他违规行为;反对垄断和不正当竞争;建立信息资源共享机制,推动信息资源的开发和利用;制定合理的信息利用资费政策,鼓励和引导信息消费,培育信息市场;鼓励信息咨询企业联合发展,加强国际合作,扩大企业规模,提高企业竞争力;做好信息咨询企业资质水平的认定工作,扶持一批有权威、有规模、信誉好的信息咨询企业。

(六)建立“一个园区,三个中心”,发展软件产业

鼓励银行支持软件业(包括民营和私营软件企业)的发展,鼓励外资、私营企业投入软件业。在我市高新技术工业区内建立软件工业园,建设符合软件开发及国际合作要求的先进通信设施和完善的配套设施,建立适应国际竞争的运作体系,实行优惠税收、地价、楼价、电价、通信费等扶持政策,积极引进国内外著名软件企业。鼓励我市软件企业同国内外著名软件企业合作,成立跨国、跨地区软件集团公司,发展具有世界先进水平、并参与国际合作的软件工业,将深圳建成先进的软件基地。

成立软件技术中心,跟踪国际软件发展动态,研究开发关键软件技术,对软件人员进行再教育。成立软件评测中心,提高软件开发水平和监督力度。成立软件交流中心,公布软件指导价格,保护软件知识产权和劳动价值,保护软件消费者的权益,促进软件的推广应用。在大力开发具有自主知识产权软件的同时,大力发展软件服务业,并积极参与国际合作。对从事软件开发的高级技术人才实行高薪制,并提供良好的工作环境和生活环境。

(七)实施人才战略,营造良好的创业环境

信息产业的竞争,关键是技术和人才的竞争。建设吸引和稳定人才的良好创业环境,在科研环境、科研经费、科研设备、生活待遇、工作报酬等方面给予优惠条件。保护知识产权,采用技术入股和技术合作等方式,承认技术人员智力劳动的价值。培养和引进一批高水平的学术带头人、技术创新人才、市场型技术人才和经营管理人才。建立信息技术高级人才服务中心,加强高技术人才库的储备,制定灵活的专家人事制度,对有重大贡献和高技术水平的人才,经市信息化主管部门认定可聘为在职专家。人才服务中心实行柔性工作制,专家可接受本市企业邀请参加企业的技术开发。组织选派信息技术人员和管理人员出国培训和参与项目合作,跟踪和掌握国际先进水平和发展方向。

加强信息化知识基础教育和普及工作,在中小学开设计算机课程,从高中开始将计算机列为必修课。有计划地对各类在职人员进行信息化知识的教育,将计算机作为公务员、工程师等招聘考试的必考科目。电台、电视台、报刊等媒体要加强信息化的宣传,加强信息技术的科普工作,增强全民的信息化意识。鼓励社会力量举办计算机、网络等信息技术培训班。创造条件,筹办深圳信息技术学院。

(八)实行优惠政策,扶持重点信息产业发展

制定扶持重点信息产业的优惠政策，优化信息产业结构，把软件开发、集成电路设计、信息终端、通信网络设备等作为重点扶持的产业。政府每年在制定全市重点工程项目时优先考虑重点信息产业。

对从事计算机网络服务、数据库服务、信息咨询、系统集成、软件开发的企业，经市信息化主管部门资质认定为一、二级的，可以享受我市高新技术企业的优惠政策。

我市大专院校和科研机构从事信息技术服务、技术开发、技术咨询、成果转让所得的技术性服务收入，经市信息化主管部门认定，可免征所得税。对经市信息化主管部门认定的信息技术培训班可免征培训收入的营业所得税。

制定政府信息设备采购政策。涉及国家安全及政府投资的项目应优先使用国产设备；政府各部门及事业单位、国有控股企业的信息化项目应优先本地企业竞标。

加速信息设备折旧。由于信息技术和设备更新快，信息企业经信息化主管部门和市财政部门认定，可以加速信息设备的折旧，可比国家规定折旧期限缩短30%—50%。

深圳市信息资源开发利用规划

第一章　概论

人类社会正从工业社会迈向信息社会，社会各领域开发和利用信息资源的能力，已经成为一个国家、一个地区现代化水平和综合实力的重要标志。我国改革开放的总设计师邓小平同志提出的“开发信息资源，服务四化建设”的号召，从战略高度为我们信息资源开发利用指明了方向。世纪之交，信息化浪潮席卷全球。信息资源作为国民经济和社会发展的战略资源，日益引起世界各国和社会各界的普遍重视。信息资源的开发利用是信息化建设的核心内容，它对深圳建立和完善社会主义市场经济体系，在“二次创业”中努力实现“两个根本转变”，搞好国民经济宏观调控和现代化管理，提高人民生活水平，早日把深圳建成“四个中心”、“一个胜地”均有着十分重大的现实意义和历史意义。

深圳已经具备加快信息资源开发利用的较好条件。在信息化建设的组织、规划、法规以及信息基础设施建设，信息产业发展和信息消费水平等方面在国内具有一定的优势，这些都为深圳信息资源的开发和利用奠定了坚实的基础。然而，与发达国家相比，我市在利用先进的信息技术开发利用信息资源方面力度和深度远远不够，投入不足；有利于信息资源开发利用的体制和机制还没有形成；政府、企业、家庭开发利用信息资源的认识不足，能力差。对此，我们必须有危机感和紧迫感。如何利用深圳现有的优势开发利用信息资源，是我市深入进行信息化建设的重要问题。

国家把大力发展信息产业，加快国民经济信息化纳入了《国民经济和社会发展“九五”计划和2010年远景目标纲要》，确立了信息化在国民经济和社会发展中的重要地位。《深圳市信息化建设规划》为我们的未来绘就了一系列美好蓝图，因此，加快信息资源开发利用步伐，编制《深圳市信息资源开发利用规划》具有十分重要的现实意义和历史意义。

在本规划中，信息资源是指在经济、政治、科技教育、文化、社会生活等各个领域、各个层次产生和使用的信息内容；信息资源开发利用是指利用现代信息技术采集、处理、存储、传递和使用信息资源，提高信息资源的可获得性、适用性和有效性，提高其数字化、数据库化、网络化和商品化水平，实现高度共享。

《深圳市信息资源开发利用规划》是《深圳市信息化建设规划》的子规划之一。本规划根据深圳市及国家信息化要求和我市信息资源开发利用现状，确立了我市信息资源开发利用的原则、方针、指导思想和奋斗目标，拟定了近期数据库建设和组织资源上网的具体任务，设计了我市信息资源的开发利用机制，提出了进一步推动信息资源开发利用的政策措施。它是指导全市各部门、各领域以及社会各界进行信息资源开发利用的纲领。

第二章　信息资源开发利用的现状

深圳特区成立以来，信息资源开发利用取

得了良好的成绩。人们对信息资源开发利用的重要性认识不断提高,政府各部门、社会各领域不断采用现代信息技术,努力开发和利用信息资源,数字化、网络化的信息资源总量有了明显提高。据不完全统计,1997年深圳市从事信息服务的企业2800家,增加值达135亿元;具有一定容量的数据库180多个,数据记录超过3000万条,数据库规模、结构、容量和质量不断提高;电子信息网络88个,从事数据库服务和网络服务的企业45个;信息内容涉及国民经济各个部门和社会各个领域。建立了一个包括政务、宏观经济、工商企业、劳动力、财政、税收、证券、金融、期货、物价、外贸、科技、人口、治安、国土、文化、教育、旅游、人民生活等领域在内的数据库体系。

一、数据库开发利用成效显著

1.政府主导,需求牵动

一是在"小政府,大社会"的总框架内,迫切需要各方面的信息支持政府决策,为此全市政府部门及事业单位迄今共建专业数据库136个,为政府对社会、经济实行现代化管理提供了先进的信息手段;二是市属各大集团公司建立了有影响的企业数据库20多个,为企业的科学决策和高效运作,创造了良好的支持环境;三是近年来迅速发展的信息服务企业建库30多个。这些库不仅信息源广,内容丰富,而且热点突出,时效性强,充满活力。

2.专业化特点显著

我市数据库的建设在整体上体现了较宽的覆盖面,在局部上又体现了显著的专业化特征。例如劳动专业数据库,汇集了劳动力、工资、劳动安全、劳动法规的综合信息资源,有效地支持对全市社会劳动就业管理体系的专业化管理;又如科技专业数据库群,其专业化水准和实用性功能体现了行业的先进水平;全国电子行业信息网深圳分网在数据库建设上充分利用深圳的区位优势,收集和加工了大量电子类信息,不仅成为国家电子行业信息中心的重要资源,而且为我市电子企业跟踪先进技术、拓展市场、发展产业优势创造了良好的信息环境。

3.联机运行面不断扩大

据统计1996年初,我市只有38%的数据库可提供在线式联机服务。随着计算机网络技术的推广,尤其是Internet的应用和通信技术的发展,目前我市60%以上的大、中型数据库已可在局域网络、广域网络和Internet中为用户提供联机查询。国税、科技、海关、统计、金融、财政、地税、证券等部门不仅实现了全市的联机查询、交互式操作,同时与国家有关部委及国内各中心城市的相关数据库管理系统实现了联网。

4.注重采用先进技术

为满足对信息系统使用越来越高的要求,我市的数据库建设注重引入先进的数据库技术,公安、证券、金融、社保、财政、税务、国土、统计等部门(行业)都采用ORACLE、SYBASE、SQL SERVER等数据库管理系统,部分实现了信息资源的大容量存贮,多进程查询,交互式操作,分布式管理和多媒体应用,并率先使用了国内外先进的数据库安全、保密技术。以信息服务企业为主导,我市的多媒体专用数据库建设近期发展迅速。以数据、图像、语音多种形式存贮、加工的信息资源,在更大的范围拓展了数据库的交流和使用。

二、信息网络建设迅速发展

1.网络建设快,业务范围广

我市的信息网络的传输平台突破了传统的模式,向高速、可靠、宽带化发展。现在我市的信息网络已具备为各类用户提供互联网接驳电子邮件、网络图书馆、多媒体教育、网上购物、电子银行、电子报刊、会议电视、视频点播、远程医疗、交互式信息服务等当前最新的宽带化网络业务的条件。邮电电信网、有线电视网进行了宽带综合业务信息网的试验,电子商务等代表国际先进水平的信息应用已在我市开通或试验。

2．网络覆盖面大

利用国家邮电电信网、有线电视网、中国金桥网等通信渠道，我市正在构筑国内最先进的通信平台，为信息网络的大规模构建奠定了物理基础。依托这一物质基础，目前深圳已成为中国经济信息网(CEINET)、金桥网(CHINA GBNET)和教育科研网(CERNET)的主要中心节点。我市的信息网络不仅包容了众多的局域网、城域网，而且日益广泛地采用互联网技术，实现国际互联互操作，信息互通互交流，使网上信息资源的交流共享面扩展到全国通过 Internet 联通全球。

3．网上信息资源丰富

随着我市近年来信息化建设步伐的加快及信息资源的开发建设，目前我市数据库的数据记录已超过 3000 万条，丰富了网上信息资源。其中深圳信息网以决策信息系统、统计信息系统和社会信息服务系统为主体，每天以 400 万字以上的速度更新信息，同时联通市内外乃至国内外的信息网。实现了对市政府各职能局政务信息和全市大、中型企业经营信息的网上采集、汇总、加工、交流和反馈，为政府行政体系的辅助决策和企业的科学化管理提供了信息支持。各信息网络经营单位也以其在网上发布的丰富多彩的信息，展示自身的网络实力和信息优势。

三、信息咨询服务业初具规模

1．信息服务机构种类多，服务内容涉及面广

深圳的信息咨询机构从组织体系看，主要有：(1)专为政府决策提供信息的智囊机构；(2)为经济和社会发展配套的作为信息业主体的综合信息服务机构；(3)深圳各大集团公司、总公司所设的信息部或信息中心；(4)以信息咨询服务为主的各类行业协会、学会、社团及报刊杂志社；(5)近年来迅猛发展的各种类型的信息咨询服务企业。信息内容覆盖经济和社会生活的各个方面，涉及各个阶层，但主要集中于金融、股票、投资、房地产、劳务、法律、人才、商品供求等经济热点及各种生活热点。

2．信息咨询服务企业迅猛发展

深圳市信息咨询服务企业起步晚，但发展十分迅速，一跃成为我市信息产业的一支生力军。据工商部门统计，我市具有信息咨询服务业务经营范围的企业近 1 万家，其企业名称中冠有"信息"、"咨询"的企业达 1 千多家，从业人数 4 万多人。尽管它们的所有制不同，筹资方式各样，服务方式千差万别，但有一个共同的特点，就是经营机制灵活，市场反应敏捷，适应能力强。在从事信息商品经营的企业中涌现了一批服务能力强和知名度较高的企业。这些企业在我市信息咨询服务业中发挥了骨干作用。

3．信息商品意识增强，信息市场体系已具雏型

深圳的信息咨询服务企业，紧紧围绕着经济和社会发展及体制改革的热点，在服务对象及市场定位上，以市场需求为导向，开发高质量的信息产品为宗旨。目前，深圳市的信息服务市场已形成了一个初具特色的产业群体，成为我市市场经济中不可缺少的重要组成部分。

四、存在的主要问题

1．对开发利用信息资源的重要性认识不足。主要是人们对信息的价值观念淡薄，对信息资源与能源、材料一样作为经济和社会发展的战略资源缺少必要的认识，对如何通过信息资源开发利用促进经济和社会发展缺乏必要的措施，"有路无车"、"有车无货"现象严重。

2．信息资源的利用率低，缺少共享机制。主要是部门之间相互分割，各自为政造成信息资源开发利用分散、重复和效率低下。已开发的信息资源缺乏交流沟通机制，信息共享程度低。

3．管理体制不健全，政策法规不完善。主要是无统一规划，缺乏政策引导和组织推动。鼓励信息资源开发利用的政策环境如信贷、税收、价格、人员进出等方面的优惠措施尚未建

立。信息产品的法律、法规不健全,知识产权保护不完善等,严重地影响了信息资源的开发利用,打击了信息工作者的积极性和创造性。

4.信息产品的市场机制尚未形成。许多信息资源开发和利用的部门依附于机关事业单位,对信息这一特殊商品普遍缺少经营思想和经济效益观念,缺少竞争这一市场发育的最基本条件。由于我国通信费用过高,基础通信行业垄断经营,使从事电子信息服务的企业不能得到公平合理的收费和服务,大多数企业规模小,效益低,生存艰难,影响了信息市场的发展和成果的推广。

5.投资结构上"重硬轻软"、"重网轻源"、"重建轻用"现象严重。信息化建设中一个致命的弱点是重设备、网络的投资,轻信息资源的开发和共享的投入,我市也无不例外。其结果必然会导致大量的硬件设备因没有信息资源的支撑而使其处于"无米下锅"的饥饿状态,造成本来就有限的资金得不到合理利用及整个信息资源开发利用效益的低下;信息资源开发利用滞后于信息技术和产业的发展,数字化、网络化的信息资源建设速度落后于信息处理和传输能力的增长。

6.信息需求与信息消费水平仍然较低,从事 ISP 服务的大部分企业处于亏损状态。鉴于目前国民经济整体水平还不高,社会信息需求和消费水平仍然较低,加上通讯费用过高,上网速度较慢、中文信息量小等原因,导致当前 ISP 服务企业普遍亏损,大部分企业需从其他项目收入中弥补。

第三章　信息资源开发利用的原则及目标

一、信息资源开发利用原则

要紧紧围绕实现《深圳市信息化建设规划》提出的奋斗目标,贯彻执行国家信息化"统筹规划、国家主导,统一标准、联合建设,互联互通、资源共享"的"二十四字方针"在我市信息资源开发利用工作中要遵循如下原则:

1.需求驱动原则

必须以需求为导向,与国民经济和社会各个领域的需求紧密结合,以需求的紧迫性、重要性和效益作为确定信息资源开发利用重点任务和优先次序的依据。

2.资源共享原则

要充分利用已有信息资源,努力加快信息资源数字化、网络化和商品化的进程,凡是有需求又不涉及机密的都应实行交流,促进信息资源的高度共享。

3.市场导向原则

培育信息服务市场,健全信息服务体系,努力形成信息资源开发利用的良好机制和宽松环境。

4.政府先行原则

作为掌握着主要信息资源的政府部门的信息资源开发利用必须先行一步,为社会其他领域起表率作用。

5.普及服务原则

积极鼓励各个领域和业务环节使用现代信息技术,使新产生的信息资源数字化、网络化;努力普及信息化知识,使公民享有获取信息资源和电子信息服务的权利。

二、信息资源开发利用奋斗目标

根据深圳市信息化建设规划及信息产业规划纲要,从现在到 2005 年,我市信息资源开发利用拟分二个阶段,第一个阶段为 1998～2000年,主要任务是:调整信息服务产业结构,基本建立适合信息资源开发利用机制和信息资源管理体制,基础性、关键性和重点领域的信息资源开发利用应基本满足当时需求;第二阶段为 2001～2005 年,主要任务是提高信息资源开发利用的水平,力争达到国内领先及发达国家 20 世纪末的水平。根据上述任务要求,提出如下目标:

1.2000 年奋斗目标

至 2000 年底,深圳信息资源开发利用的奋斗目标是:初步建立有利于信息资源共享和促进信息资源开发利用的管理体制和市场机制;探索出建立适应社会主义市场经济体制和国际竞争环境的信息服务体系的方向和途径;提高信息的适用性、有效性和可获得性;面向重点领域的信息资源开发利用形成一定规模,能提供较高质量的信息产品和服务;建立基本健全的信息资源管理体制和信息服务体系;具有一定规模的数据库800个,数据库记录总数为18000万条,网络用户发展到10万户;从事数据库服务和网络服务的企业达100家,平均每人每年用于通讯及信息消费的费用为2000元;信息服务业增加值达180亿元。计算机信息服务网络覆盖经济和社会各领域和部分乡村。

具体来说,要做到一批重点信息资源开发利用项目基本建成,在经济和社会发展中发挥重大作用。政府部门信息资源基本实现数字化和网络化,建立完善的政府信息公开制度。经济信息资源开发利用能够满足市场经济体制和企业发展的需要。网络教育在提高全民文化素质方面发挥突出作用。社区信息服务成为提高人民生活质量的一个重要组成部分。大部分大中型企业建立起综合信息网络。信息资源开发利用法律法规和标准体系初步形成。

2.2005年奋斗目标

2005年信息资源开发利用的主要奋斗目标是:信息资源开发利用深度和广度显著提高,信息资源的完整性、准确性、及时性、实用性、适用性、可获得性水平和数字化、网络化、社会化、商品化程度大幅度提高,与国际先进水平的差距大幅度减少,信息资源开发利用与网络建设、先进信息技术应用协调发展,基本适应当时经济和社会发展需要。信息资源开发利用重大工程取得明显的经济效益和社会效益,全市统一信息增值网络服务平台初步形成。拥有高素质的信息资源开发利用人才队伍,信息资源开发利用的政策、法规和标准体系基本完善,宏观和微观的信息资源管理体制比较成熟。具有一定规模的数据库1600个,数据库记录总数达40000万条,网络用户发展到25万户;从事数据库服务和网络服务的企业达200家;平均每人每年用于通讯及信息消费的费用为4000元;重要信息资源存量90%以上数字化,主要信息资源的增量全部数字化;先进信息服务体系初步形成,信息服务业年增加值达395亿元。

第四章　政府管理与决策信息

政府信息资源是指各级政府部门及其事业单位在实现宏观决策、实施行政管理和服务社会过程中生成、使用、存储的信息。

政府信息资源是社会信息资源的重要组成部分,政府各部门在开展政务活动、组织经济运行、开展社会活动的各个领域,每时每刻都生产大量的信息。据我市信息资源重点调查表明,政府部门开发的信息占全社会信息量的70%左右。在1997年被调查66家单位中,拥有数据库96个,其中行政、事业单位占80个,是数据库总量的83%;信息网络59个中,行政、事业单位拥有41个,约占70%。由此说明,逐步开放政府信息,向社会提供信息服务,建立政府信息资源的管理制度,在信息资源开发利用中具有重要的地位。

另一方面,政府信息资源的开发利用,发挥政府现有各类信息系统和网络的作用,实现政府各部门之间以及政府与公众之间的信息资源共享,又将进一步提高政府决策水平和管理工作的质量和效率,更好地发挥信息引导和信息调控在国民经济和社会发展中的作用。

还应该指出的是,政府信息公开不仅是社会的需要,也是政府机关依法行政,保证办事公开,加强廉政建设的需要。政府信息公开,让群众了解相应规章,按规定程序和条件办事,有利群众对政府工作的监督,有利密切政府与群众的关系,促进精神文明建设。

一、数据库建设

根据信息化建设"九五"规划,我市未来几年将逐步建设政务、经济、社会领域的各类型数

据库数十个。配合《信息化建设近期实施方案》的实施,经研究确定政府部门需建立的主要项目如下:

1. 统计数据库

包括我市国民经济及社会发展状况、环境及资源状况的统计数据,国内各大、中城市或地区,以及港、澳、台地区和部分国家的相关统计数据。

①工作内容

采集、录入国民经济及社会发展情况数据,完善既有数据库系统。

②信息源

各企业、事业单位的统计数据,政府有关部门的统计数据,以及与各大、中城市交换的统计数据。

③目标

提供及时准确的全市国民经济及社会发展状况,掌握相关城市及港、澳、台地区经济动态。

④建设单位

市统计信息局

2. 宏观经济数据库

经济预测预警、分析论文、经济及社会发展措施等。

①工作内容

编辑录入经济动态数据和分析文章,完善预测预警模型。

②信息源

统计数据库,各类报刊杂志、书籍。

③目标

提供科学准确的经济预测预警决策信息和高质量分析文章。

④建设单位

市统计信息局

3. 公民数据库

包括公民个人基本信息、家庭状况、社会及群体情况。

①工作内容

采集、录入公民个人基本信息及相关家庭、社会群体情况,构造数据库系统。

②信息源

本市户籍管理部门,人事、劳动管理部门。

③目标

可实时查询公民现状情况;可为政府相关职能部门提供准确的统计数据。

④建设单位

市公安局

4. 政策、法规数据库

包括国家、部委及地方法规,国际条约与公约等。

①工作内容

采集、录入政策、法规数据,完善既有数据库系统。

②信息源

国家法规数据库;市人大、市府及各职能部门。

③目标

提供及时、准确的全国和本市政策、法规信息;提供网上的信息查询服务。

④建设单位

市审计局

5. 国土资源数据库

包括地形地貌、土地资源、城市道路、城市管线、城市绿化、重点建筑物、土地规划等。

①工作内容

地形地貌、道路管线等测绘、扫图,采集、录入有关数据,完善既有数据库系统。

②信息源

建设、城管、国土等部门存档的工程资料;专项调查,测量数据。

③目标

提供完整准确的地形地貌、土地资源、城市道路、管线、绿化等数据及相应的直观逼真图形。

④建设单位

市国土规划局

6. 环境保护数据库

包括大气Pb浓度、海洋污染浓度、河流水库水质、排污监测情况和噪声监测数据等。

①工作内容

采集、录入本市天气、海洋、河流等相关数据;构造数据系统。

②信息源

市环境监测部门。

③目标

提供实时、准确的环境状况信息。

④建设单位

市环境保护局

7. 社会保险数据库

包括医疗保险、养老保险、各种商业保险宏观数据及相应的规章。

①工作内容

采集、录入社会保险基本数据,完善既有数据库系统。

②信息源

社保管理部门采集的相关数据;本市其他保险业机构采集的数据。

③目标

提供及时、准确的保险数据;可为政府相关部门提供准确的统计数据。

④建设单位

市社会保险局

8. 劳动综合数据库

包括劳动用工、就业、失业、再就业动态记载、劳动工资及安全监控、安全重点单位情况等。

①工作内容

采集、录入就业、待业、再就业及劳动安全等数据;完善既有数据库系统。

②信息源

本市劳动管理部门。

③目标

提供全面准确的就业、待业、再就业及劳动安全等相关信息;提供网上信息查询服务。

④建设单位

市劳动局

9. 社会医疗服务数据库

包括医疗机构、学科分布、医务力量、床位空置、个人就诊记录、住院记录、药品、材料消耗等数据。

①工作内容

采集、录入医疗机构、医务力量及设施等数据;构造数据系统。

②信息源

各医疗机构。

③目标

提供完整、准确和详细的医疗服务信息;提供网上信息查询服务。

④建设单位

市卫生局

二、组织政府信息向社会开放

根据社会需求、办事公开、方便群众的原则,除国家规定的内部及有秘级的资料以外,其他信息原则上都应向社会开放。

1. 向社会开放的基本内容

(1)各政府行政、事业单位的职能、职责或工作任务;

(2)本部门的办事程序,办事规则;业务管理办法、收费标准;

(3)有关本部门工作业务相关的政策、法规、规章、规则;

(4)公开的文件、各类的公告、通知、通告;

(5)政治、宏观经济形势分析、工作月报、年报及其他有关宣传、推广、教育资料等。

(6)政府拥有数据库中非保密及社会需求部分。

2. 向社会开放的主要形式

(1)在深圳城域网这一公共平台上发布信息;

(2)利用报刊传媒发布公告、通知、通告;

(3)举行定期或不定期信息发布会、报告会、演讲会;

(4)举办不同行业、专题或特定对象的信息交流会、报告会。

3. 向社会开放的原则

(1)分层次管理,确保信息安全。政府信息资源利用分配,是分层次的,而且社会需求的绝大部分是公开的、非保密的信息。区分是否保密,应遵照1997年国家八部委联合发布的国保发[1997]005号文"关于经济工作中国家秘密及密级具体范围的规定"。该文对各密级具体内容作了详细的规定,除此之外,都应属向社会开放的非保密范围。

(2)建立各部门信息公告制度化、规范化。建立政府信息公告制度,规范政府部门间的信息交换方式,确定各级政府部门向社会发布的信息内容,初步实现政策、法规、公告、办事程序、统计以及其它按规定发布的信息实现网络化。

(3)各部门成立专门信息发布管理小组,按目录提供相应信息,定时用电子版直接上网。

第五章　社会公共与市场信息

社会公共与市场信息主要包括与广大人民群众工作、生活密切相关的社会公共需求的信息,以及在市场经济运作过程中为社会需求的所有商务信息。社会公共与市场信息的数据库建设和社会信息上网,以市场需求为原则,运用经济手段,实行有偿服务。

一、数据库建设

1. 企业及产品数据库

包括企业基本情况、产品基本情况、企业资信等级及资产财务情况、企业经济效益情况、企业劳动工资情况、产品及质量标准、企业需求(包括原材料、市场、合作)等。

①工作内容

采集、录入企业和产品的基本数据库;完善既有数据库系统。

②信息源

市技术监督情报所采集的组织机构信息和产品信息;市统计部门采集的企业信息;市劳动部门采集的企业信息;市工商部门采集的企业信息等。

③目标

提供完整、准确的企业信息和产品情况。

④建设单位

市技术监督局

2. 金融数据库

包括世界各主要金融市场(如纽约、东京、伦敦、香港等)、外汇、期货、股票行情,国内各主要交易市场及深圳当地的交易市场行情、消息、评论、分析等。

①工作内容

采集、录入金融、外汇、股票及期货等数据,构造数据库系统。

②信息源

本市各金融机构的统计数据;各类交易所的统计数据;国际媒体提供的世界各主要金融市场的信息。

③目标

提供全面准确及时的各种金融、外汇、期货、股票信息和权威评论、分析文章。

④建设单位

市人民银行

3. 商品信息数据库

包括市内各大商场和批发市场的商品供求信息及商品价格、商品的信誉情况等。

①工作内容

规划、组织市内各大商场和批发市场建设各自的商品信息库,并促其上网服务。

②信息源

各商场、批发市场业务数据。

③目标

所有大型商场和批发市场都有商品信息库,并提供网上信息查询服务。

④建设(组织)单位

市信息办、各商场、批发市场

4. 人才数据库

包括人才资源、人才需求及人才流动等。

①工作内容

采集、录入人才基本情况和供需情况数据,完善既有数据库系统。

②信息源

本市人事管理部门收集的人事资料;各人才交流市场的信息;各企业、事业单位的人才需求信息。

③目标

全方位提供全市人才供需信息;提供网上信息查询服务。

④建设单位

市人事局

5.科技信息数据库

包括科研攻关项目、产品开发项目、科技引进项目、科研产品推广、科技成果及转让、专利申请、标准文献等。

①工作内容

采集、录入科研项目和科技引进推广等数据,构造数据库系统。

②信息源

本科技管理部门收集的信息。

③目标

提供全面完整的科技类信息,包括国际、国内最新科技成果等;提供网上信息查询服务。

④建设单位

市科技局

6.影视节目库

包括经典电影、电视节目库,卡拉OK影视精品节目库等。

①工作内容

整理、编辑影视图象数据,制做数据库;构造数据库系统。

②信息源

影片发行公司;影视经营商场等。

③目标

集国内外影视作品之精华,为交互式电视提供节目。

④建设单位

市文化局、市有线广播电视台

7.旅游数据库

包括市内及全国主要地区的各旅游景点、酒店和旅行社资料。

①工作内容

采集、录入旅游景点、酒店和旅行社基本数据,构造数据库系统。

②信息源

市旅游管理部门;各旅游景点、酒店和旅行社等。

③目标

提供图文并茂的旅游资源信息;提供及时准确的酒店住房信息;提供网上信息查询服务。

④建设单位

市旅游局

8.图书数据库

包括全市各图书馆、新华书店的藏图书目录、简介等。

①工作内容

采集、录入馆藏图书信息,完善既有数据库系统。

②信息源

市图书馆;各大学图书馆;书城和各大新华书店。

③目标

提供本市所有图书的目录、名称、简介、摘录等资料;提供网上信息查询服务。

④建设单位

市图书馆、市书城

9.电子器件及计算机配件数据库

包括各种电子元器件和电子计算机配件的产品信息、价格行情等。

①工作内容

采集、录入电子元器件和电子计算机配件产品和价格行情;构造数据库系统。

②信息源

本市电子行业企业;赛格市场;各电子专业

报刊、杂志等。

③目标

提供准确实时的电子类产品价格行情和重大动态消息;提供网上信息查询服务。

④建设单位

市统计信息局、市赛格集团有限公司

10. 投资项目库

包括深圳市及全国主要省、市重大投资招商项目。

①工作内容

采集、录入投资招商项目数据;构造数据库系统。

②信息源

市招商管理部门;各地、市招商资料。

③目标

提供完整的全国重大投资招商项目信息;提供网上信息查询服务。

④建设单位

市招商局

二、社会公共与市场信息发布主要内容

1. 商业经济

●经济快讯

●证券市场

●外汇市场

●期货市场

●农贸市场

●深圳市主要国民经济指标完成情况

●深圳统计快报、月报

●港澳台经济

●中国财经要闻

●国际经济

●经济政策

●经济动态与分析

2. 教育人才

●教育机构及概况

●多媒体教学软件

●中小学试题范例

●人才中介机构

●成人教育

●人才交流规定

●深圳人才交流市场

3. 科技新闻文献

●科技成果、专利

●图书、文献、档案

●深圳书城、新华书店

●重要报纸、杂志

●国际科技快讯

4. 卫生保健

●卫生、防疫管理机构

●市、区医院、急救中心

●计划生育政策及机构

●医疗保险

5. 文化娱乐体育

●电视、广播节目预告

●主要剧院、影院节目安排

●体育消息

●文化、娱乐、休闲知识

6. 生活旅游

●中国主要城市旅游、住宿、购物指南

●深圳旅游景点、旅行社、星级酒店、宾馆

●火车、飞机、船期公告、时刻表

●邮电通讯

●邮政编码及长途电话区号

●公交路线及道路交通管理

●城管规定及城管公告

7. 深圳办事指南

●深圳公安机构及户籍管理

●边境出入境管理

●税务法规及深圳税务机构

●工商办事程序及深圳工商管理机构

●深圳市行政事业单位收费项目、收费部门和收费标准

第六章　信息咨询服务业

信息咨询服务业是信息服务业的重要组成部分,信息咨询服务业的高度繁荣和发展是信

息资源有效利用的直接体现。以社会需求为导向，依托高素质人才和网络信息资源，完善市场机制，技术手段现代化、信息内容多样化、经营方式集约化、服务范围国际化是我市信息咨询服务业的发展方向。

一、信息咨询服务业的发展目标

从我市的实际情况和发展趋势围绕深圳经济特区"二次创业"的战略目标，在1999年——2005年期间，大力发展以政府各部门信息机构为主体的面向政府机关宏观决策的决策信息咨询服务，面向工业、金融、贸易，交通、运输等国民经济基本要素的市场信息咨询服务，方便人民生活、引导居民合理消费的社会公众信息咨询服务，面向教育、科学技术开发的科技信息咨询服务，逐步实现政府信息服务的专门化，社会信息服务的市场化，专业化，企业化，发展出一批深层次，高水平的权威咨询机构，基本形成以专业信息服务机构为骨干，其他信息服务机构为补充，能够为我市社会经济发展和人民生活提供全方位、高质量信息服务的完善的信息咨询服务体系。今后几年要达到如下指标：

2000年实现信息咨询服务业增加值38亿元，占信息服务业22%；从业人数6万人。

2005年实现信息咨询服务业增加值100亿元，占信息服务业26%；从业人数10万人。

二、建立健全信息咨询服务体系

根据我市信息咨询业的发展情况，从管理层、经营层和用户层三个层次，逐步建立完善我市的信息咨询服务体系。

1．建立我市综合、高效的协调管理框架

按照"行业归口，统一管理，协调运作"的原则，构建我市信息咨询服务业的管理框架，确立信息化主管部门对全市信息咨询服务业负责统一管理协调，各专业行政部门实施对本专业信息咨询机构的业务管理相结合的管理体系。建立和推行国际化、标准化的行业规范，对信息咨询机构和人员实行资质审查，资格认定，加强对咨询机构和人员的管理。

建立并发挥信息咨询服务机构行业协会的职能，使行业协会成为辅助政府机构进行行业管理的有效形式。

2．提高经营服务的规模和质量

在信息咨询服务机构中，推行现代企业制度，明确所有权与经营权关系，形成以社会需求为引导的经营机制，鼓励信息咨询机构与国外咨询机构建立合作关系，取长补短，融通信息，打破条块分割，促进信息咨询机构向规模化、集约化方向发展，开发生产一批拳头信息产品，形成一批规模企业，推动先进技术的应用，加快我市信息咨询业产业化和国际化的步伐。

3．强化社会信息咨询意识，提高社会信息消费水平

加强公众信息咨询服务有偿化的意识，推广信息咨询服务。加强资源开发力度，丰富网上信息内容，降低信息服务成本，刺激社会信息需求。进一步健全信息咨询业政策，法规，明确信息咨询业的法律地位，将咨询作为决策过程中的一个法定程序，使政府社会的重大经济决策问题通过权威咨询和专家论证。为信息咨询业制定相应的收费和税收政策，形成合理的价格机制。建立用户投诉制度，确保消费者的利益。

第七章　信息网络环境

计算机信息网络已经成为信息传播的重要工具。近年来，信息网络的建设发展与信息资源的开发利用，互相促进，相得益彰，都有长足发展。构筑先进的信息网络平台，营造良好的信息网络环境，是信息资源开发利用的重要保障。

按照深圳市信息化建设规划，要充分利用现有的通信网络资源(电信网、有线电视网、卫星网等)，为各类应用系统和计算机网络提供一个开放式的互联互通的统一公共平台，实现信息资源的高度共享。这一公共平台就是一个建立在城市公共通信基础设施之上的深圳市城域

网平台。

一、深圳市城域网的建设目的和原则

城域网(MAN)是一个城市重要的信息基础设施之一,是国家信息高速公路(NII)与城市广大用户之间的信息桥梁。建设深圳市城域网的目的是提供通用和公共的网络平台,以高速有效地传输数据、语音、图象和视频等信息,为开发利用信息资源提供可靠的物理基础。

深圳市城域网的建设应遵循以下原则:

1. 连接性,即与现有的广域网、局域网之间具有良好的连接和互操作性。

2. 接入性,即网络能接纳大量的用户,使市内众多的机构、组织、家庭和个人方便入网。

3. 先进性,即网络具有高速率、高带宽、低延迟等高品质的传输特性。

4. 安全性,即保证网络运行的可靠、用户使用的保密和安全等。

5. 开放性,即符合国际和行业标准。

二、深圳市城域网的构成

深圳市城域网可分为:有若干骨干节点组成的骨干网,有若干接入节点组成的接入网,以及连接它们的传输网三个部分。

1. 传输网

深圳市城域网的传输网应实现 ATM 物理层的功能,遵循 SONET/SDH 协议,采用单模光纤,达到 OC3/STM－1 155Mpbs 或 STM－4 622Mbps 的传输速率。

2. 骨干网

深圳市城域网的骨干网由若干交换骨干节点组成。

每个骨干节点都选用大容量的 ATM 骨干交换机,每个骨干 ATM 交换机都邻近的两个骨干交换机,采用 STM－4(622Mbps)相连。

考虑到与广域网互联,中心骨干节点应配备与 X. 25、帧中继和 ATM 广域网连接的 WAN/ATM 路由器。

3. 接入网

深圳市城域网的接入网由所有接入节点组成。负责将用户网接入 ATM 骨干网。

用户局域网以远程方式连接到接入节点时,可以采用 DDN、FR、ISDN、HFC 以及无线双向数据网等。用户局域网以近程方式连接到接入节点时,一般采用 ATM 方式,以得到高带宽的传输品质。

三、深圳市城域网的基本服务

深圳市城域网提供广域网互联、虚拟网组建和用户网接入三种基本服务。在这些基本服务的框架内,建立众多增值网,提供增值服务。

1. 广域网互联

城域网是用户设备和广域网的中间环节,因此,深圳市城域网必须提供与采用 X. 25、FR、ISDN、ATM 等协议的公共和专用广域网的联接服务。

2. 虚拟网组建

深圳市城域网是深圳市的公共网,提供组建虚拟专用网的组建服务。市内同一行业但较为分散的机构可以在深圳市城域网的基础上构筑自己的专用网。

3. 用户网接入

深圳市城域网的接入网提供各种局域网和远程网的接口和协议,使得通常的局域网如 Ethernet、FDDI、ATM 能接入到 ATM 骨干网。家庭可通过 HFC 或 PSTN,将电脑接入城域网。

四、深圳市城域网的建设实施步骤

1. 首先实现各网络的本地互联。即建立一个网络交换中心,所有在深圳市营业的 Internet 服务商(ISP)网络都与网络交换中心互联,为实现本地资源共享。

2. 条件成熟后,在邮电宽带综合业务网、有线 HFC 网、市机关电脑专网已有的 ATM 网络基础上实现基于 ATM 的互联互通,构筑深圳市城域网的基本框架。

3. 建立网络信息服务中心,逐步实现整个网络互操作,广泛开展电子商务和各类电子数据交换,为充分利用信息资源提供优良的信息网络环境。实现城域网统一的目录管理,用户认证和资费清算。

第八章　信息资源的开发利用机制

信息资源的充分利用,是信息资源开发的根本目的。一个有效的信息资源开发利用机制,成为能否实现信息资源充分利用的关键。信息资源的开发利用机制包括行政、法律、市场和技术四个方面。通过在这四个方面采取一些有效手段,在政府的调控和指导、法律的保护和规范、市场的引导和刺激及技术的支持和保证下,形成信息资源开发利用积极、高效和竞争有序的良好环境,逐步建立起一套完整、成熟及有效的开发利用机制。

一、行政机制

1. 原则

(1)政府大力宣传并积极支持社会各界参加信息资源的建设事业,热心投资于信息资源的开发利用。

(2)政府有向社会发布政务信息的义务,公民有从政府方面获得信息的权利。凡不在保密范围内的各类信息,都应该通过各种传播媒体向社会公布。

2. 方法

(1)建立常规的政务信息公布制度。政府部门的信息资源在社会信息资源中占有很重要的位置,建立一个常规的政务信息公布制度,将对社会产生良好的示范效应;政务信息公布的范围和程序,制定一个统一的标准,由市政府行文,由主管部门监督执行。

(2)建立信息资源开发经费保障体系。为保证信息资源开发有正常的经费,将信息资源开发经费单立,与固定资产投资同等对待,并纳入市财政常规预算中。

(3)建立规范的行政干预制度。对阻碍信息资源开发、传播和交流的行为予以必要的行政干预;制定相应管理办法,对此类行为予以界定并明确行政干预的程序等,由政府信息化主管部门执行。

(4)咨询服务业建立常规的处理投诉和纠纷的制度。建立处理投诉和纠纷的程序,设立专职岗位和投诉电话,处理业内投诉和纠纷。

(5)建立价格监督管理制度。将信息产品(数据库、光盘等)、信息咨询服务等的收费,纳入常规的价格管理中,信息化主管部门与价格主管部门间加强沟通和协调,以指导业内的价格公平合理。

二、法律机制

1. 原则

(1)逐步建立和健全有关法律、法规,对信息资源建设给予强有力的保护。

(2)规范信息资源开发和利用的行为,用法律手段对不法行为予以坚决打击。

2. 方法

(1)制定法规,保护业内正当的经营活动,规范业内行为。制定地方性的咨询服务业反不正当竞争规定或条例,限制垄断性竞争,打击欺诈行为。

(2)建立良好的法律运行体系。推动咨询服务活动中的司法实践,抓住一些典型案例,积极运用司法手段解决,并以此为起点,推而广之,以形成一个信息市场在法律制度下运行的良好环境。

三、市场机制

1. 原则

(1)坚持市场经济原则,谁投资谁受益;

(2)无偿服务与有偿服务相结合;

(3)利益共享、风险共担、有序竞争。

2. 方法

(1)鼓励行政事业机构开发信息资源,并积极向社会开放。制定一项行政事业机构提供咨询服务的收费管理办法,引导行政事业机构积极开发信息资源,积极向社会提供信息服务。

(2)向社会宣传信息有偿消费的意识,建立消费用户身份认证机制,以推动信息需求市场的发展,保护信息资源开发者的合法收益。

四、技术机制

1. 原则

(1)信息产品—数据库的开发,必需符合规范,适于共享;

(2)数据库要尽可能上网,使其得到充分利用;

(3)进入国际互联网的本地网络,同时一定要联入本地互联中心。

2. 方法

(1)建设一个先进的、高效的政府专网,保证政务信息交换畅通。一个先进的、高效的政府专网既可为各行政事业部门提供良好的信息交换通道,亦为全市作出示范,推动全社会的网络建设。

(2)大力推动宽带城域网建设。配合机构调整,政府积极参与并协调好有关部门的关系,争取2005年前建好城域网公共网络平台。

(3)公布数据库产品名录,以指导其上网。编制年度的数据库产品名录,评定其等级,鼓励其上网提供服务。

(4)制定信息发布规范。制定INTERNET上信息制作和发布规范,以指导本地的信息制作和发布。

信息资源共享机制以技术机制为基础,以行政机制为先导,在信息化发展的初期,需要充分利用政府各种强有力的行政手段,推动信息资源开发,并逐步形成应用积极和服务完善的良好氛围。在需求日益扩大,市场渐成规模的阶段,积极探索并运用法律机制,保护和规范信息服务和消费行为,建立信息市场的正常运行环境。这四个部分是不可分割,互为补充,缺一不可的统一体,适时、有效地发挥好各自的作用,便能逐步建立起信息资源的开发利用机制,有力地推动信息资源的开发。

第九章　政策与措施

采取正确的政策和有效的措施,是开发利用信息资源,促进信息资源建设的前提条件,也是信息化建设取得实效和成败与否的关键。我市信息资源建设要紧密结合特区的实际情况,认真贯彻国家有关信息化的方针、政策和法规。

一、基本政策

1. 发展指导政策

信息资源的建设应以服务社会、建设区域信息中心为目标,围绕社会经济发展的中心任务开展工作。

在信息资源建设中,把政府引导与市场推动的作用结合起来。以统筹建设规划,强化协调协作,推进政府信息资源建设;以市场需求牵引,政府引导扶持,推进社会信息资源建设。鼓励专业化发展,构建区域优势,不断提高全市信息资源建设的整体水平。

在技术开发方面,大力提倡创新意识,跟踪、引进先进技术。

在管理协调方面,破除各自为政,鼓励开放共享。通过积极有效的政策引导,开拓具有地区特色的信息资源建设有效途径,构建统一、顺畅、高效的信息资源共享有效机制。

2. 鼓励与扶持政策

综合运用经济、法律和行政手段,营造信息资源建设的良性发展环境。

强化政府投入,投资信息化建设的资金、人才、物资应向信息资源建设倾斜,扶持重点建设项目;给予电子信息服务业在贷款、融资、税收方面以优惠政策;开放信息市场,大胆引入外资;以资本为纽带,以权益共享为机制,调动、激励各方面的积极性,组建跨行业、跨区域、跨所有制的信息资源建设共同体。

3. 规范与保障政策

为规范与保障信息资源建设,必须建立相应的法规体系。该体系应体现:

统一信息标准,推进共建共享;规范经营行为,鼓励公平竞争;保护知识产权,维护投资利益;建立监管机制,保障信息安全。

实践证明,法律滞后已成为信息化建设的羁绊。为此,要尽快出台相对成熟的法规,在执法中完善,在实践中发展。

二、主要措施

1. 强化对信息资源建设的领导

(1)市政府给予信息化建设委员会办公室以充分的授权,提供必要的管理权限,明确其代表市政府管理信息资源的职责。

(2)各区、局、行业设置或指定相应的负责机构,承担其信息资源建设任务,服从市主管部门对信息资源建设的分工、合作与共享的协调管理。在统一的规划指导下,贯彻实施区、局、行业计划,推进信息资源建设,形成全市统一的分级管理体系。

(3)建立市信息资源建设协调工作会议制度。协调会由市主管部门主持,各区、局、行业主管部门参加,定期分析、研究和解决信息资源建设工作中的问题。

2. 建立统计考核指标体系

该体系包括:

●界定信息资源的统计分类及建设内容;

●测评信息资源开发利用规模、水平、效能的统计指标制度;

●测评不同运作实体的信息资源开发利用业绩的考核指标制度;

●测评信息资源开发利用机构资质的考核指标制度。

3. 确保资金投入实施重点数据库投资开发

围绕实现“两个转变”的发展目标,制定重点数据库投资计划。政务、经济、金融、法规、科技、教育等公益性、基础性数据库,是构建我市信息环境的主要因素,对实现信息化有重大的推进作用,应抓紧制定或完善开发计划,积极组织实施。要从信息化经费中划出信息资源建设的专项资金,确保对重点数据库建设、维护的资金投入;要明确责任单位和建设周期;要建立保障重点数据库长期、有效运作的维护机制。

通过建一个重点数据库,带动一个行业信息化,形成以信息资源建设牵动社会信息化的新机制。

4. 鼓励和规范信息咨询服务业的发展

信息化的推进必须依靠信息咨询服务业的健康发展。为此,要做好以下工作:

●对信息咨询服务业实行融资、税收、价格等方面的优惠政策,以利培育信息市场,营造宽松的发展环境;

●把计算机网络信息服务企业纳入“服务型”高新技术企业的认定范围。技术构成达到一定水准的企业,应予以享受我市高新技术企业政策优惠;

●调整通信资费政策,打破垄断,保护计算机信息服务经营者及用户的权益和积极性;

●严格审查机构执业资格,健全机构资格证管理制度,提高经营机构素质和档次;

●打击非法活动,坚持规范从业机构的经营行为,维护信息市场秩序。

5. 加强行业、部门信息资源建设

从宏观和微观经济活动的两个需求层次出发,继续抓紧抓好各行业、各部门的专业化信息资源建设。

●全市的发展规划应对行业、部门的专业化信息资源建设提出要求,把整体发展的统一性与专业化发展的特殊性紧密结合起来;

●要强化金融、外贸、科技(电子)、统计、税务等与我市经济增长点相关度高的行业信息资源建设;

●依托经济、技术及区位优势,以专业化发展,带动我市信息资源的总体建设。

以丰富的信息资源和高度的共享机制来奠定区域信息中心的地位。

6. 搞好信息资源开发利用的标准化工作

抓紧信息资源建设的标准化工作。包括制定、选用或修订:

●信息分类编码标准;

●信息交换格式标准;

●信息安全标准;

●信息产品标准;

●信息处理标准。

条件成熟的标准化项目尽可能采用 ISO 国标标准。

7. 信息资源建设的立法,要破除因循守旧观念,大胆创新,先行突破

目前,应抓紧出台的法规有:

(1)信息资源法

制定《信息资源法》的目的是:

以此构建信息资源建设规范化的基石。其主要内容应包括:从法律上明确信息资源的地位、价值;明确各层次主体在信息资源开发利用中的责任、权利和义务;明确信息资源的所有权、采集权、开发权、经营权的归属、转移及其相关的管理原则;明确对国家机密、商业秘密及隐私权的保护。

(2)政务信息资源管理办法

制定《政务信息资源管理办法》的目的是:

既维护公民的知情权利,又要提高政府信息服务水平、办事效率。其主要内容应包括:界定政务信息的内涵、权属;制定政府部门间信息交换准则;明确各政府部门在政务信息资源建设、管理中的任务、职责和权利;建立健全政府部门信息公告制度;制定保守国家机密原则;明确政务信息对社会公开的范围。

8. 加快信息资源建设所需的人才队伍建设

重点培养出一批既懂计算机和网络技术,又通晓社会经济专业知识,具备综合分析、处理信息能力的复合型人才。

(1)会同人事、劳动、教育部门在制定我市的职业教育和干部继续教育计划中,系统地设置相关专业,培养应用型人才;

(2)重视和妥善解决信息资源开发利用专业人才的安排、使用和待遇等问题,研究设立信息资源应用专业(采集、加工、分析)职称系列;

(3)建立公开、平等、合理的遴选用人制度和激励机制;

(4)有计划地每年从内地和境外引进高层次人才,注重培养优秀青年人才。

9. 加强信息资源建设重要性的宣传工作

(1)利用各种媒体、各种场合广泛宣传信息资源建设在信息化建设中的重要地位和作用,花大力气扭转"重硬轻软"的观念。

(2)抓住知识经济的宣传机遇,举办讲座、编发专辑,在领导干部中普及开发利用信息资源的知识。提高各级决策层对信息资源价值的认识,争取重视,争取支持。

(3)会同宣传、科技部门策划开展专题宣传周、宣传日或电视、广播专题节目等活动,营造信息资源建设的良好社会环境和舆论、知识氛围。

10. 成立信息资源建设促进会

信息资源作为主要的生产力要素,其有效配置和运用,越来越显著地依赖于市场作用。为此,应成立信息资源建设促进会并使其成为与行政管理相辅相成的行业组织。其作用是:制定自律准则,推行行业自律;协调资源开发,避免重复建设;沟通联系渠道,促成共建共享;规范竞争机制,保护投资权益;反对非法经营,维护市场秩序。

深圳经济特区信息化建设条例

（1999年1月25日深圳市第二届人民
代表大会常务委员会第二十九次会议通过）

第一章　总　　则

第一条　为了促进深圳经济特区（以下简称特区）信息化建设的发展，加强对信息化建设的规划和管理，根据国家有关的法律、行政法规的基本原则，结合特区实际，制定本条例。

第二条　特区内编制信息化建设规划，制定信息产业发展政策，建设信息网络及信息应用系统，开发和利用信息资源，均适用本条例。

第三条　信息化建设应当遵循统筹规划、互联互通和资源共享的原则。信息化建设应当纳入市国民经济和社会发展计划，并注重社会效益和经济效益。

第四条　深圳市人民政府（以下简称市政府）应当扶持信息产业发展，并有计划、有步骤地开展信息化普及教育与宣传，提高全民信息化意识。

第五条　深圳市信息化建设行政管理部门（以下简称市信息化主管部门）负责信息化建设的规划、管理、协调和监督。

市公安、工商、技术监督等部门应在各自职责范围内做好信息化工作。

第二章　信息化建设规划

第六条　市信息化建设总体规划由市信息化主管部门拟订，经市政府批准后实施。须报国家批准的，待国家批准后实施。

市信息化建设总体规划生效后，任何单位和个人不得擅自修改或变更。确因需要作相应调整的，应当按照本条例规定的程序报批。

第七条　编制市信息化建设总体规划，应当符合国家信息化建设规划和市国民经济与社会发展计划的要求。

编制市信息化建设总体规划，还应当广泛征求各有关部门和社会各界意见，并组织专家论证。

第八条　市政府各有关部门和区人民政府应当根据市信息化建设总体规划的要求，制定专项规划和区信息化规划，报市信息化主管部门审核。

第九条　市信息化主管部门应当公布市信息化建设总体规划及其执行情况，并接受社会各界的咨询与监督。

第三章　信息产业

第十条　本条例所称信息产业，包括电子信息产品制造业、软件业、通信业及相关的信息服务业。

第十一条　市信息化主管部门应当会同有关部门编制市信息产业发展目录，引导信息产业发展。

第十二条　市、区政府在编制年度财政预算时，应当安排一定比例的资金用于扶持信息产业发展。

市政府应当建立信息产业风险投资机制，鼓励境内外企业、其他经济组织和个人对信息产业进行投资。国家另有规定的，从其规定。

第十三条　市政府应当就电子信息产品的制造、软件的研究、开发与推广以及信息资源的开发与利用制定具体的优惠政策和措施，鼓励开发、生产具有国内、国际先进水平的信息技术和信息产品。

第十四条　从事电子信息产品制造和软件开发的企业，应当严格执行国家、行业及地方规定的强制性标准。没有强制性标准的，鼓励采用国际先进标准。

第十五条　市政府应当加强对信息服务业的规范管理，保证公平竞争，维护国家和用户的利益。

第四章　信息工程

第十六条　本条例所称信息工程，是指以计算机技术和通信技术为主要手段的信息网络、信息应用系统建设、信息资源开发等工程。

第十七条　市政府投资的信息工程项目，经市信息化主管部门综合协调后，由市政府计划主管部门负责立项审批；非政府投资的信息工程项目，建设单位应当将有关可行性研究报告、设计、施工及质量监理方案报市信息化主管部门备案。

市信息化主管部门和市政府计划主管部门审查信息工程项目，应当按照国家信息化建设规划和市信息化建设总体规划的要求进行，避免重复建设和行业垄断。

第十八条　信息工程设计、施工单位应当严格执行国家、行业及地方规定的强制性标准，保证建成后的信息网络、应用系统能够互联互通。没有强制性标准的，鼓励采用国际先进标准。

市信息化主管部门应当会同市政府技术监督主管部门共同编制信息工程标准目录及索引，并予以公布。

第十九条　市信息化主管部门及其他有关行业主管部门应当制定具体措施，对信息工程质量进行监督，逐步建立并完善信息工程招标投标制度、监理制度和竣工验收制度。

第五章　信息资源

第二十条　市、区国家机关应当根据各自的职责分工，开发、建立相应的数据库及应用系统，并实现互联互通和办公自动化。

有关政府机构设置及职责分工、办事程序、办事条件及依据等一切可以公开的信息资源，均应通过公共信息网络或其他媒介向社会公布。

前款所称公共信息网络，是指电信网络、有线电视网络、卫星通信网络、无线通信网络等为公众提供服务的各类通信网络和计算机网络。

第二十一条市、区国家机关在履行职责过程中依法取得并可以公开的信息，相互之间应当互联互通。国家另有规定的，从其规定。

市、区国家机关对外公开的信息，应当允许社会组织和公民个人无偿地查询或索取。确需收费的，有关部门可按规定收取成本费。

第二十二条　利用公共信息网络从事数据库及网络服务等经营活动的，应当取得市信息化主管部门颁发的《数据库和网络服务资质证书》。《数据库和网络服务资质证书》的管理办法由市政府另行规定。

第二十三条　公共信息网络的经营单位和利用公共信息网络从事经营活动的单位，应当严格按照国家规定的收费项目和收费标准，收取服务费用。

第二十四条　公共信息网络的经营单位和应用单位应当建立和完善网络运行安全保障制度，并接受公安部门对于安全保障的检查和监督。

任何单位和个人未经合法授权，不得擅自侵入公共信息网络系统，妨害公共信息网络的安全运行。

第二十五条　申请接入国际互联网的单位和用户，应当按照国家有关规定办理有关接入手续，并做好网络信息安全保密工作。

市信息化主管部门应当按照国家有关规定，做好国际互联网本地用户的域名登记注册管理工作。

第二十六条　信息提供者和信息发布者，通过公共信息网络发布信息的，应当对信息的真实性和合法性负责。

合法的信息受国家法律保护。未经信息所有者许可或者授权，任何单位和个人不得擅自删除、修改信息网络系统中存储的信息。

严禁发布危害国家安全、内容淫秽等国家禁止传播的信息。

第六章　法律责任

第二十七条　违反本条例第六条第二款、第八条规定，擅自变更总体规划或不按总体规划内容制定专项规划和区信息化规划的，市信息化主管部门应当责令改正，对违法单位及其主要负责人进行通报批评；情节严重的，依法对违法单位主要负责人和直接责任人员给予行政处分。

第二十八条　违反本条例第十四条、第十八条第一款规定，不执行强制性标准的，市政府技术监督主管部门应依法对违法单位给予行政处罚。

第二十九条　违反本条例第二十二条、第二十四条第二款规定，未取得《数据库和网络服务资质证书》而从事经营活动或者擅自侵入公共信息网络的，市信息化主管部门应当责令改正，停止其经营活动，没收违法所得，并根据情节轻重处以违法所得一至二倍的罚款。

第三十条　违反本条例第二十六条第一、二款规定，提供、发布虚假信息或擅自修改、删除信息的，市信息化主管部门应当责令改正，并处五千元以上一万元以下罚款；造成用户损失的，应当赔偿损失；构成犯罪的，依法追究刑事责任。

违反本条例第二十六条第三款规定，传播国家禁止传播的信息的，由公安或有关部门依法给予行政处罚；构成犯罪的，依法追究刑事责任。

第三十一条　市信息化主管部门的行政执法人员违反本条例规定，或营私舞弊、滥用职权、玩忽职守的，依法对主要负责人或直接责任人员给予行政处分；构成犯罪的，依法追究刑事责任。

第三十二条　对市信息化主管部门或市政府有关主管部门的行政处罚决定不服的，行政相对人应自接到处罚决定书之日起十五日内向市政府行政复议机关申请复议，或者直接向人民法院提起诉讼。

第七章　附　　则

第三十三条　市政府应当根据本条例的规定，就信息工程建设、信息资源管理、信息网络安全保障及国际互联网域名登记管理等内容制定具体的实施办法。

第三十四条　本条例自一九九九年五月一日起施行。

深圳市信息工程建设管理办法

第一条　为规范信息工程建设活动，提高信息工程质量和投资效益，促进信息化建设，根据深圳市实际，制定本办法。

第二条　市、区、镇人民政府及其所属部门投资100万元以上的信息工程建设适用本办法，但法律、法规和规章另有规定的除外。

本办法所称信息工程是指以计算机和通信技术为主要手段的信息网络、信息应用系统建设、信息资源开发等工程。

第三条　信息工程建设必须符合市信息化建设总体规划和国家、省强制性标准。

第四条　信息工程建设应遵循互联互通、资源共享和安全保密的原则，禁止重复建设。

第五条　深圳市信息化建设行政管理部门是信息工程建设的主管部门(以下简称市主管部门)，负责对信息工程建设进行统筹规划、协调和监督。

其他相关行政管理部门在各自职责范围内依法做好信息工程建设工作。

第六条　信息工程建设单位应按有关规定向市计划行政管理部门办理立项申请手续。

立项申请在报市计划行政管理部门审批前，应经市主管部门综合协调。

第七条　信息工程承包必须按照公平、公正的原则进行公开招标，但建设单位具有与信息工程规模、技术相适应的资质证书的除外。

第八条　取得市主管部门颁发的资质证书的单位参加投标，在同等条件下有优先中标权。

第九条　建设单位组织信息工程招标，应在市主管部门制定报市政府批准实施的《信息工程招标委员会委员名册》中聘请不少于一半的信息工程技术专家组成招标委员会。

第十条　招标委员会负责审定标底，提出评标、定标办法，审查标书及投标人资格、确定中标人。信息工程招标投标规则由市主管部门制定报市政府批准后实施。

第十一条　招标委员会的委员实行回避制度。下列人员不得成为招标委员会委员：

(一)投标人的法定代表人；

(二)投标人的法定代表人的近亲属；

(三)与投标人有其它利害关系，可能影响公正招标的人员。

对前款规定人员，投标人在开标会议前可向建设单位申请回避。建设单位接到回避申请后应对回避事由进行审查，并作出回避或不予回避决定。

第十二条　招标委员会委员或其他招标工作人员在招标工作中不得徇私舞弊、收受贿赂，不得泄露标底。

第十三条　建设单位应与中标人签订信息工程承包合同。承包合同应包括以下内容：

(一)工程的名称、种类；

(二)工程的总体方案，技术参数和质量、安全要求；

(三)工程建设费用；

(四)工程质量维护条款；

(五)工程的违约责任和争议处理条款。

第十四条　建设单位应自承包合同签订之日起七日内向市信息工程质量监督检验机构申请备案。市信息工程质量监督检验机构对信息工程进行日常监督检查。

第十五条　建设单位应通过公开招标委托

具有相应资质的信息工程监理单位对信息工程设计、施工活动进行监理。

委托中标的信息工程监理单位进行监理，应当签订书面监理合同。

第十六条 信息工程质量应符合国家标准，符合信息工程承包合同的要求。合同未明确规定的，由建设单位与设计或施工单位协商解决。

设计、施工、监理单位对信息工程质量终身负责。

第十七条 施工单位必须严格按经批准的设计方案施工，未经设计单位和建设单位同意不得改变设计方案。

第十八条 施工单位应当建立健全信息工程质量保证体系，加强施工质量管理，并建立质量检查检测制度和内部质量责任制。

禁止施工单位将信息工程转包他人。

第十九条 信息工程竣工后，施工单位应当向建设单位提出完工报告，经试运行合格的，建设单位组织设计、施工单位、监理单位进行初步验收；初验合格后，由建设单位向市主管部门提出验收申请。

第二十条 市主管部门应自接到验收申请之日起七日内书面通知市政府有关管理部门、市信息工程质量监督检验机构，以及建设单位、监理单位、设计单位和施工单位，参加信息工程验收。

对通过验收的信息工程，市主管部门颁发信息工程使用许可证；对未通过验收的信息工程，市主管部门应责令建设单位限期整改后重新申请验收。

第二十一条 未取得信息工程使用许可证的信息工程，不得交付使用。

第二十二条 取得信息工程使用许可证的信息工程，施工单位应根据《信息工程承包合同》的规定履行工程质量维护义务。工程质量维护期不得少于一年。

第二十三条 因设计、施工或监理单位的过错导致信息工程质量不合格，给建设单位造成损失的，设计、施工或监理单位应赔偿建设单位损失。

第二十四条 信息工程承包不公开招标或信息工程承包合同不向市信息工程质量监督检验机构申请备案的，由市主管部门建议有关部门对建设单位负责人予以行政处分。

第二十五条 招标委员会或其他招标工作人员在招标工作中循私舞弊、收受贿赂或泄露标底的，由市主管部门或建议有关部门予以行政处分。

第二十六条 不向市主管部门申请竣工验收的，由市主管部门建议有关部门对建设单位负责人予以行政处分。

第二十七条 本办法自发布之日起实施。

深圳市信息产业的现状、问题与发展对策

世纪之交,信息化浪潮席卷全球,人类社会正从工业社会迈向信息社会。当今世界,信息产业的发展状况与信息化水平的高低已经成为衡量一个国家或地区综合国力的重要标志。大力发展信息产业,广泛采用现代信息技术,努力搞好信息资源的开发和利用,加速国民经济和社会发展的信息化进程,这对深圳尽早建立和完善社会主义市场经济体系,在"二次创业"中努力实现"两个根本转变",搞好国民经济宏观调控和现代化管理,提高人民生活水平,早日把深圳建成"经济中心城市",均有着十分重大的现实意义和历史意义。

一、现状与特点

(一)电子信息产业日新月异,颇具规模

深圳的电子信息产品经历了从来料加工到自有产品,从大量的传统加工制造发展到拥有一批高新技术,从分散的生产"轻、小、精、新"产品向规模经营转变的发展进程。经过10多年的发展,目前已初步形成了计算机、程控交换机、电话机、专用集成电路设计、光电子、视听产业、网络系统集成和软件八大产业基地。1998年深圳市工业总产值为1848.54亿元,其中电子信息产品产值约占50%。"长城"、"康佳"、"华为"、"中兴"、"赛格"、"华强"等本地骨干企业,加上不断进入深圳的"创维"、"联想"、"北大方正"等国内知名企业及跨国公司"IBM"、"康柏"、"希捷"、"三洋"、"施乐"、"菲利浦"、"北方电信"、"朗讯"的参与,使深圳在计算机整机、大容量通用数字交换机、无绳电话、数字移动通信、无线接入、光纤光缆、无线寻呼、液晶显示器、彩电、彩显等方面成为全国重要的生产和开发基地。

在计算机方面,1998年全市共生产微型计算机46.46万台,约占全国同类产量的30%。以长城计算机(深圳)公司和康柏计算机公司为首的计算机整机制造业在深圳市已有一定基础。硬盘机的产量也由1995年的200万部发展到1998年的770.54万部。深圳希捷公司的硬盘制造约占世界市场的15%,开发科技的磁头产量在世界具有重要地位,计算机主机版和各种适配卡、开关电源等生产制造均位居世界前列。

1998年深圳市通信设备制造业发展最快,效益最好,全年生产程控交换机1515.69万门,比上年增长134.1%。以华为、中兴新通信为代表的数字程控交换机产业已成为国内同行业的佼佼者。1998年全市生产电话机2742万部,以友利、粤海通信和万德莱公司为代表的电话终端设备在国内占有重要地位。投资5000万美元的外商独资企业友利电子分行是目前亚洲规模最大的无绳电话机生产厂家,生产能力每月达100万台,科健集团生产的手机填补了我国移动通讯产品的空白。

1998年深圳市微电子及元器件业产值约150亿元,超大规模集成电路后封装生产能力7亿只,生产集成电路2.4亿块,硬盘磁头的产量居世界第三,小电容器的产量居世界第四,计算机硬盘、电脑显示器的产量居全国第一。赛意法微电子公司、先科机电设备公司及天马微电子公司在微电子工业中崭露头角。

在视听业方面,1998年全市生产彩色电视机491.85万部,成为我国第一大生产基地,录

放音机1310万台,彩色晶体管玻壳438.48万只,彩色显像管466.47万只。赛格日立、中康玻璃成为国内重要的彩管、玻壳生产基地,“康佳”1998年实现销售额105.3亿元,生产彩电320万台。

(二)信息网络等基础设施建设成效显著

经过10多年建设,深圳的电信网、广播电视网已具备了相当规模。目前已建成了较为完整、可靠的公用通信网,具备了较高技术层次和服务水准,开展了基于ATM的公用网络交换平台实验。深圳电信网已铺设各类光缆5万多芯长公里,140MB/SPDH光传输系统350套,140MB/SPDH微波传输系统12套,还建设了覆盖全市的大容量、规范化的光同步数字传输网SDH。数据通信网方面已有用户电报网、分组交换网、数字数据网、电子邮箱系统、电子商务系统和“视聆通”等,其中分组交换网有端口900个,数字数据网容量已达7500个端口,国际互联网可提供240个专线入网端口和1000对中继电话线。深圳市有线广播电视网新铺设光缆达4000芯长公里,覆盖60万用户,可传输35套节目,并首家通过广电部验收,为深圳市建设宽带、多功能交互式的有线综合网提供了良好的条件。金桥卫星网深圳地面站已联通北京等20多个地区。全市基本形成了以政府决策信息系统、社会信息服务系统、国民经济和社会统计系统为主体的网络体系。

(三)信息应用系统工程建设有着突破性进展

1.深圳市政府决策信息网已建成。网络系统中的信息采集、专业职能调控、综合职能调控、决策支持四大结构已告完成,从而明显提高了政府决策水平和工作效率。

2.ECS电子报关系统正式开通,顺利实现在电子报关业务中运用互联网技术,这将大大提高海关报关效率和进出口能力,对推动“金关”工程建设起到重要的作用。

3.社会公共信息服务网络全面开通,逐步形成了基于计算机互联网的统一增殖网络服务平台,日发布信息量已达400万字。

4.地税电脑管理系统开始全面运作,实现了纳税人直接从银行专户中划款的缴税方式,有效地提高了征税效率,促进了税收制度的改革。

5.口岸计算机查验网络第一阶段的工程已建设完毕,实现了海关与卫、动、商“三检”的报检、报验、报关信息的双向数据传送和资源共享,初步实现口岸收费和业务查询服务自动化。

6.城市管理信息系统建设顺利,市国土局和5个分局范围内已实现联网。该系统储存了深圳2020平方公里地理资料,工作人员可通过电脑批阅文件、审核规划、划拨土地,从而实现了国土管理工作的地图电子化、管理科学化和规划电脑化。

7.信息化实验小区已完成了综合数字业务网,HFC网及交互视像,全动态会议电视业务和远程医疗、远程教学以及家庭信息系统的试点工作,其各项科研成果将在今后的信息化建设中得到推广应用。

(四)信息资源开发利用有了良好开端

深圳特区成立以来,信息资源开发利用建设取得了良好的成绩,人们对信息资源开发利用的重要性认识不断提高,政府各部门、社会各领域不断采用现代信息技术,努力开发和利用信息资源,数字化、网络化的信息资源总量有了明显提高。目前,深圳市拥有一定容量的数据库达180多个,数据记录超过3000万条,信息内容涉及国民经济各个领域,数据库的规模、结构、容量和质量不断提高,建立了一个包括政府文件管理、宏观经济、工商企业、劳动力、人才、财政、税收、证券、金融、期货、物价、外贸、科技、人口、治安、国土、文化、教育、旅游、人民生活等领域在内的数据库体系。深圳信息网以决策信息系统和社会信息服务系统为主体,每天以400万字以上的速度更新信息,同时联通市内外乃至国内外的信息网,实现了对市政府各职能部门的政务信息和全市大、中型企业经营信息的网上采集、汇总、加工、交流和反馈,为政府行政体制的辅助决策和企业的科学化管理提供了信息支持。市科技局不仅已建成了科技信息网并拥有深圳市高新技术、科技成果、科技法规、专利产品、技术市场、科技人才交流市场等11个重点科技数据库和购买了国内外著名的大型数据库，而且实现了与美国DIALOG、BRS和ORBIT、英国的PROFILE、德国的STN联机检索系统及北京、上海等多个情报检索系统。

(五)软件产业有望大步前进

1998年全市软件业产值估计为30亿元，其中纯软件收入约10亿元，仅次于北京和上海。系统集成企业400多家，专门从事软件开发并形成自己特色的企业10家左右。其中深圳大学万国软件公司实力较强，以银行业务处理软件、系统分析软件和支撑软件为特长；金碟软件很有特色，在国内市场占有率较高；雅都的地理信息系统软件、中银系统的金融结算软件和远望城的多媒体软件成为深圳软件行业的代表。总体而言，深圳在证券软件、教育软件、财务软件、地理信息系统、多媒体技术的开发和应用方面已走在全国的前列。

(六)信息服务业有着较大发展

这集中表现为传统的信息服务业有了很大发展，现代信息服务业方兴未艾。据统计，1998年末全市共有公共图书馆7座，总藏书204.5万册，比上年增长36.7万册；全年出版报纸52358万份，各类杂志1635万册，图书406万册。全市共有全国公开发行的各类报纸11家，期刊30家，综合性图书出版社1家，音像出版单位2家，香港及国内各新闻单位驻深记者站69家，拥有无线电视台1座，有线电视台(站)8座，电视差转台7座，调频广播电台2座，广播转播台1座，自办和转播无线电视节目6套，广播节目8套，广播和电视覆盖率分别达98%和99%。1998年全市邮电业务总量达76.47亿元，上年增长25.3%，电话交换机总容量(不含移动电话)达167万门，电话装机容量149万门，装机用户(不含移动电话)109万户，移动电话交换机总容量(不含移动电话)达136万门，移动电话用户72万户。

二、问题与不足

(一)信息产业内部结构不平衡

从信息产业内部来看，深圳市信息产品制造业与信息服务业增加值之比1997年为2.3:1，1998年这一比值有增无减。信息服务业无论在资金、技术、人才和产业规模等方面均严重滞后于信息产品制造业。另一方面，信息产品制造业内部"重硬轻软"，重复建设严重。有关专家估计，全市仅VCD生产企业就有300~400家，电路版生产企业约250家，其结果为恶性竞争，自相残杀。从信息服务业内部来看"重网轻源"、"重建轻用"的投资结构十分严重，从而导致大量的硬件设备因没有信息资源的支撑而处于"无米下锅"的饥饿状态，造成本来就有限的资金得不到合理利用。这样不仅限制了信息服务业自身的发展，阻碍信息化的进程，而且制约了信息产品制造业的发展。

(二)自主开发产品能力差，市场依附外商程度大

这集中表现为信息设备制造业开发能力不强，全市电子产品中真正完全自主开发的产品少，缺乏核心技术支撑。有关资料表明，在深圳计算机行业生产一张主机板的利润仅为0.8元左右，主要基础计算机零部件基本依赖进口。而电子元器件行业的利润率平均仅7%左右。集成电路方面大多数企业从事的只是后工序的封装，对决定着硬件核心内容的超大规模集成电路芯片制造技术还依赖于外国。与计算机行业中"硬件"生产相比，软件公司数量少，规模小，人员流动大，知识产权难于保护，经营惨淡。

(三)企业数量多、规模小、缺少"龙头"产品

深圳计算机产业无论是规模还是产品配套在全国均较为齐全，但始终缺乏"龙头"企业和自已的名牌产品。具有一定规模的计算机企业不多，大部分为从事低技术水平的"来料加工"式的小企业，他们无专业技术，无销售渠道，其产销和经营大部分依赖外商。而电子元器件企业也只有9%达到规模经营的标准。全市2000家信息服务企业中绝大部分机构规模小、专业化程度低，经营机制不完善，"信息皮包"公司多，知名度高的"龙头"企业屈指可数。在日益激烈的市场竞争中，如果不走规模经营、名牌战

略,它们将不可避免地被国际国内市场淘汰。

(四)信息资源的开发利用严重滞后

主要是人们对信息的价值观念淡薄,对如何通过信息资源开发利用促进经济和社会发展缺乏必要的措施,“有路无车”、“有车无货”现象较为严重。信息产品的市场机制尚未形成,许多信息资源开发和利用的部门依附于机关事业单位,对信息这一特殊商品普遍缺少经营思想和经济效益观念。已开发利用的信息资源分散,重复和效率低下,缺少共享机制,阻碍了信息产业的发展和信息化的进程。

(五)管理体制不健全,政策法规不配套

与全国大部分地区一样,深圳市的信息产业和信息化建设隶属于不同部门,其产生和发展条件千差万别,致使其缺少统一规划和政策引导,部门分割、地区封锁和各自为政现象严重,难于制定和落实有利于信息产业发展的政策和措施,这样信息产业特别是信息服务业管理混乱和发展滞后状况就不可避免。另一方面,有关法规不完善,知识产权难于保障,严重地损伤了信息产业工作者的积极性和创造性,从而在很大程度上影响了信息产业的发展及科研成果的推广,阻碍着国民经济信息化的进程。

三、发展与对策

(一)提高认识强化职能

发展信息产业,实现国民经济信息化涉及的部门多,行业广,情况错综复杂。为此必须切实加强对其领导和管理,强化深圳市信息化建设委员会对深圳市信息产业的发展和信息化过程中统一领导、组织、规划、协调的职能。进一步确立发展信息产业在特区经济和社会发展中的地位和作用。

(二)加大政策扶持的广度和深度

要在资金投入、信贷规模、税收比率、入股形式、资产折旧以及人员进出、住房分配等方面鼓励和扶持信息产业的发展,明确将其列入深圳市优先发展的产业。建立信息产业风险投资机制,设立风险投资基金,鼓励社会各界对信息产业进行风险投资。政府每年在固定资产投资中应拿出不低于5%的比例从事信息基础设施的建设,建立以产品为中心的信息技术创新体系,加快科研成果转为产品的速度。对开发出具有自主知识产权,并具有重大推广价值的信息技术和产品,对拥有丰富的信息资源,具有先进信息技术设备,能提供权威资料和决策服务的信息“龙头”企业,应享受深圳市高新技术企业的优惠政策。

(三)拓宽投资渠道,建设一批重点项目

本着“谁投资、谁受益”的原则,鼓励国家、集体、个人,内资和外资投资信息产业,充分调动各方积极性。政府部门应把其纳入经济和社会发展规划之中,加大资金投入的力度,建立一批大型企业,经营一批大型项目,生产一批名牌产品,发展一批应用系统。要通过应用系统的开发建设来促进信息产业的发展。要有计划有步骤地搞好利用外资工作,在确保安全和保密的前提下,加大信息产业与外商投资合作的深度和广度,缩小对外商投资的限制,允许外资进入信息服务业和从事信息基础设施的建设。

(四)大力开发和利用信息资源,努力加速信息市场化步伐

在数据库的开发、建设上要采取“统一规划、分散建库、多元服务、资源共享”的模式,努力搞好信息资源的开发、建设和利用这一信息服务业的核心工作,不断满足人们对信息的需求,经济和社会发展的需要,最大限度地实现资源共享。要积极创造条件建立和健全科技、经济等不同行业、不同类型和不同层次的专业信息市场及与之相适应的管理体制,打击盗版软件及其他违规行为,充分保护信息产品所有者、使用者和收益者各方的合法权益,制定合理的信息利用资费政策,反对垄断和不正当竞争,搞好信息服务业的资质认定工作,努力建立一个与市场经济相协调的,能为社会各界提供信息服务的市场体系,尽快扭转深圳信息服务业的滞后状况。

(五)充分发挥深圳毗邻香港的优势,搞好对外交流和合作

深港两地一衣带水,有着千丝万缕的联系,而香港是世界著名的国际大都市,因此我们必

须本着“优势互补,共同发展”的方针和遵循“信息基础设施互联,信息法规互容,信息产业互补”的原则,搞好两地的交流和合作。鼓励从事信息产业的机构到境外设立分支机构,支持它们与国外特别是发达国家信息机构的交流和合作。欢迎境外机构在深圳设立据点从事信息产业发展,使深圳的信息产业早日走出国门迈向海外。

(六)搞好信息产业的标准化及法规建设工作

统一标准是规范信息产业发展和信息化建设的一个重要举措,建议有关部门尽快制定信息产品标准、软件标准、网络技术标准。要本着“对外兼容性,对内强制性,对发展适应性”的原则,对文件体制、技术术语、技术指标体系等尽量向国际通用标准靠拢。在法规建设方面要充分利用全国人大赋予深圳的立法权,对知识产权保护、利益分配、市场行为及运作规则、保密措施等以法律的形式固定下来,为信息产业的持续、快速、健康发展保驾护航。

(七)加强发展信息产业重要性的宣传教育工作,培养和造就一批高素质的人才队伍

充分利用各种媒体、各种场合、广泛动员社会各方面的力量,大张旗鼓地宣传和普及信息化基础知识,使人们深刻认识到发展信息产业实现国民经济信息化的重要性和紧迫性,彻底打破人们对信息认识的传统观念,强化现代信息技术的教育和培训,在中小学开设计算机课程,将计算机作为公务员及工程技术人员招聘考试的必考科目。培育和招揽优秀人才,为科技人员创造良好的创业环境,努力培养和造就一批热爱信息事业,熟悉信息产业工作,掌握现代信息技术的高素质复合型信息人才队伍。

(信息资源处供稿,执笔:李俊文)

统计工作

深圳市统计信息系统建设概况

深圳市统计信息系统的开发建设始于1997年7月16日,一年多来,初步完成了第一期深圳市统计信息系统的开发和建设任务,并在实际应用中取得了重大突破。

一、项目背景

计算机和通讯技术的进步,特别是互联网的迅速发展,为有效利用信息资源奠定了坚实的技术基础,网络社会在中国的发展面临着某种突破,构建我国的"电子政府"势在必行。据预测,到2000年,全世界网上用户将突破五亿;我国将有80%的各级政府上网。深圳市作为全国信息化建设的试点城市,先后在外贸、财税、人事、劳动、商业流通、政府决策等方面进行了信息系统的建设,促进了各行各业对信息资源的需求。面对如此巨大的信息需求,抓好信息资源的有效利用,特别是抓好与国民经济密切相关的、对国民经济有重大影响的统计信息资源的开发和利用是十分迫切和必要的。

统计系统自1993年开始应用计算机,到目前已初具规模,在建设、应用、推广、管理方面取得了较大的进展,但是,这些应用大都是单机处理,积累的数据资料难以充分利用且无法进行深层分析和共享。尽管国家统计局曾出巨资为各省级统计部门配备了小型机及Oracle数据库管理系统,但由于以传统的报表为基础的实际模式,缺乏柔性,无法适应统计信息需求的不断变化,特别是在我国经济体制改革过程中,由于计划经济向市场经济转变而引起的统计指标的变化所导致的统计报表结构的变化,对统计信息系统的要求更高。因此,统计系统中一直没有开发出适用的应用软件,造成设备的闲置。目前,国家统计局在DOS环境下开发的SARP单机处理程序为代表的应用程序仍然占有重要地位。近年来,全国各统计系统在统计信息处理方面也作了一些有益的探索,某些省市也在INTERNET体系结构下进行了统计信息系统建设的尝试;以内部局域网为主的信息资源上网等等,然而却没有脱离手工处理报表的传统模式,还没有开发出与国际先进技术同步的网上上报统计的实用信息系统。

众所周知,统计信息覆盖全社会,是我国社会、经济、科技信息的主体,是政府部门进行宏观决策的重要依据。加速深圳市统计信息系统的建设,用现代电子技术、信息技术、通讯技术装备统计系统,建立健全国民经济数据库体系,大规模、高效率、深层次、全方位地开发和利用统计信息资源,实现统计数据的采集、处理和管理的现代化,对于促进我市统计现代化,提高市政府宏观调控决策的科学性,促进国民经济持续、快速、健康发展具有十分重要的意义。

深圳市统计信息系统是一项庞大的社会系统工程,该项工程的建设遵循信息系统建设的科学规律和原则,以国家统计局关于"国家统计信息工程'九五'建设的总体规划"为指导,结合《深圳市统计改革方案》,针对深圳经济特区的实际情况进行综合规划、系统开发和应用推广。

深圳市统计信息系统的建立,旨在充分发挥市统计信息局已有的先进的计算机网络系统的作用,提高已积累的和不断收集的大量统计信息的有效利用,为深圳市政府领导决策提供依据,为企业经营决策提供参考,为市民消费、投资决策提供大量的市场信息服务。

二、系统设计与实施方法

深圳市统计信息系统的建设以系统工程的理论为指导,以科学、规范的统计指标体系和标准体系为基础,以大型数据库(采用ORACLE 8.0)为核心,以统计应用(上至领导、下至百姓各个阶层)为导向,以先进的软件开发技术(数据上报系统采用Internet浏览器技术;数据处理系统采用瀑布模型和快速原型法及其构件技术)为支撑,借助深圳信息网的Internet/Intranet平台,通过系统集成,全面实现统计信息的自动处理和管理现代化,建立为市政府宏观决策提供高效支持、为社会公众提供优质服务的全局优化、柔性灵活的统计信息系统。

1997年9月27日设计方案通过中科院等专家论证,认为:设计先进、方案可行,希望尽快实施,在全国统计系统中起到示范作用。

建设中的"深圳市统计信息系统"具有以下特点:

1. 该系统包括数据采集、数据处理、数据上报和信息查询等功能,达到预定的要求,实用性强,用户界面良好。

2. 采用Internet/Intranet技术,统计局内部信息处理系统采用Client/Server结构,外部上报系统采用Browse/Server结构,便于维护和使用。

3. 以构件技术为指导,进行应用软件开发,缩短了开发周期、提高了软件质量。

4. 以基本统计指标为基础,设计主题数据库,实现数据共享,统计指标与应用程序相对独立,增强了系统的适应性。

5. 采用开放式应用体系结构,开发维护平台与运行操作平台分开,方便用户维护。

6. 提供多种输入、输出格式(TXT文件、SARP文件、DBF文件、EXCEL文件等),易于与其他系统连接;提供灵活多样的查询方式,便于广泛的信息交流。

在系统的开发与实施过程中,始终坚持以下原则:(1)领导重视、全员参与;(2)统筹规划、分步实施;(3)遵循开发规律,做到开发一个,见效一个;(4)紧密跟踪国际先进技术和国家统计改革动向,提高系统实用性;(5)分工协作,密切配合。先后成立了深圳市统计信息局统计现代化工程指挥部、推进小组(含技术组、专业组),组成了各统计专业由一名计算机中心技术人员、一名处室专业人员、两名软件开发人员共同参与的"四人三结合"小组,直接参与和实施统计信息系统工程建设。制定出详细的局统计现代化工程进度计划,包括27个专业统计信息系统的七大实施步骤和内容:(1)专业交流,(2)方案设计,(3)系统开发,(4)内部交流,(5)功能测试,(6)基层联网试运行,(7)工作小结。

在系统的推广应用过程中,将所有填报单位划分为三种类型,分别采用了三种不同的处理方式,以满足不同的信息处理要求。(1)统计直报单位:只需通过网络从信息局取回已设计好的报表进行统计数据上报操作即可,或采取脱机方式完成统计数据的上报。(2)二级统计单位(含集团公司、区级统计单位等):可通过网络下载SARP程序或编写的专用上报联机程序进行本系统内下属基层单位的统计报表数据的录入、逻辑检查、分类、汇总,再通过数据格式转换,直接从网上上报市统计信息局即可;还可通过接口转换程序,生成自己所需的特殊报表。(3)已建成有局域网并有自己的计算机系统的单位,可利用接口转换程序(如:FoxPro、SARP、EXCEL接口等)使其原有系统数据自动转换为市局所需的统计上报数据。

整个系统的实施将采取以下步骤:首先实现纵向系统的自动化、网络化,即统计综合机关与各级统计机构、调查对象单位的联网与信息的自动交换;其次实现横向系统的自动化、网络化,即统计部门与有关信息部门、决策机关的联网与信息的自动交换;再次,实现境内外的联网与信息的自动交换;最后,实现系统的优化集成。可以预见,建成后的深圳市统计信息系统将大大提高统计系统的信息自动化水平。通过网络采取采集、处理、报送数据的方法,将极大地改善统计专业人员的工作环境,充分有效地发挥统计系统在政府管理系统中同时兼有的信息反馈、提供咨询、实施监督、支持决策等职能,使全市的统计现代化工作迈上新的台阶。

三、开发实施过程与应用成果

开发和推广应用深圳市统计信息系统,涉及政府的各个部门、企业的各个方面,包括:管理体制、现代统计方法与手段的应用、统计管理基础工作等等,其本身就是一项浩大的系统工程。为此,系统的开发与实施过程,始终坚持以系统工程理论为指导,即:“研究对象的系统考虑”,“信息的综合利用”以及“追求整体最佳效益”。严格按照总体规划、系统分析、系统设计、系统实施、系统运行与维护五个阶段,走一体化开发的道路,在功能上使之聚合,设备上联网运行,资源上充分共享。

1998年11月11日深圳市统计信息局组织召开了“深圳市统计信息系统”技术鉴定会。与会专家有:国家统计局总工程师沈青华、设计管理司司长李强、广东省统计局计算中心主任彭启鹏、中科院软件所研究员、博士生导师曹东启、仲萃豪、北京理工大学教授、博士生导师甘仞初、华中理工大学教授、博士生导师张金隆共七人并组成以国家统计局总工程师沈青华为主任的技术鉴定委员会。会上,大家听取了“深圳市统计信息系统”的项目研制报告、技术报告、测试报告、资料审查报告、用户报告和查新报告并对系统功能及软件性能进行了现场考核。经认真讨论,鉴定委员会一致同意通过技术鉴定并认为:该系统作为一个复杂的应用信息系统,设计思想合理、技术先进,在国内统计系统中具有领先水平,建议尽快投入使用,在应用中不断完善。

在专家们的指导下,深圳市统计信息局加快了统计信息系统的完善和推广应用的进程,取得较大成果:

1. 系统建设初见成效。已建成一个通用的软件系统平台和一个软件应用平台,即开发出包括:代码管理、报表管理、综合查询、表处理、数据处理、数据库管理等一系列构件,它们能够完成各种统计数据的处理功能,满足各专业统计信息子系统开发与应用的基本需求。提供了两种环境:一是为设计人员提供的系统开发维护环境,其目的是为了支持统计信息系统的开发、建立、检测、调度、修改和扩充的需要,辅助开发者生成和维护所需的统计专业信息子系统;二是为用户提供的系统应用环境,其目的是为了帮助用户掌握统计信息系统的使用和管理,有效地完成自己所承担的各项统计业务工作的计算机处理。

2. 系统功能逐步完善。打开深圳信息网主页,进入深圳市统计信息系统,就可看到:①统计数据采集系统(即上报系统),涵盖:信息公告栏(重大公共信息的发布);系统介绍(包括系统特点、功能简介、系统要求、使用说明等);信息交流(包括数据文件上报样式,用于解决各上报单位使用自有的内部计算机处理系统如何上报等问题;问题解答,提供各上报单位在使用过程中出现的各种疑难问题的解决办法);各专业统计栏(用于各统计专业发布专业统计信息,如通知、催报函等);法律法规(提供国家、广东省统计法、深圳市统计条例、各专业统计报表制度的查询和学习参考);历史数据(涵盖统计年鉴主要统计指标数据和重要的历史统计数据);系统帮助(用于系统功能介绍,使用操作说明等)。②统计历史数据查询系统(已有统计月报查询和统计年鉴数据)。③统计信息交流网(用于与国内副省级市、直辖市及其他城市统计资料的电子交换等)。用户可在浏览器上方便地检索统计数据及发送电子邮件,实现双向沟通。建成的内部信息处理系统具备了基层上报统计数据的逻辑审核、分类汇总、统计分析、综合查询、报表打印、统计信息的上报与发布等自动处理功能,为全面实现我市统计信息的自动处理和管理的现代化奠定了基础。

3. 系统应用取得重大突破。已完成系统测试的统计专业有:工业统计、能源统计、交通统计、房地产统计、固定资产投资统计、建筑业统计、旅游业统计、外经统计、商业统计、社会统计、劳资统计、科技统计、服务业统计等13个专业统计信息子系统;建成统计法律资料库和办公自动化系统基本单位名录管理统计专业信息子系统;编写各类培训教材30余万字,培训全市基层上报单位统计人员400余人;联网单位数达377家;试运行单位数达411家,尤其是房地产统计专业年报试点工作取得突破性进展,全市303家有房地产开发项目的企业全部实现网上年报统计数据的上报,并自动完成了统计数据的审核、分类、汇总及SARP格式的转换与上报省局等计算机处理工作,率先在全国统计系统中实现了年报统计数据的网上传输和计算机自动处理,为我市其他统计专业信息子系统的全面应用推广起到了示范作用。此外社会统计专业已全面使用内部信息系统进行1998年季、年报的统计数据处理工作。其他若干统计专业信息子系统的全面运行工作也准备就绪,将在1999年的统计定期报表和年报中使用。

四、工程建设的设想

世纪之交的深圳统计,面临着巨大压力和挑战:一是传统观念的挑战,变压力开发和应用为自觉开发和应用尚需一段时间;二是资金困难,软、硬件不足的挑战,统计系统落后的装备和经常变化的指标为系统开发和维护带来了诸多不便;三是统计专业人员素质不适应的挑战,尚需换血和大规模的培训;四是管理体制与组织机构不适应的挑战,致使系统的推广、应用难度加大。

然而,深圳市统计无纸化传输子系统和内部信息处理子系统的建立无疑将推动着深圳市统计信息系统向更高层次发展。今后,必须迎难而上,坚定信心继续做好以下几项工作:

1. 加快未开发的国民经济核算、综合统计、城调等专业统计信息子系统的建设步伐,进一步完善已开发子系统的功能,加强统计数据脱机上报方式的软件开发,扩大系统的应用范围,增强系统的实用性和灵活性。帮助各区计统局完成各自信息系统的开发和运行(宝安区计统局模式),完善市—区—镇三级统计数据的自动传输和处理,并提供系统的衔接服务。

2. 建立和完善统计信息发布和服务子系统。以多媒体方式对外发布信息和咨询服务系统。使广大用户可以通过深圳信息网或INTERNET进入统计信息系统进行实时查询。

3. 建立和完善统计信息分析预测子系统。支持统计专业人员,社会有关团体对统计信息进行国民经济核算与分析、常规统计分析、经济统计预测分析、企业效益评价与分析、地区综合经济分析等各种分析。

4. 建立和完善宏观决策支持子系统。建立宏观经济运行模型,提供深圳市经济运行动态、发展趋势、政策效应等预测、预警、监测和模拟数据,并按时间、数据分类、关键字等多线索的统一归档,建立有关统计数据库和查询服务系统,为市委、市政府决策提供参考和满足宏观决策的需要。

(统计现代化工程指挥部供稿)

深圳市 1998 年统计执法大检查基本情况

一、基本情况

1998 年深圳市统计执法大检查工作,得到各级领导的高度重视,各级大检查领导小组积极行动,全市上下认真贯彻执行中办发［1998］7 号和粤办发［1998］11 号文件精神,圆满地完成了大检查任务。

(一)各级领导高度重视,组织机构落实,确保了大检查工作的顺利进行

这次大检查工作,深圳市各级领导给予了高度重视。6 月 2 日,市政府汤耀治副秘书长在宣传贯彻《中共中央办公厅、国务院办公厅关于坚决反对和制止在统计上弄虚作假的通知》电视电话会议上,强调全市各单位要认真学习,深刻领会中共中央政治局委员、书记处书记、国务院副总理温家宝等领导同志的重要讲话,并就贯彻执行会议精神提出了三点意见:一是各级领导干部一定要把思想认识统一到温家宝同志的讲话和中办发［1998］7 号文件精神上来,充分认识在统计上弄虚作假的严重危害性,充分认识反对和制止在统计上弄虚作假是党中央和国务院加强党风政风建设所采取的一项重要措施,充分认识贯彻落实好这一精神是我们当前和今后一个时期的一项重要任务,各级统计部门和广大统计人员要借这个东风,下决心,花气力,切实把统计数字搞准,把统计工作搞上去。二是深入开展以反对和制止在统计上弄虚作假为核心内容的法制教育,大力加强执法检查工作,抑制在统计上弄虚作假歪风的滋长和蔓延,使各级领导和统计人员真正划清守法与违法的界限,明白守法与违法的利害关系,提高他们反对和制止在统计上弄虚作假的自觉性和坚定性。各级纪检、监察、统计等机关,要按中办发［1998］7 号文件的要求,认真查处在统计上弄虚作假的案件,对个别有震慑力和有教育意义的大案、要案,要向社会曝光。三是要重视和加强对统计工作的领导,关心和支持统计部门的工作。各级统计部门要增强紧迫感,加快建立适应社会主义市场经济发展需要的新统计体系,争取在二、三年内基本实现与国际标准接轨的实用的统计指标体系,实现以抽样调查为主的统计调查方法体系,实现全面、高效和高质量的信息服务体系,以及实现科学手段、科学体制、依法管理等方面的保障体系。要进一步改进和完善干部考核机制,进一步抓好各级统计机构和统计队伍的建设。

为了加强对大检查工作的领导,经市政府领导批准,成立了以郑通扬副市长为组长,以市统计信息局周理局长和邓树勇副局长、市监察局麦光柱副局长、市政府法制局陈涤局长助理为副组长的大检查领导小组。各区、各有关部门及各大中型企业也积极行动,相继成立了统计执法大检查领导小组或办公室,并以各种方式对贯彻中办发［1998］7 号和粤办发［1998］11 号文件精神及大检查工作作出了部署。

(二)广泛开展宣传动员,为深入贯彻“两办通知”精神和开展执法检查工作大造舆论

7 月 30 日,深圳市召开了统计法制工作会议。全市各单位近 300 人参加了大会。这次大会,既是总结上一年度深圳市统计法制工作表彰先进的大会,又是贯彻落实中办发［1998］7 号和粤办发［1998］11 号文件精神以及部署大检查工作的动员大会,进一步推动了深圳市统

计法制建设的健康发展。

大检查开始后，各级统计部门积极采取多种形式广泛宣传发动。市统计信息局充分利用分布在全市的40座公共电子幕墙广泛宣传中办发[1998]7号和粤办发[1998]11号文件精神和开展统计执法检查的目的及意义，并组织全市开展了统计法律法规知识考试和参加了全国统计法知识竞赛活动。市宝安、龙岗两区利用区内的有线电视媒介加大宣传力度，把宣传统计法知识与标语口号安排在每晚新闻节目后的黄金时间播出，收到了良好的效果。市福田区等单位在繁华的商业区及文化广场开展了统计法律法规咨询服务活动。市工商局、运输局、福田保税区管理局、华侨城经济发展总公司、市城建开发集团、市能源总公司等单位在宣传发动中，认真组织学习温家宝等领导同志在宣传贯彻《中共中央办公厅、国务院办公厅关于坚决反对和制止在统计上弄虚作假的通知》电视电话会议上的重要讲话，学习中办发[1998]7号和粤办发[1998]11号文件精神，邀请有关专家和学者讲授统计法律法规知识，并统一组织了普法考试。

深圳市统计执法大检查的宣传发动工作，得到了市广播电台、电视台、报刊杂志等新闻单位的大力支持。据统计，这次全市大检查共宣传报道79次；利用电子幕墙宣传《统计法》90天次；订购印发各种学习资料13500册；购发全国统计法知识竞赛试题4000份；贴挂横幅标语2100条；举办各种墙报、板报、简报67期；组织统计法律法规知识考试5100人；参加全国统计法知识竞赛近3000人；统计法律知识强化培训1610人。

(三)开展自查不走过场，组织抽查扎扎实实，注重了大检查工作的实效

这次大检查工作，深圳市各级统计部门都比较重视大检查的质量。根据大检查自查和抽查工作的要求，各单位按隶属关系精心组织开展自查抽查工作，全市绝大多数单位的自查抽查工作不走过场，有91%以上的单位认真组织了自查，有11%以上的单位接受了抽查。8月中旬，市大检查领导小组按照第二阶段部署进行重点抽查，组成了由市统计信息局、市委办公厅、市监察局、市法制局有关领导参加的四个联合检查组，采取听、看、查、议的方法，对被查单位既宣传统计法律法规，又在肯定成绩的基础上指出存在的问题，力求作出全面、客观、公正的评价。四个检查组共重点抽查了49个单位，先后查出有问题的单位29个。其中屡次迟报统计报表的单位7个；严重缺报、漏报统计报表的单位22个；限期责令整改单位20个。

二、主要成果

这次统计执法大检查，工作组织周密，措施得力，取得了显著成果。

(一)广泛深入地开展了统计法制教育，提高了社会各界对“两办通知”重要意义的认识

这次大检查工作，各级领导普遍重视开展统计法制教育工作。罗湖区、南山区、福田区、宝安区、龙岗区、市物资集团公司、华强集团有限公司等一大批单位，采取多种形式，大张旗鼓地搞宣传，进一步把普法宣传教育、学习中办发[1998]7号和粤办发[1998]11号文件精神与查处统计违法案件工作紧密地结合起来。在深入开展以反对和制止在统计上弄虚作假为核心内容的法制教育的同时，加大了对经济发展中生产与使用、总量与结构、速度与效益、通胀与失业、内需与外需等问题的深刻剖析，以便各级领导准确地把握经济发展形势。通过宣传教育，各级领导和广大统计人员真正认识到在统计上弄虚作假的问题，既是一种严重的政治问题，又是一种危害极大的腐败行为。这种行为，背离了党的实事求是的思想路线，败坏了党的优良传统和作风；损害了党和政府的形象，损害了国家和人民群众的整体利益，助长了地方、部门、单位的保护主义和极端利己主义；严重地影响了宏观决策的正确性，扰乱了正常的经济运行秩序；不坚持实事求是地搞统计，不履行国家法定的统计义务，必须承担法律责任。

(二)摸清了主要统计数据的真实情况，找出了存在问题的原因

通过对这次大检查情况的分析，深圳市的

统计数据基本上是准确的,但也存在一定的问题。从大检查的结果来看,工业产值、基建投资额、社会消费零售额、劳动工资、出生人口、第三产业增加值等主要统计指标的基本趋势小于社会经济发展的规模,究其原因主要是漏报统计报表的现象比较严重。目前,漏报问题比较是突出的是"三资"企业、私营企业、村镇企业,个别国有企业也有漏报和迟报统计报表的现象,这一问题严重影响了统计信息的准确性和时效性。

(三)树立了政府统计部门的执法权威,查出了一批违法行为

在大检查中,各级统计部门坚决贯彻执行中办发[1998]7 号和粤办发[1998]]11 号文件精神,坚持"自查从宽,被查从严,实事求是,宽严适度"的原则,保证统计法律法规在全市得以实施。据统计,这次全市大检查共查出有问题的单位 367 个。其中,屡次迟报统计报表的单位 7 个;严重缺报、漏报统计报表的单位 129 个;严重迟报统计报表的单位 231 个;责令整改单位 28 个。

三、主要的问题与对策

(一)统计调查制度方法比较落后

这次大检查基本上弄清了深圳市统计制度方法中存在的三个突出问题:一是统计报表多乱,指标设置繁琐,有些计算方法和上报要求脱离实际,加重了基层统计工作负担,统计人员压力大;二是统计调查方法落后,层层汇总上报的全面统计报表制度,不仅耗费了巨大的人力、物力、财力,而且缺乏灵敏性,很难保证可靠性;三是统计任务的增加与统计力量薄弱的矛盾十分突出,影响了统计数据质量,制约了统计工作的发展。

(二)基层基础统计工作比较薄弱

这次大检查基本上弄清了深圳市基层统计工作中的三个突出问题:一是镇、街道办事处未设立统计机构,不少大中型企业统计机构不健全,统计力量薄弱,使统计工作难以开展;二是基层统计人员的待遇和社会地位偏低,不能享受与其他职业人员的同等待遇,造成了统计队伍不稳定;三是统计队伍的整体素质不高,致使统计源头数字时有差错。

(三)个别领导统计法制观念淡薄

这次大检查发现有些单位领导不重视统计工作,导致统计机构不健全,统计力量薄弱,统计违法行为时有发生;其次,有些单位领导和统计人员对统计法律知之甚少,更有甚者是有些统计人员不知道有统计法;再次,个别单位的自查工作还有死角,抽查工作还不够认真,对查处统计违法行为还有顾虑等等。

针对这些问题的主要对策是:

第一,坚持实事求是的作风,切实纠正在统计上的弄虚作假行为。

各级领导干部和各级统计部门要按照国务院温家宝副总理在全国宣传贯彻《中共中央办公厅、国务院办公厅关于坚决反对和制止在统计上弄虚作假的通知》电视电话会议上的讲话精神,把坚持实事求是搞统计作为当前和今后一个时期的一项重要任务抓紧抓好。各级领导干部要率先垂范,带头执行《统计法》和《深圳经济特区统计条例》,支持和保证统计机构、统计人员依法独立行使统计调查权、统计报告权和统计监督权;要改进和完善考核办法,注意发挥统计部门的监督作用,对那些在统计上以弄虚作假骗取职务、荣誉和奖励的,要坚决予以撤销;要对当前"三资"企业、私营企业、村镇企业和国有企业的个别领导统计法制观念淡薄,不依法履行统计义务的现象有足够的认识,决不能掉以轻心或任其发展,要依法治理。

第二,大力加强统计法制建设,切实严肃统计法纪。各级统计部门在广泛开展统计法制教育的基础上,要把坚持统计法制建设和严肃查处统计违法案件,作为贯彻执行中央"两办通知"精神和加强党风政风建设的重要内容常抓不懈,进一步加强市、区两级统计执法检查机构的建设,配备称职的统计执法检查人员,不断提高统计执法检查队伍的素质。要依法对统计活动全过程实施检查监督,发现问题及时处理,真正做到警钟长鸣,使统计执法检查工作步入经常化、制度化和规范化的轨道。要加强与监察、

政法部门的通力合作,加大查处统计违法行为的力度,对那些有意逃避和破坏统计监督,在统计上顶风作假的案件,要敢于和善于碰硬,决不姑息迁就,坚持一查到底,达到"查处一案,教育一片"的目的。

第三,大力推进统计改革,切实加强统计基础建设。按照社会主义市场经济体制和转变"两个"增长方式的要求,必须依靠科技改变统计生产方式,在统计工作中大力推动科技进步。当前,要重点抓好贯彻中央"两办通知"精神,建立全市集中统一的统计管理体制。关于按照行政区划分,实行市辖区一级统计归口管理的方案已报市政府。这项改革涉及的问题很多,难度也相当大,各级领导和社会各界要给予广泛关注和支持,各级统计部门要积极做好组织实施的准备工作。要加快统计自动化系统建设的步伐,坚持以国家统计信息工程"九五"建设总体规划为指导,尽快从统计自动化系统和数据库系统开发建设转向全面推广和应用上来,并注意抓好与其相配套的各项统计改革和建设,努力把全市的统计工作再推向一个新的发展阶段。

(法规处供稿)

统计调查

统计调查简介

企业景气调查

企业景气调查是从我国社会主义市场经济实际出发,借鉴市场经济国家的经验而刚刚建立的一项国家统计调查制度。它是通过对部分企业家定期进行问卷调查,并根据企业家对宏观经济运行和企业经营状况的判断和预期编制景气指数,从而准确、及时地反映宏观经济运行和企业经营状况,预测经济发展变动趋势的一种统计调查方法。由于景气调查的信息具有较高的超前性、时效性和准确性,而且无论在时间上还是在指标的设置上都弥补了传统统计方法的不足,因此,企业景气调查自20年代起源于西方国家后,在世界范围内得到了迅速的推广和普及。我国1998年起正式将企业景气调查纳入国家统计调查制度。根据国家统计局和广东省统计局的统一部署和要求,深圳市从1998年开始开展企业景气调查工作,每季度调查一次,分别在2月、5月、8月、11月进行。调查范围为工业、建筑业、交通运输仓储及邮电通信业、批发零售贸易及餐饮业、房地产业、社会服务业六大行业。调查企业样本的抽选采用重点调查和抽样调查两种方式,1998年在全市上述行业中抽取150家代表性强的企业进行调查。调查内容包括四个方面:①企业的基本情况;②企业家对当前宏观经济景气状况的判断及对未来走势的预期;③企业家对本企业生产经营景气状况的判断及对未来发展的预期;④企业家对企业生产经营问题的判断及对政府经济管理部门的要求。根据调查结果,汇总计算出各季度宏观经济景气指数及企业综合经营景气指数,预测经济变动的趋势,并对各行业生产经营状况及企业生产经营中存在的主要问题进行分析。从四个季度的调查结果来看,调查问卷所反映的经济状况和经济预期与现实经济形势基本吻合。开展企业景气调查,不仅可以及时、准确地反馈企业信息,而且对正确把握宏观经济运行的态势和指导微观经济的运行具有十分重要的意义。

(企调队供稿)

深圳市1997年投入产出调查

投入产出表是宏观经济调控、宏观经济决策和宏观经济管理的重要依据,是加强国民经济综合平衡,进行经济数量分析的重要手段,是制定国民经济发展计划的科学基础。根据国务院逢二、七年份编制投入产出基年表的文件精神,国家统计局与国家计委、国家经贸委、财政部向全国各地联合发出了“关于认真做好1997年全国投入产出调查工作的通知”(国统字[1997]114号)。按照广东省政府的规定,广东省统计局也发出相应的调查通知,两个通知都强调了投入产出核算作为宏观调控工具的特殊性与重要性,明确了调查的任务,并对组织形式和其他重要事项提出了要求。

深圳市认真贯彻执行两个通知精神,组建了由市政府牵头,市统计信息局、市计划局、市经济发展局、市贸易发展局和市财政局共同参加的深圳市1997年投入产出核算协调领导小组,其下设办公室在市统计信息局,处理日常事务,市统信局局党组指定一位局领导担任办公室主任。投入产出办公室迅速布置了涉及3个产业,124个产品部门共605个单位的调查工作(其中331个是省统计局布置的重点调查和典型调查单位),调查点占广东省总数的30%。调查单位的行业分布为:农业5个;工业84个,其中:采掘业8个,制造业72个,废品及废料1个,电力、煤气和水的生产供应业3个;建筑业1个;运输业由于按物质和非物质分组共有10个;仓储业1个;邮电业2个;商业、饮食业2个;其他行业19个。面对这一繁复的调查工作,各相关部门的领导及全体工作人员迎难而上,科学组织,周密安排,严把质量关,圆满地完成了深圳市1997年投入产出调查任务,投入产出调查协调领导小组办公室被国家统计局授予"投入产出调查先进集体"的光荣称号,并获得全国1997年投入产出调查"全面数据质量管理优秀奖"。目前已完成了调查表的数据处理及投入产出表的编制工作。

(投入产出核算协调领导小组办公室供稿,执笔:陈中)

工资水平抽样调查

根据《国家公务员暂行条例》中"国家公务员工资水平与国有企业相当人员的平均工资大体持平"的规定,在广东省统计局、省人事厅的统一部署和指导下,深圳市开展了1998年国家公务员和企业相当人员工资水平抽样调查。这项调查工作对于保证国家公务员工资制度的贯彻实施,掌握机关工作人员与企业相当人员的工资水平变动情况,测定地区附加津贴标准,以及为各级政府和有关部门制定相应的工资政策,推进劳动统计调查方法的改革,都有十分重要的意义。

这次调查采用三级分层整群抽样方法,共抽取77个调查单位,调查人数2767人,其中,机关公务员1388人(正处级99人、副处级175人、正科级282人、副科级408人、科员及办事员级424人),企业管理人员1379人(正处级35人、副处级97人、正科级214人、副科级202人、科员及办事员级831人)。调查内容包括个人基本情况(性别、年龄、工龄、职务、学历等)、工资、福利待遇和住房状况等。调查结果显示,深圳市国家公务员整体素质较高,年龄结构比较合理,学历与职务成正相关,但工资水平仍未及企业且增长幅度也比企业慢。

(人口办供稿)

劳动力情况抽样调查

按照深圳市政府的部署,深圳市人口抽样调查领导小组办公室在1998年5月1日和10月1日分别组织了全市范围内进行的劳动力情况小样本跟踪调查和大样本调查。取得了大量准确可靠的调查数据,客观地反映了全市劳动就业与失业的状况,为政府及各部门制订相关政策提供了重要的决策依据。

5月1日进行的劳动力小样本调查是对1997年劳动力大样本调查中的失业人口进行跟踪调查,实际跟踪调查失业人员490人。调查内容包括失业者的年龄、性别、文化程度、失业时间、失业原因以及再就业情况等。调查采用入户访问调查方式。该项调查有助于深入了解深圳市户籍失业人口的基本情况,从而为政府制订和实施再就业政策提供有益的参考。

10月1日进行大样本调查。首先,在样本确定上,1998年实行部分更新调查点,具体做法是,以四百人左右的一个调查小区作为最终样本单位,在上年的调查样本中随机抽取二分之一的最终样本单位进行更换,最终在全市六个行政区中随机抽取了14个镇(街道)、32个村(居)委会、68个调查小区作为最终样本单位。其次,调查样本的设计符合样本设计的要求,在全市范围内调查家庭户8000多户,实际调查人口24000多人。再次,在调查项目上根据调查目的,结合深圳市的具体情况,对上年的调查项目进行了必要的调整和补充,使调查指标的设置更具针对性和实用性。最后,调查方式采取入户访问登记的方法,在全市组织了320名调查员、调查指导员入户访问调查。该项调查数据量大,内容丰富,资料准确,调查结果比较客观地反映了深圳市劳动力的结构现状及就业与失业情况,为政府有关部门在制订人口和劳动用工等政策方面发挥了积极作用。

(人口办供稿)

人口与计划生育目标管理责任制考核调查

按照广东省委、省政府的统一部署,在1998年11月26日至12月20日,深圳市人口调查办公室在省人口考核办公室的直接领导和授权下,完成了对全市1998年度人口与计划生育目标管理责任制考核的调查取证工作。这项工作在各级党委、政府、各有关部门的共同努力和广大群众的密切配合下,经过了入户调查、资料整理、审核、过录、汇总等工作环节,为广东省政府对深圳市市、区两级政府的考核提供了准确、翔实的数据依据。经省综合考评,深圳市及宝安区、福田区、罗湖区被省政府授予"广东省1998年度计划生育达标单位"称号,并受到通报表彰。南山区、盐田区、龙岗区为完成计划生育指标单位。

本年的考核调查由省人口考核办统一部署并组织实施,市人口办紧密配合,共同完成整个调查取证工作,调查样本由省直接抽取深圳市6个区、22个镇(街道)、22个村(居)委会。并由省直接派调查工作组完成对其中2个区的各2个镇(街道)、2个村(居)委会的调查取证工作,其余涉及的6个区、18个镇(街道)、18个村(居)委会经省人口办授权,由市人口办按省的调查方案、要求、工作流程和操作规程进行调查取证。整个调查取证过程均采取不打招呼、不要陪同、不用招待的"三不"调查方法,即事前不公布调查样本单位名单,考核调查工作组直接进入被调查单位,并由调查员自寻向导入户调查。调查内容包括两大部分:一是人口与计划生育目标管理责任制四项考核指标的计划完成情况与数据质量。具体包括出生率、计划生育率、计划外多孩率、自然增长率。二是落实"三为主"管理工作的完成情况。具体包括:①切实加强对计划生育工作的领导;②加强计划生育基层基础建设,认真落实"三为主"方针;③积极开展创建计划生育"合格村"活动;④加大计划生育经费投入和加强计划外生育费的管理。上述调查的原始资料由市直接报省,市不对被考核区作任何评价,最终考核结果由省人民政府通报。按照市委、市政府深办[1998]34号文件精神,省的考核结果等同市对区的考核结果。

(人口办供稿)

房地产价格指数编制简介

房地产价格指数编制目的及意义:随着国民经济的发展,我国房地产市场规模不断扩大,已构成商品市场的重要组成部分,且房地产作为固定资产投资的重要组成部分,必将成为国民经济中的支柱性产业。由于房地产是社会再生产的重要资源,其价格既是重要的生产资料价格,又是重要的生活资料价格,其价格变化对社会生产和生活的影响越来越大。为提高政府对房地产市场的宏观调控水平,引导企业合理确定投资方向和经营目标,更好地适应市场经济和房地产业发展的需要,为准确、全面地反映房地产价格水平变化趋势和幅度,1997年,经国务院批准,决定在全国开展房地产价格指数编制工作。

房地产价格指数体系设置:房地产价格指数体系由房地产价格总指数和分指数构成。在房地产价格指数中包括了房地产的销售、租赁和土地交易等三套指数。房地产销售价格指数包括商品房销售、旧房交易和公有住房出售等三大类指数;房地产租赁价格指数包括住宅、办公用房、商业用房、厂房仓库、旅游饭店客房等五大类指数;土地交易价格指数包括住宅用地、工业用地、商业、旅游、娱乐用地、其它用地等四大类指数。

调查方法及上报:采用重点调查与典型调查相结合的调查方法,采用报表和走访相结合的调查方式;季报形式。

指数计算方法:三套指数均采用由细项——小类——中类——大类,最后由大类汇出总指数;中类以下指数采用样本资料作权数的加权调和平均公式计算;大类和总指数采用固定权数加权的算术平均公式计算。

调查单位选择原则:1. 代表性强:规模大、实力强,开发和出售的房地产业务量大;2. 兼顾不同地理位置和各种用途的房地产项目;3. 兼顾不同的经济类型的调查单位。1999 年深圳市的房地产价格调查单位共 96 个,函盖全市五个区,以特区内为主。

(城调队供稿,执笔:蔡素玫)

调查报告

深圳市上市企业景气调查情况分析

目前,在深圳挂牌上市的企业中,深圳本地企业有63家,占15.8%,居全国之首。行业涵盖制造业、电力生产和供应业、交通运输业、批发零售贸易和餐饮业、房地产业、社会服务业等六大行业。因此,深圳市上市企业景气调查结果具有一定的说服力,在一定程度上反映上市企业经营发展的态势和主要存在的问题。

一、宏观经济景气状况明显回升,预期经济走势看好

据深圳市上市企业景气调查结果显示:四季度宏观经济景气指数为10.06%,与三季度相比,提高了13.85个百分点。宏观经济运行由三季度的不景气区间进入到景气区间,说明国家加强宏观调控,消除亚洲金融风暴不利影响的措施渐显成效。就行业类别来看,以电力、煤气及水的生产和供应业,房地产业的景气指数回升幅度最大,分别比三季度提高了59.63个百分点和71.7个百分点。这与国家加大基础设施建设投资和将房地产业作为新的经济增长点来抓的措施相吻合。

在对预期经济走势的判断上,企业家对下期宏观经济景气状况显得较为乐观。有45.3%的企业家认为下期走势会上升,认为走势下降的有28.9%,预计下期宏观经济景气指数为16.42%,比本期高出6.36个百分点。

二、企业综合经营状况有所好转,但企业效益不尽理想

据资料显示:四季度在被调查的上市企业中,认为经营状况好转的占42.1%,认为持平的占46.2%,认为经营状况恶化的有11.7%。四季度企业综合经营状况景气指数为30.48%,与三季度相比,提高了5.59个百分点。企业综合经营状况处在景气区间内运行,并有如下特点:

1. 产品订货量增加,企业生产设备利用率提高。调查结果显示:产品订货量增加的企业有53.9%,订货量与三季度持平的企业有32.9%,订货量减少的企业只有13.2%,该项景气指数为40.63%,比三季度高出3.83个百分点。在被调查企业中,设备利用率上升的占70.3%,与三季度持平的占22.2%,只有7.47%的企业设备利用率是下降的。本期设备利用景气指数达到62.87%,比三季度高出10.02个百分点。

2. 企业资金紧缺压力得到缓解。由于上市企业在筹措资金渠道方面比其他企业更具优势,资金来源较多样化,相对而言,更易走出资金紧缺的困境。据资料显示,在被调查企业中,资金不紧张的占41%,比三季度高出5.6个百分点;资金紧张的企业占38.7%,比三季度减少9.8个百分点。在货款拖欠方面,拖欠货款增加的企业占19.2%,与三季度持平的占56.4%,拖欠货款减少的企业占24.4%,货款拖欠减少的企业比增加的多了5.2个百分点。

3. 能源和主要原材料供应充足,原料、燃料购进价有所回落。在能源供应方面,有95.2%的企业认为供应充足,只有4.8%企业认为能源供应不足,能源供应景气指数高达90.4%。在主要原材料供应方面,有95.1%的企业认为充足,有4.9%的企业认为供应不足,该项景气指数也高达90.2%。而在原料,燃料购进价格方面则略有回落,有23.5%的企业认为价格上升,与三季度相比,下降了21.4个百分点;认为价格下降的占25.6%,与三季度相比,提高了13.3个百分点。

4.产品销售价格略有回升,企业产成品库存减少。据调查结果显示:四季度产品销售价格景气指数为-39.46%,虽然仍处于不景气区间,但与三季度的产品销售价格景气指数-74.21%相比回升34.75个百分点。在产成品库存方面,库存减少的企业有80.6%,与三季度相比,提高了17.7个百分点,认为库存过大的占19.4%,与三季度相比下降17.7个百分点,这一结果表明企业家对本企业的产成品库存结构是比较满意的。

5.企业经济效益不容乐观。虽然大多数企业家对企业综合经营状况好转持认同意见,但是,企业效益下滑却没得到根治。据调查结果表明:在对税后利润的判断上,有31%的企业认为上升,与三季度相比,下降7.9个百分点。有35.4%的企业认为持平,有33.6%的企业认为下降。本期该项景气指数只有-2.66%,与三季度相比,下滑6.23个百分点。景气状况由景气区间滑落到不景气区间内运行,应引起高度重视。究其原因,主要受市场需求不足以及成本上升的影响。在被调查企业中,有75%和52.1%的企业对市场竞争激烈和市场需求不足持认同意见。由于这两个因素,导致企业的产品销售量普遍下降。在对产品销售量的判断上,有35.2%的企业认为上升,与三季度相比,下降22.9个百分点。该项景气指数为22.56%,与三季度相比,下降18.18个百分点。另有41.7%的企业认为历史债务负担重,有22.9%的企业认为利息负担增加,有8.33%的企业认为工资费用大,所有这些因素造成企业成本增大,导致企业的利润下降。

三、上市企业在经营发展中的制约因素,企业决策者的对策和对政府部门的期望

1.企业经营发展存在的主要问题。根据近两期企业景气调查的结果,将企业家对制约企业生产经营主要因素的看法列表如下:

影响企业生产经营的主要因素

主要因素	三季度认同率(%)	四季度认同率(%)
市场竞争激烈	71.1	75
市场需求不足	57.9	52.1
历史债务负担重	28.9	41.7
资金筹措困难	34.2	37.5
相互拖欠货款	28.9	22.9
利息负担增加	15.8	22.9
成本上升压力大	18.4	8.33
人才流失	13.2	8.33

从表中可见,企业家将市场竞争激烈,市场需求不足,历史债务负担重,资金筹措困难,相互拖欠货款等五方面因素列作企业经营发展的主要障碍。半数以上的企业家对市场竞争激烈和市场需求不足持认同意见,因此,如何解决好市场的问题已成企业当务之急。

2.企业家的对策。将近两期的调查结果列表如下:

企业家对生产经营的对策

主要对策	三季度认同率(%)	四季度认同率(%)
促进市场销售	81.1	89.6
加强内部管理	70.3	81.3
培养人才	51.4	47.9
提高产品质量	21.6	35.4
技术改造	35.1	22.9

如表中所示,大多数企业家将向市场要效益,向管理要效益,向人才要效益作为企业的经营之本,八成以上的企业家将促进市场销售,加强内部管理作为企业经营的主攻方向,也有部分企业家认为应通过技术改造,提高产品质量,提高产品的市场竞争力,进而占有市场,最终达

到提高企业经济效益的目的。

3. 企业对政府部门的期望。企业的发展壮大，除本身要善于经营外，也是跟外部环境息息相关的。政府部门能否拿出行之有效的措施来解决企业发展遇到的问题，直接关乎企业的生存。因此，企业急需解决的问题，也就是政府部门当前经济工作的热点问题。根据企业要求政府部门解决问题的认同率高低排序列表如下：

企业对政府部门的期望

期望内容	三季度认同率(%)	四季度认同率(%)
完善市场法规、规范市场行为	76.3	81.3
降低利税	63.2	62.5
增加贷款	47.4	47.9
提高政府办事效率	31.6	47.9
加强社会保障	36.8	31.3

从表中可见，企业对政府经济管理部门的要求，认同率排前三名依旧是完善市场法规、规范市场行为，降低利税，增加贷款。其中，对第一项的认同率达81.3%，比三季度高出5个百分点。另外，要求政府部门提高办事效率的认同率，由三季度的31.6%上升到四季度的47.9%，涨幅达16.3个百分点，说明企业对政府人员现行的工作作风不太满意。

四、应引起政府部门正视的问题

1. 如何制定完善的社会保障制度，解除企业职工的后顾之忧，减轻企业负担，应摆上政府的重要工作议程上来。随着社会经济的发展，市场竞争日趋激烈，企业的优存劣汰在所难免，职工下岗人数逐渐增多。加之现行企业过分提倡"减员增效"的策略，使失业大军不断壮大。如果政府不加强社会保障制度，妥善解决下岗职工的生活问题，势必造就社会不安定因素，不利于社会经济的发展。

2. 必须加强风险意识，促进市场竞争的良性循环。调查结果表明，企业家将"市场竞争激烈，市场需求不足"作为制约企业经营发展的最主要因素。我们在剖析这一现象时，除了要看到这是社会经济发展带来的必然结果，还应看到这种现象的加剧在一定程度上是企业投资决策失误所致，企业在投资策略上追逐眼前利益，造成项目的重复建设，产业趋同使产品单一化，这势必加剧竞争，最后演变成恶性竞争。正如目前愈演愈烈的超级VCD大战现象。因此，政府部门有必要制定发展规划，正确引导企业的经营投资。

3. 加快立法步伐，加强政府部门的监控作用。目前，上市公司的违规行为屡禁不止，扰乱了证券市场，给股民带来了损失，破坏了上市公司的形象。这也是造成近期股市低迷的原因之一。在调查中，有81.3%的企业强烈要求政府部门完善市场法规、规范市场行为，造就一个公平竞争的外部环境。因此，政府部门有必要加快立法步伐，建立健全法律制度，保证市场经济的健康发展。

(企业调查队供稿，执笔：张光明　魏谷丰)

外地驻深证券机构调查报告

我国的证券市场，是近十年来迅速建立和发展起来的。证券业的发展，为我国各类企业筹集了大量的资金，解决了部分资金紧缺问题，为我国经济建设的快速发展提供了极大的帮助。各类证券机构的建立，证券从业人员的迅速增加，证券交易量的迅速扩大，使证券业形成了一个完整的行业部门，并且在国民经济中占有一定的比重。

仅就深圳的证券业来看，现拥有独立法人的证券公司12家，另外还有外地驻深的各类证券营业部100多家，1997年全年证券交易成交金额达1862亿元，为深圳市地方财政提供证券交易印花税19亿元。对于独立法人的证券公司现已有规范的渠道对其经济效益与资产经营状况进行核算，而对外地驻深的证券营业部在深投入资金以及经营状况，目前尚没有固定的渠道进行全面核算。

为了全面核算深圳市证券行业的资产存量，分析考察全市证券行业对深圳经济的推动作用，我们于1998年5月至7月对市内全部外地单位在深所设的证券营业部进行了全面调查。现将调查结果报告如下。

根据中国人民银行深圳特区分行提供的外省市及中央单位驻深各类证券营业部的名单，我们参考了深圳证券交易所的《1997年市场统计年鉴》关于交易席位与会员等资料，确定了1997年末已经在深圳市工商行政管理部门注册的外地驻深证券营业部共计128家，作为本次调查的调查对象。在调查中实际发出调查表134份，扣除因名称差异造成的重复发表，实际应发符合条件的单位128家，除一家营业部因迁移尚未联系上，截止到7月底，共计收回调查表127份，调查表回收率为99.2%。

一、机构分布与人员情况

127家外地驻深的证券营业部共拥有职工3368人。在这些营业部中，有13个营业部分别属于三个不同的外省证券公司深圳分公司，其余多为单独核算的证券营业部。其中，由外省各类信托投资公司在深设立的证券营业部有64家，其余均为外省证券公司在深所设证券营业部。这些营业部绝大多数分布在福田区和罗湖区，百分之五十二的营业部分布在福田区，具体分布情况见表1。

表1　1997年市外机构驻深证券营业部分布情况

	合计	福田	罗湖	南山	宝安	龙岗
营业部数（个）	127	67	50	7	2	1

二、资产经营状况

这127家证券营业部自从1990年起陆续成立以来，截止到1997年末共计在深投入了超过13亿元的初始资金(不含历年经营利润转投入的资金)，形成在深固定资产原值超过12亿元，人均固定资产装备程度仅次于深圳市独立法人单位的12家证券公司，为深圳各行业之首，拥有18亿元的净资产。从127家营业部1997年经营情况看，赢利单位109家，亏损单位17家，全年证券业务收入31亿元，利润总额近11亿元,为深圳市提供营业税收2.1亿元。详见表2。

三、对深圳经济的影响

127家证券营业部1997年度在深吸收了居民及机构超过72亿元的资金进行证券交易,其年度营业额在深圳证券业全部营业额中占有近百分之三十的份额,年末托管市值约占整个深圳市场的7.8%。127家证券营业部每年要从市外调入数亿元资金,同时又要将部分获利转出本市,上缴其所属公司,因而带来较大的资金流入流出,从1997年情况看,资金流动表现为净流入。据我们初步核算,127家证券营业部在深创造增加值近16亿元,约占深圳市GDP的1.4%,是深圳经济发展中一支不可忽视的力量。

表2　1997年市外机构驻深证券营业部经营情况

单位:万元

指　　标	合计	市外证券公司在深营业部	市外信托公司在深营业部
营业部个数(个)	127	63	64
♯亏损单位数	17	8	9
年末职工(人)	3468	1753	1715
固定资产原值	124386	71780	52606
营业税以及附加	21962	12092	9870
利润总额	108824	63745	45079

(国民经济核算处供稿,执笔:陈蓉)

深圳户籍失业人口跟踪调查情况

失业问题已与通货膨胀、资源匮乏、环境恶化一起被列为当今世界各国经济发展的四大难题。我国从1997年以来,再就业问题已取代物价成为政府和社会最关注的热点问题。尽管深圳市的经济发展较快,每年新增的就业岗位较多,但是深圳户籍居民同样面临失业的困扰。为了深入了解深圳市户籍居民的失业状况,深圳市统计信息局对全市5个区、14个镇(街道)、66个小区的434个失业人员进行了跟踪访问调查,通过本次调查,对深圳市户籍人口失业形成的原因、特征及再就业方面存在的困难和问题有了比较深入的了解。

一、结构性失业是主要原因

造成失业的原因多种多样,参考西方城市经济学研究的成果,结合深圳市的实际情况,可将深圳市的失业归结为总量性失业、结构性失业、磨擦性失业。

1. 总量性失业,是指由于商品或服务的需求减少,从而对劳动力的需求下降,导致一部分人失去工作的总需求短缺性失业。从深圳市的情况来看,户籍居民不存在总量性失业。这是因为,深圳每年新增的就业岗位20余万个,而户籍劳动人口每年仅增加3万人左右。

2. 结构性失业,主要指经济结构调整及经济结构与劳动力结构之间的差异与矛盾所造成的失业。调查表明,深圳市户籍人口失业的主要原因是结构性失业,该类失业占到总失业的68.4%。深圳市结构性失业的形成,主要因为:

①因企业外迁、破产、转产、减产等造成失业,这是深圳市结构性失业的重要原因,约占结构性失业人员的42%。

②因就业者学历低、无专长、缺乏应有的工作经验,就业者的求职要求适应不了企业人才需求所形成的失业,这是深圳市结构性失业的最主要原因,约占结构性失业人员的49%。

③在深圳市实行农村城市化改造后,部分农转非的农民难以正常就业。这类失业占结构性失业人员的9%,占全部失业人员的5.8%。

3. 磨擦性失业,是指劳动力为了改变工作种类或地点处于工作调换状态,或由于需求条件的变化而处于旧工作与新工作交替所形成的无工作状况。在深圳市,这种原因造成的失业所占比重为31.6%。据调查,深圳市磨擦性失业又表现为自愿性与非自愿性二种类型。

所谓自愿性是由失业者主动辞工而引起的失业,在深圳市,这种类型的失业占磨擦性失业的64.9%。失业者主动辞工,大部分是为了寻找更合适的工作,因而,这类失业往往周期不很长,失业者再就业相对较容易。当然,也有少部分是出于无奈而主动辞工,如有些主动辞工是为了临时哺育小孩,但过了哺育期再想就业时,难以找到工作而失业。还有些主动辞工是与老板关系不融洽造成的。虽然自愿性失业的原因也是多种多样的,但总的来说,绝大部分自愿性失业对社会、家庭及失业者个人造成的影响与压力相对较小。

所谓非自愿性,指既非由企业生产经营发生变化客观上需要裁员引起,也非由失业者个人主观原因(如主动辞工)所造成的失业,这种类型的失业占到磨擦性失业的35.1%。

在非自愿性失业中,41.6%的人是因单位领导班子调整被借故辞工。58.4%的人属于合同期满，企业不再续聘。

二、“青年多、大龄多”是失业人口的基本特征

深圳市居民失业的一个显著特征是大龄女性失业多、年青人失业多。

1. 从失业者的年龄来看，可以清楚地看出失业者“年青的多、大龄的多”。年龄在24岁以下的失业者占全部失业者的35.5%，年龄在40岁以上的失业者占26.3%，两项合计高达61.77%。详见表1。

表1 深圳市户籍失业者年龄状况

单位：%

	比重合计	24岁以下	25－29岁	30－34岁	35－39岁	40岁以上
失业者年龄	100	35.4	19.1	11.8	7.4	26.3

2. 从失业者的性别来看，其显著特征是：男性年青的多、女性大龄的多。在深圳市户籍男性失业人口中，54.6%的人不到24岁，而在户籍女性失业人口中，35.7%的人年龄在40岁以上，不同性别失业者的年龄差异是十分显著的。详见表2。

表2 深圳市不同性别失业者年龄分布

单位：%

	比重合计	24岁以下	25－29岁	30－34岁	35－39岁	40岁以上
男性失业者	100	54.6	19.4	8.5	6.7	10.9
女性失业者	100	23.8	18.9	13.8	7.8	35.7

3. 年青的多是近几年毕业的中学生、大龄者则受教育程度较低。在24岁以下失业者中，失业前身份为学生者所占比重高达55%。而在40岁以上失业者中，小学及文盲者所占比重高达60%。

三、择业观滞后和缺乏竞争优势是再就业的主要障碍

调查结果表明，深圳市户籍居民再就业率低，再就业周期长。

根据从1997年10月至1998年5月对深圳市434个户籍失业人员进行的跟踪调查，在长达七个月时间里，只有21.2%的失业者获得了再就业，再就业率是比较低的。这些已就业者在就业前，平均失业时间长达18个月，其中，失业半年以内便找到工作者仅占30.4%，失业两年后才找到工作者占到18.5%。跟踪调查的失业人员中，78.8%的人仍然失业，他们平均失业时间已长达32个月。

深圳市不存在总量性失业，就业岗位相对不足的问题不是深圳市户籍居民再就业难的原因。深圳市居民为什么会面临就业难的问题呢？从调查情况看，户籍居民再就业难既有主观的原因，也有客观的原因。

1. 户籍居民就业观念滞后、择业方式单一、求职主观努力不够是再就业难的内在原因

首先，失业者就业观念适应不了形势。

大多数在择业时，仍不免把行政机关、国有企业和集体企业作为首选。然而，随着经济结构调整，国有和集体企业已经不再是解决就业问题的主要力量。据一项调查，深圳市经常招聘人才的单位以外商独资企业、合资企业和私营企业为主，其人才聘用占到人才总需求的77.3%。择业者的眼光仍然停在行政机关、国有和集体企业上，必然引起择业难问题。失业者就业观念适应不了形势，在年青人身上表现最为突出，如深圳市众多学生毕业后不能正常就业，主要是这部分人缺乏正常的就业观念，脏活、苦活、累活不愿干，个人既无专长，也没有从事管理工作的经验、水平，却要求工作稳定、舒适，眼高手低，理想与现实相脱离。

其次，失业者缺乏积极求职的进取心，等靠思想严重。

在调查中了解到，失业者在失业初期，一般都能主动寻找工作，长时间失业，又长期找不到工作后，许多失业者不再主动寻找工作，调查表

明,未主动寻找工作的失业者占总失业人数的23.0%。此外,不少失业者以为到人才交流中心或劳动部门登记了,就可以坐等有人来聘他们,这种等靠的思想,显然适应不了竞争激烈的就业市场形势。

再次,失业者择业方式单一,主观努力不够。

在已就业者通过何种方式找到工作的调查中了解到,靠自已努力找到工作者所占比重仅为23.9%,通过亲朋好友帮忙找到工作的占到47.8%,而通过劳动部门与人才市场找到工作者,所占比重仅为8.7%,另有19.5%的人通过其他方式找到工作。

2.缺乏就业竞争优势是户籍居民再就业难的客观原因

深圳市的劳动力市场是具有吸引力的开放型市场,劳动力资源来自全国各地,到深圳市求职就业的人总是那么多。无论深圳市的经济发展多快,对劳动力的需求毕竟是有限的。有限的需求,如何能适应无限量的劳动力供给。因此,由于外来劳务工超量涌入,导致深圳市的劳动力市场总是处于供大于求的状况,就业竞争总是很激烈,常常是一个就业岗位,几十人应聘。

在激烈的就业竞争中,户籍居民与外来劳务工相比,不仅没有竞争优势,反而有一些劣势。既使在相同的学历、年龄等条件下,企业往往愿意选择外来劳务工,而不愿聘用本地居民。从用人企业的角度看,外来劳务工具有三大就业竞争优势:一是年龄优势,深圳市绝大部分企业总希望聘用年青人,只有不断流动的外来劳务工才能满足企业这方面的用人需要;二是成本优势,使用外来劳务工成本相对较低,企业负担各种保险费用较轻,另一方面,在同样的工资水平下,某一职位外来劳务工可以接受,而户籍居民因生活成本较高,往往难以接受;三是管理方面的优势,企业感到外来劳务工好管理,好安排,好辞退。

四、占41%的失业居民家庭生活受到较大影响

失业对深圳市居民的影响如何?我们从调查中了解到:失业者中,26.9%的人受影响很大,14.0%的人受影响较大,42.4%的人有一定影响,另有16.7%的人基本不受影响。

失业对男性的影响与对女性的影响有所不同,主要表现在:对男性失业者而言,受失业影响很大及较大所占比重相对较小,仅占34.5%,同时,失业基本不受影响者所占比重亦较小,只有12.6%。而女性失业者受失业影响很大及较大所占比重达到了44.4%,而基本不受影响者亦高达18.8%。

失业家庭负担较重。按全社会口径统计,深圳市每个就业人口平均负担1.7人,但有失业者的家庭,平均每个就业人口需负担2.72人。

失业家庭的收入普遍较低。根据深圳市家计调查资料,全市人均可支配收入在700元以内的家庭仅占10%,人均可支配收入在700-1000元之间的家庭也只有10%,人均可支配收入超过1000元的家庭约占80%,其中,人均可支配收入在1500元以上的家庭所占比重高达40%;从失业家庭来看,人均可支配收入在700元以内者所占比重高达62.7%,人均可支配收入在700-1000元之间者亦占到18.7%,两项合计高达81.3%,而人均可支配收入超过1500元者所占比重仅为5.8%。可见,失业家庭人均可支配收入与全市平均水平的差异是很大的。

五、解决户籍居民再就业问题的几点看法

根据调查中掌握的情况,为解决深圳市再就业问题,我们提出以下粗浅的看法。

1.发挥基层组织和社区的作用

促进就业观念的转变,是提高再就业率的首要因素。近年来,深圳市已通过各种传媒加大了这方面的宣传教育。但是,据调查,深圳户籍失业居民对接受这方面的教育仍然欠缺,这些家庭订阅报刊的极少,普遍信息不灵。除了继续加大传媒的宣传外,我们认为要更好的发挥居民(村民)委员会和社区与群众联系密切的作用,在最接近群众的地方,开展正面宣传、教育和咨询服务,使广大居民对全国及深圳就业的形势,就业的政策,就业的渠道等方方面面都有所认识和了解,从而,促进就业观念的转变。

2. 加强就业培训,改善劳动力供给

加强对失业者的就业培训,不仅是提高再就业率的前提,而且也是促进技术进步、提高劳动生产率的有效途径。当前,西方各国十分重视对失业者的技术再培训。如美国,10多年前就注重再就业培训,政府制定了再就业培训计划,各州设立了就业训练协调委员会,培训资金除由各州和企业自筹外,政府每年拨款近70亿美元资助各州。这种培训,对增加就业、降低失业率起到了积极的作用。根据调查,美国每年100万左右的失业者接受了培训,其中70%以上的失业者受训后获得了再就业。因此,应将就业培训当作实施再就业工程的重要举措。从实际出发,我们认为,深圳的再就业培训应坚持三个结合:

一是职业培训与失业登记相结合。目前,我国实行失业登记制度,从调查来看,实际只有约四分之一的失业者办理了失业登记。今后应采取各种有效措施,使所有失业者都办理失业登记。凡是办理了失业登记的人员可以获得政府免费提供的某项职业训练,训练合格,发职业培训合格证。

二是职业培训与人才需求相结合。举办职业培训的部门应清楚地掌握深圳市劳动力市场的需求状况,有针对性地开展职业培训。

三是职业培训与职业介绍相结合。政府的职业培训部门,应同时是职业的介绍与再就业安置的部门。职业培训既要与企业的人才需求相结合,也要同企业的人才招聘相结合。经培训合格的本市失业居民,职业介绍中心优先介绍,企业应优先聘用。

3. 建立再就业管理信息系统,实现再就业管理的科学化、现代化

深圳市经济持续高速发展,每天新增几百个就业岗位,同时,在深圳的劳动市场,每天都有许许多多的企业在招人、聘人,单从人才市场来看,每天对人才的需求也有数百人,解决深圳市的失业问题,应该说有较好的条件,实施再就业工程相对比较容易。但面对成千上万的人才供应和需求,只有运用现代化的管理手段才能及时处理各种人才供需信息,有效解决复杂的再就业问题,因此,我们认为:

第一,应建立全市统一的失业人员数据库,将失业人员按年龄、学历、专长、求职要求等等情况分类管理。

第二,应对失业人员进行跟踪管理,即从失业人员办理失业登记开始,就对失业人员进行跟踪管理,及时了解失业人员的培训情况,求职就业与再失业情况。

第三,建立深圳市人才需求数据库,动态掌握不同类型企业,对不同层次人才需求的信息,为再就业安置提供依据。

4. 制定促进户籍居民再就业的政策、法规,加强用行政手段解决再就业问题

促进户籍居民再就业的政策与法规包括两个不同层面:一是政府要制定保护户籍居民再就业的政策、法规。目前,深圳市已制定了《深圳市居民按比例就业暂行办法》,只要这一《办法》能得到切实的执行,就可以较好地解决深圳市户籍居民的再就业问题;二是制定一套有关失业与再就业的法规,规范劳动力市场的解雇、招聘、选任、酬劳、失业待遇、培训职业介绍等,以协调劳资关系,维护失业者的权益,促进失业者再就业。

为确保政府有关户籍居民就业的政策、规定得到贯彻落实,加强用行政手段解决再就业问题是非常必要的。这是因为,在市场经济条件下,不论是国有企业,还是三资、私有企业,所有企业的用人都是自主的,因此,如果缺乏有效的政策、法规与行政手段,政府部门就无法对失业人员进行再就业安置。

从深圳市的情况来看,市政府于1997年年初颁布的《深圳市居民按比例就业暂行办法》,规定某些行业本市居民就业比例不低于80%,某些行业不低于60%,某些最低比例行业本市居民就业比例也不低于40%,应该说,如该办法得到贯彻落实,深圳居民根本无失业之忧。

因为,深圳市总就业人口270万人左右,而本市劳动人口不到60万,本市户籍就业人口仅占全部就业人口的百分之二十几。因此,只要认真贯彻《深圳市居民按比例就业暂行办法》,就可以有效解决本市居民的再就业问题。具体操作上,宜采取以下举措:

一是再就业安置部门要对企业贯彻落实《暂行办法》有监督、检查及处罚的权力。

二是再就业安置部门有职责和权力将符合企业招工条件的户籍失业居民介绍到那些尚未达《暂行办法》规定要求的企业。如某企业,本市居民就业比例仅达20%,与规定要求的比例40%相比仍差20%,该企业就应接收符合其招工条件的本市居民。

三是如某企业既未达到《暂行办法》规定的要求,而又拒绝接收再就业安置部门介绍的符合其用工条件的本市失业居民,不仅经济上要受处罚,而且,调工调干上受到限制,从而通过行政和经济方面的措施,切实解决深圳市居民的再就业问题。

(人口办供稿,执笔:夏有亮)

统计资料

一、综　　合

自然概况

位置

深圳市地处广东省南部沿海，位于北回归线以南。陆域位置东经 113°46′至 114°37′，北纬 22°27′至 22°52′。她东临大鹏湾，西连珠江口，南与香港新界接壤，北靠东莞、惠州两市。

深圳经济特区是深圳市的一部分。她枕山面海，山湖风光优美，东起大鹏湾背仔角，西连珠江口之安乐村，南与香港新界接壤，北靠梧桐山、羊台山脉，东西长 49 公里，南北宽平均 7 公里，是我国主要进出口岸之一。

地势

全境地势东南高，西北低，大部分为低丘陵地，间以平缓的台地，西部沿海一带为滨海平原。区内最高山峰梧桐山海拔 943.7 米。

面积

全市总面积 1948.69 平方公里，特区面积 391.71 平方公里。

海岸与河流

深圳西部和西南部是珠江口、伶仃洋，东部和东南部是大亚湾、大鹏湾，海岸线总长为 229.96 公里，可建深水港的有 6 处，可建中型港的有 3 处，可建小型港的有 10 多处。主要河流深圳河全长 35 公里，特区内小河密布，多汇集于深圳河，流域面积 311.8 平方公里。

气候

深圳市属于亚热带海洋性气候，雨量丰沛，日照时间长，气候温和。常年平均温度为 22.4℃，最高为 36.6℃，最低为 1.4℃，无霜期 355 天。每年 5—9 月为雨季，多年平均降雨量 1933.3 毫米。常年主导风向为东南风，年平均日照时数为 2120.5 小时，太阳年辐射量 5404.9 兆焦耳/平方米。夏秋季的台风因受山峦阻挡，直接袭击深圳市平均每年不到一次。

1998年深圳市国民经济和社会发展统计公报

深圳市统计信息局

(1999年3月31日)

1998年是深圳经济特区极不平凡的一年。针对亚洲金融危机的巨大挑战,深圳市委、市政府紧紧围绕经济建设这个中心,清醒地估计了危机的严重性,比较早地采取了有效的应对措施,领导全市人民扎扎实实地做好各项工作,使得以外向型为主要特征的深圳国民经济继续保持了快速健康的发展势头,城市综合经济实力进一步增强。

一、综　合

国民经济持续快速健康发展,各项调控目标基本实现。

初步统计,1998年,全市实现国内生产总值1289.28亿元,比上年增长14.5%。其中,第一产业增加值15.84亿元,增长1.1%;第二产业增加值640.99亿元,增长16.1%;第三产业增加值632.45亿元,增长12.8%。人均国内生产总值33289元,增长9.1%。全社会劳动生产率46214元,比上年提高8.2%。

高新技术产业发展迅速,工业基础加强,产业结构有所调整。三次产业的比例为1.2:49.7:49.1,第一产业比重比上年下降0.2个百分点,第二产业比重上升0.4个百分点,第三产业比重下降0.2个百分点。

国民经济和社会发展中存在的主要问题是:部分企业经营困难,经济效益不理想,亏损额增加,亏损面扩大;通货紧缩持续,居民收入增长放慢,国内消费不旺;亚洲金融危机带来的巨大压力仍未明显缓解。

二、农　业

农业生产稳定发展。全年农业增加值15.84亿元,比上年增长1.1%。农村三级经济总收入110.7亿元,增长10.0%。鲜活产品出口额10.88亿港元,增长0.4%。

全年种植业播种面积18.05万亩,比上年增长3.0%。其中,粮食播种面积1.17万亩,下降21.5%;粮食产量0.38万吨,下降24.0%。蔬菜种植面积15.30万亩,产量18.57万吨,分别比上年增长4.8%和9.4%。水果种植面积21.51万亩,比上年下降0.8%;水果产量3.43万吨,下降13.8%。

全年主要畜产品产量如下:

指标名称	单位	数量	比上年增长%
肉猪出栏量	万头	59.3	9.0
猪肉产量	万吨	4.3	13.2
三鸟饲养量	万只	2900.2	35.4
禽蛋产量	吨	1421	6.6
鲜奶产量	万吨	1.9	5.5

全年完成造林面积4.9万亩,全民义务植树102.7万株,育中幼林0.12万亩,四旁植树174.6万株。

水产品养殖总面积13.6万亩,其中海水养殖面积10.5万亩,淡水养殖面积3.1万亩。水产品总产量5.8万吨,比上年增长3.6%,其中海产品产量5.0万吨,增长4.2%。海捕产量1.9万吨,下降1.0%。

农村基础设施得到加强。农业机械总动力6141万瓦特,比上年增长5.6%。农村用电量31.5亿千瓦小时,增长31.8%。

三、工业和建筑业

工业加速发展,在国民经济中所占比重上升,居于带动全市经济增长的主导地位。全年工业增加值515.70亿元,增长16.9%,占国内生产总值的比重从上年的39.6%提高到40.0%。国有工业企业及年产品销售收入500万元以上的非国有工业企业完成工业总产值1660.24亿元(按1990年不变价格计算,下同),比上年增长18.5%。其中,国有企业137.34亿元,增长11.4%;集体企业171.89亿元,增长133.1%;"三资"企业1273.59亿元,增长10.9%。

全年主要工业产品产量如下:

指标名称	计算单位	数量	比上年增长%
微型计算机	万部	46.46	－18.3
硬盘机	万部	770.54	－8.4
软磁盘	万片	12221.5	－28.7
彩色电视机	万台	491.85	－5.3
玻壳	万只	438.48	－40.9
彩色显像管	万只	466.47	98.2
磁头	万只	9569	19.5
袖珍计算器	万部	1080.08	－36.6
程控交换机	万门	1515.69	134.1
集成电路	万块	23975.8	67.1
通讯电缆	万公里	18.96	－52.3
液晶显示器件	万片	10761	－42.9
房间空调器	万部	11.53	－46.1
电话机	万部	2741.97	－39.2
自行车	万辆	156.96	27.2
表	万只	12665.44	－23.8
钟	万只	1100.86	－51.3
照相机	万架	2346.95	53.2
录放机	万部	1310.19	－49.0
电风扇	万台	650.48	－23.0
服装	万件	32119	0.1
皮鞋	万双	5164.85	－49.8
平板玻璃	万重量箱	238	－38.2
发电量	亿千瓦时	215.01	9.7

工业经济效益总体水平比上年提高,但部分指标却是效益下滑趋势。全年工业企业实现销售收入1938.19亿元,比上年增长11.9%;实现利润135.06亿元,下降3.0%;亏损企业亏损额15.91亿元,比上年多亏9.0%;企业亏损面28.6%,比上年扩大了3.1个百分点;工业产品销售率97.2%,比上年提高0.2个百分点;工业全员劳动生产率58582元,比上年提高20.4%;工业企业经济效益综合指数142.96%,比上年提高0.91个百分点。

轻重工业协调发展。轻工业完成总产值860.44亿元,比上年增长18.5%;重工业完成总产值799.80亿元,增长18.4%。

大中型企业骨干作用突出。大中型工业企业完成总产值751.87亿元,比上年增长20.5%,增幅高于全市工业平均水平2个百分点。实现利润总额71.57亿元,占全市工业利润总额的53.0%。经济效益综合指数为222.41%,比全市工业经济效益平均水平高出79.45个百分点。

高新技术产业成为深圳经济的第一增长点。全年高新技术产品产值达655.18亿元(现价),比上年增长38.1%,占工业总产值(现价)的比重达35.4%。主要的电子信息产品产量增长迅速,如程控交换机增长134.1%;彩色显像管增长98.2%;半导体集成电路增长67.1%;磁头增长19.5%。

建筑业增长较快。全年建筑业增加值125.29亿元,比上年增长11.8%。

四、固定资产投资

1998年,深圳市政府把扩大投资需求作为拉动经济增长的有力手段。特别是下半年,市政府决定在原来的投资计划之外追加36亿元的投资额,主要是财政增加用于城市基础设施的投资。全年全社会固定资产投资474.63亿元,比上年增长20.7%,基本满足了经济增长对投资规模的需求。按投资管理渠道划分,基本建设投资239.61亿元,增长18.9%;更新改造投资20.10亿元,增长20.4%;房地产开发投资161.61亿元,增长18.3%。

全市44个重点建设项目完成投资71.91亿元,竣工并投产的重点项目有:深圳机场航站楼扩建工程,东环路南段,电脑硬盘驱动器项目,未来时代旅游景点。

基本建设投资新增的主要生产能力有:输电线路长度35公里,铺设通信光缆长度168公里,电话交换设备容量17.4万门。

五、交通运输和邮电通信业

交通运输和邮电通信业发展迅猛。全年交通运输和邮电通信业增加值102.30亿元,比上年增长12.4%。

全年全社会运输量如下:

指标名称	计算单位	数量	比上年增长%
全社会货运量	万吨	4047.9	5.1
＃铁路	万吨	257.5	−5.0
公路	万吨	3212.0	8.5
水路	万吨	575.0	−7.0
民航	万吨	3.4	−8.1
全社会客运量	万人	8483.9	−0.4
＃铁路	万人	864.7	10.2
公路	万人	7220.0	−1.2
水路	万人	186.0	−7.0
民航	万人	213.2	−2.9
机场旅客吞吐量	万人次	515.0	16.0
机场行邮货物吞吐量	万吨	11.7	18.2

深圳机场已开通国内航线96条,国际航线4条。

全市有港口泊位数119个,其中万吨级以上的有33个。全年港口货物吞吐量3444.2万吨,比上年增长2.6%,其中集装箱吞吐量195.2万标箱,增长70.0%。全年远洋运输货运量279.3万吨,货物周转量134.5亿吨公里。

全年完成邮电业务量(按1990年不变价格计算)76.47亿元,比上年增长25.3%。全市邮电局(所)566处,比上年增加132处。固定电话交换机装机总容量167.48万门,比上年增长11.6%。移动电话交换机容量136万门,增长98.5%。固定电话用户108.88万户,增长17.8%。移动电话用户72.35万户,增长54.8%。全市电话普及率达49部/百人,其中固定电话普及率31部/百人,移动电话普及率18部/百人。

六、国内贸易和市场物价

国内市场销售平稳。全年社会消费品零售总额423.05亿元,比上年增长6.8%,扣除物价下跌因素,实际增长9.5%。批发零售贸易业商品购进总额427.08亿元,商品销售总额489.99亿元,均比上年下降3.4%。集贸市场成交金额193亿元,增长15.8%。

市场价格总水平继续下降,全年居民消费价格总水平比上年下降0.7%,其中食品类价格下降2.8%,服务项目价格上升5.3%;商品零售价格总水平比上年下降2.5%。

全年市场价格变动情况如下:

类　别	指数(上年＝100)
1、商品零售价格	97.5
2、居民消费价格	99.3
(1)食品类	97.2
＃粮食	94.6
肉禽及制品	90.3
水产品	92.1
鲜菜	93.6
鲜果	93.9
(2)衣着类	99.5
(3)家庭设备及用品	98.4
(4)医疗保健	101.0
(5)交通和通讯工具	98.0
(6)娱乐教育文化用品	96.3
(7)居住	100.9
(8)服务项目	105.3

七、对外经济贸易和旅游

对外贸易受亚洲金融危机的冲击,出口增长放慢,进口下降。全年进出口总额452.76亿美元,比上年增长0.6%。其中,出口总额264.24亿美元,增长3.6%;进口总额188.52亿美元,下降3.4%。进出口相抵,贸易顺差75.72亿美元,增长26.4%。按贸易方式分,一般贸易出口额24.53亿美元,比上年下降22.2%;"三来一补"贸易出口额87.17亿美元,比上年增长4.7%;进料加工贸易出口额140.52亿美元,增长10.4%。深圳外贸出口额连续六年居全国大中城市榜首,1998年出口额占全国出口总额的14.4%,比上年提高0.4个百分点。

外商直接投资稳定增长,对外借款下降。全年实际利用外资25.52亿美元,比上年下降11.1%。其中,外商直接投资16.64亿美元,比上年增长0.2%,所占比重由上年的57.8%提高到65.2%;对外借款5.57亿美元,下降2.4%。新签合同项目1915项,增长7.2%;合同利用外资27.46亿美元,增长55.2%。

全年对外承包工程、劳务合作合同及设计咨询120项,新签合同金额2619万美元,下降4.9%;完成营业额4196万美元,增长79.0%。

国际旅游业有所发展。全市宾馆、酒店接待过夜游客488.80万人,比上年增长1.6%。其中,国际旅客148.47万人,增长5.7%;国内游客340.32万人,下降0.2%。旅游外汇收入5.90亿美元,增长10.9%。经过一线口岸出入境人数8704.43万人,增长18.5%。

八、财政、金融和保险

全市完成地方预算内财政收入164.91亿元(含基金收入),比上年增长13.9%。其中各项税收144.85亿元,增长15.2%。地方预算内财政支出176.94亿元(含基金支出),增长24.0%。其中基本建设支出59.13亿元,增长31.0%。

国内信贷快速增长。年末全市金融机构各项存款余额2238.37亿元,比年初增长21.3%。金融机构各项贷款余额1550.37亿元,增长29.1%,其中短期贷款1162.19亿元,增长22.4%;中长期贷款198.03亿元,增长54.0%。全市存差688亿元,比年初扩大了44.6亿元。

证券市场监管加强,运作更加规范。全年上市公司413家,其中新上市公司52家。深交所挂牌股票454只,比上年增加55只。其中,A股400只,B股54只。总发行股本1065.01亿股,总流通股本361.21亿股。全年证券市场总成交金额11964.98亿元,日均成交金额48.64亿元。其中,股票总成交金额11158.14亿元,日均成交45.36亿元。总成交股数1026.15亿股,日均成交4.17亿股。

保险业稳步发展。全年承保额(含外资机构,下同)8635.58亿元,比上年增长12.8%。保费收入33.77亿元,增长5.5%。已决赔款9.07亿元,比上年下降2.4%。

九、科学技术和教育

科技队伍稳定发展。1998年末全市各类专业技术人员13.05万人(户籍人口口径),其中具有中级技术职称以上的专业技术人员6.04万人,分别比上年增长15.4%和15.3%。全市共有高等院校办科研机构、大中型工业企业办科研机构103个;从事科技活动人员1.51万人。

科技经费投入增加。全年落实科技三项经费18523万元,专项固定资产科技贷款8850万元,支持了167个科技项目。加大了扶持高新技术产业的力度,科技与经济,科技与生产相结合更紧密。

科技事业取得新成果。全年登记鉴定科技成果157项,其中达到国际先进水平32项,国内领先或先进水平115项。全年受理各种专利申请2093件,授权专利1364件,分别比上年增长45.3%和8.3%。

各级各类教育事业稳步发展。全市有幼儿园488所,比上年增加42所,在园儿童7.76万人,比上年增长8.7%。有中小学364所,比上年增加16所,中学在校学生8.60万人,小学在校学生21.57万人,分别比上年增长4.7%和13.4%。学龄儿童入学率100%,小学毕业生升学率100%,初中毕业生升学率96.7%,分别比上年提高0.1个百分点和2.9个百分点。中等专业学校在校学生0.39万人,下降3.7%,高等学校在校学生0.85万人,增长11.8%。

十、文化、卫生和体育

文化事业日益繁荣。年末全市有艺术表演团体5个,公共图书馆7座,比上年增加2座,博物馆1座。公共图书馆藏书总量204.5万册,比上年增加36.7万册。拥有广播电台1座,电视中心台1座,有线电线台1座,广播和电视人口覆盖率分别为98%和99%。全年出版报纸52358万份,各类杂志1635万册,图书406万册。

卫生事业健康有序发展,医疗条件改善。年末全市共有卫生机构(含诊所)899个,比上年减少227个,其中医院77个,比上年增加1个。卫生机构病床8899张,比上年增设611张,其中医院病床8590张,增设627张。每万人拥有医院病床数由上年的21.0张增加到21.7张。卫生技术人员1.50万人,比上年增长0.3%,其中医生和护师、护士分别为0.72万人和0.50万人。医疗管理工作进一步加强。体育事业蓬勃发展。在国内外各项比赛中,深圳运动健儿获得金牌10枚,其中在第十三届曼谷亚运会上获得金牌2枚。全民健身活动进一步开展,每周参加三次(含三次)以上体育锻炼者由上年的9.5%上升到14.2%。

十一、城市建设和环境保护

全市用电量129.36亿千瓦小时,比上年增长14.9%。其中特区内用电量63.42亿千瓦小时。全市自来水日供应能力338.7万吨,供水总量79596万吨。其中特区内自来水日供应能力189.7万吨,供水总量41537万吨。全市自来水普及率96.5%,其中特区内自来水普及率100%。

全市建成区面积310.3平方公里,其中特区内建成区面积129.3平方公里。特区内年末实有道路长度747公里,下水道排水管长度2441公里,污水日处理能力119.6万立方米。

全市年末实有公共汽车营运车辆1431辆,公共汽车营运线路77条,公共汽车客运总人数37250万人次。年末出租汽车数11261辆,其中"的士"8505辆,中小巴2756辆。

环境综合治理成效显著。全市城市污水处理率28.8%,工业废水处理率98.6%,主要饮用水源水库水质达标率97.2%,工业固体废物综合利用率85.5%。区域环境噪声年平均值57.2分贝,城市交通噪声平均值69.8分贝,保持在较好水平。特区内建成区绿化覆盖面积5689公顷,绿化覆盖率44%,垃圾粪便无害化处理率100%。

十二、人口和人民生活

人口总量稳步增长。全市年末常住人口394.96万人,比上年增长4.0%。其中,特区内184.63万人,增长5.4%,特区外210.33万人,增长2.8%。

全市户籍人口114.60万人,比上年增加5.14万人,占常住人口的29.0%。暂住人口280.36万人,比上年增加10.18万人,占常住人口的71.0%。

户籍人口自然增长率继续下降。户籍人口出生率11.65‰,死亡率2.09‰,人口自然增长率为9.56‰。人口出生率比上年下降0.99个千分点,人口自然增长率下降0.95个千分点。

城镇居民收入增长放缓。全年城市居民人均可支配收入19886元,人均消费性支出15436元,分别比上年增长4.2%和2.2%,扣除物价因素实际增长4.9%和2.9%。居民消费由商品性消费向非商品性消费方面发展,投向于教育、交通、通讯和医疗保健等方面的支出继续增长。其中娱乐、教育、文化支出增长12.0%,交通和通讯支出增长32.3%,医疗保健支出增长48.5%。农民人均纯收入7350元,比上年增长17.5%。城乡居民储蓄存款大幅度增长,年末储蓄存款余额861.88亿元,比年初增加154.21

亿元。城镇恩格尔系数31.9%,比上年下降3.5个百分点。

职工工资水平继续提高。全年全市城镇在岗职工工资总额167.48亿元,比上年增长13.8%;在岗职工年平均工资18381元,比上年增长10.2%,扣除物价因素后,实际增长11.0%。

劳动就业人口稳步增加。年末全市从业人员286.37万人,比上年末增长5.8%。其中,第一产业4.57万人,增长2.6%;第二产业171.12万人,增长2.4%;第三产业110.68万人,增长11.5%。再就业工程取得成效,全年有1235人接受下岗后就业指导,安置7960名失业人员再就业,年末城镇登记失业率控制在2.48%。

社会保险事业取得新进展。年末全市有57.61万职工参加了基本养老保险,参加医疗保险的人数达47.47万人,有71万职工参加了失业保险。

城乡居民居住条件进一步改善。全年城镇新建住宅593.42万平方米,农村新建住宅136.06万平方米。全市人均居住面积15.3平方米,特区内人均居住面积14.4平方米。

注:①本公报各项统计数据为初步统计数;②国内生产总值及各行业增加值、人均国内生产总值、全社会劳动生产率绝对数按现行价格计算,增长速度按可比价格计算。

国内生产总值及其构成（亿元）

Gross Domestic Product and It's Composition

(100 million yuan)

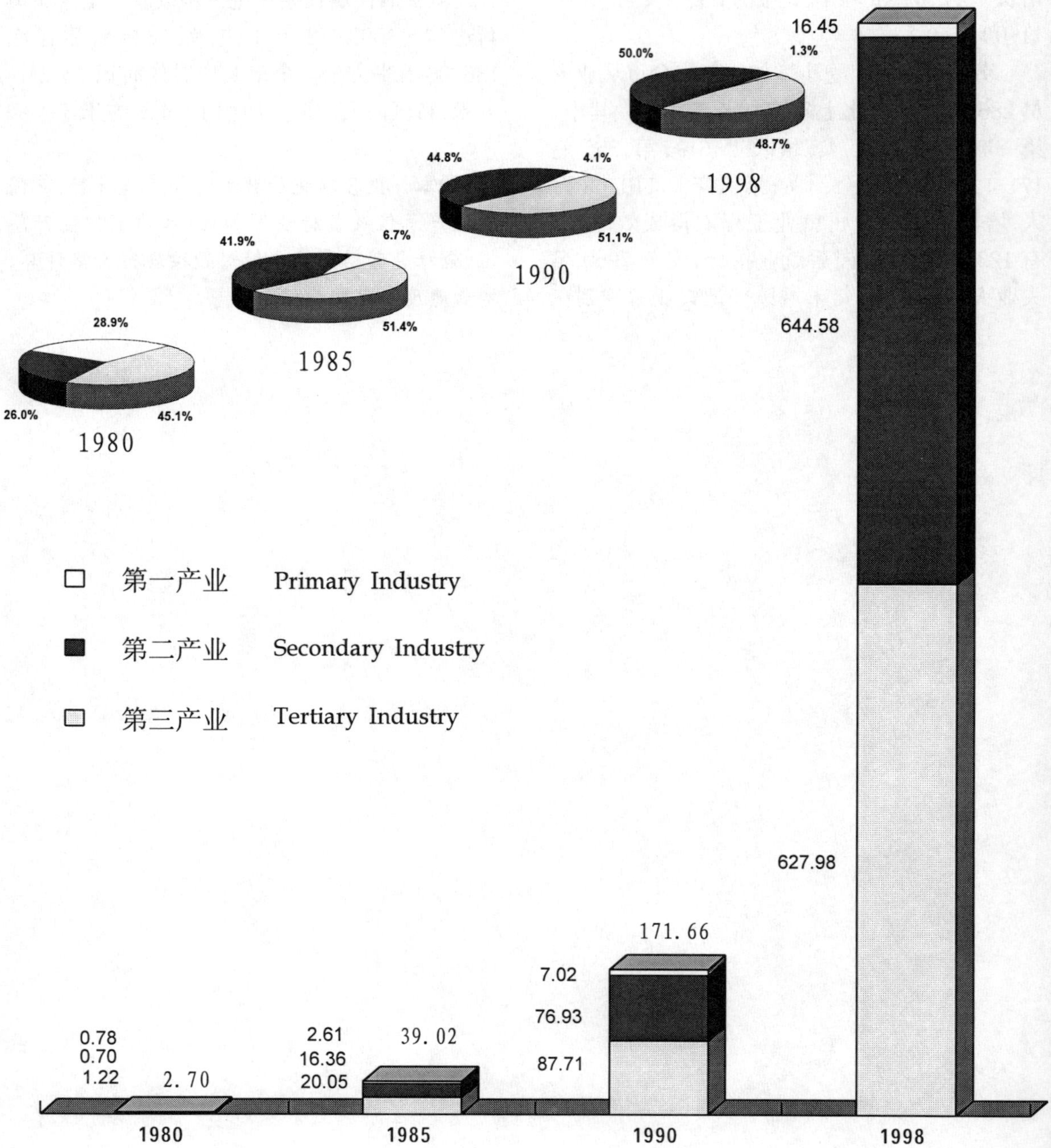

1-1 行政区划
ADMINISTRATIVE DIVISION
(1998)

单位:个　　(unit)

地　区 Region	镇 Town	街道办事处 Urban Subdistrict Office	居民委员会 Neighbourhood Committees	村民委员会 Village Committees
全　市　Total	**19**	**26**	**417**	**215**
特　区　District	**1**	**24**	**364**	
罗湖区　Luohu		8	120	
福田区　Futian		7	112	
南山区　Nanshan		7	111	
盐田区　Yantian	1	2	21	
宝安、龙岗区　Baoan and Longgang	**18**	**2**	**53**	**215**
宝安区　Baoan	8	2	31	126
龙岗区　Longgang	10		22	89

1-2 分区土地面积、人口及人口密度
TOTAL LAND AREA, POPULATION AND DENSITY OF POPULATION IN DISTRICTS
(1998)

地　区 Region	土地面积(平方公里) Land Area (sq. km)	年末常住人口(万人) Year-end population (10 000 persons)	户籍人口 Population with Residence Cards	暂住人口 Population with Temporary Residence Cards	人口密度(人/平方公里) Density Of Population (person/sq. km)
全　市　Total	**1 948.69**	**394.96**	**114.60**	**280.36**	**2 027**
特　区　District	**391.71**	**184.63**	**71.48**	**113.14**	**4 713**
罗湖区　Luohu	78.89	60.04	28.62	31.42	7 611
福田区　Futian	78.04	70.67	27.48	43.19	9 056
南山区　Nanshan	164.29	42.87	12.79	30.08	2 609
盐田区　Yantian	70.49	11.05	2.59	8.46	1 568
宝安、龙岗区　Baoan and Longgang	**1 556.99**	**210.34**	**43.12**	**167.22**	**1 351**
宝安区　Baoan	712.92	121.26	24.92	96.34	1 701
龙岗区　Longgang	844.07	89.08	18.20	70.88	1 055

1－3 主要年份国民经济和社会发展总量与速度指标

指标	Item	1979	1980	1985
人口	**Population**			
年末常住人口(万人)	Year－end Resident population(10 000 persons)	31.41	33.29	88.15
户籍人口	Population with Residence Cards	31.26	32.09	47.86
暂住人口	Population with Temporary Residence Cards	0.15	1.20	40.29
就业	**Employment**			
年末从业人员数(万人)	Total Employed (year－end)(10 000 persons)	13.95	14.89	32.61
#职　工	Staff and Workers	4.02	4.86	22.66
私营个体劳动者	Urban Self－Employment	0.41	0.38	0.64
镇村劳动者	Laborers of Town and Village	9.52	9.65	9.31
国民核算	**National Accounting**			
国内生产总值(万元)	Gross Domestic Product (10 000 yuan)	19 638	27 012	390 222
第一产业	Primary Industry	7 273	7 803	26 111
第二产业	Secondary Industry	4 017	7 036	163 586
第三产业	Tertiary Industry	8 348	12 173	200 525
人均国内生产总值(元)	Gross Domestic Product Per Capita (yuan)	606	835	4 809
固定资产投资	**Investment in Fixed Assets**			
全社会固定资产投资总额(万元)	Total Investment in Fixed Assets(10 000 yuan)	5 938	13 801	333 235
#基本建设	Capital Construction	4 988	12 487	276 125
房地产开发	Investment in Commodity Houses			
更新改造	Technical Updates and Transformation	90	390	2 105
竣工住宅建筑面积(万平方米)	Floor Space of Residence Completed (10 000 sq. m)			
财政	**Public Finance**			
地方预算内财政收入(万元)	Local Financial Revenue (10 000 yuan)	1 721	3 043	62 894
地方预算内财政支出(万元)	Local Financial Expenditure (10 000 yuan)	2 971	4 003	58 651
物价指数(上年＝100)	**Price Indices (preceding year＝100)**			
居民消费价格总指数	General Consumer Price Index		105.0	122.5
商品零售价格总指数	General Retail Price Index		105.5	123.2
农业	**Agriculture**			
耕地面积(万亩)	Areas under Cultivation(10 000 mu)	53.21	49.01	33.94
农业总产值(万元)	Gross Output Value of Agriculture(10 000 yuan)	13 106	16 938	45 821

PRINCIPAL AGGREGATE INDICATORS ON NATIONAL ECONOMIC AND SOCIAL DEVELOPMENT AND THEIR RELATED INDICES IN MAIN YEARS

总量指标 Aggregate Data				指数(1998年为下列各年%) Index (1998 as percentage of the following years)(%)					
1990	1995	1997	1998	1979	1980	1985	1990	1995	1997
201.94	345.12	379.64	394.96	1 257.4	1 186.4	448.1	195.6	114.4	104.0
68.65	99.16	109.46	114.60	366.6	357.1	239.4	166.9	115.6	104.7
133.29	245.96	270.18	280.36	186 906.7	23 363.3	695.9	210.3	114.0	103.8
109.22	244.92	272.01	286.37	2 063.0	1 933.5	882.4	263.5	117.5	105.8
55.41	88.75	91.18	91.93	2 320.4	1 919.3	411.6	168.3	105.1	102.3
3.36	45.66	61.43	69.65	16 990.6	18 328.6	10 884.4	2 073.3	152.6	113.4
50.43	110.04	119.19	124.50	1 308.3	1 290.2	1 337.7	247.0	113.2	104.5
1 716 665	7 956 950	11 300 133	12 890 190	20 036.7	12 315.1	1 603.7	582.6	154.6	114.5
70 220	129 243	157 952	164 544	315.1	305.9	160.1	105.6	106.5	103.2
769 319	4 169 346	5 566 344	6 445 832	112 655.9	64 081.9	2 808.5	672.2	158.1	116.6
877 126	3 658 361	5 575 837	6 279 814	17 218.6	8 218.9	1 110.2	524.0	151.1	111.9
8 724	23 381	30 619	33 282	1 676.9	1 028.8	336.0	296.1	135.9	109.1
579 222	2 758 243	3 930 657	4 803 901	80 901.0	34 808.4	1 441.6	829.4	174.2	122.2
427 134	1 401 235	2 015 620	2 395 732	48 029.9	19 185.8	867.6	560.9	171.0	118.9
67 842	1 030 368	1 366 545	1 674 854				2 468.8	162.5	122.6
24 661	70 484	167 033	201 514	223 904.4	51 670.3	9 573.1	817.1	285.9	120.6
183.24	485.23	512.24	729.48				398.1	150.3	142.4
217 037	880 174	1 447 709	1 649 067	95 820.3	54 192.1	2 622.0	759.8	187.4	113.9
198 073	934 041	1 426 983	1 770 007	59 576.1	44 217.0	3 017.9	893.6	189.5	124.0
101.6	112.4	103.3	99.3	645.4	614.7	386.0	194.9	110.5	99.3
97.7	110.8	100.0	97.5	554.9	526.0	329.7	169.2	101.3	97.5
28.01	6.58	6.36	6.20	11.7	12.7	18.3	22.1	94.2	97.5
119 205	232 653	270 889	298 174	313.5	367.0	237.8	118.5	121.2	104.3

1—3 续表 1

指　　标	Item	1979	1980	1985
工业	**Industry**			
工业总产值(万元)	Gross Output Value of Industry	7 128	10 632	246 662
#轻工业	Light Industry	6 307	9 265	194 108
重工业	Heavy Industry	821	1 367	52 554
运输、邮电	**Transportation, Post and Telecommunications**			
货运量(万吨)	Freight Traffic(10 000 tons)			
客运量(万人)	Passenger Traffic(10 000 persons)			
机场货物吞吐量(万吨)	Cargo Handled at Airport (10 000 tons)			
机场旅客吞吐量(万人)	Passenger Departing at Airport (10 000 persons)			
港口货物吞吐量(万吨)	Cargo Handled at Seaport (10 000 tons)	10	30	327
邮电业务总量(万元)	Revenue from Postal and Communications Services (10 000 yuan)	138	190	1 761
固定电话交换机容量(万门)	Capacity of Telephone Exchanges (line)			
电话机(万部)	Number of Telephone Sets(unit)			
国内商业	**Domestic Trade**			
社会消费品零售总额(万元)	Retail Sales of Consumer Goods(10 000 yuan)	11 259	19 615	265 642
对外经济贸易和国际旅游	**Foreign Trade and International Tourism**			
进出口总额(万美元)	Total Imports and Exports (USD 10 000)	1 676	1 751	130 632
出口总额	Exports	930	1 124	56 340
进口总额	Imports	746	627	74 292
利用外资签订协议(合同)项目(项)	Number of the Signed Agreements and Contracts for Utilization of Foreign Capital (unit)	169	303	1 203
协议利用外资额(万美元)	Amount of Foreign Capital to be Utilized in the Signed Agreements and Contracts (USD 10 000)	2 984	27 122	102 647
实际利用外资额(万美元)	Amount of Foreign Capital Actually Used(USD 10 000)	1 537	3 264	32 925
国际游客数(万人)	Number of International Tourists(10 000 persons)			77.85
旅游外汇收入(万美元)	Foreign Exchange Earnings from International Tourism(USD 10 000)			
金融	**Finance**			
金融机构各项存款(万元)	Deposits of National Banking System (10000 yuan)	10 125	20 284	302 567

continued

总量指标 Aggregate Data				指数(1998年为下列各年%) Index (1998 as percentage of the following years)(%)					
1990	1995	1997	1998	1979	1980	1985	1990	1995	1997
2 202 180	12 264 893	16 661 359	19 435 244	209 347.8	140 361.8	5 476.1	800.4	166.7	119.9
1 657 859	6 651 811	9 305 416	10 037 199	108 626.3	73 944.0	3 063.2	508.4	146.2	103.4
544 321	5 613 082	7 355 943	9 398 045	982 733.9	590 623.7	16 522.5	1 561.9	189.3	138.5
1 349	3 541.6	3 852.7	4 047.9				300.1	114.3	105.1
8 833	8 261	8 515	8 484				96.0	102.7	99.6
	7.9	9.9	11.7					148.1	118.2
	412	444	515					125.0	116.0
1 292	3 080	3 357	3 444	34 440.0	11 480.0	1 053.2	266.6	111.8	102.6
55 356	368 945	610 111	764 658	554 100.0	402 451.6	43 421.8	1 381.3	207.3	125.3
25.24	140.92	150.03	167.49				663.6	118.9	111.6
19.01	81.30	106.14	122.72				645.6	150.9	115.6
667 580	2 593 269	3 264 806	4 230 500	30 696.1	17 777.9	1 312.6	522.3	134.5	106.8
1 570 136	3 876 960	4 500 921	4 527 417	94 006.4	89 958.3	1 206.1	288.3	116.8	100.6
815 165	2 052 736	2 561 844	2 639 611	104 316.1	86 283.0	1 721.9	323.8	128.6	103.0
754 971	1 824 224	1 939 077	1 887 806	82 952.6	98 753.1	833.0	250.1	103.5	97.4
796	1 638	1 786	1 915	1 133.1	632.0	159.2	240.6	116.9	107.2
69 344	359 654	176 896	274 571	9 201.4	1 012.4	267.5	396.0	76.3	155.2
51 857	173 545	287 168	255 222	16 605.2	7 819.3	775.2	492.2	147.1	88.9
148.24	185.37	140.41	148.47			190.7	100.2	80.1	105.7
20 933	63 633	53 225	59 025				282.0	92.8	110.9
1 946 923	12 029 322	18 227 000	22 383 700	221 073.6	110 351.5	7 397.9	1 149.7	186.1	122.8

1—3 续表 2

指　　标	Item	1979	1980	1985
金融机构各项贷款(万元)	Loans of National Banking System(10000 yuan)	7 523	13 452	537 014
教育	**Education**			
专任教师数(人)	Full－time Teachers (person)			
普通高等学校	Institutions of Higher Education			288
中等专业学校	Specialized Secondary Schools	22	25	154
普通中学	Regular Secondary Schools	752	625	1 902
小　学	Primary Schools	1 588	1 763	2 749
在校学生数(人)	Students Enrollment (person)			
普通高等学校	Institutions of Higher Education			3 206
中等专业学校	Specialized Secondary Schools	80	142	1 661
普通中学	Regular Secondary Schools	13 686	12 296	35 334
小　学	Primary Schools	47 022	49 168	70 277
卫生	**Health Care**			
医院数(个)	Number of Hospitals (unit)	25	24	31
医疗机构床位数(张)	Beds in Health Care Institutions	597	643	1 885
＃医院病床	Hospital Beds			1 885
卫生技术人员数(人)	Medical Technical Personnel (person)	988	1 088	3 857
＃医生	Doctors	364	444	1 863
工资	**Wages**			
职工工资总额	Total Wage of Staff and Workers (10 000 yuan)	2 952	4 366	51 912
＃国有单位	State－Owned Units	2 505	3 691	38 465
生活	**People's Livelihood**			
职工年平均货币工资(元)	Average Money Wage of Staff and Workers (yuan)	769	979	2 418
农民年人均纯收入(元)	Per Capita Net Income of Rural Residents (yuan)	152	209	750
城市居民人均可支配收入(元)	Per Capita Disposable Income of Urban Residents(yuan)			1 915
城乡居民储蓄存款余额(万元)	Saving Deposits of Urban and Rural Residents (10 000 yuan)	3 713	5 338	79 989

continued

总量指标 Aggregate Data				指数(1998年为下列各年%) Index (1998 as percentage of the following years)(%)					
1990	1995	1997	1998	1979	1980	1985	1990	1995	1997
2 386 157	7 863 364	12 025 800	15 503 700	206 084.0	115 252.0	2 887.0	649.7	197.2	128.9
484	629	793	865			300.3	178.7	137.5	109.1
272	334	423	447	2 031.8	1 788.0	290.3	164.3	133.8	105.7
2 915	4 675	5 276	5 502	731.6	880.3	289.3	188.7	117.7	104.3
4 221	6 429	7 567	7 940	500.0	450.4	288.8	188.1	123.5	104.9
3 964	5 291	7 601	8 497			265.0	214.4	160.6	111.8
2 897	3 490	4 048	3 898	4 872.5	2 745.1	234.7	134.6	111.7	96.3
46 473	71 540	82 155	86 009	628.4	699.5	243.4	185.1	120.2	104.7
111 711	157 210	190 192	215 652	458.6	438.6	306.9	193.0	137.2	113.4
38	63	76	77	308.0	320.8	248.4	202.6	122.2	101.3
3 192	6 724	8 288	8 899	1 490.6	1 384.0	472.1	278.8	132.3	107.4
3 108	6 640	7 963	8 590			455.7	276.4	129.4	107.9
6 996	12 449	18 553	18 707	1 893.4	1 719.4	485.0	267.4	150.3	100.8
3 426	6 050	7 400	7 191	1 975.5	1 619.6	386.0	209.9	118.9	97.2
227 392	1 076 083	1 479 515	1 674 771	57 035.5	38 563.6	3 243.4	740.4	156.5	113.8
140 935	545 013	744 781	707 004	28 453.3	19 316.6	1 853.0	505.7	130.8	95.7
4 304	12 276	16 531	18 381	2 369.0	1 861.0	753.5	423.3	148.4	110.2
1 954	4 517	6 256	7 350	4 835.5	3 516.7	980.0	376.2	162.7	117.5
4 127	13 059	19 071	19 886			1 038.4	481.9	152.3	104.3
574 474	4 664 222	7 076 700	8 618 800	232 125.0	161 461.2	10 775.0	1 500.3	184.8	121.8

1-4 各时期国民经济和社会主要指标年平均增长速度
ANNUAL AVERAGE GROWTH RATE OF MAIN NATIONAL ECONOMIC AND SOCIAL INDICATORS OF EACH PERIOD

单位:%　　(%)

指标 Item	年末常住人口 Year-end Resident Population	户籍人口 Population with Residence Cards	暂住人口 Population with Temporary Residence Cards	年末从业人员 Total Employed (year-end)	职工 Staff and Workers	私营个体劳动者 Urban Self-Employment
"六五"时期 "Sixth Five-year" Period	21.5	8.3	101.9	17.0	36.1	11.0
"七五"时期 "Seventh Five-year" Period	18.0	7.5	27.0	27.3	19.6	39.3
"八五"时期 "Eighth Five-year"Period	11.3	7.6	13.0	17.5	9.9	68.5
1980—1998	14.3	7.1	48.7	17.3	18.0	31.0
1981—1998	14.7	7.3	35.4	17.9	17.8	33.6

1-4 续表 1　　continued

指标 Item	镇村劳动者 Laborers of Town and Village	国内生产总值 Gross Domestic Product	第一产业 Primary Industry	第二产业 Secondary Industry	第三产业 Tertiary Industry	人均国内生产总值 Gross Domestic Product Per Capita
"六五"时期 "Sixth Five-year" Period	-0.7	50.3	13.8	86.9	49.2	25.1
"七五"时期 "Seventh Five-year" Period	40.2	22.4	8.7	33.1	16.2	2.6
"八五"时期 "Eighth Five-year"Period	16.9	30.4	-0.2	33.6	28.2	16.9
1980—1998	14.5	32.2	6.2	44.8	31.1	16.0
1981—1998	15.3	30.7	6.4	43.2	27.8	13.8

1－4续表2　continued

指　标 Item	固定资产投资额 Investment in Fixed Assets	竣工住宅建筑面积 Floor Space of Residence Completed	地方预算内财政收入 Local Financial Revenue	地方预算内财政支出 Local Financial Expenditure	耕地面积 Areas under Cultivation	农业总产值 Gross Output Value of Agriculture
"六五"时期　"Sixth Five－year" Period	91.7	50.8	83.3	71.1	－7.1	9.1
"七五"时期　"Seventh Five－year" Period	11.7	5.6	28.1	27.6	－3.8	14.9
"八五"时期　"Eighth Five－year"Period	36.6	21.5	39.1	36.4	－25.2	－0.4
1980—1998	42.2		43.5	40.0	－10.7	6.2
1981—1998	38.4		41.9	40.3	－10.9	7.5

1－4续表3　continued

指　标 Item	工业总产值 Gross Output Value of Industry	轻工业 Light Industry	重工业 Heavy Industry	货运量 Freight Traffic	客运量 Passenger Traffic
"六五"时期　"Sixth Five－year" Period	91.3	89.0	104.5		
"七五"时期　"Seventh Five－year" Period	46.9	43.2	60.3		
"八五"时期　"Eighth Five－year"Period	36.9	28.3	52.5	21.3	－1.3
1980—1998	49.5	44.5	62.2		
1981—1998	49.6	44.3	62.0		

1-4 续表 4　continued

指　标 Item	港口货物吞吐量 Cargo Handled at Seaport	邮电业务总量 Revenue from Postal and Communica-tions Services	社会消费品零售总额 Retail Sales of Consumer Goods	进出口总额 Total Imports and Exports	出口总额 Exports	进口总额 Imports
"六五"时期　"Sixth Five-year" Period	61.2	56.1	68.4	136.9	118.8	159.9
"七五"时期　"Seventh Five-year" Period	31.6	78.9	20.2	33.2	39.7	27.2
"八五"时期　"Eighth Five-year" Period	19.0	46.1	31.2	19.8	20.3	19.3
1980—1998	36.0	57.4	35.2	43.4	44.2	42.4
1981—1998	30.1	58.6	33.4	45.9	45.6	46.7

1-4 续表 5　continued

指　标 Item	实际利用外资额 Amount of Foreign Capital Actually Used	金融机构各项存款 Deposits of National Banking System	金融机构各项贷款 Loans of National Banking System	医院数 Hospital	医疗机构床位数 Beds in Health Care Institutions	医院病床 Hospital Beds
"六五"时期　"Sixth Five-year" Period	58.8	71.7	109.0	5.3	24.0	
"七五"时期　"Seventh Five-year" Period	9.5	45.1	34.8	4.2	11.1	10.5
"八五"时期　"Eighth Five-year" Period	27.3	43.9	26.9	10.6	16.1	16.4
1980—1998	30.9	50.0	49.4	6.1	15.3	
1981—1998	27.4	47.6	47.9	6.7	15.7	

1-4 续表 6　continued

指　标 Item	卫生技术人员数 Medical Technical Personnel	医　生 Doctors	在校学生数 Students Enrollment 普通高等学校 Institutions of Higher Education	中等专业学校 Specialized Secondary Schools	普通中学 Regular Secondary Schools	小　学 Primary Schools
"六五"时期　"Sixth Five-year" Period	28.8	33.2		63.5	23.5	7.4
"七五"时期　"Seventh Five-year" Period	12.6	13.0	4.3	11.8	5.6	9.7
"八五"时期　"Eighth Five-year" Period	12.2	12.0	5.9	3.8	9.0	7.1
1980—1998	16.7	17.0		22.7	10.2	8.3
1981—1998	17.1	16.7		20.2	11.4	8.6

1-4 续表 7　continued

指　标 Item	职工工资总额 Total Wage of Staff and Workers	职工年平均货币工资 Average Money Wage of Staff and Workers	职工年平均实际工资 Average Real Wage of Staff and Workers	农民年人均纯收入 Per Capita Net Income of Rural Residents	城市居民可支配收入 Per Capita Disposable Income of Urban Residents	城乡居民储蓄存款余额 Saving Deposits of Urban and Rural Residents
"六五"时期　"Sixth Five-year" Period	64.1	19.8	9.2	29.1		71.8
"七五"时期　"Seventh Five-year" Period	34.4	12.2	-2.1	21.1	16.6	48.3
"八五"时期　"Eighth Five-year" Period	36.5	23.3	10.1	18.2	25.9	52.0
1980—1998	39.7	18.1	7.1	22.6		50.4
1981—1998	39.2	17.6	6.4	21.9		50.7

1-5　主要年份国民经济主要指标比例关系
PERCENTAGE OF MAIN NATIONAL ECONOMIC INDICATORS IN MAIN YEARS

单位:%　　(%)

年 份 Year	以从业人员为100 Employment=100			以国内生产总值为100 Gross Domestic Product=100			以工农业总产值为100 Gross Output Value of Industry and Agriculture=100		
	第一产业 Primary Industry	第二产业 Secondary Industry	第三产业 Tertiary Industry	第一产业 Primary Industry	第二产业 Secondary Industry	第三产业 Tertiary Industry	农 业 Agriculture	轻工业 Light Industry	重工业 Heavy Industry
1979				37.0	20.5	42.5	64.8	31.2	4.0
1980				28.9	26.0	45.1	61.4	33.6	5.0
1985				6.7	41.9	51.4	15.7	66.4	17.9
1990	6.1	69.8	24.1	4.1	44.8	51.1	5.1	71.4	23.5
1995	1.8	66.0	32.2	1.6	52.4	46.0	1.9	53.2	44.9
1996	1.6	64.6	33.8	1.7	50.3	48.0	1.9	55.0	43.1
1997	1.6	61.6	36.8	1.4	49.3	49.3	1.6	55.0	43.4
1998	1.6	59.8	38.6	1.3	50.0	48.7	1.5	50.9	47.6

1-5续表1　　continued

年 份 Year	以工业总产值为100 Gross Output Value of Industry=100		以固定资产投资总额为100 Total Investment in Fixed Assets=100				以基本建设投资为100 Investment in Capital Construction=100	
	轻工业 Light Industry	重工业 Heavy Industry	基本建设 Capital Construction	更新改造 Technical Updates and Trans-formation	房地产投资 Investment in Commodity Houses	集体单位 Collective-owned Units	工 业 Industry	交通运输和邮电通信 Transportation, Post and Tele-communications
1979	88.5	11.5	84.0	1.5		14.5	31.9	5.7
1980	87.1	12.9	90.5	2.8		6.7	43.1	12.0
1985	78.7	21.3	82.9	0.6		11.7	21.4	7.9
1990	75.3	24.7	73.7	4.3	11.7	4.5	56.0	17.6
1995	54.2	45.8	50.8	2.6	37.4	6.7	23.0	22.1
1996	56.1	43.9	47.9	3.5	38.1	8.0	26.3	23.1
1997	55.9	44.1	51.3	4.2	34.8	7.1	26.4	24.4
1998	51.6	48.4	49.9	4.2	34.9	7.9	17.1	21.4

1－5续表2 continued

年 份 Year	以货运量为100 Freight Traffic＝100				地方财政收入相当于国内生产总值 Local Financial Revenue as Percentage of GDP	固定资产投资总额相当于国内生产总值 Total Investment in Fixed Assets as Percentage of GDP
	铁路 Railway	公路 Highway	水运 Waterway	民航 Civil Aviation		
1979					8.8	30.2
1980					11.3	51.1
1985					16.1	85.4
1990	10.9	78.2	10.9		12.6	33.7
1995	6.2	76.8	16.9	0.1	11.1	34.7
1996	5.8	77.1	17.0	0.1	13.9	34.5
1997	7.0	76.8	16.1	0.1	12.8	34.8
1998	6.4	79.3	14.2	0.1	12.8	37.3

1－5续表3 continued

年 份 Year	以地方财政支出为100 Local Financial Expenditure＝100					
	基建支出 Expenditure for Capital Construction	企业挖潜改造资金 Expenditure for Innovation Enterprises	城市维护费 Expenditure for City Maintenance	科教文卫事业费 Operating Expenses for Department of Science, Education, Culture and Public Health	行政管理费 Expenditure for Government Administration	公检法支出 Expenditure for Public Security Agency, Procuratorial Agency and Court of Justice
1979	30.0	1.1	2.8	16.9	11.5	
1980	45.3	1.1	5.5	17.5	15.1	
1985	53.4	2.1	9.9	16.2	3.6	3.1
1990	39.3	7.0	3.8	12.8	4.3	4.6
1995	32.2	4.6	4.0	18.1	5.6	9.7
1996	38.2	4.9	3.5	16.6	5.1	8.9
1997	31.6	5.0	4.3	17.3	5.3	9.7
1998	33.4	6.8	5.0	15.5	4.9	9.2

1－6　主要年份国民经济和社会主要指标平均每人水平
PER CAPITA MAIN NATIONAL ECONOMIC AND SOCIAL INDICATORS IN MAIN YEARS

单位:元　　(yuan)

年　份 Year	国　内生产总值 Gross Domestic Product	农业总产值 Gross Output Value of Agriculture	工业总产值 Gross Output Value of Industry	地方预算内财政收入 Local Financial Revenue	社会消费品零售总额 Retail Sales of Consumer Goods	职工年平均货币工资 Average Money Wage of Staff and Workers	城市居民可支配收入 Per Capita Disposable Income of Urban Residents	农民年均纯收入 Per Capita Net Income of Rural Residents	城乡居民储蓄存款 Saving Deposits of Urban and Rural Residents
1979	606	405	220	53	348	769		152	118
1980	835	524	329	94	606	979		209	160
1985	4 809	565	3 040	775	3 274	2 418	1 915	750	907
1990	8 724	606	11 192	1 103	3 393	4 304	4 127	1 954	2 845
1995	23 381	684	36 039	2 586	7 620	12 276	12 771	4 517	13 515
1996	27 005	777	40 583	3 745	8 443	14 507	16 296	5 415	16 242
1997	30 619	734	45 145	3 923	8 846	16 531	18 579	6 256	18 641
1998	33 282	770	50 181	4 258	10 923	18 381	19 886	7 350	21 822

1－6续表　　continued

年　份 Year	市区居住面　积(平方米) Living Space of Urban Areas (sq. m)	市区生活用水量(吨) Tap Water for Residential Consumption of Urban Areas(ton)	生活用电量(千瓦时) Electricity for Residential Consumption (kwh)	每百人拥有电话机(部) Number of Telephone Sets Per 100 Persons (unit)	每万人拥有 Per 100 00 persons 市内公共交通车辆(辆) Public Vehicles of Urban Areas	每万人拥有 Per 100 00 persons 商业零售网点(个) Number of Outlets in Retail Sales (unit)	每万人拥有 Per 100 00 persons 医生(人) Number of Doctors (person)	每万人拥有 Per 100 00 persons 医院病床(张) Number of Beds in Hospital (unit)	市区公共绿地面积(平方米) Urban Public Green Areas (sq. m)
1979							12		
1980	6.60						13		
1985	7.86				63		21	21	
1990	10.36	59.31	237	10	40	89	17	15	
1995	12.80	90.53	370	28	78	200	18	19	12.73
1996	14.37	91.56	431	33	75	182	20	20	12.81
1997	14.10	89.56	473	40	68	187	19	21	13.89
1998	14.40	92.46	688	49	62	226	18	22	13.89

1-7　主要年份国民经济和社会主要指标平均每天水平

AVERAGE DAILY LEVEL OF MAIN NATIONAL ECONOMIC AND SOCIAL INDICATORS IN MAIN YEARS

年　份 Year	国内生产总值（万元）Gross Domestic Product (10 000yuan)	工业总产值（万元）Gross Output Value of Industry (10 000yuan)	农业总产值（万元）Gross Output Value of Agriculture (10 000yuan)	固定资产投资总额（万元）Total Investment in Fixed Assets (10 000yuan)	地方财政收入（万元）Local Financial Revenue (10 000yuan)	货运量（万吨）Freight Traffic (10 000 tons)	客运量（万人次）Passengers Traffic (10 000 person-times)	特快专递（份）Express Mail	电报（份）Teleg-raphs	长途电话（万张）Long Distance Telephone Calls (10 000pcs)
1979	54	20	36	16	5					
1980	74	29	46	38	8					
1985	1 069	676	126	913	172					
1990	4 703	6 033	327	1 587	595	3.70	24.20	1 025	7 822	15
1995	21 800	33 602	637	7 557	2 441	9.70	22.63	4 158	6 727	117
1996	26 029	39 115	749	8 973	3 610	10.00	22.69	5 659	5 778	145
1997	30 959	45 648	742	10 769	3 966	10.56	23.33	6 123	5 173	190
1998	35 316	53 247	817	13 161	4 518	11.09	23.24	6 711	5 395	233

1-7续表　continued

年　份 Year	自来水供水量（万吨）Tap Water Supply (10 000 tons)	液化石油气售气量（吨）Liquefied Petroleum Gas Sales (ton)	用电量（万千瓦时）Electricity Consumption (10 000kwh)	市内公共汽车客运人数（万人次）Bus Passengers (10 000 person-times)	住宅竣工面积（平方米）Floor Space of Residence Completed (sq. m)	社会消费品零售总额（万元）Retail Sales of Consumer Goods (10 000yuan)	出生人数（人）Births (person)	死亡人数（人）Deaths (person)	结婚（对）Marriages (couple)	离婚（对）Divorces (couple)
1979						31	22	5		
1980		0.04				54	19	5	6	
1985		25.69		14.20		728	15	4	18	
1990		97.18	985	55.43	5 020	1 829	29	5	28	1
1995	157	569.46	2 503	74.21	13 294	7 105	35	5	36	3
1996	177	831.16	2 779	73.73	15 483	8 137	36	6	33	4
1997	192	968.28	3 084	73.16	14 034	8 945	37	6	33	4
1998	218	980.94	3 544	86.87	19 986	11 590	36	6	37	4

1-8 国内生产总值
GROSS DOMESTIC PRODUCT
(1979—1998)

单位:万元　　(10 000 yuan)

年份 Year	国内生产总值 Gross Domestic Product	第一产业 Primary Industry	第二产业 Secondary Industry			第三产业 Tertiary Industry	人均国内生产总值(元) Gross Domestic Product Per Capita(yuan)
				工业 Industry	建筑业 Construction		
1979	19 638	7 273	4 017	2 313	1 704	8 348	606
1980	27 012	7 803	7 036	3 726	3 310	12 173	835
1981	49 576	13 343	16 019	8 311	7 708	20 214	1 417
1982	82 573	18 960	31 439	9 540	21 899	32 174	2 023
1983	131 212	22 614	55 848	22 466	33 382	52 750	2 512
1984	234 161	25 932	106 606	51 802	54 804	101 623	3 504
1985	390 222	26 111	163 586	102 137	61 449	200 525	4 809
1986	416 451	32 907	163 185	106 606	56 579	220 359	4 584
1987	559 015	46 519	220 463	164 445	56 018	292 033	5 349
1988	869 807	57 005	359 230	274 787	84 443	453 572	6 477
1989	1 156 565	68 615	505 361	400 579	104 782	582 589	6 710
1990	1 716 665	70 220	769 319	644 947	124 372	877 126	8 724
1991	2 366 630	80 836	1 126 084	928 846	197 238	1 159 710	10 746
1992	3 173 194	105 914	1 522 432	1 176 087	346 345	1 544 848	12 707
1993	4 492 889	110 089	2 455 282	1 832 121	623 161	1 927 518	16 165
1994	6 151 933	137 817	3 365 175	2 648 856	716 319	2 648 941	19 514
1995	7 956 950	129 243	4 169 346	3 262 764	906 582	3 658 361	23 381
1996	9 500 446	157 036	4 781 274	3 823 872	957 402	4 562 136	27 005
1997	11 300 133	157 952	5 566 344	4 476 048	1 090 296	5 575 837	30 619
1998	12 890 190	164 544	6 445 832	5 174 495	1 271 337	6 279 814	33 282

1-9 国内生产总值三次产业构成
COMPOSITION OF GROSS DOMESTIC PRODUCT BY THREE INDUSTRIES
(1979—1998)

单位:%　　(%)

年 份 Year	国内生产总值 Gross Domestic Product	第一产业 Primary Industry	第二产业 Secondary Industry	工业 Industry	建筑业 Construction	第三产业 Tertiary Industry
1979	100.0	37.0	20.5	11.8	8.7	42.5
1980	100.0	28.9	26.0	13.8	12.2	45.1
1981	100.0	26.9	32.3	16.8	15.5	40.8
1982	100.0	23.0	38.1	11.6	26.5	38.9
1983	100.0	17.2	42.6	17.1	25.5	40.2
1984	100.0	11.1	45.5	22.1	23.4	43.4
1985	100.0	6.7	41.9	26.2	15.7	51.4
1986	100.0	7.9	39.2	25.6	13.6	52.9
1987	100.0	8.3	39.4	29.4	10.0	52.3
1988	100.0	6.6	41.3	31.6	9.7	52.1
1989	100.0	5.9	43.7	34.6	9.1	50.4
1990	100.0	4.1	44.8	37.6	7.2	51.1
1991	100.0	3.4	47.6	39.2	8.4	49.0
1992	100.0	3.3	48.0	37.1	10.9	48.7
1993	100.0	2.5	54.6	40.8	13.8	42.9
1994	100.0	2.2	54.7	43.1	11.6	43.1
1995	100.0	1.6	52.4	41.0	11.4	46.0
1996	100.0	1.7	50.3	40.2	10.1	48.0
1997	100.0	1.4	49.3	39.6	9.7	49.3
1998	100.0	1.3	50.0	40.1	9.9	48.7

1－10　国内生产总值指数
INDICES OF GROSS DOMESTIC PRODUCT
(1980—1998)

(以 1979 年为 100)　　(1979＝100)

年　份 Year	国内生产总值 Gross Domestic Product	第一产业 Primary Industry	第二产业 Secondary Industry	工业 Industry	建筑业 Construction	第三产业 Tertiary Industry	人均国内生产总值 Gross Domestic Product Per Capita
1980	162.7	103.0	175.8	163.3	197.0	209.5	163.0
1981	250.2	132.0	445.6	406.5	512.1	307.9	231.8
1982	396.4	182.2	730.5	415.5	1 266.1	504.9	314.7
1983	627.5	192.8	1 181.7	869.2	1 713.0	873.5	389.3
1984	1 003.3	198.8	2 347.6	2 003.6	2 932.6	1 392.7	486.6
1985	1 249.4	196.8	4 011.2	4 383.4	3 378.4	1 550.9	499.1
1986	1 283.1	231.8	4 269.3	4 825.1	3 324.3	1 537.1	457.7
1987	1 609.0	242.0	5 767.9	7 226.5	3 287.7	1 882.1	499.0
1988	2 186.6	225.1	8 306.0	10 603.7	4 398.9	2 547.1	527.7
1989	2 595.5	280.0	11 472.9	15 030.4	5 423.9	2 678.4	488.0
1990	3 439.1	298.5	16 760.4	22 789.5	6 508.7	3 286.1	566.4
1991	4 677.1	312.8	23 700.4	31 743.9	10 023.4	4 358.6	688.2
1992	6 229.9	313.7	30 607.2	38 297.6	17 530.9	6 090.4	808.6
1993	8 098.9	318.1	43 079.0	52 846.0	26 471.7	7 310.3	944.3
1994	10 536.7	300.3	58 366.2	74 928.7	30 204.2	9 124.2	1 083.2
1995	12 960.1	295.8	71 248.7	92 642.5	34 871.6	11 396.1	1 234.2
1996	15 085.6	303.5	83 076.0	110 244.6	36 789.5	13 276.5	1 389.7
1997	17 499.3	305.3	96 617.4	129 316.9	40 983.5	15 387.5	1 537.0
1998	20 036.7	315.1	112 655.9	151 171.5	47 008.1	17 218.6	1 676.9

1－11　国内生产总值指数
INDICES OF GROSS DOMESTIC PRODUCT
(1980—1998)

(以上年为100)　　(Preceding Year＝100)

年　份 Year	国内生产总值 Gross Domestic Product	第一产业 Primary Industry	第二产业 Secondary Industry	工业 Industry	建筑业 Construction	第三产业 Tertiary Industry	人均国内生产总值 Gross Domestic Product Per Capita
1980	162.7	103.0	175.8	163.3	197.0	209.5	163.0
1981	153.8	128.2	253.5	248.9	259.9	146.9	142.2
1982	158.4	138.0	163.9	102.2	247.2	164.0	135.8
1983	158.3	105.8	161.8	209.2	135.3	173.0	123.7
1984	159.9	103.1	198.7	230.5	171.2	159.4	125.0
1985	124.5	99.0	170.9	218.8	115.2	111.4	102.6
1986	102.7	117.8	106.4	110.1	98.4	99.1	91.7
1987	125.4	104.4	135.1	149.8	98.9	122.4	109.0
1988	135.9	93.0	144.0	146.7	133.8	135.3	105.8
1989	118.7	124.4	138.1	141.7	123.3	105.2	92.5
1990	132.5	106.6	146.1	151.6	120.0	122.7	116.1
1991	136.0	104.8	141.4	139.3	154.0	132.6	121.5
1992	133.2	100.3	129.1	120.6	174.9	139.7	117.5
1993	130.0	101.4	140.7	138.0	151.0	120.0	116.8
1994	130.1	94.4	135.5	141.8	114.1	124.8	114.7
1995	123.0	98.5	122.1	123.6	115.5	124.9	113.9
1996	116.4	102.6	116.6	119.0	105.5	116.5	112.6
1997	116.0	100.6	116.3	117.3	111.4	115.9	110.6
1998	114.5	103.2	116.6	116.9	114.7	111.9	109.1

1－12　主要年份国内生产总值(按三次产业分)

GROSS DOMESTIC PRODUCT IN MAIN YEARS (CLASSIFIED BY THREE INDUSTRIES)

单位:万元　　(10 000 yuan)

指　标	Indicator	1990	1995	1997	1998
国内生产总值	**Gross Domestic Product**	**1 716 665**	**7 956 950**	**11 300 133**	**12 890 190**
第一产业	Primary Industry	70 220	129 243	157 952	164 544
第二产业	Secondary Industry	769 319	4 169 346	5 566 344	6 445 832
工　业	Industry	644 947	3 262 764	4 476 048	5 174 495
建筑业	Construction	124 372	906 582	1 090 296	1 271 337
第三产业	Tertiary Industry	877 126	3 658 361	5 575 837	6 279 814
交通运输、仓储、邮电通信业	Transportation, Storage, Post and Telecommunications	139 807	567 166	902 858	998 213
交通运输业和仓储业	Transportation and Storage	102 015	344 449	387 772	428 965
邮电通信业	Post and Telecommunications	39 992	222 717	515 086	569 248
批发和零售贸易、餐饮业	Wholesale & Retail Trade and Catering Services	190 186	885 934	1 227 634	1 314 408
商　业	Commerce	152 877	677 256	981 332	1 037 219
餐饮业	Catering Services	27 109	208 678	246 302	277 189
金融保险业	Banking and Insurance	240 157	874 259	1 522 826	1 754 661
金融业	Banking	216 673	748 444	1 452 397	1 632 007
保险业	Insurance	12 342	36 615	45 684	57 669
房地产业	Real Estate Trade	91 396	587 430	760 902	808 293
社会服务业	Social Services	114 079	359 376	540 551	675 368
卫生、体育、社会福利事业	Health Care, Sports and Social Welfare	13 508	100 630	156 869	196 625
教育、文艺、广播电影电视事业	Education, Culture, Art, Radio, Film and Television	21 840	74 625	156 895	188 601
科学研究和综合技术服务业	Scientific Research and Polytechnical Services	4 736	31 454	57 563	65 000
国家机关、政党机关、社会团体	Government Agencies, Party Agencies and Social Organizations	38 681	73 651	130 779	149 716
其他	Others	13 421	50 655	60 087	67 130

二、人口和劳动力

1998年深圳人口及就业基本特征与变化趋势

深圳市在经历了1997年"香港回归年"常住人口规模加速扩大,人口结构显著变化的一年后,1998年人口总量与结构的变化趋于平缓。1998年,深圳经济在经受亚洲金融风暴的冲击后,依然保持快速、稳定、健康的发展,产业结构发生积极变化,与之相适应的人口就业结构也发生了变化,高新技术产业的发展,提高了就业者的素质,对就业人口总量增长也起到了抑制的作用。计划生育工作卓有成效地开展,为控制人口增长发挥了积极作用,人口自然增长率也不断下降。"控制人口增长,提高人口素质"的基本国策在深圳得到较好的贯彻执行。

一、人口规模及其变化

1. 年末人口规模继续扩大,但常住人口增速放缓,户籍人口增速明显高于暂住人口

1998年末常住人口达394.96万人,其中户籍人口114.6万人,暂住人口280.36万人,分别比上年增长4.04%、4.7%和3.77%,增长速度分别比上年下降1.86、1.17和2.14个百分点。但户籍人口增速比暂住人口高0.93个百分点,使户籍人口在常住人口中所占比重比上年轻微上升0.19个百分点。

2. 新增人口以机械增长即净迁入为主

在当年新增的15.33万人中,自然增长4.73万人,占30.87%,净迁入(主要是指居住地改变而非户籍变更)10.59万人,占69.15%。从新增人口的户籍性质来看:暂住人口占66.41%,为10.18万人,其中净迁入6.52万人,占新增暂住人口的64.05%。户籍人口当年新增5.15万人,占全部新增人口的33.59%,户籍人口机械增长4.08万人,占户籍新增人口的79.22%。

3. 户籍人口自然增长率为近十年来的新低

1998年全市户籍人口自然增长率为9.56‰,出生率为11.65‰,死亡率为2.09‰。是近十年来深圳市人口自然增长率的新低,且首次呈现只有一位数的自然增长率。

4. 特区内户籍人口增长仍快于特区外,但增速明显回落,特区外户籍人口增速有所提高

特区内户籍人口71.48万人,比上年增加4.94%,增速比上年回落2.72个百分点,但仍比特区外的增速高0.63个百分点。而特区外户籍人口为43.12万人,比上年增加4.31%,增速比上年提高1.57个百分点。

5. 人口增长与国民经济发展保持了比较协调的发展态势

全年国民经济发展(GDP增长率)对常住人口增长的弹性系数为3.59:1,比上年的2.71:1有较大的提高,但对比1996年的4.24:1仍有一定差距,表明1998年深圳市在国民经济取得稳定高速增长的同时,常住人口增加与各种社会发展资源之间仍存在一定的矛盾。

二、人口地区分布

人口密度进一步提高。全市每平方公里人口达2027人,比上年增加4.06%;其中特区内为4713人,比上年增加5.44%,特区外为1351人,比上年增加2.82%。

常住人口在现行六个行政区的分布特征是:①特区内人口增长速度继续高于特区外,增

速比特区外高1.2个百分点。②特区外人口所占比重仍高于特区内,但差距逐年缩小,特区外人口所占比重为53.25%,而特区内只占46.25%,相差7个百分点。③特区内、外和各区之间的人口密度差距拉大。特区内、外之间人口密度差距从上年的2.4倍扩大到今年的2.49倍。而人口密度最大的福田区高达9056人,与人口密度最低的龙岗区1055人之间的差距从上年的7.36倍,扩大到今年的7.58倍。④特区内人口重心仍然在福田区,虽然该区1998年人口增速放慢,但增长量仍为特区内各区之首。

三、人口结构

随着1997年"香港回归"因素对人口结构影响的减弱,1998年常住人口结构变化呈现新的趋势,与上年对比:人口平均年龄上升、性别比继续下降、受教育程度进一步提高、户籍性质构成和家庭户规模稳定。

1.年龄

1998年常住人口平均年龄为28.8岁,比上年增加1.39岁,比1996年略增0.1岁;而暂住人口显得更为年轻一些,平均年龄为26.5岁,比上年增加1.31岁,比1996年增加0.55岁。虽然1997年常住人口的平均年龄比上年有所下降,但随着"香港回归年"的过去,人口平均年龄有所回升,已恢复了1990年以来人口平均年龄逐年递增的变化趋势。

人口年龄众数虽仍然在20-29岁组,但此年龄组人口所占比重比上年有所减少,为35.57%,减少1.62个百分点,0-14岁青少年人口和60岁以上老年人口占常住人口比重比上年亦略降0.09和0.07个百分点(见表1)。

2.性别

近几年来全市人口性别比逐年下降,已处于失衡边缘,且特区内外差异扩大。到1998年末,全市人口性别比是95.46(女性=100),比上年下降1.58个百分点,是1990年以来最低的一年,已处于性别比失衡的边缘。从地区分布来看,特区内人口性别比103.09,虽比上年有轻微下降,但仍在正常范围内,表明特区内男性人口略多于女性人口。而特区外人口性别比为90.26,在连续几年下降的基础上又下降了1.94个百分点,比特区内低12.83个百分点,已处于较为严重的性别比失衡状态,表明特区外女性人口远多于男性人口。虽然特区外暂住人口占绝大多数,且人口流动性较大,但由于大部分是年轻人,过低的性别比,可能会引起的一些社会问题,如婚恋等问题应引起社会的关注,及时有针对性地进行正确的教育和引导。

表1　　常住人口年龄构成

单位:%

年龄组别	1998年	1997年
0-14岁	14.98	15.07
15-19岁	10.87	10.56
20-29岁	35.57	37.19
30-39岁	18.19	17.62
40-49岁	10.58	10.33
50-59岁	4.7	4.05
60岁以上	5.11	5.18
常住人口平均年龄(岁)	28.8	27.41
#暂住人口平均年龄(岁)	26.5	25.19

3.受教育程度

随着近年来深圳市人口政策及引进人才政策的调整以及各项优惠政策的实施,吸引了大批国内优秀人才,同时也极大地促进了劳动力总体素质的提高。用每十万人中拥有各种受教育程度人口数来反映人口的总体素质显示:1998年末,全市每十万人中受大专以上教育程度的人口达10186人,比上年增加8.34%,其中以受硕士及以上教育程度人口增长最快,达388人,比上年增加26.8%;其次为受大学本科教育程度人口,达4359人,比上年增加10.9%;受高中和初中教育程度的人口也比上年略有增加,而只受过小学教育程度和15岁以上不识字或识字很少(即文盲、半文盲)的人均比上年有所下降(见表2),表明深圳不但受过高等教育的优秀人才大量增加,而且人口的总体素质也在不断提高,特别是占人口大多数的外来劳务工的整体素质也不断提高。

表 2　每十万人中受各种教育程度人口

单位:人/十万

	1998 年	1997 年
大学专科以上	10186	9402
#硕士及以上	388	306
大学本科	4359	4312
高中、初中	64747	63644
小学	17897	18599
15 岁以上不识字或识字很少	2832	3128

4. 户籍构成

不同户籍状况的人口在常住人口中所占比重近年来呈现平稳的变化。随着户籍制度改革的深入和人口政策的调整,户籍人口占常住人口的比重近几年在平稳中缓慢上升,到 1998 年末已回升到 29.02%,比 1994 年提高了 1.01 个百分点,而同期暂住人口占的比重轻微下降。即在常住人口中,户籍人口所占比重在稳中略升,而暂住人口则是稳中略降。

5. 家庭户规模

随着居民生活质素和生活水平的不断提高,以及生活环境、居住环境的不断改善,全市家庭户及家庭户人口不断增加,且更趋于“夫妇+小孩”的核心家庭,家庭户规模稳定,据近三年来的调查数据显示,深圳市家庭户规模基本保持在每户 3.24 人的水平。

四、劳动人口就业状况

据劳动力情况抽样调查结果显示:1998 年全市户籍人口就业率达 92.62%,比上年提高 2.25 个百分点;暂住人口就业率为 98.26%,比上年降低 0.62 个百分点。表明在 1998 年,全市户籍人口就业率提高,再就业工程取得较为显著的成效,暂住人口就业率有轻微下降,但仍保持了高就业率,具体表现为:

1. 在业人口的主体是青年,且女性多于男性

在深圳市就业的人口绝大部分是青年,39 岁以下的在业人口占 87%,其中 29 岁以下的在业人口占全部在业人口的 65%,超过一半强,而 40 岁以上的在业人口只占 13%。从性别构成看全市在业人口,女性在业者明显多于男性,占在业人口的 54%,比男性多 8 个百分点。

2. 就业人口流动性减少,稳定性增加

占深圳市就业者四分之三的是外来劳动者,他们的流动性十分显著。但从在深居住时间来看,这些就业者的流动性减少,稳定性明显增加。据调查,外来劳动者在深居住半年以上的占全部外来劳动者的 88.91%,比上年增加 10.71 个百分点,且居住一年以上的更占到 70.4%,比上年增加 16.08 个百分点,表明在外来劳动者中,长期在深工作生活的人口越来越多。

3. 引进人才成效显著,就业人口素质得到明显提高,但不同户籍性质就业人口素质差距巨大

近几年,随着深圳市产业结构的调整和高新技术产业发展的需要,市委、市政府高度重视人才引进与培训工作,并取得积极成效,使全市就业人口素质得到显著提高。调查表明,在全市常住就业人口中,接受过大专及以上教育程度者所占比重,由 1996 年的 9.6%,逐步提高到 1998 年的 13.61%,两年间提高了 4.01 个百分点;受过高中教育程度的就业者占 25.36%,也比 1996 年提高了 1.2 个百分点;而只受过初中及以下教育程度的就业者占 61.03%,比 1996 年下降了 5.21 个百分点。

户籍就业者受教育程度迅速提高,且明显高于外来劳动者。1998 年,户籍就业人口受过大专以上教育程度的占 32.74%,比 1996 年提高 9.51 个百分点,比 1998 年外来劳动者高 26.12 个百分点;受过高中教育程度的户籍就业人口占 33.04%,比外来劳动者高 10.11 个百分点;而只受过初中及以下教育程度的户籍

就业人口只占31.22%,比外来劳动者低39.23个百分点。

以上表明深圳市就业人口素质虽然总体上不断提高,户籍就业人口受教育程度迅速提高,且已达到相当高的水平,但占就业人口绝大多数的外来劳动者其整体受教育程度仍较低,与户籍就业者的差距巨大。因此,今后深圳市整体就业人口素质能否得到迅速提高,关键在于外来劳动者素质能否提高。

五、再就业工程取得成效,但再就业压力仍然较大

过去两年,市委、市政府及有关部门为解决深圳户籍居民的再就业问题,采取了一系列有效措施,鼓励和协助居民再就业并取得了较为显著的成效。

1. 户籍居民失业率呈回落之势

1998年,户籍居民调查失业率比上年下降2.25个百分点,比1996年下降2.91个百分点,说明深圳市在受到亚洲金融危机的影响,就业竞争越来越激烈的情况下,通过各级政府及有关部门的共同努力,使全市户籍居民失业率呈回落之势。

2. 大龄失业者所占比重减少

在深圳市户籍失业人口中,35岁以上失业者占29.76%,分别比1997年和1996年下降3.41和6.06个百分点。这部分大龄失业者大部分是随迁家属,他们个人的受教育程度较低,缺乏专长,而家庭负担相对较重,失业对他们个人及其家庭影响较大,因此,这部分失业人口所占比重减少,正是深圳市失业问题缓解的表现。

3. 短期失业者增多,长期失业者减少

户籍居民失业时间在半年以内者占36.91%,比上年增加9.74个百分点;而失业时间36个月以上者占14.7%,比上年下降2.61个百分点。说明深圳市户籍居民在失业率下降的同时,长期失业者减少。短期失业者虽有所增加,但也从另一方面说明,他们失业后能在较短的时间内实现再就业。

值得注意的是,户籍居民失业问题虽已得到缓解,但再就业压力仍较大。

1. 下岗人员增多

尽管户籍居民失业率与前两年相比已有明显的下降,但同时下岗人员却明显增加,下岗率上升。1998年,全市停工停产下岗率为1.78%,比上年增加1.52个百分点。

2. 失业时间长仍是困扰户籍失业居民的问题

1998年虽然长期失业者有所减少,但仍未从根本上解决居民失业时间过长的问题,失业时间一年以上者仍接近一半,达48.97%,而平均失业时间仍长达16.2个月,仅比上年减少2个月。

3. 受过高等教育的失业者大幅增加

1998年受过大专以上教育的失业人口占12.62%,对比1996年,两年间上升了5.73个百分点,而只受过初中及以下教育程度者所占比重基本维持不变。这反映了户籍居民就业竞争更趋激烈,失业将不只是困扰低学历者的问题,而将是广泛深层和复杂的社会经济问题,再就业工程任重而道远。

(人口办供稿,执笔:林冠荣)

全市常住人口（万人）

Population (10000 persons)

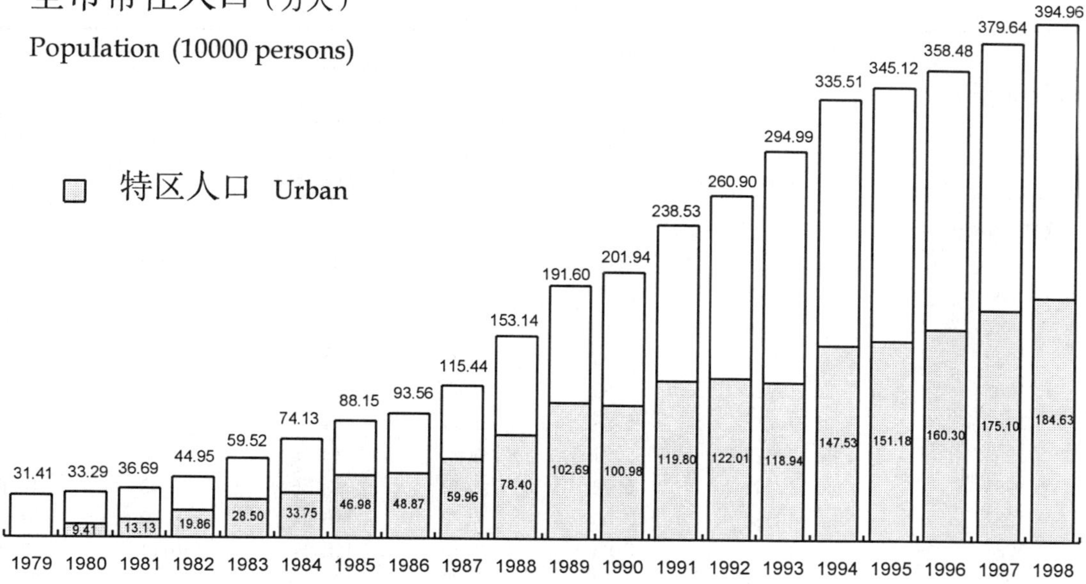

人口出生率、死亡率、自然增长率（‰）

Birth Rate, Death Rate and Natural Growth Rate（‰）

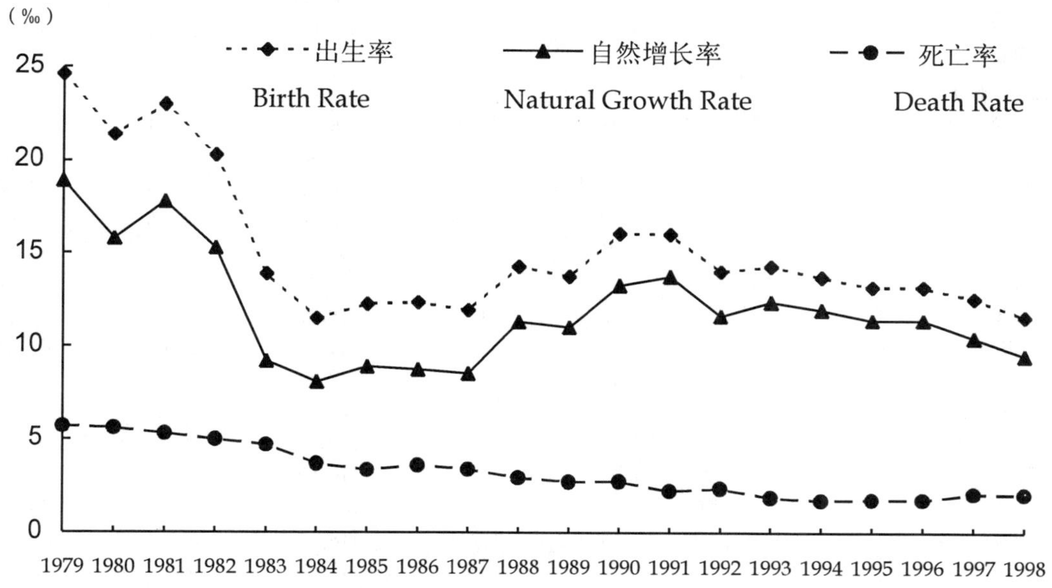

2-1 户数、人口、出生、死亡及自然增长
HOUSEHOLDS, POPULATION, BIRTH, DEATH AND NATURAL GROWTH
(1979—1998)

年份 Year	年末户籍人口户数（万户） Households with Residence Cards (year-end) (10 000 households)	农业户 Agriculture	非农业户 Non-Agriculture	年末常住人口数（万人） Year-end Resident Population (10 000 persons)	户籍人口 Population with Residence Cards	暂住人口 Population with Temporary Residence Cards
全市 Total						
1979	7.62	6.06	1.56	31.41	31.26	0.15
1980	7.82	5.95	1.87	33.29	32.09	1.20
1981	8.20	6.16	2.04	36.69	33.39	3.30
1982	8.61	5.95	2.66	44.95	35.45	9.50
1983	9.25	5.83	3.42	59.52	40.52	19.00
1984	10.32	5.88	4.44	74.13	43.52	30.61
1985	11.27	5.84	5.43	88.15	47.86	40.29
1986	12.41	5.92	6.49	93.56	51.45	42.11
1987	13.88	6.06	7.82	115.44	55.60	59.84
1988	15.30	5.92	9.38	153.14	60.14	93.00
1989	16.51	6.12	10.39	191.60	64.82	126.78
1990	18.19	6.52	11.67	201.94	68.65	133.29
1991	19.56	6.65	12.91	238.53	73.22	165.31
1992	21.81	5.67	16.14	260.90	80.22	180.68
1993	24.32	6.43	17.89	294.99	87.69	207.30
1994	26.74	6.86	19.88	335.51	93.97	241.54
1995	28.67	7.70	20.97	345.12	99.16	245.96
1996	30.35	8.06	22.29	358.48	103.38	255.10
1997	32.15	8.16	23.98	379.64	109.46	270.18
1998	34.07	8.26	25.81	394.96	114.60	280.36
特区 Urban						
1980	1.87	0.88	0.99	9.41	8.41	1.00
1981	2.49	1.04	1.45	13.13	9.83	3.30
1982	2.87	0.99	1.88	19.86	12.86	7.00
1983	3.41	0.98	2.43	28.50	16.50	12.00
1984	4.21	0.96	3.25	33.75	19.14	14.61
1985	5.23	0.99	4.24	46.98	23.19	23.79
1986	6.06	1.08	4.98	48.87	25.74	23.13
1987	7.16	1.13	6.03	59.96	28.69	31.27
1988	8.33	1.15	7.18	78.40	32.19	46.21
1989	9.24	1.14	8.10	102.69	36.20	66.49
1990	10.68	1.19	9.49	100.98	39.53	61.45
1991	11.77	1.25	10.52	119.80	43.21	76.59
1992	12.82		12.82	122.01	47.28	74.73
1993	14.15		14.15	118.94	52.14	66.80
1994	15.32		15.32	147.53	56.52	91.01
1995	16.35		16.35	151.18	59.96	91.22
1996	17.20		17.20	160.30	63.28	97.02
1997	18.45		18.45	175.10	68.12	106.98
1998	19.52		19.52	184.63	71.48	113.14

2-1续表1　continued

年 份 Year	在年末户籍人口中 Of Population with Residence Cards				户籍户平均每户人口(人) Average Persons Per Household with Residence Cards (person)	年平均人口 Average Annual Population (10 000 persons)	
	男性(万人) Male (10 000persons)	女性(万人) Female (10 000persons)	农业人口(万人) Agriculture (10 000 persons)	非农业人口(万人) Non-Agriculture (10 000 persons)		按常住人口计算 Resident Population	按户籍人口计算 Population with Residence Cards
全市　Total							
1979	14.26	17.00			4.10		
1980	14.69	17.40			4.10	32.35	31.68
1981	15.51	17.88			4.07	34.99	32.74
1982	16.67	18.78			4.12	40.82	34.42
1983	20.50	20.02			4.38	52.24	37.99
1984	22.01	21.51			4.22	66.83	42.02
1985	24.32	23.54			4.25	81.14	45.69
1986	26.13	25.32	25.00	26.45	4.15	90.86	49.66
1987	28.22	27.38	24.99	30.61	4.01	104.50	53.53
1988	30.49	29.64	25.17	34.96	3.93	134.29	57.87
1989	32.89	31.93	25.48	39.34	3.93	172.37	62.48
1990	34.92	33.73	25.65	43.00	3.77	196.77	66.74
1991	37.27	35.95	26.23	46.99	3.74	220.24	70.94
1992	41.19	39.03	22.83	57.39	3.68	249.72	76.72
1993	45.25	42.44	23.61	64.08	3.61	277.95	83.96
1994	48.62	45.35	24.41	69.56	3.51	315.25	90.83
1995	51.37	47.80	24.39	74.77	3.46	340.32	96.57
1996	53.64	49.75	24.47	78.91	3.41	351.80	101.27
1997	56.79	52.66	24.66	84.80	3.40	369.06	106.42
1998	59.73	54.87	24.69	89.91	3.36	387.30	112.03
特区　Urban							
1980					4.49		
1981					3.95	11.27	9.12
1982					4.48	16.50	11.35
1983					4.84	24.18	14.68
1984					4.55	31.13	17.82
1985					4.43	40.37	21.17
1986	14.19	11.55	4.18	21.56	4.25	47.93	24.47
1987	15.64	13.05	4.17	24.52	4.01	54.42	27.22
1988	17.31	14.88	4.19	28.00	3.87	69.18	30.44
1989	19.36	16.84	4.34	31.86	3.92	90.54	34.19
1990	21.10	18.42	4.46	35.07	3.77	101.84	37.85
1991	22.99	20.22	4.55	38.66	3.67	110.40	41.37
1992	25.25	22.03		47.28	3.69	120.91	45.25
1993	27.90	24.24		52.14	3.69	120.48	49.71
1994	30.24	26.28		56.52	3.69	133.24	54.33
1995	32.09	27.88		59.96	3.67	149.36	58.24
1996	33.81	29.47		63.28	3.68	155.74	61.62
1997	36.26	31.86		68.12	3.69	167.70	65.70
1998	38.20	33.29		71.48	3.66	179.86	69.80

2-1续表2　continued

年　份 Year	出生人口数(人) Population of Birth (person)	出生率(‰) Birth Rate (‰)	死亡人口数(人) Population of Death (person)	死亡率(‰) Death Rate (‰)	自然增长人数(人) Population of Natural Growth(person)	自数增长率(‰) Natural Growth Rate (‰)
全市　Total						
1979	7 962	24.60	1 856	5.70	6 106	18.90
1980	6 775	21.40	1 773	5.60	5 002	15.80
1981	7 544	23.00	1 732	5.30	5 812	17.80
1982	6 974	20.30	1 707	5.00	5 267	15.30
1983	5 295	13.90	1 793	4.70	3 502	9.20
1984	5 005	11.50	1 606	3.69	3 399	8.09
1985	5 606	12.27	1 533	3.36	4 073	8.91
1986	6 143	12.37	1 794	3.61	4 349	8.76
1987	6 399	11.95	1 822	3.40	4 577	8.55
1988	8 290	14.32	1 720	2.97	6 570	11.35
1989	8 615	13.79	1 713	2.74	6 902	11.05
1990	10 755	16.11	1 859	2.79	8 896	13.33
1991	11 408	16.08	1 607	2.27	9 801	13.81
1992	11 277	14.07	1 840	2.40	9 437	11.67
1993	12 054	14.36	1 619	1.93	10 435	12.43
1994	12 509	13.77	1 590	1.75	10 919	12.02
1995	12 776	13.23	1 719	1.78	11 057	11.45
1996	13 170	13.00	2 116	2.09	11 054	10.91
1997	13 447	12.64	2 268	2.13	11 179	10.51
1998	13 049	11.65	2 341	2.09	10 708	9.56
特区　Urban						
1980	1 561	20.10	338	4.40	1 223	15.80
1981	2 186	24.00	412	4.50	1 774	19.50
1982	2 460	21.70	412	3.60	2 048	18.00
1983	1 872	12.80	414	2.80	1 458	10.01
1984	1 937	10.12	414	2.16	1 523	8.54
1985	2 698	12.74	412	1.95	2 286	10.79
1986	3 010	12.31	584	2.39	2 426	9.92
1987	3 078	11.31	583	2.14	2 495	9.17
1988	4 669	15.34	482	1.58	4 187	13.75
1989	4 763	13.93	404	1.18	4 359	12.75
1990	6 665	17.60	479	1.21	6 186	16.33
1991	7 096	17.15	369	0.89	6 727	16.26
1992	6 417	14.18	510	1.13	5 907	13.05
1993	7 093	14.27	217	0.44	6 876	13.83
1994	7 020	12.92	183	0.34	6 837	12.58
1995	7 293	12.52	158	0.27	7 135	12.25
1996	7 214	11.71	784	1.27	6 430	10.44
1997	7 346	11.18	706	1.07	6 640	10.11
1998	7 102	10.17	731	1.05	6 371	9.13

2-2 人口指数
INDICES OF POPULATION
(1980—1998)

单位:%　　(%)

年 份 Year	以1979年为100 1979=100			以上年为100 Preceding Year=100		
	年末常住人口 Resident Population (Year-end)	户籍人口 Population with Residence Cards	暂住人口 Population with Temporary Residence Cards	年末常住人口 Resident Population (Year-end)	户籍人口 Population with Residence Cards	暂住人口 Population with Temporary Residence Cards
1980	106.0	102.7	800.0	106.0	102.7	800.0
1981	116.8	106.8	2 200.0	110.2	104.1	275.0
1982	143.1	113.4	6 333.3	122.5	106.2	287.9
1983	189.5	129.6	12 666.7	132.4	114.3	200.0
1984	236.0	139.2	20 406.7	124.5	107.4	161.1
1985	280.6	153.1	26 860.0	118.9	110.0	131.6
1986	297.9	164.6	28 073.3	106.1	107.5	104.5
1987	367.5	177.9	39 893.3	123.4	108.1	142.1
1988	487.6	192.4	62 000.0	132.7	108.2	155.4
1989	610.0	207.4	84 520.0	125.1	107.8	136.3
1990	642.9	219.6	88 860.0	105.4	105.9	105.1
1991	759.4	234.2	110 206.7	118.1	106.7	124.0
1992	830.6	256.6	120 453.3	109.4	109.6	109.3
1993	939.2	280.5	138 200.0	113.1	109.3	114.7
1994	1 068.2	300.6	161 026.7	113.7	107.2	116.5
1995	1 098.8	317.2	163 973.3	102.9	105.5	101.8
1996	1 141.3	330.7	170 066.7	103.9	104.3	103.7
1997	1 208.7	350.2	180 120.0	105.9	105.9	105.9
1998	1 257.4	366.6	186 906.7	104.0	104.7	103.8
年平均增长率 Average Annual Growth Rate	**14.3**	**7.1**	**48.7**			

2-3 户籍人口计划生育情况
FAMILY PLANNING OF POPULATION WITH RESIDENCE CARDS
(1998)

指标名称	Item	全市合计 Total	特区 Urban	福田区 Futian	罗湖区 Luohu	盐田区 Yantian	南山区 Nanshan	宝安区 Baoan	龙岗区 Longgang
节育率(%)	Coverage of under Contraception(%)	89.12	90.27	89.85	91.73	90.86	87.74	87.76	85.63
计划生育率(%)	Birth Control Rate(%)	96.36	97.70	97.67	97.67	97.68	97.82	93.65	95.87
一孩率(%)	One-child Rate(%)	83.08	92.71	93.15	92.44	92.05	92.49	72.95	67.40
独生子女领证人数 (人)	Number of Couples with One-child Certificate(person)	76 485	70 476	30 011	24 588	1 825	14 052	3 285	2 724
独生子女领证率(%)	Coverage of One-child Certificate(%)	28.68	40.34	46.53	34.84	23.53	44.07	5.83	7.63
已婚育龄妇女人数(人)	Married Women at Child-bearing Age(person)	266 695	174 706	64 499	70 567	7 755	31 885	56 310	35 679

2-4 社会劳动者人数
NUMBER OF EMPLOYED
(1998)

单位:人　　(person)

项目	Item	年末社会劳动者合计 Total Employed (year-end)	在岗职工 Staff and Workers	女性 Female	私营个体劳动者 Urban Self-Employment	镇村劳动者 Laborers of Town and Village	其他劳动者 Others
总计	**Total**	**2 863 680**	**919 289**	**419 223**	**696 493**	**1 244 992**	**2 906**
按隶属关系分	**By Administrative Relationship**						
1. 中央属	Central Goverment	96 405	95 932	32 372			473
2. 广东省属	Guangdong	31 773	31 729	10 820			44
3. 深圳市属	Shenzhen	1 782 494	395 960	162 726	696 493	688 640	1 401
4. 其　他	Others	953 008	395 668	213 305		556 352	988

2-5　按行业分的社会劳动者人数
NUMBER OF EMPLOYED GROUPED BY SECTOR
(1998)

单位:人　　　　(person)

项　目	Item	年末社会劳动者合计 Total Employed (year-end)	在岗职工 Staff and Workers	私营个体劳动者 Urban Self-Employment	镇　村劳动者 Laborers of Town and Village	其　他劳动者 Others
按三次产业分	**Grouped by Industry**					
第一产业	Primary Industry	45 643	10 576	1 396	33 665	6
第二产业	Secondary Industry	1 711 204	512 488	98 059	1 099 428	1 229
第三产业	Tertiary Industry	1 106 833	396 225	597 038	111 899	1 671
按国民经济行业分	**Grouped by Sector**					
1. 农、林、牧、渔业	Farming, Forestry, Animal Husbandry and Fishery	45 643	10 576	1 396	33 665	6
2. 采掘业	Mining and Quarrying	1 675	929	153	590	3
3. 制造业	Manufacturing	1 588 445	412 201	96 804	1 078 662	778
4. 电力、煤气及水的生产和供应业	Electricity, Gas and Water Production and Supply	13 248	10 800		2 419	29
5. 建筑业	Construction	107 836	88 558	1 102	17 757	419
6. 地质勘查业、水利管理业	Geological Prospecting and Water Conservancy	1 981	1 957			24
7. 交通运输、仓储及邮电通信业	Transportation, Storage, Post and Telecommunications	66 088	55 410	3 254	7 265	159
#交通运输业	Transportation	34 144	34 011			133
8. 批发和零售贸易、餐饮业	Wholesale, Retail Sales and Catering Trade	574 555	97 157	449 609	27 560	229
#零售贸易业	Retail Sales Trade	22 302	22 279			23
餐饮业	Catering Trade	83 974	17 107	66 856		11
9. 金融、保险业	Banking and Insurance	31 777	31 517		238	22
10. 房地产业	Real Estate Trade	32 697	31 694		793	210
11. 社会服务业	Social Services	139 710	59 153	71 201	9 184	172
#居民服务业	Resident Services	1 150	1 144			6
12. 卫生、体育和社会福利业	Health Care, Sports and Social Welfare	26 598	23 636		2 687	275
#卫　生	Health Care	20 905	20 634			271
13. 教育、文化艺术和广播电影电视业	Education, Culture, Arts, Radio, Film and Television	36 210	33 305		2 717	188
#教　育	Education	28 242	28 104			138
14. 科学研究和综合技术服务业	Scientific Research and Polytechnical Services	7 637	6 867		500	270
15. 国家机关、政党机关和社会团体	Government Agencies, Party Agencies and Social Organizations	43 213	43 171			42
16. 其他行业	Others	146 367	12 358	72 974	60 955	80

2-6 社会劳动者人数
NUMBER OF EMPLOYED
(1979—1998)

单位:万人 (10 000 person)

年份 Year	年末社会劳动者合计 Total Employed (year-end)	职工 Staff and Workers	国有单位 State-owned Units	城镇集体单位 Urban Collective-owned Units	其他单位 Other Ownership Units	私营个体劳动者 Urban Self-Employment	镇村劳动者 Laborers of Town and Village
1979	13.95	4.02	3.37	0.65		0.41	9.52
1980	14.89	4.86	4.05	0.81		0.38	9.65
1981	15.36	5.31	4.51	0.80		0.13	9.92
1982	18.49	8.28	7.00	1.28		0.11	10.17
1983	22.37	12.57	10.10	1.22	1.25	0.22	9.58
1984	27.26	18.33	14.14	2.15	2.04	0.50	8.43
1985	32.61	22.66	16.84	2.60	3.22	0.64	9.31
1986	36.04	25.88	18.97	2.68	4.23	0.93	9.23
1987	44.30	32.29	22.04	3.55	6.70	1.10	10.91
1988	54.53	41.74	28.04	4.53	9.17	1.69	11.10
1989	93.65	48.24	30.34	4.85	13.05	2.19	43.22
1990	109.22	55.41	33.85	5.25	16.31	3.36	50.43
1991	127.37	64.89	38.77	6.76	19.36	3.57	58.91
1992	148.98	71.10	38.85	7.99	24.26	9.04	68.84
1993	209.74	78.11	41.45	5.42	31.24	28.53	103.10
1994	223.05	82.29	38.71	8.28	35.30	32.77	107.64
1995	244.92	88.75	40.17	10.75	37.83	45.66	110.04
1996	255.48	89.13	41.07	9.53	38.53	49.33	116.59
1997	272.01	91.18	40.92	8.69	41.57	61.43	119.19
1998	286.37	91.93	33.75	4.25	53.93	69.65	124.50

2-7 社会劳动者人数指数
INDICES OF NUMBER OF EMPLOYED
(1980—1998)

以上年为100　　　　(preceding year=100)

年 份 Year	年末社会劳动者合计 Total Employed (year-end)	职 工 Staff and Workers	国有单位 State-owned Units	城镇集体单位 Urban Collective-owned Units	其他单位 Other Ownership Units	私营个体劳动者 Urban Self-Employment	镇村劳动者 Laborers of Town and Village
1980	106.7	120.9	120.2	124.6		92.7	101.4
1981	103.2	109.3	111.4	98.8		34.2	102.8
1982	120.4	155.9	155.2	160.0		84.6	102.5
1983	121.0	151.8	144.3	95.3		200.0	94.2
1984	121.9	145.8	140.0	176.2	163.2	227.3	88.0
1985	119.6	123.6	119.1	120.9	157.8	128.0	110.4
1986	110.5	114.2	112.6	103.1	131.4	145.3	99.1
1987	122.9	124.8	116.2	132.5	158.4	118.3	118.2
1988	123.1	129.3	127.2	127.6	136.9	153.6	101.7
1989	171.7	115.6	108.2	107.1	142.3	129.6	389.4
1990	116.6	114.9	111.6	108.2	125.0	153.4	116.7
1991	116.6	117.1	114.5	128.8	118.7	106.3	116.8
1992	117.0	109.6	100.2	118.2	125.3	253.2	116.9
1993	140.8	109.9	106.7	67.8	128.8	315.6	149.8
1994	106.3	105.4	93.4	152.8	113.0	114.9	104.4
1995	109.8	107.9	103.8	129.8	107.2	139.3	102.2
1996	104.3	100.4	102.2	88.7	101.9	108.0	106.0
1997	106.5	102.3	99.6	91.2	107.9	124.5	102.2
1998	105.8	102.3	84.6	49.2	130.7	113.4	104.5
年平均增长率(%) Average Annual Growth Rate(%)	**17.3**	**18.0**	**13.0**	**10.4**	**28.6**	**31.0**	**14.5**

三、工　　业

1998 年深圳工业生产情况

一、1998 年工业生产形势回顾

1998 年,深圳工业在受到亚洲金融危机和国内消费市场相对疲软等不利因素影响下,仍然保持了平稳增长的发展态势,产销衔接良好,但经济效益质量不高。

1. 工业生产保持平稳增长态势

1998 年,全市完成工业总产值(新口径,按 1990 年不变价格计算)1660.67 亿元,比上年增长 18.5%,增幅提高 1 个百分点。

1998 年各季度的增长速度呈现比较平稳的趋势。一季度工业增长速度为 16.3%,二季度为 20.3%,比一季度上升 4 个百分点,三季度为 18.7%,分别比一季度和二季度高 2.4 个百分点和低 1.6 个百分点,四季度为 18.2%,比一季度增长速度高 1.9 个百分点。

2. 电子信息产品增长势头强劲

1998 年,主要电子信息产品高速增长,程控交换机 1515.69 万线,比上年增长134.14%;彩色显像管 466.47 万只,增长 98.17%;半导体集成电路 23976 万块,增长 67.12%;照相机 2346.95 万台,增长 53.25%;磁头 9568 万只,增长 19.46%;打印机 584.76 万部,增长 34.9%;VCD 碟机 179.79 万部,增长 137%;复印机械 69.14 万台,增长 38.6%;录相机 5.71 万台,增长 64%;移动通信设备 64.27 万部,增长 15.7%。

增长速度较快的其它产品还有:啤酒15.22 万吨,增长 15.9%;卷烟 15.12 万箱,增长 20.2%;印染布 20191 万米,增长 9%。

3. 一些传统行业产品产量出现滑坡

1998 年,深圳的一些传统行业的产品产量出现滑坡现象,出现大幅度下降的传统产品有:收音机 1148.38 万部,下降 48.4%;组合音响 156.37 万部,下降 51.4%;录放音机 1310.19 万部,下降 49.0%;液晶显示器件 10761 万片,下降 42.9%;中空玻璃 18.20 万平方米,下降 30.5%;玻壳 438 万只,下降 41.9%;排油烟机 3.25 万台,下降 38%;精炼食用植物油 22.08 万吨,下降 42.9%;皮鞋下降 49.8%,木家具下降 44.7%,玩具下降 53.8%,塑料制品下降 33.9%,平板玻璃下降 38.2%。

深圳的传统行业无论是过去和现在,在经济发展中都起到了重要作用,其中一些优势行业在全国乃至世界都占有一定位置,这些传统行业产品产量出现滑坡的问题不容忽视。在全市大力推动高新技术产业发展的同时,如何用高新技术武装、改造传统行业并进一步扶持一些优势传统行业的发展,是全市二次创业中面临的一个重要课题。

4. 工业产品产销关系良好

1998 年,全市工业产品产销率一直保持较高水平,一季度的产销率为 98.1%,二季度为 97.45%,三季度为 97%,四季度为 96.66%,全年为 97.2%,工业产品产销关系一直保持良好,在全国名列前茅。

工业产品产销率指标完成较好的主要原因,一是企业降价促销,实行薄利多销的策略,促进企业产品的销售;二是企业实行以销定产的经营方针,生产适销对路的产品,避免产品积压;三是企业重视产品质量,实施名牌产品战

略,搞好产品售后服务,促进产品的销售;四是由于全市"三来一补"企业较多,而"三来一补"企业生产的产品全部由外商包销,产品的销售率为100%,从而提高了全市工业产品的产销率。

二、1998年工业结构变动的主要特点

1998年,深圳工业结构的变动具有以下几个特点。

1. 重工业快速增长

1998年,轻工业产值720.52亿元,比上年下降0.7%,重工业产值940.14亿元,比上年增长39.2%,重工业快速增长,这是近几年轻工业、重工业增长关系的一个新特点,从各季情况看,一季度重工业增长速度37.2%,二季度42.2%,三季度38.1%,四季度38.8%。

从1998年工业结构的变动看,在以不变价计算的工业产值结构中,轻工业的比重为43.39%,比上年下降8.47个百分点,重工业的比重为56.61%,比上年上升8.47个百分点,轻重工业的比例系数为1:1.31。

重工业快速增长的原因是:市政府注重调整产品结构,加大扶持高新技术产业的力度,高新技术产业迅速发展,促使一批高新技术产品,如程控交换机、磁头、光纤电缆、硬盘机、微型计算机等迅速发展,一些骨干企业如深圳市三星电管有限公司,深圳赛意法微电子有限公司等相继投产,都成为深圳市重工业发展中新的增长点,从而推动了重工业加快发展。

2. 股份合作企业快速增长

1998年,股份合作企业完成工业总产值134.07亿元,比上年增长170.5%;国有企业完成工业总产值88.89亿元,比上年增长11.4%;三资企业完成工业总产值1260.12亿元,比上年增长9.7%。股份合作企业的增长速度分别高于国有企业和三资企业159.1个百分点和160.8个百分点。

增长速度的巨大差别导致了工业所有制结构的迅速变动。在不变价格的工业产值构成中,国有工业的比重由上年的5.6%,下降为5.3%,股份合作工业比重由上年的3.5%上升为8.1%,三资企业比重由上年的82.0%下降为75.9%。相比之下,国有工业和三资企业的比重分别下降0.3和6.1个百分点,股份合作工业的比重则上升4.6个百分点。

尽管1998年全市工业所有制结构迅速变动,但是,在全市工业所有制结构中,占主导地位的仍然是三资企业,这对全市外向型工业起到积极作用。

3. 大中型企业发挥了主导骨干作用

1998年,全市大中型企业完成工业总产值898.4亿元,比上年增长44.0%,占全市工业总产值的54.1%,比上年的44.5%上升9.6个百分点;产品销售收入803.83亿元,占全市工业产品销售收入的比重为45.9%;利润总额81.56亿元,占全市工业利润总额的比重为69.1%;工业销售产值778.6亿元,占全市工业销售产值的比重为43.3%;工业增加值240.04亿元,占全市工业增加值的比重为47.7%;资产总计1199.16亿元,占全市工业资产总计的55.7%;应交增值税20.24亿元,占全市工业应交增值税的50.2%。

大中型企业稳步发展的主要原因是:近年来,市政府实施"三个一批"发展战略,扶持发展一批大型企业集团,鼓励企业通过改组、联合、兼并、参股等方式盘活存量资产,通过企业拍卖、出售等经济活动实现生产结构的调整和重组,以达到扩大规模的目的。另外,大型企业集团加强企业管理,提高产品质量,实行名牌产品战略,运用高新技术扩大生产规模,这些都推动了全市大中型企业健康发展。

三、1998年的工业经济效益

1998年全市工业经济效益与1997年大体持平,以工业增加值、工业经济效益综合指数计量的各项效益指标有不同程度的增长。全市限额以上工业企业创造工业增加值503.13亿元,比上年增长16.6%,工业经济效益综合指数144.03%,比上年提高1.98个百分点。以资金利税率等指标计量的效益相对量指标则有升有降。各种经济类型企业、各行业的效益状况升降不一,而工业经济效益的总体水平依然不高。

(一)工业经济效益在徘徊之中与上年持平

全市工业企业经济效益有所上升的主要指标是:工业经济效益综合指数为144.03%,提高1.98个百分点;全员劳动生产率(按全部职工人均增加值计量)为67299元,增长20.4%;工业流动资产周转率为1.75次,增加0.11次;工业产品销售率为97.2%,提高0.2个百分点。

工业经济效益下降的主要指标是:工业总资产贡献率为11.1%,降低1.02个百分点;工业资本保值增值率为108.46%,降低3.57个百分点;工业成本费用利润率为7.2%,降低1.55个百分点;企业亏损面扩大,由上年的25.5%上升到29.62%,上升4.11个百分点;企业亏损额大幅度增加,比上年增长8.9%;工业增加值率为27.2%,降低0.67个百分点。

(二)工业经济效益变动的特点

1.经济效益变动分布不平衡。第一,行业之间不平衡。轻工业经济效益综合指数119.4%,重工业经济效益综合指数175.3%,比轻工业高55.9个百分点。第二,经济类型之间不平衡。国有经济效益综合指数164.3%,股份合作经济效益综合指数291%,三资企业经济效益综合指数139.4%。

2.经济效益的年内动态呈逐步上升之势。全市工业企业经济效益综合指数一季度为115.98%,一至二季度为126.39%,一至三季度为137.47%,一至四季度为144.03%。

(三)工业经济效益质量不高的主要原因

1998年全市工业经济效益质量不高的主要原因有以下几个方面:①东南亚国家发生金融危机,其本币对美元大幅度贬值,提高了其产品的出口竞争力,从而削弱了深圳出口产品的竞争力,影响了深圳出口产品的生产。②东南亚国家发生金融危机后,客户以东南亚货币贬值为借口,压低深圳出口产品价格,使出口企业利润下降。③企业负债严重,企业亏损额增长8.9%,影响全市工业的整体效益。④一些企业经营管理水平不高,管理费用和产品成本有所增长,工业成本增长15.9%,管理费用增长4%,从而降低了企业利润水平。

(工交统计处供稿,执笔:叶志林)

主要工业产品产量
Production of Main Industrial Products

发电量（亿千瓦小时）
Electricity (100 million kwh)

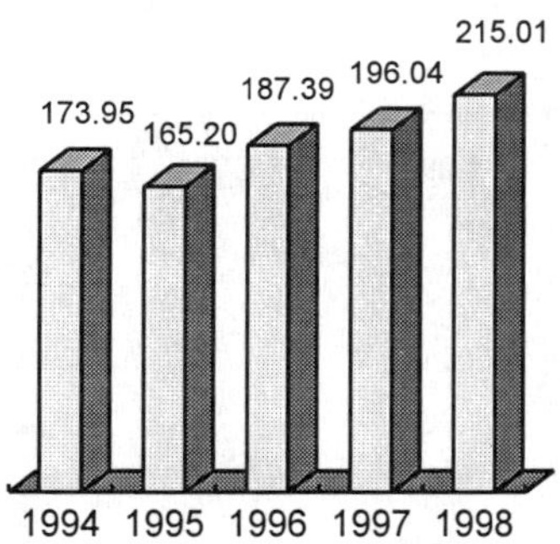

卷烟（万箱）
Cigarettes (10000 cases)

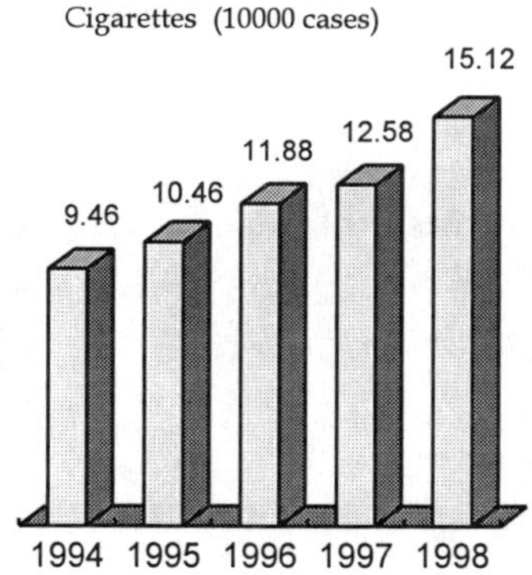

录放音机（万台）
Radio Cassette Players (10000)

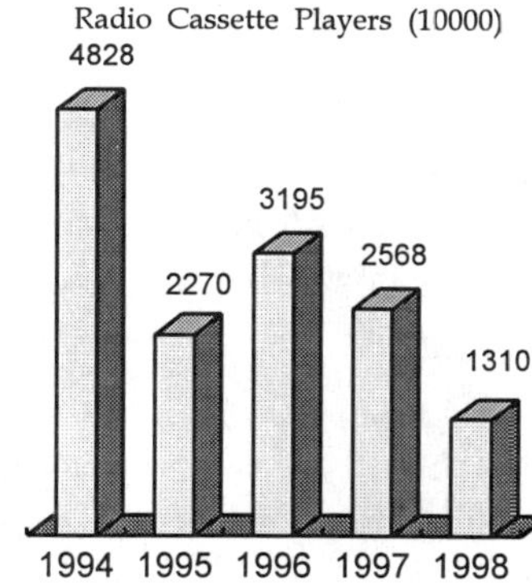

自行车（万辆）
Bicycles (10000)

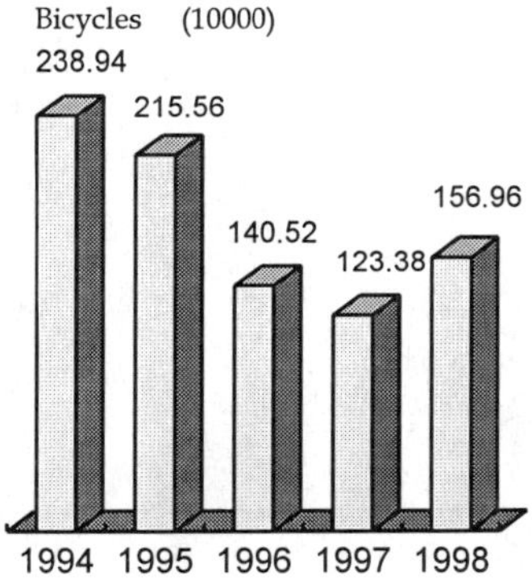

彩色电视机（万台）
Color TV Sets (10000)

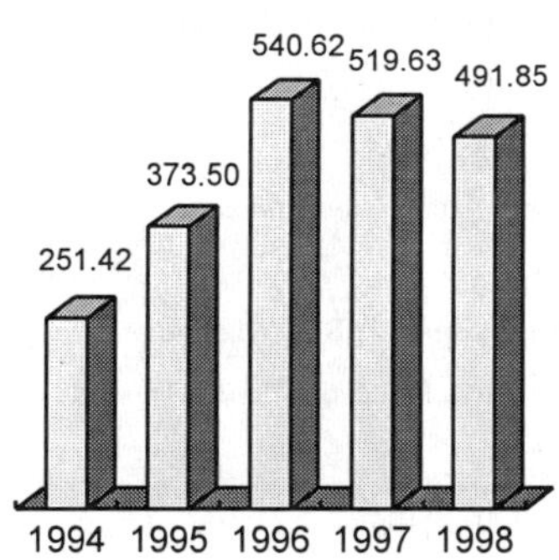

电话机（万部）
Telephone Sets (10000)

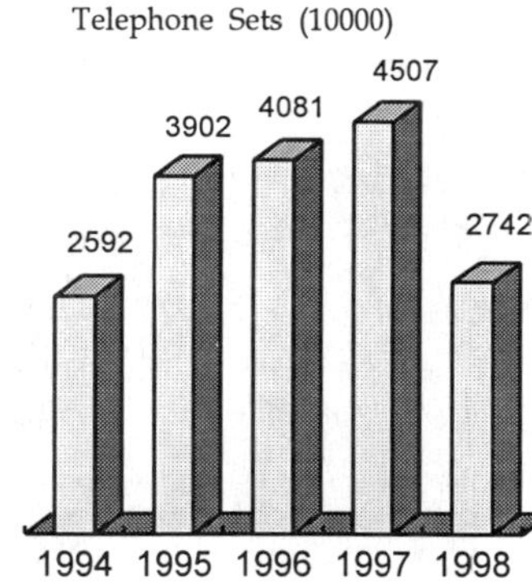

程控交换机（万线）
Telephone Exchanges (10000 lines)

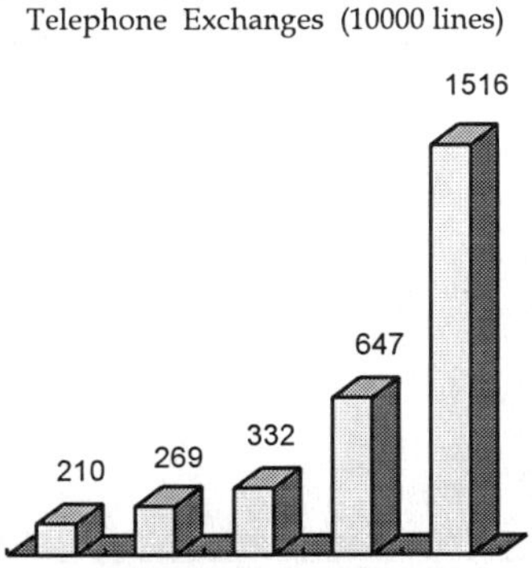

微型计算机（万台）
Personal Computers (10000)

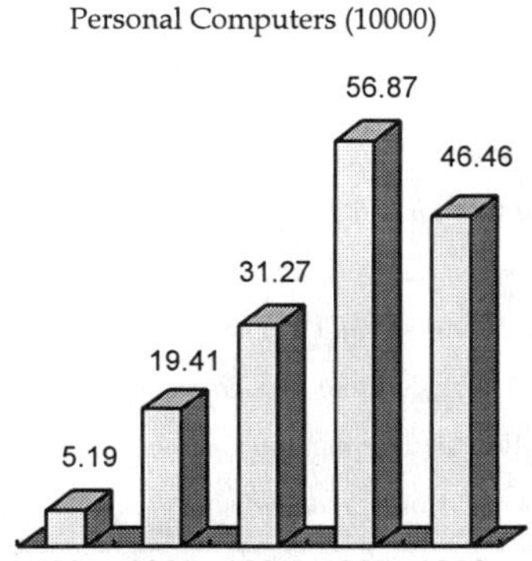

表（万只）
Watches (10000)

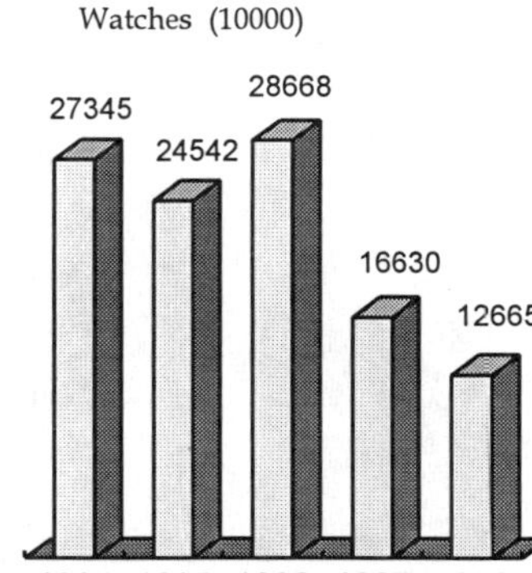

3－1　限额以上工业企业单位数
NUMBER OF INDUSTRIAL ENTERPRISES OVER LEVELS
(1998)

单位:个　　(unit)

项　目	Item	全市 Total	特区 Urban
限额以上工业企业单位数	**Industrial Enterprises over Levels**	**2 090**	**1 137**
一、按登记注册类型分	Grouped by Registration		
1. 内资企业	Domestic Investment Enterprise	479	365
国有企业	State－owned	144	119
集体企业	Collective－owned	68	33
股份合作企业	Cooperative Shares Enterprise	17	16
联营企业	Joint owned	98	75
有限责任公司	Companies Limited with Liabilities	86	75
股份有限公司	Companies Limited by Shares	30	21
私营企业	Private	35	25
其他内资企业	Others	1	1
2. 港澳台投资企业	Funded by Entrepreneur from Hongkong, Macao and Taiwan	1 310	585
3. 外商投资企业	Foreign Funded	301	187
二、按轻、重工业分	Grouped by Light and Heavy Industry		
1. 轻工业	Light Industry	1 256	578
以农产品为原料	Using Farm Products as Raw Materials	543	296
以非农产品为原料	Using Non－Farm Products as Raw Materials	713	282
2. 重工业	Heavy Industry	834	559
采掘工业	Mining and Quarrying	8	4
原料工业	Raw Materials Industry	80	53
加工工业	Manufacturing Industry	746	502
三、按企业规模分	Grouped by Size of Enterprises		
1. 大型企业	Large	67	56
2. 中型企业	Medium－sized	59	44
3. 小型企业	Small	1 964	1 037
四、按工业行业分	Grouped by Sector		
煤炭采选业	Coal Mining and Dressing		
石油和天然气开采业	Petroleum and Natural Gas Extraction		
黑色金属矿采选业	Ferrous Metals Mining and Dressing		
有色金属矿采选业	Nonferrous Metals Mining and Dressing		
非金属矿采选业	Nonmetal Minerals Mining and Dressing	7	3
其他矿采选业	Other Minerals Mining and Dressing		

注:限额以上工业指国有及年销售收入在500万元及以上的非国有独立核算工业企业。

Industrial enterprises over levels refer to state－owned enterprises and other enterprises with independent accounting system and whose sales revenue is above 5 000 000 yuan.

3-1续表 continued

项　目	Item	全市 Total	特区 Urban
木材及竹材采运业	Logging and Transport of Wood and Bamboo	1	1
食品加工业	Food Processing	24	17
食品制造业	Food Manufacturing	30	18
饮料制造业	Beverage Manufacturing	22	18
烟草加工业	Tobacco Processing	1	1
纺织业	Textile Industry	64	40
服装及其他纤维制品制造业	Garments and Other Fiber Products	181	119
皮革、毛皮、羽绒及其制品业	Leather, Furs, Down and Related Products	65	22
木材加工及竹、藤、棕、草制品业	Timber Processing, Bamboo, Cane, Palm Fiber and Straw Products	8	7
家具制造业	Furniture Manufacturing	39	11
造纸及纸制品业	Papermaking and Paper Products	54	18
印刷业、记录媒介的复制	Printing and Record Medium Reproduction	45	19
文教体育用品制造业	Cultural, Educational and Sports Goods	85	21
石油加工及炼焦业	Petroleum Processing and Coking	2	2
化学原料及化学制品制造业	Raw Chemical Materials and Chemical Products	74	47
医药制造业	Medical and Pharmaceutical Products	27	25
化学纤维制造业	Chemical Fiber	4	2
橡胶制品业	Rubber Products	21	11
塑料制品业	Plastic Products	202	64
非金属矿物制品业	Nonmetal Mineral Products	70	46
黑色金属冶炼及压延加工业	Smelting and Pressing of Ferrous Metals	4	3
有色金属冶炼及压延加工业	Smelting and Pressing of Nonferrous Metals	9	7
金属制品业	Metal Products	163	91
普通机械制造业	Ordinary Machinery	31	21
专用设备制造业	Special Purpose Equipment	45	41
交通运输设备制造业	Transport Equipment	60	25
电气机械及器材制造业	Electric Equipment and Machinery	171	84
电子及通信设备制造业	Electronic and Telecommunications Equipment	370	247
仪器仪表文化办公用机械	Instruments, Meters, Cultural and Office Machinery	104	59
其他制造业	Other Manufacturing	75	30
电力蒸气热水生产供应业	Electric Power, Steam and Hot Water Production and Supply	19	11
煤气的生产和供应业	Gas Production and Supply	5	3
自来水的生产和供应业	Tap Water Production! and Supply	8	3

3-2 限额以上工业企业职工平均人数

AVERAGE ANNUAL NUMBER OF STAFF AND WORKERS IN INDUSTRIAL ENTERPRISES OVER LEVELS (1998)

单位:人 (person)

项 目	Item	全市 Total	特区 Urban
总 计	**Total**	**747 557**	**307 007**
一、按登记注册类型分	Grouped by Registration		
1. 内资企业	Domestic Investment Enterprise	204 641	97 824
国有企业	State-owned	41 280	28 946
集体企业	Collective-owned	72 273	10 748
股份合作企业	Cooperative Shares Enterprise	19 311	19 121
联营企业	Joint owned	17 787	13 024
有限责任公司	Companies Limited with Liabilities	15 676	13 367
股份有限公司	Companies Limited by Shares	31 069	10 308
私营企业	Private	7 195	2 260
其他内资企业	Others	50	50
2. 港澳台投资企业	Funded by Entrepreneur from Hongkong, Macao and Taiwan	419 868	148 708
3. 外商投资企业	Foreign Funded	123 048	60 475
二、按轻、重工业分	Grouped by Light and Heavy Industry		
1. 轻工业	Light Industry	474 044	153 251
以农产品为原料	Using Farm Products as Raw Materials	174 982	71 242
以非农产品为原料	Using Non-Farm Products as Raw Materials	299 062	82 009
2. 重工业	Heavy Industry	273 513	153 756
采掘工业	Mining and Quarrying	721	287
原料工业	Raw Materials Industry	18 001	12 547
加工工业	Manufacturing Industry	254 791	140 922
三、按企业规模分	Grouped by Size of Enterprises		
1. 大型企业	Large	79 294	67 125
2. 中型企业	Medium-sized	40 800	28 432
3. 小型企业	Small	627 463	211 450
四、按工业行业分	Grouped by Sector		
煤炭采选业	Coal Mining and Dressing		
石油和天然气开采业	Petroleum and Natural Gas Extraction		
黑色金属矿采选业	Ferrous Metals Mining and Dressing		
有色金属矿采选业	Nonferrous Metals Mining and Dressing		
非金属矿采选业	Nonmetal Minerals Mining and Dressing	609	175
其他矿采选业	Other Minerals Mining and Dressing		

3-2续表 continued

项　目	Item	全市 Total	特区 Urban
木材及竹材采运业	Logging and Transport of Wood and Bamboo	112	112
食品加工业	Food Processing	4 862	3 770
食品制造业	Food Manufacturing	8 831	3 220
饮料制造业	Beverage Manufacturing	4 274	3 455
烟草加工业	Tobacco Processing	392	392
纺织业	Textile Industry	20 510	5 927
服装及其他纤维制品制造业	Garments and Other Fiber Products	64 594	31 165
皮革、毛皮、羽绒及其制品业	Leather, Furs, Down and Related Products	31 798	15 154
木材加工及竹、藤、棕、草制品业	Timber Processing, Bamboo, Cane, Palm Fiber and Straw Products	2 964	2 701
家具制造业	Furniture Manufacturing	8 153	1 488
造纸及纸制品业	Papermaking and Paper Products	9 399	2 250
印刷业、记录媒介的复制	Printing and Record Medium Reproduction	19 720	2 792
文教体育用品制造业	Cultural, Educational and Sports Goods	55 814	6 529
石油加工及炼焦业	Petroleum Processing and Coking	77	77
化学原料及化学制品制造业	Raw Chemical Materials and Chemical Products	7 716	4 183
医药制造业	Medical and Pharmaceutical Products	6 090	5 526
化学纤维制造业	Chemical Fiber	1 587	1 157
橡胶制品业	Rubber Products	7 106	2 330
塑料制品业	Plastic Products	74 964	13 154
非金属矿物制品业	Nonmetal Mineral Products	19 241	8 364
黑色金属冶炼及压延加工业	Smelting and Pressing of Ferrous Metals	700	430
有色金属冶炼及压延加工业	Smelting and Pressing of Nonferrous Metals	2 052	1 057
金属制品业	Metal Products	52 120	31 681
普通机械制造业	Ordinary Machinery	6 991	1 163
专用设备制造业	Special Purpose Equipment	7 571	5 516
交通运输设备制造业	Transport Equipment	18 683	5 768
电气机械及器材制造业	Electric Equipment and Machinery	61 910	12 540
电子及通信设备制造业	Electronic and Telecommunications Equipment	175 405	108 430
仪器仪表文化办公用机械	Instruments, Meters, Cultural and Office Machinery	40 339	13 514
其他制造业	Other Manufacturing	21 699	4 542
电力蒸气热水生产供应业	Electric Power, Steam and Hot Water Production and Supply	6 426	4 547
煤气的生产和供应业	Gas Production and Supply	2 710	2 529
自来水的生产和供应业	Tap Water Production and Supply	2 138	1 369

3-3　工业总产值(按当年价格计算)
GROSS OUTPUT VALUE OF INDUSTRY (AT CURRENT PRICES)
(1998)

单位:万元　　(10 000 yuan)

项　目	Item	全市 Total	特区 Urban
一、限额以下工业总产值	**Enterprises below Levels**	**949 818**	**84 967**
二、限额以上工业总产值	**Enterprises over Levels**	**18 485 426**	**12 102 094**
(一)按登记注册类型分	Grouped by Registration		
1. 内资企业	Domestic Investment Enterprise	3 528 643	2 894 776
国有企业	State-owned	1 046 891	849 778
集体企业	Collective-owned	179 184	44 176
股份合作企业	Cooperative Shares Enterprise	862 534	861 827
联营企业	Joint owned	330 801	256 944
有限责任公司	Companies Limited with Liabilities	653 016	611 922
股份有限公司	Companies Limited by Shares	381 500	255 923
私营企业	Private	74 461	13 950
其他内资企业	Others	256	256
2. 港澳台投资企业	Funded by Entrepreneur from Hongkong, Macao and Taiwan	9 725 094	5 242 593
3. 外商投资企业	Foreign Funded	5 231 689	3 964 725
(二)按轻、重工业分	Grouped by Light and Heavy Industry		
1. 轻工业	Light Industry	9 135 036	5 188 051
以农产品为原料	Using Farm Products as Raw Materials	2 921 933	1 603 151
以非农产品为原料	Using Non-Farm Products as Raw Materials	6 213 102	3 584 900
2. 重工业	Heavy Industry	9 350 390	6 914 043
采掘工业	Mining and Quarrying	6 382	2 048
原料工业	Raw Materials Industry	1 468 186	713 351
加工工业	Manufacturing Industry	7 875 823	6 198 644
(三)按企业规模分	Grouped by Size of Enterprises		
1. 大型企业	Large	5 258 165	4 436 265
2. 中型企业	Medium-sized	2 780 638	2 447 089
3. 小型企业	Small	10 446 623	5 218 741
(四)按工业行业分	Grouped by Sector		
煤炭采选业	Coal Mining and Dressing		
石油和天然气开采业	Petroleum and Natural Gas Extraction		
黑色金属矿采选业	Ferrous Metals Mining and Dressing		
有色金属矿采选业	Nonferrous Metals Mining and Dressing		
非金属矿采选业	Nonmetal Minerals Mining and Dressing	5 375	1 042
其他矿采选业	Other Minerals Mining and Dressing		

3－3续表 continued

项　目	Item	全市 Total	特区 Urban
木材及竹材采运业	Logging and Transport of Wood and Bamboo	1 007	1 007
食品加工业	Food Processing	612 454	514 687
食品制造业	Food Manufacturing	120 833	27 068
饮料制造业	Beverage Manufacturing	153 738	121 099
烟草加工业	Tobacco Processing	75 939	75 939
纺织业	Textile Industry	277 165	145 296
服装及其他纤维制品制造业	Garments and Other Fiber Products	535 642	258 683
皮革、毛皮、羽绒及其制品业	Leather, Furs, Down and Related Products	225 463	71 150
木材加工及竹、藤、棕、草制品业	Timber Processing, Bamboo, Cane, Palm Fiber and Straw Products	65 147	60 075
家具制造业	Furniture Manufacturing	85 784	16 485
造纸及纸制品业	Papermaking and Paper Products	254 690	87 669
印刷业、记录媒介的复制	Printing and Record Medium Reproduction	361 506	78 138
文教体育用品制造业	Cultural, Educational and Sports Goods	357 758	102 131
石油加工及炼焦业	Petroleum Processing and Coking	4 620	4 620
化学原料及化学制品制造业	Raw Chemical Materials and Chemical Products	281 331	121 296
医药制造业	Medical and Pharmaceutical Products	382 159	375 304
化学纤维制造业	Chemical Fiber	31 174	21 953
橡胶制品业	Rubber Products	102 339	21 455
塑料制品业	Plastic Products	882 909	252 397
非金属矿物制品业	Nonmetal Mineral Products	393 503	332 828
黑色金属冶炼及压延加工业	Smelting and Pressing of Ferrous Metals	75 198	41 492
有色金属冶炼及压延加工业	Smelting and Pressing of Nonferrous Metals	64 719	47 929
金属制品业	Metal Products	653 061	352 233
普通机械制造业	Ordinary Machinery	60 269	13 778
专用设备制造业	Special Purpose Equipment	200 189	182 138
交通运输设备制造业	Transport Equipment	326 810	56 747
电气机械及器材制造业	Electric Equipment and Machinery	922 851	291 186
电子及通信设备制造业	Electronic and Telecommunications Equipment	8 055 378	6 891 938
仪器仪表文化办公用机械	Instruments, Meters, Cultural and Office Machinery	1 252 680	802 327
其他制造业	Other Manufacturing	381 120	142 390
电力蒸气热水生产供应业	Electric Power, Steam and Hot Water Production and Supply	1 187 098	532 284
煤气的生产和供应业	Gas Production and Supply	16 003	5 787
自来水的生产和供应业	Tap Water Production and Supply	79 514	51 546

3-4 限额以上工业总产值(按1990年不变价格计算)
GROSS OUTPUT VALUE OF INDUSTRY OVER LEVELS (AT 1990 CONSTANT PRICES) (1998)

单位:万元 (10 000 yuan)

项 目	Item	全市 Total	特区 Urban
总 计	**Total**	**16 606 669**	**12 616 439**
#出口产品产值	Output Value of Products for Export	8 759 723	5 497 098
(一)按登记注册类型分	Grouped by Registration		
1. 内资企业	Domestic Investment Enterprise	4 005 432	3 562 767
国有企业	State-owned	888 920	756 749
集体企业	Collective-owned	143 099	35 548
股份合作企业	Cooperative Shares Enterprise	1 340 742	1 340 162
联营企业	Joint owned	251 490	187 326
有限责任公司	Companies Limited with Liabilities	668 177	640 070
股份有限公司	Companies Limited by Shares	651 705	590 743
私营企业	Private	61 044	11 915
其他内资企业	Others	256	256
2. 港澳台投资企业	Funded by Entrepreneur from Hongkong, Macao and Taiwan	7 087 245	4 393 916
3. 外商投资企业	Foreign Funded	5 513 991	4 659 756
(二)按轻、重工业分	Grouped by Light and Heavy Industry		
1. 轻工业	Light Industry	7 205 243	4 565 304
以农产品为原料	Using Farm Products as Raw Materials	1 926 868	1 069 412
以非农产品为原料	Using Non-Farm Products as Raw Materials	5 278 375	3 495 892
2. 重工业	Heavy Industry	9 401 426	8 051 135
采掘工业	Mining and Quarrying	4 830	1 896
原料工业	Raw Materials Industry	431 348	240 105
加工工业	Manufacturing Industry	8 965 248	7 809 134
(三)按企业规模分	Grouped by Size of Enterprises		
1. 大型企业	Large	5 391 202	5 123 805
2. 中型企业	Medium-sized	3 592 856	3 382 794
3. 小型企业	Small	7 622 611	4 109 840
(四)按工业行业分	Grouped by Sector		
煤炭采选业	Coal Mining and Dressing		
石油和天然气开采业	Petroleum and Natural Gas Extraction		
黑色金属矿采选业	Ferrous Metals Mining and Dressing		
有色金属矿采选业	Nonferrous Metals Mining and Dressing		
非金属矿采选业	Nonmetal Minerals Mining and Dressing	4 150	1 215
其他矿采选业	Other Minerals Mining and Dressing		

3-4 续表 continued

项　目	Item	全市 Total	特区 Urban
木材及竹材采运业	Logging and Transport of Wood and Bamboo	681	681
食品加工业	Food Processing	317 148	282 325
食品制造业	Food Manufacturing	76 984	19 110
饮料制造业	Beverage Manufacturing	109 781	92 567
烟草加工业	Tobacco Processing	43 868	43 868
纺织业	Textile Industry	177 115	83 474
服装及其他纤维制品制造业	Garments and Other Fiber Products	346 437	163 718
皮革、毛皮、羽绒及其制品业	Leather, Furs, Down and Related Products	178 353	59 500
木材加工及竹、藤、棕、草制品业	Timber Processing, Bamboo, Cane, Palm Fiber and Straw Products	55 669	51 130
家具制造业	Furniture Manufacturing	64 324	13 170
造纸及纸制品业	Papermaking and Paper Products	169 609	53 275
印刷业、记录媒介的复制	Printing and Record Medium Reproduction	253 145	78 694
文教体育用品制造业	Cultural, Educational and Sports Goods	274 241	90 089
石油加工及炼焦业	Petroleum Processing and Coking	2 920	2 920
化学原料及化学制品制造业	Raw Chemical Materials and Chemical Products	235 798	130 631
医药制造业	Medical and Pharmaceutical Products	372 424	367 130
化学纤维制造业	Chemical Fiber	31 440	22 662
橡胶制品业	Rubber Products	71 365	19 260
塑料制品业	Plastic Products	576 642	162 785
非金属矿物制品业	Nonmetal Mineral Products	325 787	282 194
黑色金属冶炼及压延加工业	Smelting and Pressing of Ferrous Metals	49 621	31 550
有色金属冶炼及压延加工业	Smelting and Pressing of Nonferrous Metals	57 783	42 034
金属制品业	Metal Products	554 032	317 825
普通机械制造业	Ordinary Machinery	44 376	13 631
专用设备制造业	Special Purpose Equipment	144 370	129 789
交通运输设备制造业	Transport Equipment	234 992	51 781
电气机械及器材制造业	Electric Equipment and Machinery	772 155	282 449
电子及通信设备制造业	Electronic and Telecommunications Equipment	9 667 956	8 893 864
仪器仪表文化办公用机械	Instruments, Meters, Cultural and Office Machinery	857 815	600 355
其他制造业	Other Manufacturing	296 371	128 795
电力蒸气热水生产供应业	Electric Power, Steam and Hot Water Production and Supply	206 368	88 623
煤气的生产和供应业	Gas Production and Supply	15 799	5 582
自来水的生产和供应业	Tap Water Production and Supply	17 152	9 762

3-5 限额以上工业总产值构成

COMPOSITION OF GROSS OUTPUT VALUE OF INDUSTRY OVER LEVELS (1998)

单位:%　　(%)

项目	Item	全市 Total	特区 Urban
总　计	**Total**	**100.0**	**65.5**
#出口产品产值	Output Value of Products for Export	47.4	29.7
(一)按登记注册类型分	Grouped by Registration		
1.内资企业	Domestic Investment Enterprise	19.1	15.7
国有企业	State-owned	5.7	4.6
集体企业	Collective-owned	1.0	0.2
股份合作企业	Cooperative Shares Enterprise	4.7	4.7
联营企业	Joint owned	1.8	1.4
有限责任公司	Companies Limited with Liabilities	3.5	3.3
股份有限公司	Companies Limited by Shares	2.1	1.4
私营企业	Private	0.4	0.1
其他内资企业	Others		
2.港澳台投资企业	Funded by Entrepreneur from Hongkong, Macao and Taiwan	52.6	28.4
3.外商投资企业	Foreign Funded	28.3	21.4
(二)按轻、重工业分	Grouped by Light and Heavy Industry		
1.轻工业	Light Industry	49.4	28.1
以农产品为原料	Using Farm Products as Raw Materials	15.8	8.7
以非农产品为原料	Using Non-Farm Products as Raw Materials	33.6	19.4
2.重工业	Heavy Industry	50.6	37.4
采掘工业	Mining and Quarrying		
原料工业	Raw Materials Industry	7.9	3.9
加工工业	Manufacturing Industry	42.6	33.5
(三)按企业规模分	Grouped by Size of Enterprises		
1.大型企业	Large	28.4	24.0
2.中型企业	Medium-sized	15.0	13.2
3.小型企业	Small	56.5	28.2
(四)按工业行业分	Grouped by Sector		
煤炭采选业	Coal Mining and Dressing		
石油和天然气开采业	Petroleum and Natural Gas Extraction		
黑色金属矿采选业	Ferrous Metals Mining and Dressing		
有色金属矿采选业	Nonferrous Metals Mining and Dressing		
非金属矿采选业	Nonmetal Minerals Mining and Dressing		
其他矿采选业	Other Minerals Mining and Dressing		

3－5续表 continued

项　目	Item	全市 Total	特区 Urban
木材及竹材采运业	Logging and Transport of Wood and Bamboo		
食品加工业	Food Processing	3.3	2.8
食品制造业	Food Manufacturing	0.7	0.1
饮料制造业	Beverage Manufacturing	0.8	0.7
烟草加工业	Tobacco Processing	0.4	0.4
纺织业	Textile Industry	1.5	0.8
服装及其他纤维制品制造业	Garments and Other Fiber Products	2.9	1.4
皮革、毛皮、羽绒及其制品业	Leather, Furs, Down and Related Products	1.2	0.4
木材加工及竹、藤、棕、草制品业	Timber Processing, Bamboo, Cane, Palm Fiber and Straw Products	0.4	0.3
家具制造业	Furniture Manufacturing	0.5	0.1
造纸及纸制品业	Papermaking and Paper Products	1.4	0.5
印刷业、记录媒介的复制	Printing and Record Medium Reproduction	2.0	0.4
文教体育用品制造业	Cultural, Educational and Sports Goods	1.9	0.6
石油加工及炼焦业	Petroleum Processing and Coking		
化学原料及化学制品制造业	Raw Chemical Materials and Chemical Products	1.5	0.7
医药制造业	Medical and Pharmaceutical Products	2.1	2.0
化学纤维制造业	Chemical Fiber	0.2	0.1
橡胶制品业	Rubber Products	0.6	0.1
塑料制品业	Plastic Products	4.8	1.4
非金属矿物制品业	Nonmetal Mineral Products	2.1	1.8
黑色金属冶炼及压延加工业	Smelting and Pressing of Ferrous Metals	0.4	0.2
有色金属冶炼及压延加工业	Smelting and Pressing of Nonferrous Metals	0.4	0.3
金属制品业	Metal Products	3.5	1.9
普通机械制造业	Ordinary Machinery	0.3	0.1
专用设备制造业	Special Purpose Equipment	1.1	1.0
交通运输设备制造业	Transport Equipment	1.8	0.3
电气机械及器材制造业	Electric Equipment and Machinery	5.0	1.6
电子及通信设备制造业	Electronic and Telecommunications Equipment	43.6	37.3
仪器仪表文化办公用机械	Instruments, Meters, Cultural and Office Machinery	6.8	4.3
其他制造业	Other Manufacturing	2.1	0.8
电力蒸气热水生产供应业	Electric Power, Steam and Hot Water Production and Supply	6.4	2.9
煤气的生产和供应业	Gas Production and Supply	0.1	
自来水的生产和供应业	Tap Water Production and Supply	0.4	0.3

3-6 工业总产值
GROSS OUTPUT VALUE OF INDUSTRY
(1979—1998)

单位:万元　　(10 000 yuan)

年份 Year	按当年价格计算 At Current Prices			按1990年不变价格计算 At 1990 Constant Prices		
	总计 Total	轻工业 Light Industry	重工业 Heavy Industry	总计 Total	轻工业 Light Industry	重工业 Heavy Industry
1979	7 128	6 307	821	8 340	7 379	961
1980	10 632	9 265	1 367	12 439	10 840	1 599
1981	26 692	25 172	1 520	31 230	29 451	1 779
1982	38 833	34 453	4 380	45 435	40 310	5 125
1983	75 993	61 513	14 480	88 912	71 970	16 942
1984	172 132	137 698	34 434	201 395	161 107	40 288
1985	246 662	194 108	52 554	318 832	261 673	57 159
1986	340 227	266 318	73 909	427 658	347 488	80 170
1987	558 311	433 738	124 573	686 604	547 786	138 818
1988	1 012 739	779 258	233 481	1 061 274	817 717	243 557
1989	1 477 470	1 080 785	396 685	1 565 899	1 129 343	436 556
1990	2 202 180	1 657 859	544 321	2 181 298	1 576 658	604 640
1991	3 153 966	2 233 705	920 261	2 966 566	2 060 031	906 535
1992	4 347 007	2 971 348	1 375 659	4 150 227	2 712 118	1 438 109
1993	6 778 008	4 575 096	2 202 912	5 785 416	3 818 374	1 967 042
1994	10 637 396	6 134 019	4 503 377	8 012 802	4 859 275	3 153 527
1995	12 264 893	6 651 811	5 613 082	10 472 223	5 483 887	4 988 336
1996	14 276 969	8 003 206	6 273 763	12 303 185	6 461 208	5 841 977
1997	16 661 359	9 305 416	7 355 943	14 566 747	7 748 306	6 818 441
1998	19 435 244	10 037 199	9 398 045	17 459 605	8 015 532	9 444 073

3－7　限额以上工业总产值
GROSS OUTPUT VALUE OF INDUSTRY OVER LEVELS
(1979—1998)

单位:万元　　(10 000 yuan)

年　份 Year	按当年价格计算 At Current Prices			按 1990 年不变价格计算 At 1990 Constant Prices		
	总　计 Total	轻工业 Light Industry	重工业 Heavy Industry	总　计 Total	轻工业 Light Industry	重工业 Heavy Industry
1979	6 061	5 240	821	7 092	6 131	961
1980	8 444	7 077	1 367	9 879	8 280	1 599
1981	24 282	22 762	1 520	28 410	26 631	1 779
1982	36 212	31 832	4 380	42 368	37 243	5 125
1983	72 041	57 561	14 480	84 288	67 346	16 942
1984	166 803	132 369	34 434	195 160	154 872	40 288
1985	241 213	188 659	52 554	311 789	254 630	57 159
1986	330 454	256 545	73 909	415 374	335 204	80 170
1987	547 722	423 150	124 572	673 582	534 764	138 818
1988	993 775	760 294	233 481	1 041 403	797 846	243 557
1989	1 503 905	1 089 694	414 211	1 593 916	1 138 071	455 845
1990	2 104 696	1 570 896	533 800	2 091 218	1 541 965	549 253
1991	3 077 749	2 156 668	921 081	2 887 972	1 980 792	907 130
1992	4 198 920	2 824 688	1 374 232	4 040 272	2 616 368	1 423 904
1993	6 803 152	4 504 130	2 299 022	5 519 012	3 598 959	1 920 053
1994	9 599 206	5 087 069	4 512 137	7 229 906	4 072 929	3 156 977
1995	10 542 103	5 298 872	5 243 231	9 001 241	4 328 698	4 672 543
1996	12 118 793	5 982 524	6 136 269	10 683 961	4 948 519	5 735 442
1997	13 911 454	6 708 186	7 203 268	12 562 772	5 863 548	6 699 224
1998	18 485 426	9 135 036	9 350 390	16 606 669	7 205 243	9 401 426

注:1979—1997 年为镇及镇以上工业总产值,1998 年为限额以上工业总产值。

Data in 1979－1997 are gross output value of industry of town level and above. Data in 1998 are gross output value of industry over levels.

3-8 工业总产值指数
INDICES OF GROSS OUTPUT VALUE OF INDUSTRY
(1980—1998)

单位:%　　(%)

年份 Year	以1979年为100 1979=100			以上年为100 Preceding Year=100		
	总计 Total	轻工业 Light Industry	重工业 Heavy Industry	总计 Total	轻工业 Light Industry	重工业 Heavy Industry
1980	149.1	146.9	166.4	149.1	146.9	166.4
1981	374.5	399.1	185.1	251.1	271.7	111.3
1982	544.8	546.3	533.3	145.5	136.9	288.1
1983	1 066.1	975.3	1 763.0	195.7	178.5	330.6
1984	2 414.8	2 183.3	4 192.3	226.5	223.9	237.8
1985	3 822.9	3 546.2	5 947.9	158.3	162.4	141.9
1986	5 127.8	4 709.1	8 342.4	134.1	132.8	140.3
1987	8 232.7	7 423.6	14 445.2	160.5	157.6	173.2
1988	12 725.1	11 081.7	25 344.1	154.6	149.3	175.5
1989	18 775.8	15 304.8	45 427.3	147.6	138.1	179.2
1990	26 154.7	21 366.8	62 917.8	139.3	139.6	138.5
1991	35 570.3	27 917.5	94 332.5	136.0	130.7	149.9
1992	49 762.9	36 754.6	149 647.1	139.9	131.6	158.6
1993	69 369.5	51 746.5	204 686.9	139.4	140.8	136.8
1994	96 076.8	65 852.8	328 150.6	138.5	127.3	160.3
1995	125 566.2	74 317.5	519 077.6	130.7	112.9	158.2
1996	147 520.2	87 562.1	607 906.0	117.5	117.8	117.1
1997	174 661.2	105 004.8	709 515.2	118.4	119.9	116.7
1998	209 347.8	108 626.3	982 733.9	119.9	103.4	138.5
年平均增长率 Average Annual Growth Rate	**49.5**	**44.5**	**62.2**			

3-9　主要工业产品产量
PRODUCTION OF MAIN INDUSTRIAL PRODUCTS
(1979—1998)

年 份 Year	自来水生产量(万吨) Tap Water (10 000 ton)	发电量(万千瓦小时) Electricity (10 000 kwh)	小麦粉(吨) Flour (ton)	啤 酒(吨) Beer (ton)	卷 烟(箱) Cigarettes (case)	化学纤维(吨) Chemical Fiber (ton)	布(万米) Cloth (10 000m)
1979		609					
1980		437					
1981		608					
1982		1 152					
1983		1 322					
1984		1 261			5 514		
1985		1 012			9 100		
1986	7 051	3 130			10 445		
1987	8 617	4 408			15 000	3 731	280
1988	13 060	2 508	16 794		50 451	4 190	925
1989	19 962	1 124	17 285		60 765	4 451	380
1990	19 736	31 065	21 155		76 164	5 050	631
1991	24 446	107 727	35 151		86 000	7 694	1 872
1992	23 785	195 007	44 302	57 256	88 500	7 637	30 484
1993	30 335	416 568	72 252	76 715	94 515	14 194	3 907
1994	43 425	1 739 463	75 536	82 128	94 583	19 768	2 674
1995	50 151	1 652 038	92 977	101 425	104 560	22 348	4 413
1996	53 691	1 873 881	219 700	125 302	118 824	17 576	106
1997	60 408	1 960 433	273 300	131 346	125 841	20 243	2 375
1998	62 585	2 150 147	250 000	152 279	151 219	13 271	1 716

3－9 续表 1　continued

年　份 Year	印染布 (万米) Printed and Dyed Fabric (10 000m)	服　装 (万件) Garments (10 000)	磁　带 (亿米) Tapes (100 000 000m)	塑料制品 (吨) Plastic Products (ton)	水　泥 (万吨) Cement (10 000 ton)	水泥制品 (万吨) Cement Products (10 000 ton)	成品钢材 (吨) Steel Products (ton)
1979					2.15		
1980					1.96		
1981					0.94		
1982					2.46		
1983					3.59		
1984	4 321	649			6.82		
1985	5 271	1 004			10.35		
1986	5 731	7 988	45.46	16 419	18.71	4.33	47 556
1987	6 655	8 008	181.03	28 572	24.22	12.01	35 400
1988	6 708	12 828	71.09	44 359	26.25	10.27	10 020
1989	8 344	9 931	71.47	73 945	25.23	7.20	41 667
1990	9 212	29 333	16.61	103 779	22.28	6.14	56 481
1991	14 869	16 437	32 551.00	233 094	28.17	13.14	65 073
1992	16 161	18 857	…	244 000	29.53	12.88	61 300
1993	22 918	27 026	0.09	290 508	31.40	9.89	60 599
1994	7 627	36 314	16.27	375 757	37.53	3.20	86 538
1995	20 991	25 938	13.76	449 183	30.09	3.49	93 090
1996	22 543	38 196	8.33	411 132	25.17	2.33	100 000
1997	18 522	32 089	0.98	387 692	17.48	6.82	73 501
1998	20 191	32 119	0.32	256 327	16.17	9.95	81 635

3－9 续表 2　continued

年　份 Year	平板玻璃 (万重量箱) Plate Glass (10 000 wt. cases)	铝材 (吨) Aluminium (ton)	自行车 (万辆) Bicycles (10 000)	表 (万只) Watches (10 000)	照相机 (万架) Cameras (10 000)	电风扇 (万台) Electric Fans (10 000)	电话机 (万部) Telephone Sets (10 000)
1979							
1980							
1981							
1982							
1983							
1984			2.03	339.68		0.57	9.77
1985			4.31	3 447.58		40.87	123.22
1986		5 566	14.13	11 020.66	160.15	66.60	144.75
1987	58	6 805	41.29	11 688.16	44.24	248.01	498.94
1988	186	6 808	60.39	11 014.49	348.25	368.60	815.76
1989	230	7 399	82.01	8 318.00	159.96	323.31	926.10
1990	207	10 799	128.20	10 060.00	519.95	379.30	1 019.21
1991	238	14 361	257.78	9 646.00	423.12	407.58	1 360.80
1992	269	18 985	272.08	17 593.65	813.76	152.73	1 461.59
1993	265	21 540	288.41	22 875.39	1 247.89	433.59	2 292.50
1994	259	19 618	238.94	27 344.89	1 277.61	1 132.43	2 592.38
1995	272	19 633	215.56	24 542.05	252.57	907.35	3 902.49
1996	272	25 356	140.52	28 667.91	1 636.74	818.76	4 080.80
1997	385	23 874	123.38	16 629.66	1 531.48	845.18	4 506.65
1998	238	19 632	156.96	12 665.44	2 346.95	650.48	2 741.97

3-9 续表3　continued

年　份 Year	微型计算机 (台) Personal Computers	打印机 (万部) Printer	电视机 (万台) TV Sets (10 000)	彩　电 Color TV Sets	玻壳 (万只) Bulb (10 000)	录放音机 (万台) Radio Cassette Players (10 000)	电子计算器 (万台) Calculators (10 000)
1979							
1980							2.06
1981			6.59	0.70		31.95	0.48
1982			3.40	0.62		41.44	3.73
1983	71		3.23	1.23		54.22	3.73
1984	4 357		18.98	18.25		219.92	162.81
1985	1 575		48.10	48.10		324.02	196.60
1986	6 617		75.80	61.39		451.17	189.90
1987	2 728		128.09	101.64		1 707.40	581.58
1988	2 788		182.06	155.90		1 303.73	1 505.22
1989	15 955		157.22	137.38		2 361.00	2 014.00
1990	17 622		259.06	228.67		3 135.00	1 791.00
1991	62 440		308.90	288.08		3 260.00	2 520.00
1992	31 357		301.06	272.12		2 934.00	2 226.81
1993	27 836		317.48	269.33		4 083.47	2 906.56
1994	51 877		274.53	251.42		4 828.24	3 214.58
1995	194 131	194.84	418.12	373.50	413.60	2 270.12	2 313.90
1996	312 687	193.06	587.69	540.62	1 122.82	3 195.43	1 546.18
1997	568 681	433.50	549.29	519.63	754.76	2 568.46	1 703.52
1998	464 614	584.76	515.86	491.85	438.48	1 310.19	1 080.08

3-9 续表4　continued

年 份 Year	电子元件 (万只) Electronic Units (10 000)	硬盘机 (万部) Hard Drives (10 000)	软磁盘 (万片) Floppy Disks (10 000)	集成电路 (万块) Semiconductor Integrated Circuit (10 000)	程控交换机 (万线) Telephone Exchanges (10 000 lines)	通讯电缆 (万公里) Cable (10 000 km)	微电机 (万台) Micro-current Motor
1979							
1980							
1981							
1982							
1983							
1984							
1985							
1986	15 584						
1987	7 823						
1988	73 316						
1989	112 921			512.70			
1990	309 649		5 633.00	997.58			
1991	332 657		10 286.54	1 356.74		0.03	
1992	522 291		13 714.29	1 164.34		1.16	201.18
1993	708 147		15 808.68	1 519.53	105.30	75.21	874.43
1994	1 561 900		23 434.29	2 262.77	209.70	68.83	187.42
1995	9 681 839	199.47	29 629.50	14 558.13	269.13	42.10	4 707.04
1996	1 403 557	440.86	24 000.00	22 471.16	331.74	49.00	356.60
1997	1 491 620	841.39	17 130.30	14 346.26	647.35	39.76	438.62
1998	1 390 107	770.54	12 221.54	23 975.8	1 515.69	18.96	290.70

3－10 限额以上工业企业主要指标

(1998)

单位:万元

类别	Item	企业单位数(个) Number of Enterprises (unit)	从业人数(人) Employment (person)	工业总产值(现价) Gross Industrial Output Value (at current prices)
总 计	**Total**	**2 090**	**747 612**	**18 485 426**
一、按登记注册类型分	**Grouped by Registration**			
国有企业	State－owned	144	41 280	1 046 891
集体企业	Collective－owned	68	72 273	179 184
股份合作企业	Cooperative Shares Enterprise	17	19 311	862 534
联营企业	Joint owned	98	17 787	330 801
有限责任公司	Companies Limited with Liabilities	86	15 676	653 016
股份有限公司	Companies Limited by Shares	30	31 069	381 500
私营企业	Private	35	7 195	74 461
港澳台投资企业	Funded by Entrepreneur from Hongkong, Macao and Taiwan	1 310	419 923	9 725 094
外商投资企业	Foreign Funded	301	123 048	5 231 689
二、按轻重工业分	**Grouped by Light & Heavy Industry**			
轻工业	Light Industry	1 256	474 099	9 135 036
以农产品为原料	Using Farm Products as Raw Materials	543	174 982	2 921 933
以非农产品为原料	Using Non－Farm Products as Raw Materials	713	299 117	6 213 102
重工业	Heavy Industry	834	273 513	9 350 390
采掘业	Mining and Quarrying	8	721	6 382
原料工业	Raw Materials Industry	80	18 001	1 468 186
加工工业	Manufacturing Industry	746	254 791	7 875 823
三、按企业规模分	**Grouped by Size of Enterprises**			
大型企业	Large	67	79 294	5 258 165
中型企业	Medium－sized	59	40 800	2 780 638
小型企业	Small	1 964	627 518	10 446 623
四、按行业分	**Grouped by Sector**			
煤炭采选业	Coal Mining and Dressing			
石油和天然气开采业	Petroleum and Natural Gas Extraction			
黑色金属矿采选业	Ferrous Metals Mining and Dressing			
有色金属矿采选业	Nonferrous Metals Mining and Dressing			
非金属矿采选业	Nonmetal Minerals Mining and Dressing	7	609	5 375
其他矿采选业	Other Minerals Mining and Dressing			
木材及竹材采运业	Logging and Transport of Timber and Bamboo	1	112	1 007
食品加工业	Food Processing	24	4 862	612 454
食品制造业	Food Manufacturing	30	8 831	120 833
饮料制造业	Beverage Manufacturing	22	4 274	153 738

MAIN INDICATORS OF INDUSTRIAL ENTERPRISES OVER LEVELS

(1998)

(10 000 yuan)

工业销售产值 Sales Value of Industry	工业增加值 Value Added of Industry	实收资本 Effective Capital	外商资本 Foreign Capital	资产总计 Total Assets	流动资产合计 Circulating Funds	流动资产年平均余额 Annual Average Balance of Circulating Funds
17 972 606	**5 031 345**	**5 332 854**	**978 893**	**21 530 666**	**10 783 009**	**9 994 009**
1 039 347	388 806	318 879	9 435	2 025 523	1 005 653	987 211
173 489	95 012	94 069	2 578	446 418	160 032	148 687
861 841	255 460	167 236	1 190	748 688	480 537	403 863
308 427	107 578	103 483	107	387 665	238 666	234 639
602 104	220 097	201 615	2 075	883 538	396 528	373 359
381 628	81 201	257 251	16 796	1 019 874	567 110	556 179
71 912	25 507	26 083	6 494	51 214	26 515	25 556
9 383 416	2 726 421	3 082 824	359 687	12 171 958	5 470 297	4 943 888
5 150 187	1 131 142	1 081 303	580 531	3 795 636	2 437 588	2 320 544
8 815 289	2 341 779	2 780 266	498 234	8 946 562	5 203 765	4 888 539
2 852 396	769 435	1 041 930	193 403	3 242 175	1 871 383	1 769 300
5 962 893	1 572 344	1 738 336	304 831	5 704 387	3 332 382	3 119 239
9 157 318	2 689 566	2 552 588	480 659	12 584 104	5 579 244	5 105 470
6 594	2 433	10 040	3 000	19 265	5 790	4 593
1 459 627	644 153	824 269	95 342	5 658 787	1 318 368	1 234 306
7 691 097	2 042 980	1 718 279	382 317	6 906 053	4 255 086	3 866 570
5 133 050	1 532 775	1 788 664	254 032	10 072 175	4 107 419	3 772 362
2 652 902	867 705	374 334	89 251	1 919 440	1 292 909	1 162 608
10 186 654	2 630 865	3 169 856	635 610	9 539 051	5 382 681	5 059 039
5 586	2 049	8 890	3 000	15 684	5 083	3 914
1 008	383	1 150		3 581	708	679
594 909	86 660	77 917	16 144	446 219	262 130	260 529
120 407	43 455	29 146	11 308	116 306	63 355	56 627
152 546	34 252	119 874	22 939	298 770	115 436	95 952

单位:万元　　3—10 续表1　continued

类别	Item	企业单位数(个) Number of Enterprises (unit)	从业人数(人) Employment (person)	工业总产值(现价) Gross Industrial Output Value (at current prices)
烟草加工业	Tobacco Processing	1	392	75 939
纺织业	Textile Industry	64	20 510	277 165
服装及其他纤维制品制造业	Garments and Other Fiber Products	181	64 594	535 642
皮革毛皮羽绒及其制品业	Leather, Furs, Down and Related Products	65	31 798	225 463
木材加工及竹藤棕草制品业	Timber Processing, Bamboo, Cane, Palm Fiber and Straw Products	8	2 964	65 147
家具制造业	Furniture Manufacturing	39	8 153	85 784
造纸及纸制品业	Papermaking and Paper Products	54	9 399	254 690
印刷业、记录媒介的复制	Printing and Record Medium Reproduction	45	19 720	361 506
文教体育用品制造业	Cultural, Educational and Sports Goods	85	55 814	357 758
石油加工及炼焦业	Petroleum Processing and Coking	2	77	4 620
化学原料及制品制造业	Raw Chemical Materials and Chemical Products	74	7 716	281 331
医药制造业	Medical and Pharmaceutical Products	27	6 090	382 159
化学纤维制造业	Chemical Fiber	4	1 587	31 174
橡胶制品业	Rubber Products	21	7 106	102 339
塑料制品业	Plastic Products	202	74 964	882 909
非金属矿物制品业	Nonmetal Mineral Products	70	19 241	393 503
黑色金属冶炼及压延加工业	Smelting and Pressing of Ferrous Metals	4	700	75 198
有色金属冶炼及压延加工业	Smelting and Pressing of Nonferrous Metals	9	2 052	64 719
金属制品业	Metal Products	163	52 120	653 061
普通机械制造业	Ordinary Machinery	31	6 991	60 269
专用设备制造业	Special Purpose Equipment	45	7 571	200 189
交通运输设备制造业	Transport Equipment	60	18 683	326 810
电气机械及器材制造业	Electric Equipment and Machinery	171	61 965	922 851
电子及通信设备制造业	Electronic and Telecommunications Equipment	370	175 405	8 055 378
仪器仪表文化办公用机械	Instruments, Meters, Cultural and Office Machinery	104	40 339	1 252 680
其他制造业	Other Manufacturing	75	21 699	381 120
电力蒸汽热水生产供应业	Electric Power, Steam and Hot Water Production and Supply	19	6 426	1 187 098
煤气的生产和供应业	Gas Production and Supply	5	2 710	16 003
自来水的生产和供应业	Tap Water Production and Supply	8	2 138	79 514

(10 000 yuan)

工业销售产值 Sales Value of Industry	工业增加值 Value Added of Industry	实收资本 Effective Capital	外商资本 Foreign Capital	资产总计 Total Assets	流动资产合计 Circulating Funds	流动资产年平均余额 Annual Average Balance of Circulating Funds
75 939	48 274	20 488		72 386	46 841	46 591
257 772	88 069	123 756	1 241	390 552	197 964	189 348
522 663	144 633	178 067	22 887	510 259	298 206	273 204
220 325	64 506	69 652	3 317	169 787	100 674	95 795
76 532	453	42 049	36 701	137 107	68 805	75 098
85 812	21 668	43 101	11 656	122 297	78 819	77 098
255 459	52 291	89 824	25 384	246 226	151 190	144 782
356 345	108 328	126 212	47 935	449 388	233 293	217 082
356 888	120 536	160 598	11 777	376 838	218 631	195 561
4 620	−973	5 381	2 421	8 270	6 140	6 131
269 526	121 259	98 557	21 816	263 263	165 245	169 128
352 517	147 665	226 758	51 484	671 813	454 086	441 489
31 325	650	34 326	1 240	168 753	96 647	68 000
101 165	28 310	57 283	2 726	101 655	62 740	66 274
863 929	234 774	343 839	66 950	884 600	417 275	421 772
318 588	156 833	294 753	31 156	927 068	435 319	442 151
73 462	4 629	30 673	4 295	70 606	44 781	53 348
63 432	14 009	30 306	14 171	79 507	49 404	55 969
640 493	167 628	220 979	51 046	610 829	354 528	326 279
58 791	22 678	36 298	5 346	110 645	64 175	61 283
181 620	57 446	62 069	6 023	243 819	159 740	147 954
324 304	92 419	167 480	16 429	715 157	448 113	448 927
888 005	141 667	296 419	104 722	908 337	534 843	517 202
7 869 715	1 934 837	1 222 457	260 038	5 908 069	3 941 503	3 485 061
1 210 203	305 507	228 571	85 559	691 987	399 539	362 302
374 704	145 494	97 185	15 339	235 341	138 421	119 148
1 170 690	686 876	661 138	23 844	5 179 170	1 045 880	946 309
15 963	−76 066	10 565		88 733	48 782	50 664
77 364	30 150	117 095		307 644	74 718	72 359

单位:万元　　3—10 续表 2　continued

类别	Item	固定资产合计 Fixed Assets	固定资产原价 Original Value of Fixed Assets	固定资产净值年平均余额 Annual Average Balance of Net Value of Fixed Assets
总计	**Total**	**9 292 850**	**12 038 163**	**8 277 321**
一、按登记注册类型分	**Grouped by Registration**			
国有企业	State－owned	927 622	1 017 394	643 160
集体企业	Collective－owned	204 999	254 646	181 408
股份合作企业		149 935	137 692	95 679
联营企业	Joint owned	107 271	141 829	93 171
有限责任公司	Companies Limited with Liabilities	437 923	457 860	372 385
股份有限公司	Companies Limited by Shares	334 600	366 130	241 977
私营企业	Private	21 333	31 382	20 690
港澳台投资企业	Funded by Entrepreneur from Hongkong, Macao and Taiwan	5 916 608	7 920 453	5 547 749
外商投资企业	Foreign Funded	1 192 541	1 710 698	1 081 087
二、按轻重工业分	**Grouped by Light & Heavy Industry**			
轻工业	Light Industry	3 047 883	4 182 005	2 743 197
以农产品为原料	Using Farm Products as Raw Materials	1 155 422	1 615 891	1 072 439
以非农产品为原料	Using Non－Farm Products as Raw Materials	1 892 460	2 566 113	1 670 758
重工业	Heavy Industry	6 244 967	7 856 157	5 534 124
采掘业	Mining and Quarrying	10 349	13 771	7 103
原料工业	Raw Materials Industry	4 116 308	5 132 285	3 704 442
加工工业	Manufacturing Industry	2 118 309	2 710 100	1 822 580
三、按企业规模分	**Grouped by Size of Enterprises**			
大型企业	Large	5 358 220	6 665 125	4 724 323
中型企业	Medium－sized	489 341	685 021	383 712
小型企业	Small	3 445 288	4 688 016	3 169 285
四、按行业分	**Grouped by Sector**			
煤炭采选业	Coal Mining and Dressing			
石油和天然气开采业	Petroleum and Natural Gas Extraction			
黑色金属矿采选业	Ferrous Metals Mining and Dressing			
有色金属矿采选业	Nonferrous Metals Mining and Dressing			
非金属矿采选业	Nonmetal Minerals Mining and Dressing	8 528	11 956	5 295
其他矿采选业	Other Minerals Mining and Dressing			
木材及竹材采运业	Logging and Transport of Timber and Bamboo	1 820	1 815	1 808
食品加工业	Food Processing	165 968	215 218	159 093
食品制造业	Food Manufacturing	50 385	75 829	53 805
饮料制造业	Beverage Manufacturing	133 445	176 200	118 111

(10 000 yuan)

年末负债总计 Total Liabilities (year-end)	流动负债合计 Liquid Liabilities	长期负债合计 Long-Term Liabilities	所有者权益 Creditors' Equity	产品销售收入 Sales Revenue	利润总额 Total Profits	利税总额 Total Pre-tax Profits
11 729 146	**8 535 900**	**3 097 738**	**9 801 520**	**17 514 532**	**1 179 524**	**1 645 610**
845 602	672 286	169 093	1 179 921	1 372 464	119 932	178 264
239 430	199 558	39 872	206 989	156 605	17 444	23 671
365 020	317 821	47 198	383 668	735 977	156 702	202 439
212 245	175 965	34 709	175 420	221 680	10 546	57 430
551 059	431 755	119 298	332 479	586 264	59 735	95 599
457 878	334 963	122 916	561 996	430 494	47 263	56 335
17 802	16 974	747	33 412	59 659	626	870
7 125 486	4 655 075	2 387 658	5 046 472	8 862 657	559 273	762 618
1 914 574	1 731 453	176 249	1 881 062	5 088 491	208 010	268 378
4 501 761	4 060 883	424 685	4 444 801	8 485 353	368 285	601 668
1 673 036	1 469 733	192 409	1 569 139	2 932 454	121 542	227 823
2 828 725	2 591 151	232 276	2 875 662	5 552 900	246 743	373 845
7 227 386	4 475 016	2 673 053	5 356 719	9 029 179	811 239	1 043 942
9 664	9 248	416	9 601	6 368	162	440
3 509 312	1 406 874	2 030 337	2 149 475	1 988 050	352 534	439 623
3 708 409	3 058 894	642 300	3 197 643	7 034 761	458 543	603 880
5 971 977	3 360 926	2 535 074	4 100 198	5 495 618	633 131	836 480
836 885	717 685	112 828	1 082 554	2 542 716	182 459	224 884
4 920 283	4 457 288	449 836	4 618 767	9 476 198	363 934	584 246
8 048	7 914	134	7 636	5 483	119	302
1 616	1 334	282	1 965	886	44	137
267 397	253 715	13 215	178 822	728 083	29 336	37 944
69 774	60 680	5 839	46 532	131 391	-503	5 510
158 174	86 409	71 766	140 596	165 852	24 663	33 981

单位:万元　　3—10 续表 3　continued

类　别 Item		固定资产合　计 Fixed Assets	固定资产原　价 Original Value of Fixed Assets	固定资产净值年平均余额 Annual Average Balance of Net Value of Fixed Assets
烟草加工业	Tobacco Processing	25 088	34 605	18 815
纺织业	Textile Industry	174 898	250 497	163 466
服装及其他纤维制品制造业	Garments and Other Fiber Products	174 295	245 573	172 562
皮革毛皮羽绒及其制品业	Leather, Furs, Down and Related Products	60 888	91 385	52 734
木材加工及竹藤棕草制品业	Timber Processing, Bamboo, Cane, Palm Fiber and Straw Products	58 891	61 573	44 217
家具制造业	Furniture Manufacturing	36 317	50 743	34 791
造纸及纸制品业	Papermaking and Paper Products	75 289	111 340	67 230
印刷业、记录媒介的复制	Printing and Record Medium Reproduction	179 277	280 370	168 077
文教体育用品制造业	Cultural, Educational and Sports Goods	136 151	193 943	130 354
石油加工及炼焦业	Petroleum Processing and Coking	1 964	5 759	1 965
化学原料及制品制造业	Raw Chemical Materials and Chemical Products	81 108	125 779	72 115
医药制造业	Medical and Pharmaceutical Products	161 034	169 189	131 415
化学纤维制造业	Chemical Fiber	46 365	46 667	29 940
橡胶制品业	Rubber Products	33 980	50 361	31 975
塑料制品业	Plastic Products	392 599	561 481	380 833
非金属矿物制品业	Nonmetal Mineral Products	430 527	550 349	381 979
黑色金属冶炼及压延加工业	Smelting and Pressing of Ferrous Metals	23 683	39 623	23 644
有色金属冶炼及压延加工业	Smelting and Pressing of Nonferrous Metals	25 257	43 720	23 170
金属制品业	Metal Products	227 513	316 007	213 344
普通机械制造业	Ordinary Machinery	32 445	45 270	28 034
专用设备制造业	Special Purpose Equipment	59 368	80 161	60 173
交通运输设备制造业	Transport Equipment	183 043	238 094	164 720
电气机械及器材制造业	Electric Equipment and Machinery	318 166	448 215	303 072
电子及通信设备制造业	Electronic and Telecommunications Equipment	1 498 112	1 895 796	1 280 716
仪器仪表文化办公用机械	Instruments, Meters, Cultural and Office Machinery	236 822	336 046	186 766
其他制造业	Other Manufacturing	85 033	121 076	54 963
电力蒸汽热水生产供应业	Electric Power, Steam and Hot Water Production and Supply	3 935 583	4 889 154	3 561 953
煤气的生产和供应业	Gas Production and Supply	35 148	38 405	25 552
自来水的生产和供应业	Tap Water Production and Supply	203 845	235 948	130 635

(10 000 yuan)

年末负债总计 Total Liabilities (year－end)	流动负债合计 Liquid Liabilities	长期负债合计 Long－Term Liabilities	所有者权益 Creditors' Equity	产品销售收入 Sales Revenue	利润总额 Total Profits	利税总额 Total Pre－tax Profits
16 963	16 963		55 423	75 939	8 083	45 972
216 025	175 383	40 428	174 527	238 809	8 147	10 732
275 928	257 360	16 113	234 332	508 229	5 376	19 275
74 390	70 129	4 261	95 396	213 265	172	1 946
82 171	47 456	34 715	54 936	73 837	－1 028	2 548
75 475	66 203	9 040	46 822	85 025	－945	2 165
127 297	124 025	3 192	118 929	245 707	3 736	6 247
233 781	214 096	15 493	215 607	306 515	10 337	19 784
148 373	134 637	12 266	228 465	327 791	30 255	33 217
2 515	2 515		5 754	7 366	441	880
106 427	97 094	9 333	156 837	230 301	21 733	35 674
287 125	255 188	31 937	384 688	366 057	58 970	81 054
72 584	63 506	9 078	96 169	67 798	11 575	13 855
39 691	38 461	1 230	61 963	104 511	9 943	13 593
381 533	341 793	39 677	503 067	774 670	39 250	53 370
486 485	314 262	172 223	440 583	320 180	33 504	45 545
45 233	45 233		25 373	71 784	－1 957	－1 894
33 365	32 272	1 093	46 142	70 128	3 193	4 502
304 444	280 778	21 305	306 385	611 344	27 546	38 282
52 871	43 007	9 583	57 774	59 894	6 150	9 936
126 473	119 347	7 058	117 346	144 944	8 673	12 151
426 966	385 884	41 082	288 192	348 762	－13 086	7 278
502 993	455 100	46 086	405 344	968 230	30 006	47 563
3 341 188	2 872 151	463 479	2 566 882	7 109 110	440 294	582 383
298 809	285 407	13 401	393 178	1 089 543	21 202	30 056
94 673	93 691	980	140 668	281 745	10 817	16 422
3 258 961	1 202 258	1 984 601	1 920 210	1 599 579	340 602	410 398
51 020	38 984	12 037	37 712	104 647	4 415	13 619
60 379	52 667	6 813	247 265	77 134	8 462	11 186

3－11　限额以上工业企业主要经济效益指标
MAIN INDICATORS ON ECONOMIC BENEFIT OF INDUSTRIAL ENTERPRISES OVER LEVELS (1998)

指标名称	Item	产品销售率(%) Sales Rate of Products (%)	总资产贡献率(%) General Asset Contribution Rate (%)	成本费用利润率(%) After－Tax Profits/Cost(%)
总　计	**Total**	**97.23**	**11.10**	**7.16**
按登记注册类型分	**Grouped by Registration**			
1. 内资企业	Domestic Investment Enterprise	97.46	15.74	12.73
国有企业	State－owned	99.28	12.20	9.29
集体企业	Collective－owned	96.82	9.29	12.26
股份合作企业	Cooperative Shares Enterprise	99.92	41.60	26.35
联营企业	Joint owned	93.24	19.36	5.68
有限责任公司	Companies Limited with Liabilities	92.20	16.20	10.89
股份有限公司	Companies Limited by Shares	100.03	8.32	11.33
私营企业	Private	96.58	2.09	1.06
其他内资企业	Others	100.00	7.08	－3.18
2. 港澳台投资企业	Funded by Entrepreneur from Hongkong, Macao and Taiwan	96.49	9.86	6.71
3. 外商投资企业	Foreign Funded	98.44	8.95	4.23
按轻、重工业分	**Grouped by Light and Heavy Industry**			
1. 轻工业	Light Industry	96.50	9.18	4.54
以农产品为原料	Using Farm Products as Raw Materials	97.62	9.31	4.37
以非农产品为原料	Using Non－Farm Products as Raw Materials	95.97	9.11	4.62
2. 重工业	Heavy Industry	97.94	12.48	9.70
采掘工业	Mining and Quarrying	103.32	6.86	2.54
原料工业	Raw Materials Industry	99.42	12.95	21.02
加工工业	Manufacturing Industry	97.65	12.08	6.87
按企业规模分	**Grouped by Size of Enterprises**			
1. 大型企业	Large	97.62	12.99	12.82
2. 中型企业	Medium－sized	95.41	15.89	7.61
3. 小型企业	Small	97.51	8.25	3.98

3-11 续表 continued

指 标 名 称	Item	流动资产周转率(次) Turnover Times of Circulating Funds(time)	全员劳动生产率(元/人) Overall Industrial Labor Productivity (yuan/person)	资产负债率(%) Rate of Liabilities to Capital(%)
总　计	**Total**	**1.75**	**67 299**	**54.48**
按登记注册类型分	**Grouped by Registration**			
1.内资企业	Domestic Investment Enterprise	1.31	57 358	48.34
国有企业	State-owned	1.39	94 187	41.75
集体企业	Collective-owned	1.05	13 146	53.63
股份合作企业	Cooperative Shares Enterprise	1.82	132 287	48.75
联营企业	Joint owned	0.94	60 481	54.75
有限责任公司	Companies Limited with Liabilities	1.57	140 404	62.37
股份有限公司	Companies Limited by Shares	0.77	26 136	44.90
私营企业	Private	2.33	35 452	34.76
其他内资企业	Others	2.87	24 260	32.98
2.港澳台投资企业	Funded by Entrepreneur from Hongkong, Macao and Taiwan	1.79	64 927	58.54
3.外商投资企业	Foreign Funded	2.19	91 930	50.44
按轻、重工业分	**Grouped by Light and Heavy Industry**			
1.轻工业	Light Industry	1.74	49 394	50.32
以农产品为原料	Using Farm Products as Raw Materials	1.66	43 972	51.60
以非农产品为原料	Using Non-Farm Products as Raw Materials	1.78	52 566	49.59
2.重工业	Heavy Industry	1.77	98 335	57.43
采掘工业	Mining and Quarrying	1.39	33 738	50.16
原料工业	Raw Materials Industry	1.61	357 843	62.02
加工工业	Manufacturing Industry	1.82	80 184	53.70
按企业规模分	**Grouped by Size of Enterprises**			
1.大型企业	Large	1.46	193 307	59.29
2.中型企业	Medium-sized	2.19	212 673	43.60
3.小型企业	Small	1.87	41 925	51.58

3－12　按行业分的限额以上工业企业全员劳动生产率

OVERALL LABOR PRODUCTIVITY OF INDUSTRIAL ENTERPRISES OVER LEVELS BY SECTOR (1998)

单位:元/人　　(yuan/person)

行业	Sector	全部限额以上工业 Industrial Enterprises over Levels	国有经济工业 State－Owned	集体经济工业 Collective－Owned	外商投资工业 Foreign Funded Enterprises	港澳台投资工业 Enterprises Funded by Entrepreneur From HongKong, Macao and Taiwan
总　　计	**Total**	**67 299**	**94 187**	**13 146**	**91 930**	**64 927**
煤炭采选业	Coal Mining and Dressing					
石油和天然气开采业	Petroleum and Natural Gas Extraction					
黑色金属矿采选业	Ferrous Metals Mining and Dressing					
有色金属矿采选业	Nonferrous Metals Mining and Dressing					
非金属矿采选业	Nonmetal Minerals Mining and Dressing	33 649	42 660		45 709	21 748
其他矿采选业	Other Minerals Mining and Dressing					
木材及竹材采运业	Logging and Transport of Wood and Bamboo	34 223				34 223
食品加工业	Food Processing	178 240	39 521		228 218	212 187
食品制造业	Food Manufacturing	49 207	100 845	15 418	－1 586 177	31 249
饮料制造业	Beverage Manufacturing	80 139	14 316	33 560	89 850	145 113
烟草加工业	Tobacco Processing	1 231 474				
纺织业	Textile Industry	42 940	27 180	10 969	104 568	59 720
服装及其他纤维制品制造业	Garments and Other Fiber Products	22 391	796	62 422	26 640	21 613
皮革、毛皮、羽绒及其制品业	Leather, Furs, Down and Related Products	20 286	15 628	5 004	33 530	20 732
木材加工及竹藤棕草制品业	Timber Processing, Bamboo, Cane, Palm Fiber and Straw Products	1 528	43 188		－2 684	22 070
家具制造业	Furniture Manufacturing	26 576		14 138	10 253	32 376
造纸及纸制品业	Papermaking and Paper Products	55 634	98 658	58 100	17 562	55 876
印刷业、记录媒介的复制	Printing and Record Medium Reproduction	54 933	43 862	2 814	45 093	68 473
文教体育用品制造业	Cultural, Educational and Sports Goods	21 596		4 780	6 051	31 716
石油加工及炼焦业	Petroleum Processing and Coking	－126 377			－126 377	
化学原料及化学制品制造业	Raw Chemical Materials and Chemical Products	157 153	17 620	70 328	110 485	223 185
医药制造业	Medical and Pharmaceutical Products	242 472	281 825		380 194	186 371
化学纤维制造业	Chemical Fiber	4 095				34 668
橡胶制品业	Rubber Products	39 839			16 634	40 933
塑料制品业	Plastic Products	31 318	27 985	13 930	40 799	42 480
非金属矿物制品业	Nonmetal Mineral Products	81 510	7 100	30 992	12 621	230 353
黑色金属冶炼及压延加工业	Smelting and Pressing of Ferrous Metals	66 124	21 919		56 589	111 734
有色金属冶炼及压延加工业	Smelting and Pressing of Nonferrous Metals	68 268			131 038	15 793
金属制品业	Metal Products	32 162	74 617	51 783	70 147	31 057
普通机械制造业	Ordinary Machinery	32 438	126 863	12 680	76 428	67 701
专用设备制造业	Special Purpose Equipment	75 877	77 143	22 111	61 368	84 835
交通运输设备制造业	Transport Equipment	49 467	18 206	43 178	94 634	50 460
电气机械及器材制造业	Electric Equipment and Machinery	22 862	119 303	－108	35 265	19 663
电子及通信设备制造业	Electronic and Telecommunications Equipment	110 309	156 950	14 082	140 259	82 209
仪器仪表文化办公用机械	Instruments, Meters, Cultural and Office Machinery	75 735	128 882	5 954	169 495	64 913
其他制造业	Other Manufacturing	67 051	－790		17 431	66 024
电力蒸气热水生产供应业	Electric Power, Steam and Hot Water Production and Supply	1 068 901	626 948	78 100	225 649	1 168 541
煤气的生产和供应业	Gas Production and Supply	－280 687	－280 687			
自来水的生产和供应业	Tap Water Production and Supply	141 020	123 564	64 866		

四、运输、邮电

1998年深圳交通邮电生产运行情况分析

交通运输和邮电通讯是国民经济发展的基础产业,也是社会发展和人们生活水平提高的基本条件。交通邮电的发达程度是衡量一个地区现代化程度的标志之一,也是衡量一个城市迈向现代化国际性城市的重要标准。

1998年,深圳国民经济继续保持快速健康增长。交通运输邮电行业与国民经济密切相关,亦呈逐年递增的势态,并从一个侧面反映了国民经济发展的现状。

一、货物运输

1998年,全市通过各种运输方式共完成全社会货运总量4048万吨,完成货物周转量212.8亿吨公里,分别比1997年增长5.0%和下降8.2%。其中公路完成货运量3212万吨,比上年增长8.5%,占全社会总量的79.3%,表明公路货运仍是货运市场的主力军。

深圳铁路因受内外不利因素影响,全年只完成货运量257.5万吨,货物周转量2.7亿吨公里,分别比上年下降5.0%和8.8%。铁路货运量在全社会货运总量中所占比重再度缩减。其原因是多方面的,但总体来说,深圳铁路货物运输的市场条件并不宽松,公路货运竞争激烈,直接影响铁路的货源。此外,受东南亚金融危机的影响,生产资料市场出现购销平淡,供大于求格局,部分企业生产不景气,负债经营严重,资金周转不灵,导致减产减运和调整生产布局结构,使铁路货源下降幅度增大。

1998年,深圳水上运输货运业在其他运输方式冲击下陷入困境,全年完成货运量575万吨,与1997年同比再度回落,水上货运量占全社会货运总量比重继续降低。水路货运的低迷,一方面与近年来海上航运业不景气的大背景直接相关,同时也受到东南亚金融危机的影响,货源萎缩。另一方面,深圳远洋货运运力明显不足。由于水上货运企业经济不景气,资金周转困难,致使企业只能购置二手远洋货船,这些船只大部分购于80年代初期,船龄较大,机器残旧,技术性能偏低,经常需停航检修,严重影响揽货信誉。

深圳的海上运输有其得天独厚的地理优势,特别是香港回归后,深圳航运业务的发展更加迅速。建议政府和有关部门对海上航运企业采取积极的扶持政策,加大注资力度,实行企业集团化与经营多元化,加快航运技术改造和设备更新步伐,及时调整优化运输船只结构,大力发展自身航运队伍,加快培养航运技术人才,以促进航运市场的发展。

二、旅客运输

1998年,深圳的旅客运输发生了运输方式结构变化,改变了过去需求居高不下,个别运输方式运力明显过剩的现象,出现社会各种客运运力供大于求的局面,使得客运市场旺季一般,淡季更淡。

1998年,深圳完成全社会客运总量8484万人,全社会客运周转量82.2亿人公里,均与上年持平。公路旅客运输仍是客运市场的主力军,完成客运量7220万人,客运周转量41亿人公里,分别占全社会客运总量的85.1%和50%。旅客平均运距为57.7公里,比上年延长1.2公里,呈逐年延长的态势。高速公路客运

1998年得到长足发展,已成为深圳公路客运新的增长点。以广深高速线为例,旅客发送量呈稳步增长,全年发送量突破300万人,比上年增长7.3%,车辆档次、服务质量也随之提高,在普遍实行航空式服务的同时推行公交化服务,发送班次密度已达每5分钟/班,极大方便了市民的出行。高速公路客运的快速发展,增强了公路客运的竞争能力,使得公路客运在各种旅客运输方式中继续保持主导地位。

1998年,深圳水上旅客运输出现较大幅度下降,全年完成客运量186万人,比上年下降7%。究其原因,一方面是来自外部的不利因素影响。近年来,深圳的水上航运业一直比较低迷,1998年更受到东南亚金融危机的影响,支线客源大幅减少。以深圳(蛇口)至澳门航线的客运量为例,往年该线都维持在8万人以上,而1998年因受上述情况影响,全年客运不足5万人,载客率为33%,基本处于亏本经营状况。另一方面则是来自内部旅客运输的激烈竞争,如深圳(蛇口)至珠海航线年客流量为180万人左右,但目前该线已有13艘高速快船,近3000个客位,年运力达480万人,这意味着有62%的运力过剩,航线内部竞争已相当激烈。另外,水上客运被其他方式运输分流,例如:自广东虎门大桥通车后,深——珠(珠海)、深——中(中山)高速客运相继开通,给该航线又带来较大的影响。由于价格、服务、时间及方便程度等方面的差异,30%以上的水运客源市场被高速公路客运占领。

1998年,深圳铁路旅客运输扭转困难局面,获得较大增长,全年共完成旅客运输发送量864.7万人,比上年增长10.2%。自1996年以来,面对来自以广深为主的高速公路客运市场竞争,广深铁路公司及时调整经营策略,加大投资运输设备的资金投入,使运输设备更新换代,做到"人无我有,人有我新",进一步开拓客运市场运力,率先开通广深线时速高达200公里的"新时速"列车,并且实行"高速度、小编组、高密度",使铁路客运在1998年扭转颓势,客运量在全社会客运总量中所占比重比上年提高。由于深圳铁路异军突起,深圳的公路、铁路旅客运输竞争的格局发生了新变化,部分公路客运市场被铁路占领,这也是造成1998年公路客运增幅较小的原因之一。

三、港口集装箱吞吐

1998年,深圳港口集装箱吞吐增长迅猛,全市港口集装箱吞吐量达195.2万标箱,比上年劲增70%,继续稳居全国第二大集装箱港口,并成为深圳交通运输业新的增长点。其主要原因是珠江三角洲经济继续保持稳定增长,货(箱)源比较充足。如盐田国际港口90%的箱源来自珠江三角洲地区,其中40%来自东莞,35%来自深圳本地。另一方面,深圳的远洋货物运输以欧美地区为主,受亚洲金融危机影响较小。加上政府对口岸管理体制进行重大改革,以盐田国际港口为首的港口企业软硬件设施得到改善,吸引韩国现代集团等一批大型海运企业入驻深圳,增强了深圳航运业的竞争能力,分流了部分原香港和内陆其他货柜码头的货源。此外,深圳公路集装箱运输发展较快,运力结构进一步优化,大吨位集装箱运输车辆稳定增长,使集装箱联运业得到新的发展。

四、邮电通讯业

1998年,深圳邮电通讯业有长足发展,继续保持快速增长趋势,邮电通讯设备不断更新,生产经营范围不断扩大,服务质量和水平明显提高,充分发挥了其行业的潜力和经济效益。

1998年,深圳邮电业务量完成76.5亿元(按1990年不变价格计算),创历史新高,比上年增长25.3%;营业业务收支差额30.5亿元,比上年增长45.2%;全市固定电话交换机容量达167.5万门,比上年增长11.6%;全市移动电话用户数已达72.3万户,比上年增长54.8%,深圳的城乡电话普及率达49部/百人,其中固定电话普及率31部/百人,移动电话普及率18部/百人,在全国大中城市中名列前茅。

(工交统计处供稿,执笔:黄培添)

1998年深圳车辆、船舶拥有量情况分析

1998年,深圳国民经济继续保持平稳、快速增长,交通运输业作为生产与流通的桥梁,为全市经济的发展发挥了积极作用。

在过去的一年,市委、市政府和有关部门投入了大量的人、财、物力,进行了原有交通基础设施的改造,并根据深圳的经济发展和建设现代化国际性城市的需要重新规划了交通道路和基础设施,使深圳市各种交通条件迅速得到改善,从而使机动车辆和船舶拥有量保持快速增长,运输工具结构更趋合理、档次逐年提高。

一、民用车辆逐年递增,档次提高

据统计年报资料显示,到1998年末,深圳机动车辆拥有量已达到27.2万辆,民用车辆拥有量达到21.8万辆,分别比上年同期增长9.5%和12%。深圳民用车辆拥有量的增幅虽然比上年有所减缓,但已形成了逐年平稳递增的趋势,且车辆类别结构进一步优化,小轿车的拥有量在总计中的比重逐年增大。

深圳民用车辆拥有量的快速增长主要反映了以下情况:一是近年来,特别是1998年度,市委、市政府和有关部门进行大规模的交通道路设施建设,使深圳市的交通道路出现路多了、路新了、路顺了和路宽了的新局面,改变过去交通经常阻塞现象,从而给车辆拥有量快速增长提供有利条件。二是随着第三产业的崛起和发展,新的旅游景点不断增加,旅游基础设施日益完善,服务质量有所提高,从而促进了旅游事业的兴旺,带动了交通运输的发展。三是香港回归也给深港交通运输带来新的合作机遇,其业务来往更加密切。

在民用车辆拥有量逐年快速增长的同时,车容、车貌也有很大的改善。政府和有关部门以及运输企业加大了对交通工具设备的投资力度,车辆不断更新换旧,车辆拥有量的增长既有速度也有质量,运输工具的档次不断提高。如在广深高速线客运的大巴有85%以上的车辆价格在250万元以上,甚至高达400万元。究其原因,一是近年来汽车工业发展迅速、品种繁多、价格也比较稳定并有逐年下调的趋势,给运输企业和私人用户更新车辆提供了有利经济条件。二是车辆管理部门严格把关,对一些车龄超期,车容残旧的车辆一律不给予年审,并立即注销报废,更严禁在特区行驶。三是深圳的交通运输行业与社会其他行业一样,在迈向现代化大都市的发展过程中,更需要引进先进理念和方便豪华型大交通模式。

二、私人车辆总量增长平稳,小轿车增长迅速

据统计年报资料显示,到1998年末,深圳市私人机动车辆拥有量已达8.9万辆,比上年度增长17.7%。其中大型车辆0.3万辆,小型汽车4.8万辆,摩托车3.8万辆,分别比上年度增长23%、37%和4.6%。据1998年汽车市场调查,消费的小车,私人购买占48%左右,成为深圳汽车消费新的增长点。全市私人车辆拥有量形成了逐年快速递增的趋势,其车辆类别结构也逐年向小型化发展,车辆档次也相应有所提高。这主要反映以下情况:其一,随着改革开放不断深入,深圳的国民经济保持快速健康发展,全市居民收入稳定增长,生活水平不断提高,居民拥有私家车辆的愿望日益迫切,有能力购车的人也在不断增加,从而改变了消费观念,

使家庭消费逐步提高。其二,随着国内汽车工业不断发展,档次逐年提高,而且价格稳定,新的汽车消费似乎真正地走入百姓家庭生活,特别在深圳,房子、汽车几乎都已列入每个已解决温饱后的家庭首选。其三,部分银行开展受理汽车消费贷款业务,采取先购车后分期付款,大大地刺激了汽车消费购买力,也给一些中等收入阶层"车瘾子"提供了一个购车的有利条件。其四,随着国有企业改革的不断深入,机构精减,人员分流,企业内退和下岗人员逐渐增加,这部分人员为了求生存,不等不靠,先自购车辆,然后带车找工作,也有一部分人,购车后搞起个体联营加入公路客货运输行列。这反映了交通运输业正朝着多种经济成份并存的方向推进,以适应社会主义市场经济发展的需要。

三、水上船舶更新换代,运力提高

据统计年报资料显示,到 1998 年末,深圳市各种船舶拥有量 151 艘,比上年微增,其中机动货船 75 艘,货运运力 72.5 万吨,均比上年有所增加,客船、客位与上年度基本持平。

深圳市相当部分机动货船系购于 80 年代初期的二手船只,是深圳水上运输业的先驱者,也为深圳特区的建设作出过应有的贡献。但时到而今,这些货船大部分已超期服役,机器残旧、性能较差,不能正常运作,无法适应深圳水上运输的繁重任务,运输企业也无法支付沉重的修理费用。因此,处理部分旧货船,弃旧置新,优化调整运输船只,符合当今水上远洋运输发展的需求。据统计,1998 年,深圳运输企业共处理旧机动货船 6 艘,购置新船 7 艘。随着深圳港口建设规模不断扩大,基础设施日益完善,海运航线不断开通增加,特别是与周边国家、地区以及世界各国远洋货运业务来往日益密切,逐年更新弃旧,增加远洋客货船已成为深圳海运业务的发展趋势。

(工交统计处供稿,执笔:黄培添)

全社会货运量 （万吨）

Freight Traffic (10000 tons)

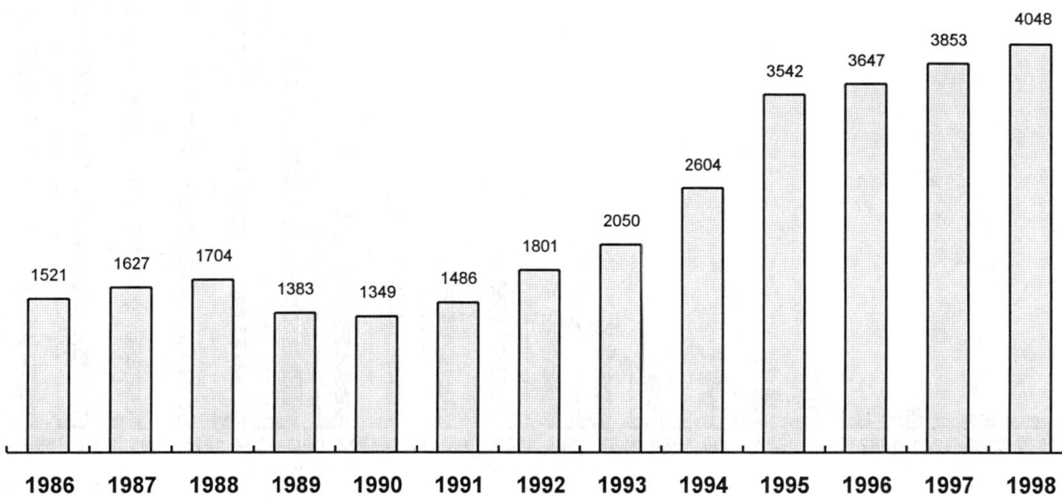

全社会客运量 （万人）

Passenger Traffic (10000 persons)

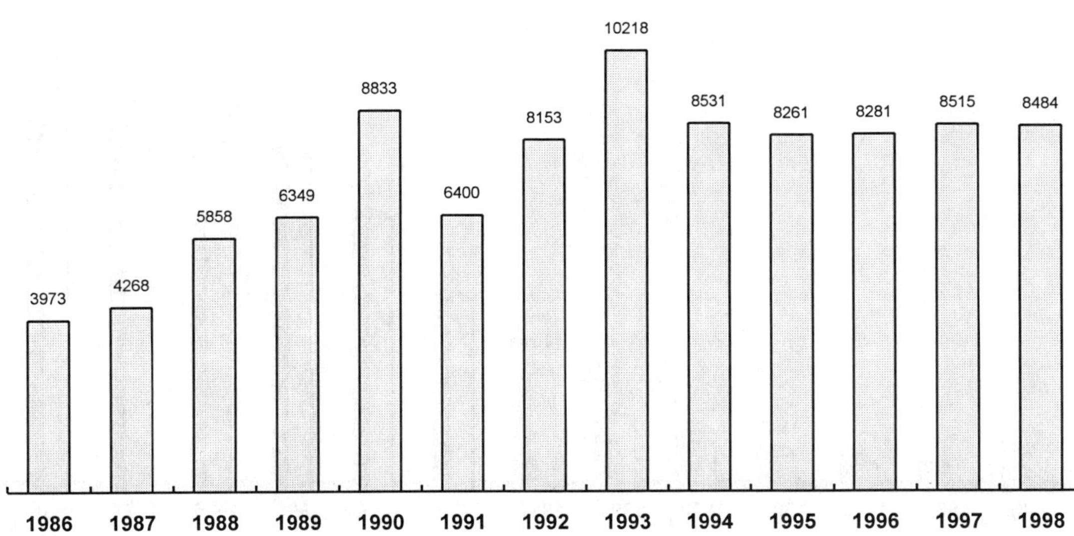

港口货物吞吐量（万吨）

Cargo Handled at Seaports (10000 tons)

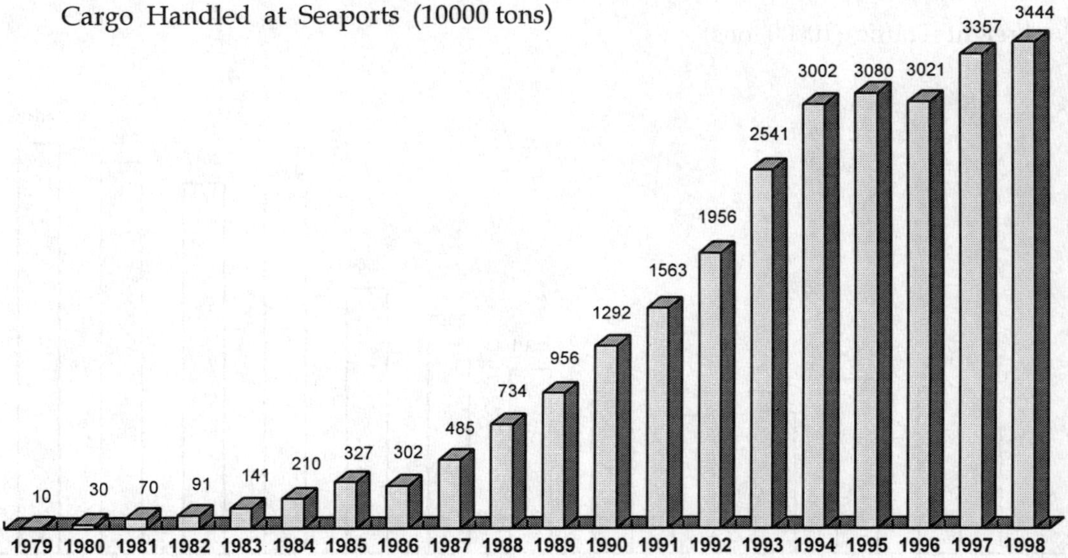

全市固定电话交换机总容量（万门）

Total Capacity of Telephone Exchanges (10000 lines)

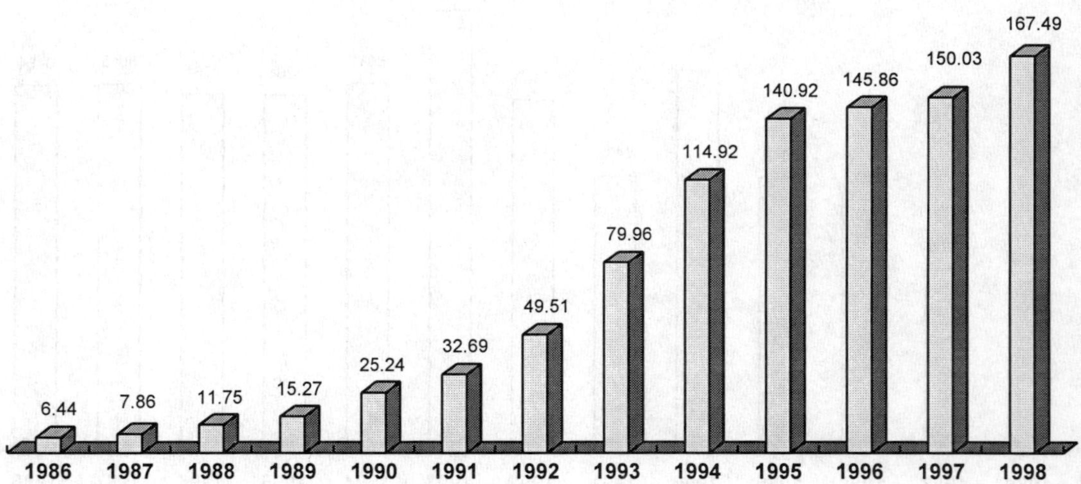

4-1　主要年份全社会客货运输(吞吐)量
PASSENGER AND FREIGHT TRAFFIC IN MAIN YEARS

项　目	Item	1990	1995	1997	1998
一、货运量(万吨)	**Freight Traffic (10 000 tons)**	**1 349**	**3 541.6**	**3 852.7**	**4 047.9**
1. 铁路	Railway	147	220	271	257.5
2. 公路	Highway	1 055	2 720	2 960	3 212
3. 水运	Waterway	147	598	618	575
4. 民航	Civil Aviation		3.6	3.7	3.4
二、机场货物吞吐量(万吨)	**Cargo Handled at Airport (10 000 tons)**		**7.9**	**9.9**	**11.7**
三、货物周转量(万吨公里)	**Turnover Volume of Freight Traffic (10 000 ton-km)**	**257 545**	**2 228 384**	**2 317 664**	**2 127 605**
1. 铁路	Railway	1 175	26 635	29 269	26 699
2. 公路	Highway	35 085	207 260	223 060	242 320
3. 水运	Waterway	221 285	1 989 338	2 060 004	1 853 560
4. 民航	Civil Aviation		5 151	5 331	5 026
四、客运量(万人)	**Passenger Traffic (10 000 persons)**	**8 833**	**8 261**	**8 515**	**8 484**
1. 铁路	Railway	803	963	785	865
2. 公路	Highway	7 845	6 890	7 310	7 220
3. 水运	Waterway	185	198	200	186
4. 民航	Civil Aviation		209	220	213
五、机场旅客吞吐量(万人)	**Passenger Departing at Airport (10 000 persons)**		**412**	**444**	**515**
六、旅客周转量(万人公里)	**Turnover Volume of Passenger Traffic (10 000 person-km)**	**267 865**	**820 721**	**828 352**	**822 420**
1. 铁路	Railway	6 424	140 382	124 578	132 425
2. 公路	Highway	252 167	404 860	413 233	409 602
3. 水运	Waterway	9 274	9 080	9 100	8 595
4. 民航	Civil Aviation		266 399	281 441	271 798
七、港口	**Harbor**				
1. 泊位数(个)	Berths (unit)	24	113	115	125
#万吨级	10 000 Ton Class	10	26	30	33
2. 货物吞吐量(万吨)	Cargo Handled at Seaports(10 000 tons)	1 292	3 080	3 357	3 444
#蛇口港	Shekou Seaport	180	1 001	982	978
赤湾港	Chiwan Seaport	358	777	674	596
妈湾港	Mawan Seaport	8	149	546	555
盐田港	Yantian Seaport	6	58	361	554

4-2　全社会客货运输和邮电业务量
PASSENGER AND FREIGHT TRAFFIC, REVENUE FROM POSTAL AND TELECOMMUNICATIONS SERVICES (1979—1998)

年份 Year	货运量 (万吨) Freight Traffic (10 000 tons)	货物周转量 (万吨公里) Turnover Volume of Freight Traffic (10 000 ton-km)	客运量 (万人) Passenger Traffic (10 000 persons)	旅客周转量 (万人公里) Turnover Volume of Passenger Traffic (10 000 person-km)	港口货物吞吐量 (万吨) Cargo Handled at Seaports (10 000 tons)	邮电业务总量 (万元) Revenue from Postal and Communications Services (10 000 yuan)
1979					10	138
1980					30	190
1981					70	340
1982					91	420
1983					141	567
1984					210	923
1985					327	1 761
1986	1 521	150 321	3 973	85 129	302	2 633
1987	1 627	141 355	4 268	140 598	485	4 880
1988	1 704	217 165	5 858	188 199	734	14 826
1989	1 383	357 633	6 349	217 832	956	21 293
1990	1 349	257 545	8 833	267 865	1 292	55 356
1991	1 486	435 662	6 400	186 682	1 563	84 927
1992	1 801	545 857	8 153	409 660	1 956	114 492
1993	2 050	743 878	10 218	477 794	2 541	174 045
1994	2 603.7	779 791	8 531	790 097	3 002	259 432
1995	3 541.6	2 228 384	8 261	820 721	3 080	368 945
1996	3 646.9	2 328 753	8 281	827 693	3 021	462 261
1997	3 852.7	2 317 664	8 515	828 352	3 357	610 111
1998	4 047.9	2 127 605	8 484	822 420	3 444	764 658

4－3　全社会客货运输和邮电业务量指数

INDICES OF PASSENGER AND FREIGHT TRAFFIC, REVENUE FROM POSTAL AND TELECOMMUNICATIONS SERVICES (1980—1998)

(以上年为100)　　(preceding year＝100)

年　份 Year	货运量 Freight Traffic	货物周转量 Turnover Volume of Freight Traffic	客运量 Passenger Traffic	旅客周转量 Turnover Volume of Passenger Traffic	港口货物吞吐量 Cargo Handled at Seaports	邮电业务总量 Revenue from Postal and Communications Services
1980					300.0	137.7
1981					233.3	178.9
1982					130.0	123.5
1983					154.9	135.0
1984					148.9	162.8
1985					155.7	190.8
1986					92.4	149.5
1987	107.0	94.0	93.1	165.2	160.6	185.3
1988	104.7	153.6	137.3	133.9	151.3	303.8
1989	81.2	164.7	108.4	115.7	130.2	143.6
1990	97.5	72.0	139.1	123.0	135.1	151.7
1991	110.2	169.2	72.5	69.7	121.0	153.4
1992	121.2	125.3	127.1	219.4	125.1	134.8
1993	113.8	136.3	125.6	116.6	129.9	152.0
1994	127.0	104.8	81.5	161.2	118.1	149.1
1995	136.0	285.8	96.8	103.9	102.6	142.2
1996	103.0	104.5	100.2	100.8	98.1	125.3
1997	105.6	99.5	102.8	100.1	111.1	132.0
1998	105.1	91.8	99.6	99.3	102.6	125.3

4－4　全社会民用车辆和运输船舶拥有量
NUMBER OF CIVIL MOTOR VEHICLES AND TRANSPORT VESSELS OWNED
(1997—1998)

项　目	Item	1997	1998
民用车辆总计(辆)	**Total Civil Motor Vehicles (unit)**	**246 028**	**271 690**
一、民用汽车(辆)	Civil Automobile (unit)	194 898	218 008
载客量(客位)	Number of Seats in Buses and Cars(seat)	998 084	1 135 742
载重量(吨位)	Trucks Capacity (ton)	307 310	341 236
1. 载客汽车(辆)	Buses and Cars (unit)	105 097	118 436
载客量(客位)	Number of seats in Buses and Cars(seat)	998 084	1 135 742
#大型(辆)	Large Scales (unit)	8 457	9 648
载客量(客位)	Number of Seats(seat)	292 612	336 715
2. 普通载货汽车(辆)	Ordinary Trucks (unit)	84 750	92 476
载重量(吨位)	Capacity(ton)	305 932	382 236
#大　型(辆)	Heavy (unit)	35 798	47 379
载重量(吨位)	Capacity (ton)	239 847	323 125
3. 专用载货汽车(辆)	Special Freight Trucks(unit)	142	1 816
载重量(吨位)	Capacity (ton)	1 378	17 797
4. 其他专用汽车(辆)	Other Special Motor Vehicles (unit)	4 540	3 841
5. 特种汽车(辆)	Particular Motor Vehicles	369	1 439
二、摩托车(辆)	Motorcycle(unit)	50 902	53 461
三、货挂车(辆)	Trailer Trucks(unit)	228	102
民用运输船舶总计(艘)	**Total Civil Transport Vessels (unit)**	**150**	**151**
一、机动船艘数(艘)	Motor Vessels (unit)	101	102
载客量(客位)	Number of Seats (seat)	3 373	3 373
净载重量(吨位)	Dead Weight Tonnage (ton)	714 870	724 570
总功率(千瓦)	Total Power (kw)	330 450	335 150
1. 客船艘数(艘)	Passenger Transport Vessels (unit)	17	17
载客量(客位)	Number of Seats (seat)	3 373	3 373
2. 货船艘数(艘)	Freight Transport Vessels (unit)	74	75
净载重量(吨位)	Dead Weight Tonnage (ton)	714 870	724 570
3. 拖船艘数(艘)	Tugboats (unit)	10	10
二、驳船艘数(艘)	Barges (unit)	49	49
净载重量(吨位)	Dead Weight Tonnage(ton)	23 794	23 794

4-5 主要年份邮电业务量
POSTAL AND TELECOMMUNICATIONS SERVICES IN MAIN YEARS

项目	Item	1990	1995	1997	1998
邮电业务总量(90年不变价)(万元)	Business Volume of Post and Tele-communications (10 000 yuan)	55 356	368 945	610 111	764 658
函　件(万件)	Mail (10 000 pcs)	8 927	20 059	17 611	16 262
特快专递(万件)	Express Mail (10 000 pcs)	37.42	151.78	223.50	244.94
包件(万件)	Parcels (10 000 pcs)	131.12	193.46	191.30	209.03
订销报纸期发数(万份)	Number of Newspapers Circulation (10 000pcs)	30.25	62.12	73.60	70.04
订销报纸累计份数(万份)	Total Copy of Newspapers (10 000 pcs)	6 743	15 563	16 740	13 477
订销杂志期发数(万份)	Number of Magazines Circulation (10 000 pcs)	25.98	44.72	62.10	69.32
订销杂志累计份数(万份)	Total Copy of Magazines (10 000 pcs)	327.51	658.81	703.40	848.51
电　报(万份)	Telegrams (10 000 pcs)	285.52	245.52	188.80	196.90
长途电话(万张)	Number of Long Distance Telephone Calls (10 000 sheets)	5 587	42 739	69 408	85 055
市话年末到达数(户)	Number of Urban Telephone Subscribers (year-end) (subscribers)	97 471	485 374	638 977	754 357
#住宅电话(户)	Residential (subscribers)	66 842	315 004	415 760	495 408
农话年末到达数(户)	Number of Rural Telephone Subscribers (year-end)(subscribers)	25 337	207 717	285 164	334 401
长话直拨有权用户(户)	Number of Direct Dialling Subscribers (subscribers)	59 254	451 738	800 156	1 016 444
#直拨国际港澳的(户)	International Direct Dialling Subscribers to Foreign Countries as Well as to Hongkong and Macao (subscribers)	55 725	376 136	560 582	548 393
移动电话用户(户)	Number of Mobile Telephones Subscribers (subscribers)	2 647	148 069	467 271	723 459
传真用户(户)	Number of Subscribers of Faxes(subscribers)	2 876	13 654	17 953	19 216
邮政储蓄年末收储余额(万元)	Postal Saving Deposit Balance (10 000 yuan)	3 860	108 318	183 185	222 318
集邮业务(万枚)	Philately (10 000pcs)	377.26	1 383.44	2 433.70	3 310.78

4－6　主要年份邮电通讯设施
FACILITIES OF POST AND TELECOMMUNICATIONS IN MAIN YEARS

项目	Item	1990	1995	1997	1998
邮电局、所(处)	Number of Post and Telecommunications Offices	84	375	434	566
邮路长度(单程)(公里)	Length of Postal Routes (km)	1 707	22 319	14 875	24 235
农村投递线路(单程)(公里)	Length of Rural Delivery Routes (km)	1 391		3 103	3 103
邮运汽车(辆)	Number of Postal Automobiles	26	79	128	131
长话电路(路)	Long Distance Telephone Circuits (line)	3 526	25 240	38 823	54 064
#国际及港澳(路)	International, Hongkong and Macao (line)	999	3 630	4 110	4 110
电报电路(路)	Telegram Circuits (line)	45	59	50	45
全市固定电话交换机总容量(门)	Total Capacity of Telephone Exchanges (line)	252 352	1 409 192	1 500 279	1 674 873
#市话交换机总容量(门)	Capacity of Urban Telephone Exchanges (line)	197 721	898 648	1 006 936	1 125 936
#邮电局交换机容量(门)	Capacity of Post and Telecommunications Offices Telephone Exchanges (line)	129 000	1 267 178	1 322 576	1 491 906
全市移动电话交换机容量(门)	Total Capacity of Mobile Telephone Exchanges (line)			715 000	1 360 000
全市电话机总数(部)	Number of Telephone Sets	190 077	812 974	1 061 384	1 227 184
#市话话机总数(部)	Number of Urban Telephone Sets	161 566	587 891	752 602	868 133
用户电报交换机容量(线)	Capacity of Telegram Exchanges (line)	1 024	1 024	1 536	1 536
#实占用量(线)	Actually in Use (line)	998	415	395	310

4-7　独立核算运输邮电企业财务状况

MAIN FINANCIAL INDICATORS OF TRANSPORT, POSTAL AND TELECOMMUNICATIONS ENTERPRISES WITH INDEPENDENT ACCOUNTING SYSTEM (1998)

单位:万元　　(10 000 yuan)

指标名称	Item	总计 Total	1. 国有经济 State-owned	2. 集体经济 Collective-owned	3. 其他经济类型 Others
企业个数(个)	Number of Enterprises	85	50	10	25
#亏损企业(个)	Number of Loss-making Enterprises	17	14		3
资本金合计	Total Capital	620 973	135 104	4 271	481 598
流动资产合计	Circulating Funds	413 896	136 530	4 727	272 639
固定资产合计	Total Fixed Assets	759 942	165 681	1 894	592 367
固定资产原值合计	Total Original Value of Fixed Assets	908 019	197 807	5 576	704 636
累计折旧	Accumulated Depreciation of Fixed Assets	267 249	112 497	4 038	150 714
资产合计	Total Assets	1 570 343	375 392	7 103	1 187 848
流动负债合计	Liquid Liabilities	325 602	127 050	2 238	196 314
长期负债合计	Long-Term Liabilities	431 726	44 040	48	387 538
所有者权益合计	Creditors' Equity	811 045	186 359	5 318	619 368
营运业务收入	Business Revenue	356 667	147 811	5 439	203 417
营运业务成本	Business Cost	222 655	110 996	3 317	108 342
营运费用	Business Expenses	5 340	4 185	87	1 068
营运税金及附加	Business Taxes and Extra Charges	8 884	3 764	182	4 938
营运业务利润	Business Profits	120 947	32 363	2 839	85 745
管理费用	Management Expenses	60 289	22 670	837	36 782
#税金	Taxes	2 648	430	40	2 178
利润总额	Total Profits	113 824	33 268	1 817	78 739

五、农　　业

1998年深圳农业生产发展概况

1998年,深圳市加大农业综合开发力度,积极发展适度规模经营和集约化生产,大力推进农业产业化进程,加大科技和资金的投入,积极克服“禽流感”、“赤潮”和亚洲金融危机等不利因素的影响,农业生产取得了较好成绩。

一、1998年农业生产基本情况

1998年,全市除水果生产因受灾害影响有所减产外,大部分农产品比上年有一定增长,农村经济发展稳定,“菜篮子”供应畅旺。

全年农业总产值10.92亿元(不变价),比上年增长4.30%;农业增加值16.45亿元,增长3.2%;鲜活农产品出口总额10.88亿港元,增长0.37%;农村经济总收入110.7亿元,增长10%;农民人均分配收入7350元,增长17.5%。

主要鲜活农产品生产情况:

种植业方面:蔬菜耕地面积4.82万亩,播种面积15.30万亩,增长5.10%;蔬菜总产量18.57万吨,增长9.47%。水果种植面积21.51万亩,与上年持平,总产量3.43万吨,减产13.80%。其中荔枝因气候因素影响,产量仅有2055吨,比上年减产72.77%。

畜牧业方面:生猪饲养量89.36万头,比上年增长11.34%,出口量14.85万头,比上年减少4.93%。活鸡全年饲养量2789万只,增长35.7%,出口量168.48万只,比上年减少11.5%。产奶19851吨,比上年增长5.27%。乳鸽存栏量74万只,上市量438.1万只,分别与上年持平和增长23.23%,出口量80.87万只,比上年减少37.48%。

水产业方面:全市养殖面积13.61万亩,总产量5.83万吨,分别比上年增长1.04%和4.85%。

二、1998年农业发展的主要动因

1998年,深圳农业在多种灾害情况下保持较好的发展势头,其因素是多方面的,主要是:

1. 认真贯彻落实中央、省、市农村工作会议精神,加强农业工作力度。年初,市区两级政府分别召开农业和菜篮子工作会议,及时贯彻中央、省农村工作会议精神,加大对农业的投入,实行有效的综合开发。初步统计,不包括道路、水利设施建设等项投入,市、区两级用于农业综合开发资金1亿多元,其中市财政投入5000万元,续建、扩建、新建开发项目70个。市、区两级领导经常深入调查研究,指导农业工作。

2. 积极采取措施减少“禽流感”、“赤潮”等灾害对农业的影响。1997年下半年到1998年初,香港的“禽流感”事件导致深圳养鸡企业活鸡价格大幅下滑,出口急剧减少,应上市活鸡大量积压。事件发生后,各级农业管理部门和畜牧企业及时采取了积极应对措施,加强对养鸡场的防疫检疫,配合有关部门对养鸡场实行注册登记和发牌制度,确保出口鸡只质量,至2月7日,恢复活鸡供港。三四月份,深圳海域发生较大范围“赤潮”,对海水养殖业造成较大影响。对此,各级农业部门密切注意,及时出动渔政海监船只展开严密监测,积极采取各种措施减少损失,灾后及时安排救灾资金恢复了生产。

3. 充分发挥龙头企业的主体作用。1998

年，市、区两级政府从政策倾斜和资金投入上继续支持和发挥“光明”、“华宝”、“康达尔”等一大批农业“龙头”企业的“主力军”作用。在各级政府支持下，这些专业公司积极发挥自身优势，坚持一业为主，综合发展，实行集约化生产，产业化经营，大力开拓国内市场，始终保持了较强的发展势头，农产品产量、上市量和出口销售量，仍然占有全市总量的70－90%，获得了较好的社会和经济效益，有效带动了其他中小农业企业和农户的全面发展。

4．抓好农业重点项目建设，积极引进农业高新技术，推动“菜篮子”工程建设上新台阶。1998年，在建的农业重点工程项目包括西部两万亩鱼塘改造工程和东部围海养殖工程。西部两万亩鱼塘改造工程上半年顺利竣工并投产，开始发挥效益。东部围海养殖工程的一期工程上半年完工后，二期工程面积达到2平方公里的优质鱼类养殖区和对虾精养区也基本完工。市政府拟定建设的万亩无公害蔬菜基地工程进展顺利，已有4300亩竣工。这些重点工程的投入使用，促进了深圳市“菜篮子”工程建设迈上新台阶。

1998年，全市各农业生产经营单位更加注重引进高新技术，营造农业发展的新增长点。深圳长青蔬菜有限公司投资500多万美元，引进加拿大“深池浮板蔬菜种植技术”，首期工程占地20亩，日产蔬菜可达5吨。这项集计算机控制与管理、工业化生产、流水线作业于一体的新技术引进，促使深圳“三高”农业发展达到了更高的层次。

三、农业生产存在的主要问题

1998年，深圳农业虽然保持了较好的发展势头，但也存在一些突出的问题：

1．部分农产品供需矛盾突出，缺口较大。全市蔬菜自给率30%、水产品自给率52%，活猪自给率27%，缺口甚大，需要大量调入。

2．畜牧产品出口销售过分依赖香港市场，缺乏抵御风险能力。

3．农业从业人员素质普遍较低，且流动性大，不适应农业现代化发展要求。全市绝大部分农工和种养户为外来人员，小学以下文化程度者占50%以上。

4．农业资金投入不足，生态环境仍有待改善。

四、解决农业存在主要问题的几点建议

1．坚持以农业为基础，重视和加强对农业的领导。坚定不移执行区长、镇长和单位领导“菜篮子”工程任期责任目标，实行“一票否决”的制度，为促进深圳农业的全面进步创造更优越条件。

2．依靠科技进步，加大农业开发力度，推进农业现代化。一是鼓励和支持农业企业从深港两个市场需求和本地资源实际出发，加强对农业高新技术的探索、开发和推广应用。二是开展多种形式技术培训和文化教育，不断提高全体农业职工和农民文化业务素质，以适应现代农业发展要求。

3．增加对农业的资金投入，发挥专业公司的主体作用。要从增加地方财政拨款、提高“以工补农”额度、增加农业金融信贷等方面增加对农业的投入，加大综合开发力度，改善农业生产条件，实现增产增收。继续积极扶持一大批专业公司，发挥其主体作用和龙头作用，以确保深圳农业的稳定发展和“菜篮子”的有效供给。

4．确保重点项目建设任务的顺利完成。重点工程项目的建设是深圳农业发展的重要增长点，西部二万亩鱼塘要向“三高”水产养殖标准积极投产，多出成果。东部围海养殖工程二期工程完工后，要抓紧抓好公司组建和生产组织工作，确保1999年上半年投入生产，尽快发挥效益。万亩无公害蔬菜基地建设要加快建设进度，确保完成1999年度的建设任务。

5．积极开展外引内联，加强深港合作，优势互补，促进两地农业共同发展。

（固定资产投资统计处供稿，执笔：黄健梅）

主 要 农 产 品 产 量

Yield of Major Farm Crops

粮食（万吨）
Grain（10000 tons)

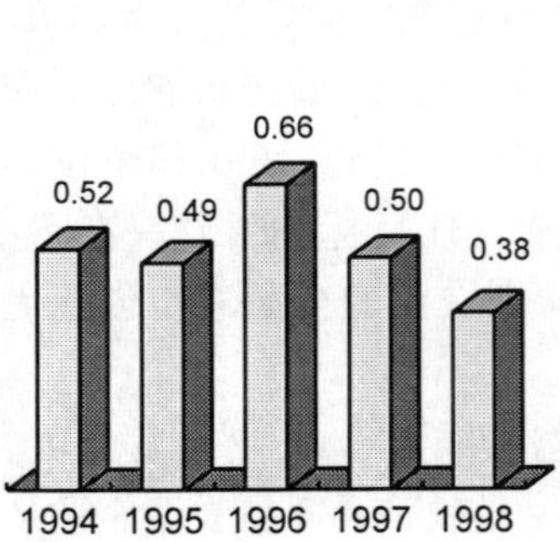

蔬菜（万吨）
Vegetable (10000 tons)

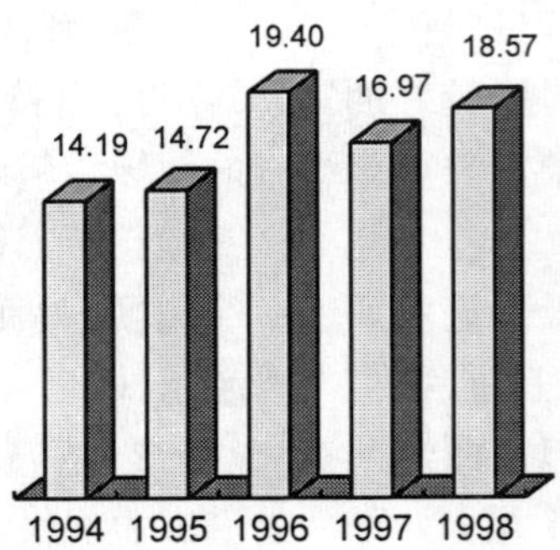

荔枝（吨）
Litcji (tons)

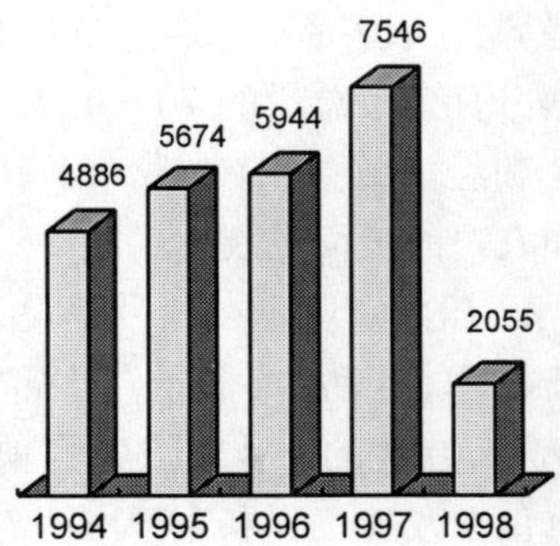

柑桔橙（万吨）
Citrus (10000 tons)

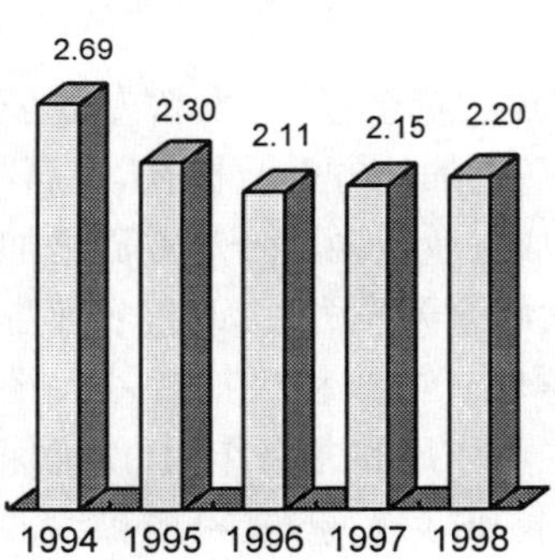

三鸟饲养量（万只）
Poultry (10000)

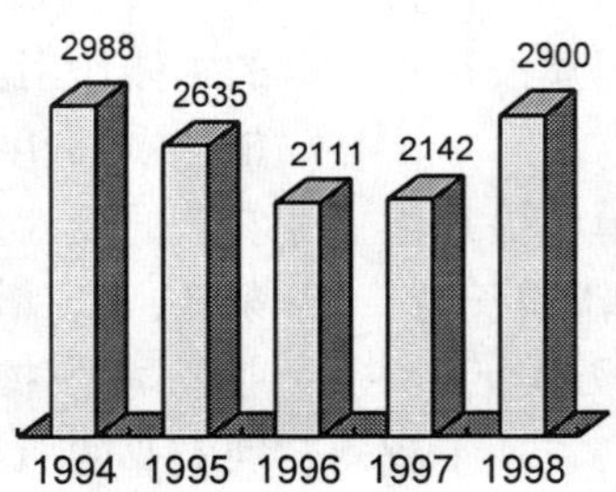

肉猪出栏量（万头）
Hogs (10000)

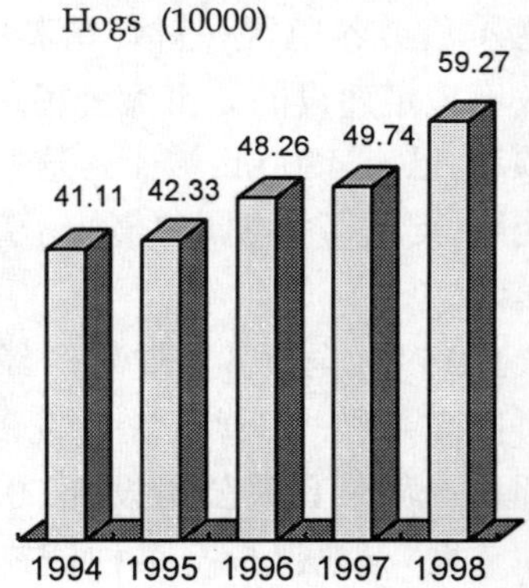

牛奶产量（万吨）
Milk (10000 tons)

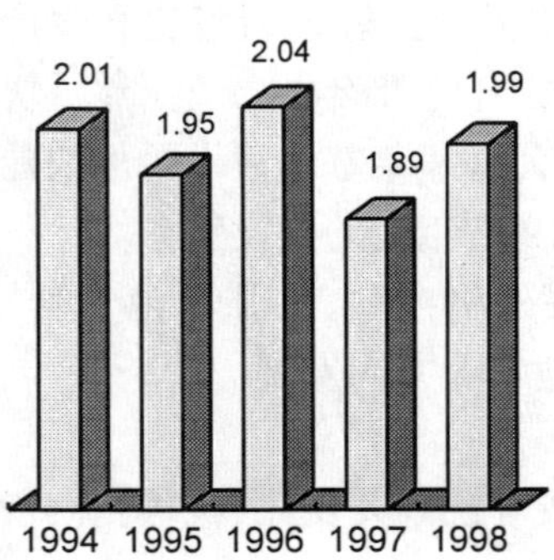

鲜蛋产量（吨）
Eggs (tons)

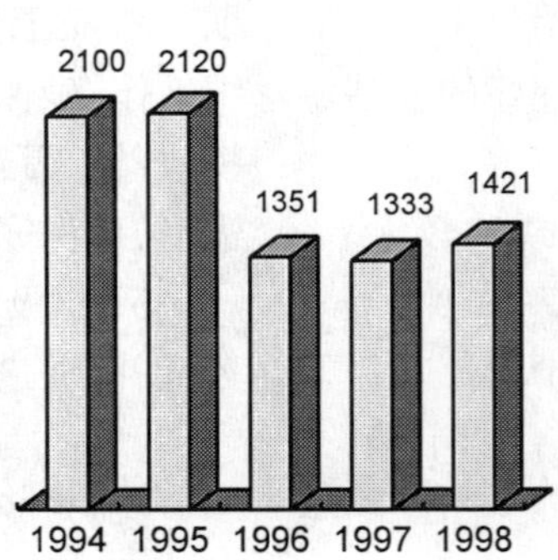

水产品产量（万吨）
Aquatic Products (10000 tons)

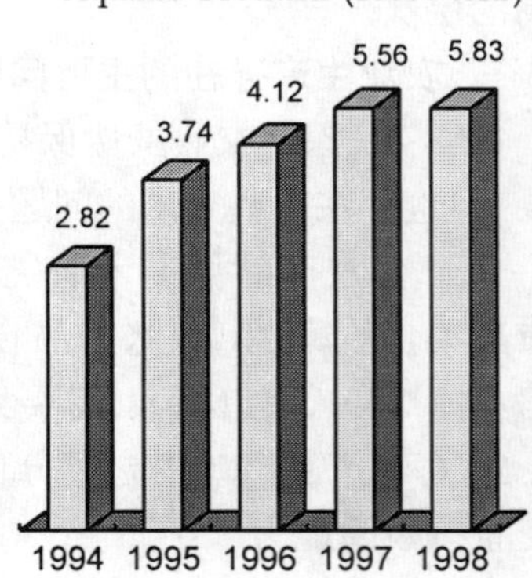

5－1　主要年份农村基本情况
BASIC CONDITIONS IN RURAL AREAS IN MAIN YEARS

项　目	Item	1990	1995	1997	1998
一、农村基层组织	**Rural Grass－roots Units**				
镇人民政府(个)	Town Government (unit)	18	18	20	20
村民委员会(个)	Village Committees (unit)	250	204	212	216
二、乡镇户数、人口	**Rural Households and population**				
总户数(户)	Total Households (household)	90 143	123 173	99 993	105 560
＃农业户数	Agriculture Households	65 185	66 630	69 650	70 503
总人口(人)	Total Population (person)	342 015	392 002	350 704	336 061
＃农业人口	Agriculture Population	252 760	243 881	239 093	245 796
三、农业生产条件	**Conditions of Agricultural Production**				
农业机械总动力(万瓦特)	Total Power of Farm Machinery(10 000 w)	13 456	4 034	6 110	6 141
农村用电量(万千瓦小时)	Electricity Consumption in Rural Areas (10 000 kwh)	24 997	113 348	238 601	315 775
四、乡镇劳动力合计(人)	**Total Rural Labor Force (person)**	**120 381**	**129 359**	**152 152**	**154 802**
1．按性别分	Grouped by Sex				
男劳动力	Male	53 568	61 080	74 581	74 323
女劳动力	Female	66 813	68 279	77 571	80 479
2．按行业分	Grouped by Sector				
农　业	Agriculture	50 038	26 950	28 494	27 534
工　业	Industry	36 503	48 032	52 089	52 998
建筑业	Construction	1 605	1 865	2 946	2 838
交通运输和邮电通信业	Transportation, Post and Telecommunications	3 991	5 963	6 165	6 179
商饮业和物资供销仓储业	Commerce, Catering Services, Materials Supply, Marketing and Storage	6 759	8 374	11 333	11 890
其他劳动力	Others	21 485	38 175	51 125	53 363
＃外出劳动力	Labor Force Leaving	16 488	8 444		14 121
五、外来劳动力(人)	**Labor Force from the Outside(person)**		**1 263 040**	**1 500 413**	**1 432 129**

5-2 农业总产值(按当年价格计算)
GROSS OUTPUT VALUE OF AGRICULTURE (AT CURRENT PRICES)
(1979—1998)

单位:万元　　　　(10 000 yuan)

年份 Year	农业总产值 Gross Output Value of Agriculture	种植业 Planting	林业 Forestry	牧业 Animal Husbandry	副业 Sideline	渔业 Fishery
全市 Total						
1979	13 106	6 494	85	1 598	4 496	433
1980	16 938	6 913	69	2 186	6 686	1 084
1981	24 181	8 515	153	5 677	7 967	1 869
1982	26 929	9 402	281	7 540	6 962	2 744
1983	29 083	10 930	207	7 832	6 714	3 400
1984	40 416	13 931	912	10 346	7 332	7 895
1985	45 821	15 641	1 371	14 444	6 490	7 875
1986	49 552	18 947	1 259	17 132	1 258	10 956
1987	73 772	26 631	1 678	28 869	2 255	14 339
1988	99 404	32 296	1 315	42 202	3 739	19 852
1989	108 015	31 412	1 253	54 389	1 951	19 010
1990	119 205	37 622	1 716	52 550	3 274	24 043
1991	143 063	40 697	4 097	63 117	4 127	31 025
1992	185 297	57 458	5 637	81 532	4 335	36 334
1993	192 880	49 977	3 519	94 969	5 909	38 506
1994	224 776	54 363	2 334	110 150	5 607	52 322
1995	232 653	58 407	2 207	125 623	3 243	43 173
1996	273 246	70 642	2 989	141 464	6 071	52 080
1997	270 889	73 030	3 792	124 140	5 250	64 676
1998	298 174	79 738	6 773	139 244	6 452	65 967
特区 Urban						
1980	5 210					
1981	4 515	2 218	22	1 131	442	702
1982	4 451	2 637	10	557	434	813
1983	4 792	2 752	21	1 255	349	415
1984	5 747	2 587	19	749	104	2 288
1985	5 011	2 092	510	531	307	1 571
1986	7 621	2 650	746	1 130	337	2 758
1987	12 946	5 748	1 028	1 773	450	3 947
1988	17 146	6 452	523	4 600	299	5 271
1989	11 110	3 984	218	3 896	320	2 692
1990	12 703	4 212	284	3 041	1 599	3 567
1991	12 783	3 366	389	3 355	1 913	3 760
1992	16 232	4 142	553	5 398	2 307	3 833
1993	11 498	3 213	176	4 379		3 730
1994	12 537	3 608	287	4 415		4 227
1995	17 293	4 777	95	5 414	77	6 930
1996	45 994	15 819	97	21 555	87	8 436
1997	29 104	6 145	256	7 159		15 544
1998	31 875	6 673	411	7 062		17 729

5-3 农业总产值构成

COMPOSITION OF GROSS OUTPUT VALUE OF AGRICULTURE (1979—1998)

单位:%　　　　(%)

年份 Year	总计 Total	种植业 Planting	林业 Forestry	牧业 Animal Husbandry	副业 Sideline	渔业 Fishery
全市 Total						
1979	100.0	49.6	0.6	12.2	34.3	3.3
1980	100.0	40.8	0.4	12.9	39.5	6.4
1981	100.0	35.2	0.6	23.5	33.0	7.7
1982	100.0	34.9	1.0	28.0	25.9	10.2
1983	100.0	37.6	0.7	26.9	23.1	11.7
1984	100.0	34.5	2.3	25.6	18.1	19.5
1985	100.0	34.1	3.0	31.5	14.2	17.2
1986	100.0	38.2	2.6	34.6	2.5	22.1
1987	100.0	36.1	2.3	39.1	3.1	19.4
1988	100.0	32.5	1.3	42.5	3.7	20.0
1989	100.0	29.1	1.2	50.3	1.8	17.6
1990	100.0	31.6	1.4	44.1	2.7	20.2
1991	100.0	28.4	2.9	44.1	2.9	21.7
1992	100.0	31.0	3.0	44.0	2.4	19.6
1993	100.0	25.9	1.8	49.2	3.1	20.0
1994	100.0	24.2	1.0	49.0	2.5	23.3
1995	100.0	25.1	0.9	54.0	1.4	18.6
1996	100.0	25.9	1.1	51.8	2.2	19.0
1997	100.0	27.0	1.4	45.8	1.9	23.9
1998	100.0	26.7	2.3	46.7	2.2	22.1
特区 Urban						
1980						
1981	100.0	49.1	0.5	25.0	9.8	15.6
1982	100.0	59.2	0.2	12.5	9.8	18.3
1983	100.0	57.4	0.4	26.2	7.3	8.7
1984	100.0	45.0	0.4	13.0	1.8	39.8
1985	100.0	41.7	10.2	10.6	6.1	31.4
1986	100.0	34.8	9.8	14.8	4.4	36.2
1987	100.0	44.4	7.9	13.7	3.5	30.5
1988	100.0	37.6	3.1	26.8	1.8	30.7
1989	100.0	35.9	1.9	35.1	2.9	24.2
1990	100.0	33.2	2.2	23.9	12.6	28.1
1991	100.0	26.3	3.0	26.3	15.0	29.4
1992	100.0	25.5	3.4	33.3	14.2	23.6
1993	100.0	27.9	1.5	38.1		32.5
1994	100.0	28.8	2.3	35.2		33.7
1995	100.0	27.6	0.6	31.3	0.4	40.1
1996	100.0	34.4	0.2	46.9	0.2	18.3
1997	100.0	21.2	0.8	24.6		53.4
1998	100.0	20.9	1.3	22.2		55.6

5-4 农业总产值及其指数
GROSS OUTPUT VALUE OF AGRICULTURE AND ITS INDICES
(1979—1998)

年份 Year	农业总产值(万元) Gross Output Value of Agriculture (10 000yuan)		指数(%) Index (%)	
	当年价格 At Current Prices	1990年不变价格 At 1990 Constant Prices	以1979年为100 1979=100	以上年为100 Preceding Year=100
1979	13 106	34 815	100.0	
1980	16 938	29 742	85.4	85.4
1981	24 181	35 434	101.7	119.1
1982	26 929	38 287	110.0	108.1
1983	29 083	37 662	108.2	98.4
1984	40 416	38 518	110.7	102.3
1985	45 821	45 912	131.9	119.2
1986	49 552	53 484	153.7	116.5
1987	73 772	59 791	171.8	111.8
1988	99 404	71 363	205.2	119.4
1989	108 015	79 998	230.0	112.1
1990	119 205	92 121	265.0	115.2
1991	143 063	100 703	289.6	109.3
1992	185 297	99 895	287.3	99.2
1993	192 880	92 772	266.9	92.9
1994	224 776	89 172	256.1	96.1
1995	232 653	90 081	258.7	101.0
1996	273 246	102 873	295.5	114.2
1997	270 889	104 617	300.5	101.7
1998	298 174	109 158	313.5	104.3
年平均增长率 Average Annual Growth Rate			**6.2**	

5-5 农业总产值(按1990年不变价格计算)
GROSS OUTPUT VALUE OF AGRICULTURE (AT 1990 CONSTANT PRICES)
(1998)

项目	Item	1998 全市 Total	1998 特区 Urban
农业总产值(万元)	**Gross output Value of Agriculture(10 000 yuan)**	**109 158**	**16 622**
种植业	Planting	23 980	2 984
林业	Forestry	977	142
牧业	Animal Husbandry	48 063	3 383
副业	Sideline	4 610	
渔业	Fishery	31 528	10 113

5－6　耕地面积及其变动情况

INCREASE AND DECREASE OF AREAS UNDER CULTIVATION (1979—1998)

单位:万亩　　(10 000 mu)

年　份 Year	年末实有耕地面积 Year－end Areas under Cultivation	水旱田 Paddy Fields	旱　地 Dry Fields	平均每个农业人口有耕地(亩) Cultivated Areas per Agricultural Person (mu)	平均每个农业劳动力有耕地(亩) Cultivated Areas per Agricultural Labor(mu)	当年增加的耕地面积 Newly Increased Cultivated Areas	当年减少的耕地面积 Newly Decreased Cultivated Areas
1979	53.21	41.01	12.20				1.19
1980	49.01	37.56	11.45				4.20
1981	45.98	35.08	10.90				2.83
1982	43.91	33.67	10.24				2.69
1983	42.99	32.87	10.12				1.30
1984	40.14	30.66	9.48				2.97
1985	33.94	25.40	8.54				6.30
1986	32.91	24.90	8.01	1.38	5.83	1.41	2.43
1987	30.98	23.48	7.50	1.24	5.50	0.27	2.21
1988	29.46	22.76	6.70	1.17	5.37	0.11	1.62
1989	28.25	21.80	6.45	1.12	5.69	0.16	1.37
1990	28.01	21.75	6.26	1.11	5.60	0.12	0.36
1991	22.67	16.95	5.72	0.84	4.86	0.03	4.93
1992	15.50	10.26	5.24	0.41	1.21	0.03	7.26
1993	9.05	6.06	2.99	0.38	0.77	0.06	6.61
1994	6.86	4.96	1.90	0.28	2.56	0.23	2.42
1995	6.58	4.86	1.72	0.27	2.44	0.13	0.41
1996	7.66	5.46	2.20	0.32	2.82	1.38	0.30
1997	6.36	4.17	2.19	0.27	2.23	0.20	1.49
1998	6.20	4.70	1.50	0.25	2.25	0.21	0.36

5-7 耕地面积指数
INDICES OF AREAS UNDER CULTIVATION
(1980—1998)

单位:%　　　　(%)

年 份 Year	以1979年为100 1979=100			以上年为100 Preceding Year=100		
	耕地面积 Areas Under Cultivation	水旱田 Paddy Fields	旱 地 Dry Fields	耕地面积 Areas Under Cultivation	水旱田 Paddy Fields	旱 地 Dry Fields
1980	92.1	91.6	93.9	92.1	91.6	93.9
1981	86.4	85.5	89.3	93.8	93.4	95.2
1982	82.5	82.1	83.9	95.5	96.0	93.9
1983	80.8	80.2	83.0	97.9	97.6	98.8
1984	75.4	74.8	77.7	93.4	93.3	93.7
1985	63.8	61.9	70.0	84.6	82.8	90.1
1986	61.8	60.7	65.7	97.0	98.0	93.8
1987	58.2	57.3	61.5	94.1	94.5	93.6
1988	55.4	55.5	54.9	95.1	96.9	89.3
1989	53.1	53.2	52.9	95.9	95.8	96.3
1990	52.6	53.0	51.3	99.2	99.8	97.1
1991	42.6	41.3	46.9	80.9	77.9	91.4
1992	29.1	25.0	43.0	68.4	60.5	91.6
1993	17.0	14.8	24.5	58.4	59.1	57.1
1994	12.9	12.1	15.6	75.8	81.8	63.5
1995	12.4	11.9	14.1	95.9	98.0	90.5
1996	14.4	13.3	18.0	116.4	112.3	127.9
1997	12.0	10.2	18.0	83.0	76.4	99.5
1998	11.7	11.5	12.3	97.5	112.7	68.5
年平均增长率 Average Annual Growth Rate	**-10.7**	**-10.8**	**-10.4**			

5-8 农作物播种面积
TOTAL SOWN AREAS OF FARM CROPS
(1979—1998)

单位:亩　　(mu)

年份 Year	一、农作物总播种面积 Total Sown Areas	1. 粮食作物合计 Grain Crops	稻谷 Rice	薯类 Tubers	2. 经济作物合计 Cash Crops	花生 Peanuts
1979	953 300	758 100	683 701	55 095	165 800	107 148
1980	808 500	646 000	601 200	38 663	125 500	100 186
1981	728 400	576 000	546 383	27 457	119 200	96 606
1982	739 500	536 000	506 264	27 219	125 200	97 152
1983	711 300	536 400	505 800	27 700	95 103	65 700
1984	705 078	507 255	476 623	28 036	91 147	68 523
1985	625 716	379 247	352 631	22 690	85 356	61 095
1986	632 747	363 895	337 810	22 755	89 810	60 765
1987	617 290	331 531	303 047	24 911	84 466	57 508
1988	607 146	284 545	261 966	19 370	77 678	51 331
1989	591 309	280 930	260 163	18 897	71 134	51 120
1990	573 090	261 454	240 736	18 177	67 306	52 035
1991	523 174	194 055	170 960	19 529	63 530	49 146
1992	355 244	103 946	87 880	13 348	31 910	30 545
1993	191 711	21 361	12 131	6 711	12 118	9 579
1994	163 838	16 136	5 265	6 029	5 022	4 544
1995	164 870	16 970	6 513	6 814	5 031	3 965
1996	205 078	19 448	5 886	9 444	6 151	4 675
1997	175 250	14 907	3 705	7 183	5 386	3 854
1998	180 525	11 742	3 123	5 946	6 770	3 224

5-8续表 continued

年 份 Year	3. 其它作物 合 计 Other Crops	蔬 菜 Vegetable	二、 茶园面积 Area of Tea Plantations (year-end)	三、 果园面积 Area of Orchards (year-end)	柑桔橙 Citrus	荔 枝 Litcji
1979	22 813	14 798		55 604	6 248	18 600
1980	28 802	15 712		56 701	8 169	19 760
1981	24 327	17 935		55 353	7 476	21 021
1982	68 296	44 020		56 040	6 331	25 399
1983	72 219	66 048		85 897	15 154	4 687
1984	98 843	86 037		85 567	11 204	39 384
1985	154 494	139 353		108 418	16 889	44 979
1986	172 688	160 467		168 790	38 698	70 782
1987	196 065	185 202		218 396	59 358	91 744
1988	240 104	223 191		236 876	69 972	100 912
1989	235 349	217 929		245 516	71 429	107 979
1990	240 865	231 308		256 110	72 632	109 477
1991	261 772	244 591		254 021	73 350	111 324
1992	217 456	201 422		227 207	60 844	104 390
1993	157 909	144 468		191 838	50 147	92 227
1994	142 640	133 284	460	188 411	44 124	97 613
1995	142 849	135 212	3 003	185 285	36 267	98 358
1996	179 479	167 063	2 976	195 926	32 532	111 332
1997	154 957	145 591	2 968	216 996	26 733	136 123
1998	162 013	153 026	2 440	215 058	26 240	136 006

5-9 主要农业产品产量
YIELD OF MAJOR FARM CROPS
(1979—1998)

单位:吨　　(ton)

年份 Year	粮食 Grain	稻谷 Rice	薯类 Tubers	花生 Peanuts	蔬菜 Vegetable	茶叶 Tea	水果 Fruits	柑桔橙 Citrus	荔枝 Litcji
1979	132 584	127 559	4 285	6 877	8 639		2 401	157	742
1980	126 461	123 022	3 003	7 323	14 593		2 280	388	1 127
1981	116 489	114 070	2 310	8 641	22 772		3 245	284	1 534
1982	124 189	121 026	3 046	9 276	34 484		2 866	571	798
1983	126 977	122 936	3 906	5 761	74 251		3 575	1 105	839
1984	126 960	123 205	3 595	6 060	107 820		5 752	1 579	1 829
1985	94 465	90 106	4 026	5 208	162 898		6 420	1 726	1 559
1986	92 495	88 369	3 787	5 894	151 629		13 249	3 467	3 522
1987	85 534	80 110	5 081	5 634	159 937		18 180	5 368	1 336
1988	76 263	72 114	3 850	5 275	182 190		21 324	7 931	2 366
1989	82 215	77 928	3 974	5 777	193 367		23 928	10 910	1 293
1990	81 018	75 380	5 161	6 107	227 346		39 986	23 769	4 184
1991	59 138	52 847	5 418	6 284	238 716		52 392	35 195	2 855
1992	32 906	27 924	4 211	3 874	201 517		59 505	36 082	8 230
1993	6 950	3 838	2 077	1 315	151 421		45 807	31 968	2 791
1994	5 166	1 660	1 676	652	141 899	2	42 744	26 949	4 886
1995	4 887	1 848	1 700	613	147 171	4	40 914	22 973	5 674
1996	6 586	1 801	2 557	735	193 966	4	36 961	21 148	5 944
1997	4 990	954	1 793	595	169 683	5	39 775	21 509	7 546
1998	3 781	743	1 367	496	185 747	8	34 310	22 042	2 055

5-10 农作物亩产量
OUTPUT OF FARM CROPS PER MU
(1979—1998)

单位:千克　　(kg)

年份 Year	粮食 Grain	稻谷 Rice	薯类 Tubers	花生 Peanuts	蔬菜 Vegetable	茶叶 Tea	水果 Fruits	柑桔橙 Citrus
1979	175	187	78	64	584			
1980	196	205	78	73	929			
1981	202	209	84	89	1 269			
1982	232	239	112	95	783			
1983	237	243	141	87	1 124			
1984	251	259	128	88	1 253			
1985	249	256	178	85	1 169			
1986	254	261	166	97	945			
1987	258	264	204	98	864			
1988	268	275	199	103	816			
1989	293	300	210	113	887			
1990	310	313	284	117	983			
1991	305	309	277	128	976			
1992	317	318	315	127	1 000			
1993	325	316	309	137	1048			
1994	340	324	302	107	1 064	4.76	467	786
1995	288	284	249	155	1 088	6.45	414	765
1996	339	305	271	157	1 161	6.06	345	799
1997	335	257	257	154	1 165	6.30	307	897
1998	322	238	230	154	1 214	3.40	456	840

5-11　畜牧业、林业、渔业
ANIMAL HUSBANDRY, FORESTRY AND FISHERY
(1979—1998)

年　份 Year	畜牧业 Animal Husbandry 牛年末头数(头) Number of Cattle (Year-end)	奶　牛 Milk Cows	山羊年末头数(头) Goats (Year-end)	牛奶产量(吨) Milk Output (ton)	生猪饲养量(万头) Raised Hogs (the whole year) (10 000)	生猪年末存栏量(万头) Raised Hogs (Year-end) (10 000)
1979	25 633	465		1 622	22.90	11.69
1980	24 451	2 365		2 876	15.58	8.42
1981	28 917	3 066		5 214	10.69	6.06
1982	31 301	3 233		6 852	15.61	8.51
1983	31 200	3 642		7 411	17.60	9.40
1984	30 716	4 506		9 830	18.59	8.89
1985	28 474	5 352		10 815	20.34	9.58
1986	27 685	6 204	302	12 837	25.41	12.29
1987	26 587	6 460	278	14 237	36.02	16.94
1988	24 759	6 764	164	13 720	52.20	21.90
1989	24 618	7 384	305	16 729	65.28	24.45
1990	24 105	7 715	109	18 887	59.37	22.58
1991	20 660	7 380	30	20 566	64.23	22.07
1992	16 451	7 059		20 592	61.36	20.89
1993	11 460	7 107		20 255	62.39	20.77
1994	9 780	7 235		20 080	64.49	23.38
1995	9 960	7 955		19 475	68.09	25.76
1996	9 509	8 152		20 420	75.61	27.35
1997	8 900	7 478		18 857	80.26	30.52
1998	8 625	7 575		19 851	89.36	30.09

5-11续表1　continued

年　份 Year	畜　牧　业 Animal Husbandry					造林面积 (万亩) Areas of Forestation (10 000 mu)
	肉猪全年 出栏量(万头) Slaughtered Fattened Hogs (10 000)	三鸟饲养量 (万只) Raised Poultry (10 000)	上市量 On Market	鲜　蛋 (吨) Fresh eggs (ton)	当年出售肉 类总产量(吨) Total Output of Meat Sold (ton)	
1979	11.21	99.59	69.71	57	6 726	1.84
1980	7.16	160.90	112.63	88	4 296	1.65
1981	4.63	321.84	257.42	119	2 778	1.38
1982	7.10	578.61	506.31	265	4 260	2.62
1983	8.20	786.79	586.40	1 352	4 920	2.37
1984	9.70	857.31	686.27	1 137	12 648	1.78
1985	10.76	1 305.20	944.32	1 085	22 932	16.85
1986	13.12	1 548.94	1 115.77	1 169	25 323	4.01
1987	19.08	1 955.78	1 371.76	805	33 935	15.38
1988	30.30	2 634.80	1 892.70	1 335	47 449	13.32
1989	40.83	3 101.80	2 291.00	1 212	65 300	5.33
1990	36.79	3 330.80	2 445.20	1 895	62 513	5.92
1991	42.16	3 522.27	2 964.39	3 462	79 022	13.10
1992	40.47	4 063.21	2 911.96	4 172	74 081	0.62
1993	41.62	3 534.32	2 668.70	2 472	77 254	0.15
1994	41.11	2 988.07	2 280.63	2 100	67 043	1.10
1995	42.33	2 635.46	2 015.59	2 120	70 277	1.85
1996	48.26	2 111.72	1 633.59	1 351	64 280	3.74
1997	49.74	2 142.36	2 142.36	1 333	65 911	6.27
1998	59.27	2 900.24	2 462.97	1 421	82 947	4.93

5-11 续表 2　continued

年份 Year	渔业 Fishery							
	水产品生产总量(吨) Total Output of Aquatic Products(ton)	1. 海水产品 Seawater Aquatic Products	鱼类 Fish	2. 淡水产品 Freshwater Aquatic Products	鱼类 Fish	养殖面积(万亩) Cultured Areas of Aquatic (10 000 mu)	1. 海水面积 Seawater	2. 淡水面积 Freshwater
1979	7 039	6 068		971				1.13
1980	7 667	5 315		2 352				3.27
1981	7 410	5 048		2 362				3.54
1982	10 406	6 128		4 278				4.24
1983	12 303							
1984	16 086							4.68
1985	16 762	4 485		12 277				8.84
1986	23 654	5 595	3 716	18 059		19.33	7.88	11.45
1987	26 889	17 363		9 526		21.16	13.40	7.76
1988	31 535	20 923	16 515	10 612	6 860	20.92	7.53	13.39
1989	32 148	20 153	16 454	11 995	11 995	21.36	14.18	7.18
1990	38 587	24 239	18 420	14 348	13 793	21.88	14.73	7.15
1991	41 740	12 076	8 402	29 664	29 664	16.91	7.81	9.10
1992	44 349	27 558	18 488	16 791	15 836	18.77	13.64	5.13
1993	31 104	11 527	8 423	19 577	19 577	11.77	5.90	5.87
1994	28 196	10 661	6 733	17 535	17 535			
1995	37 394	30 041	26 438	7 353	7 353			
1996	41 183	21 957	17 718	19 226	19 188	16.00	13.60	2.40
1997	55 569	47 687	32 229	7 882	7 773	13.47	10.82	2.65
1998	58 315	50 352	32 371	7 963	7 962	13.61	10.52	3.09

5－12 农村经济收益及其指数
ANNUAL INCOME AND ITS INDICES IN RURAL AREA (1979—1998)

年份 Year	农村经济总收入（万元）Total Income of Rural Area (10 000 yuan)	农民纯收入总额（万元）Total Net Income of Rural Residents (10 000 yuan)	农民人均纯收入（元）Per Capita Net Income of Rural Residents (yuan)	劳平纯收入（元）Net Income Per Rural Laborer (yuan)	以上年为100 Preceding Year=100			
					农村经济总收入(%) Total Income of Rural Area (%)	农民纯收入总额(%) Total Net Income of Rural Residents (%)	农民人均纯收入(%) Per Capita Net Income of Rural Residents (%)	劳平纯收入(%) Net Income Per Rural Laborer (%)
1979	8 617	3 469	152	350				
1980	11 196	4 650	208	482	129.9	134.0	136.8	137.7
1981	17 753	5 196	230	524	158.6	111.7	110.6	108.7
1982	22 121	8 964	393	882	124.6	172.5	170.9	168.3
1983	31 572	10 982	469	1 146	142.7	122.5	119.3	129.9
1984	55 913	15 370	656	1 573	177.1	140.0	139.9	137.3
1985	87 188	17 648	750	1 777	155.9	114.8	114.3	113.0
1986	102 522	20 786	894	2 110	117.6	117.8	119.2	118.7
1987	141 944	25 565	1 097	2 552	138.5	123.0	122.7	120.9
1988	193 185	31 016	1 317	3 040	136.1	121.3	120.1	119.1
1989	247 496	38 394	1 622	3 678	128.1	123.8	123.2	121.0
1990	297 194	46 124	1 954	4 335	120.1	120.1	120.5	117.7
1991	376 185	54 342	2 270	4 934	126.6	117.8	116.2	113.8
1992	513 527	69 252	2 833	6 041	136.5	127.4	124.8	122.4
1993	604 519	63 047	3 050	6 287	117.7	91.0	107.7	104.1
1994	689 319	81 861	3 692	7 025	114.0	129.8	121.0	111.7
1995	813 398	101 777	4 517	7 868	118.0	124.3	122.3	112.0
1996	904 268	124 269	5 415	10 761	111.2	122.1	119.9	136.8
1997	1 005 883	138 898	6 256	9 129	111.2	111.8	115.5	84.8
1998	1 107 365	162 450	7 350	10 494	110.1	117.0	117.5	115.0
年平均增长率 Average Annual Growth Rate					**29.1**	**22.4**	**22.6**	**19.6**

5－13　农村经济收益分配情况
DISTRIBUTION OF ANNUAL INCOME IN RURAL AREA
(1998)

单位:万元　　(10 000 yuan)

年份	Year	合计 Total	宝安 Baoan	龙岗 Longgang
一、镇村经济总收入	**Total Income of Rural Area**	**1 107 365**	**565 351**	**542 014**
1. 农　业	Agriculture	81 686	46 049	35 637
2. 工　业	Industry	682 537	326 895	355 642
3. 建筑业	Construction	30 262	10 669	19 593
4. 交通运输业	Transportation	36 790	25 053	11 737
5. 商业、饮食业	Commerce and Catering Trade	76 049	50 707	25 342
6. 服务业	Services	42 943	15 391	27 552
7. 其　他	Others	157 098	90 587	66 511
二、镇村经济总费用	**Total Expenditure of Rural Area**	**737 342**	**386 510**	**350 832**
#生产费	Productive Expenditure	475 080	232 050	243 030
管理费	Management Expenditure	99 864	45 327	54 537
三、镇村可分配净收入总额	**Net Income of Rural Area Available for Distribution**	**380 951**	**183 207**	**197 744**
#国家税金	Taxes	23 617	10 378	13 239
企业各项留利	Profits	76 348	22 121	54 227
乡村集体所得	Collective Income	103 127	68 591	34 536
农民经营所得	Income from Household Business Operation	135 415	77 412	58 003
四、农民从集体再分配收入	**Income of Rural Residents from Collective Redistribution**	**27 035**	**15 081**	**11 954**
五、农民纯收入总额	**Total Net Income of Rural Residents**	**162 450**	**92 493**	**69 957**
六、农民人均纯收入(元)	**Per Capita Net Income of Rural Residents(yuan)**	**7 350**	**8 000**	**6 668**
七、劳平收入(元)	**Net Income per Rural Laborer(yuan)**	**13 538**	**13 805**	**13 199**
八、户平收入(元)	**Net Income per Rural Household (yuan)**	**24 614**	**25 693**	**23 319**

六、固定资产投资

1998年深圳固定资产投资概况

固定资产投资是保持国民经济持续、快速、健康发展的重要推动力之一。1998年,深圳市面对亚洲金融危机的消极影响,加大固定资产投资力度,注重投资效益,促进了全市经济稳定增长。1998年,深圳固定资产投资运行态势良好,投资总量适度增长,投资结构有所改善,重点建设项目和为民办实事项目进展顺利。但也出现了一些不足的方面:工业投资比重下降,技术改造投资总量小,房地产投资过热。

一、1998年固定资产投资运行概况

1998年,深圳市全社会固定资产完成投资额480.39亿元,居全国大中城市第5位,比上年增长22.2%,增幅上升2.2个百分点。投资率达37.3 % ,高于1997年2.5个百分点 。其中:基本建设投资239.57亿元,增长18.9%;更新改造投资20.15亿元,增长20.6 %;房地产开发投资167.49亿元,增长22.6%;集体经济投资38.17亿元,增长36.6%;私人经济投资13.10亿元,增长33.1%;其他投资1.91亿元。从全年来看,投资的波动幅度较缓,全社会固定资产投资增长速度高出GDP增长速度7.7个百分点,既形成了投资对经济增长的拉动力,避免因投资需求不足导致经济增长乏力,又有效地控制了物价的涨幅,实现了宏观调控的目标。

投资结构呈现出三个有利的变化:

一是投资结构改善,资金投向相对集中。资金继续向基础设施、高新技术产业和交通运输邮电通讯行业倾斜。基础设施的投资总量扩大,完成投资134.61亿元,比上年增长20.0%,占全社会投资量的28.0%,比重与上年持平。基础设施的不断完善,为深圳经济的持续发展奠定了坚实的基础。高新技术产业中,主导行业电子及通讯设备制造业的投资为35.41亿元,占制造业投资的59.6%。交通运输邮电通讯建设加快,完成投资57.07亿元,比上年增长4.5%。计算机网络和计算机技术广泛应用,信息化建设取得新进展。计划总投资1亿元以上的146个大中型基建项目完成投资189.31亿元,占基本建设的79.0%。三个保税区发展势头良好,龙岗大工业区的开发已经启动。

二是更新改造投资持续增长,投资技术含量提高。全年更新改造完成投资20.15亿元,比上年增长20.6%,其中生产性设备购置完成投资12.22亿元,所占比重为60.6%。工业行业投资17.0亿元,比上年同期增长158.4%。

更新改造投资占全社会固定资产投资的比重由1997年的4.2%上升到了1998年的4.3%。从投资用途角度观察,增产投资7.58亿元,提高产品质量投资2.12亿元,增加品种投资5.21亿元。

三是商品房屋销售面积增加,结构合理。全年房地产开发投资为167.49亿元,比上年增长22.6%,占全社会固定资产投资的比重为34.8%,与上年持平。商品房施工面积1656.55万平方米,其中住宅施工面积1146.87万平方米,住宅施工面积占全部施工面积的比重为69.2%,比上年上升2.8个百分点。在1998年的新开工面积中,住宅新开工面积333.27万平方米,占80.5%,表明住宅仍是深圳房地产开发商投资的主体。全年商品房销售面积290.35万平方米,比上年增长19.2%。

从宏观经济主要领域来判断,由于固定资产投资增长平稳适度,使全市经济的各个方面均呈现稳步、协调、健康发展态势。

但是投资情况也有几个不利的变化:

一是工业基本建设项目总体投资下降。基本建设中,工业项目本年计划投资59.06亿元,比上年下降28.8%,所占比重由上年的37.0%降到22.9%。实际完成投资41.04亿元,完成年度投资计划的69.5%,完成投资额比上年下降22.6%,所占比重由上年的26.3%下降到17.1%。下降的主要原因:第一是上年投资较大的项目已竣工。例如西部电厂、深圳啤酒厂三期工程等项目,上年分别完成12.1亿元及8.3亿元,并于上年第四季度相继竣工。第二是部分重点工业项目由于资金没有到位而未能按计划如期进行投资。例如现代电子彩管工程,上年完成投资19.0亿元,本年因资金不能到位,只完成1.81亿元,如果资金能按总体规划的要求到位,预计会完成10亿元以上。第三是没有安排大型的新开工工业项目上马。新开工计划总投资10亿元以上的项目只有前湾电厂一个,这个项目因种种问题本年只安排5000万元的前期工程投资计划,实际完成1000万元,完成年计划的20%。

二是市自筹资金比重上升,利用外资比重下降。资金来源分类中,只有市自筹资金(即市财政、国土收入投资、车牌拍卖收入投资)到位较好,占总体资金来源的48.5%,比重较上年上升了17.5个百分点,是特区成立以来的最高比重。银行贷款比重为9.05%,上升1.3个百分点;利用外资由于亚洲金融危机的影响,比重明显下降,由上年的25.7%下降到本年的6.0%;企事业单位自筹资金比重也由上年的36.6%下降到本年的32.2%。

三是商品房空置面积增加。1998年末商品房空置面积达296.95万平方米,比上年末增长14.8%。

二、1998年重点建设项目进展情况

1998年重点建设项目继续贯彻"以完善城市功能的基础设施项目、促进经济发展的工业及商贸项目、精神文明建设和社会发展需要的项目为重点"的要求,安排项目44个,年度计划投资70.6亿元,其中:按建设阶段分,本年竣工项目6项,本年度计划11.8亿元,跨本年度续建项目19项,本年度计划42.8亿元,新开工项目19项,本年度计划16亿元。另外,为利于工作,还安排了前期预备项目15项。按行业分,农林水利项目4个,计划投资5亿元,占年度投资的7.1%;工业项目21个,计划投资28.2亿元,占年度投资的40%;运输邮电项目7个,计划投资26.2亿元,占年度投资的37.1%;商贸项目2个,计划投资0.8亿元,占年度投资的1.1%;文教卫项目5个,计划投资3.7亿元,占年度投资的5.2%;城建项目3个,计划投资4.7亿元,占年度投资的6.7%;旅游项目2个,计划投资2亿元,占年度投资的2.8%。投资资金来源计划为:企业自筹26.8亿元,银行贷款18.5亿元,市政府自筹13.2亿元,利用外资11.6亿元,部省投资0.5亿元。

44个重点项目进展顺利,完成投资71.91亿元,完成本年度计划的102.0%。其中深圳河治理二期工程、东部供水工程、东部沿海高速公路一期工程在1998年第四季度获得新增财政预算内专项资金及银行贷款注资,超计划完成投资。机场二期工程、东环路南段工程项目竣工。

(固定资产投资统计处供稿)

固定资产投资（亿元）

Total Investment in Fixed Assets (100 million yuan)

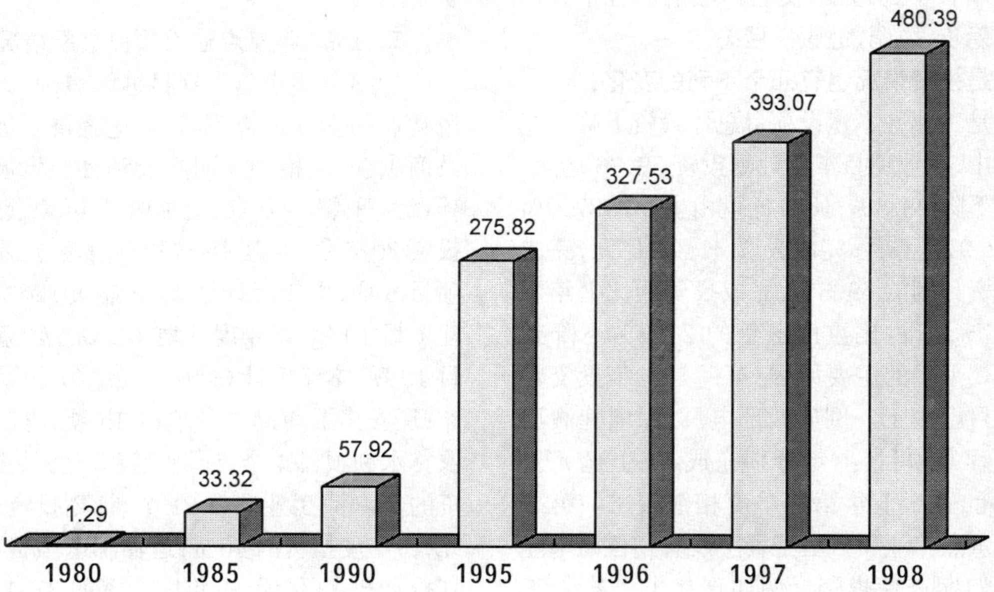

竣工住宅建筑面积（万平方米）

Floor Space of Residence Completed (10000 sq.m)

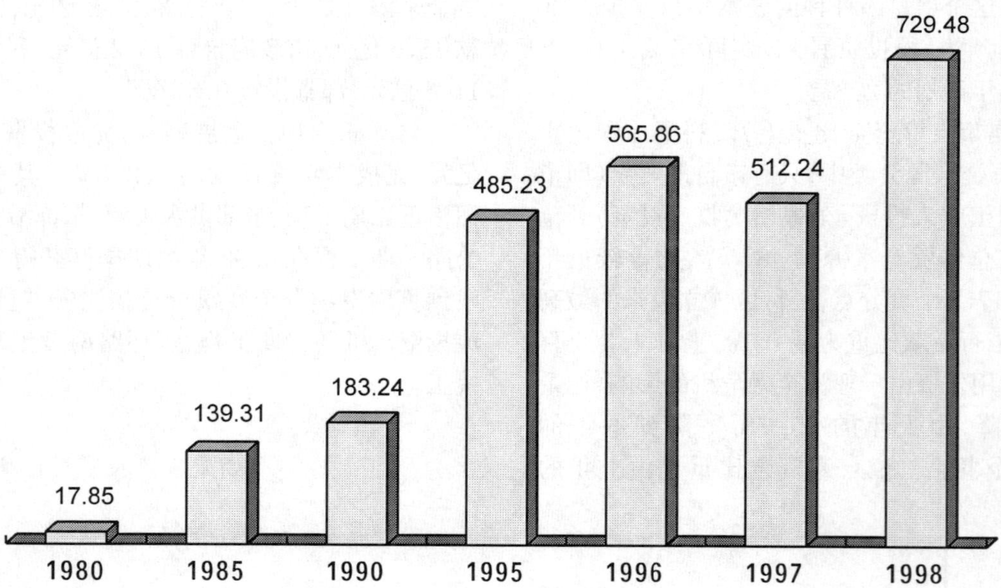

6-1 全社会固定资产投资额
TOTAL INVESTMENT IN FIXED ASSETS
(1979—1998)

单位:万元　　(10 000 yuan)

年 份 Year	全社会固定资产投资额 Total Investment in Fixed Assets	基本建设 Capital Construction	更新改造 Technical Updates and Transformation	房地产开发 Investment in Commodity Houses	集体经济单位 Collective-owened Units	城乡私人建房 Buildings Construction by Individuals
1979	5 938	4 988	90		860	
1980	13 801	12 487	390		924	
"六五"时期 The Sixth Five-year Plan Period	**739 561**					
1981	29 684	27 039			1 137	1 508
1982	73 750	63 265	515		2 709	7 261
1983	108 320	88 593	2 450		8 474	8 803
1984	194 572	155 466	700		23 696	14 710
1985	333 235	276 125	2 105		39 015	15 990
"七五"时期 The Seventh Five-year Plan Period	**2 049 076**					
1986	248 551	191 490	10 140		32 840	12 311
1987	285 193	215 701	3 009		47 277	15 078
1988	436 191	347 307	2 572		49 678	32 840
1989	499 919	435 438	9 140		30 465	15 405
1990	579 222	427 134	24 661	67 842	25 914	20 943
"八五"时期 The Eighth Five-year Plan Period	**9 222 065**					
1991	793 620	528 725	36 949	136 896	59 741	31 309
1992	1 410 128	741 573	44 678	342 706	223 405	57 766
1993	1 950 507	1 222 146	20 794	500 332	151 916	55 319
1994	2 309 567	1 281 065	66 191	794 754	119 369	48 188
1995	2 758 243	1 401 235	70 484	1 030 368	185 967	70 189
"九五"时期 The Ninth Five-year Plan Period						
1996	3 275 270	1 569 208	113 836	1 248 251	262 762	81 213
1997	3 930 657	2 015 620	167 033	1 366 545	279 365	98 459
1998	4 803 901	2 395 732	201 514	1 674 854	381 675	131 038
累计 Total	**24 040 269**	**13 400 337**	**777 251**	**7 162 548**	**1 927 189**	**718 330**

6－2　全社会固定资产投资指数
INDICES OF TOTAL INVESTMENT IN FIXED ASSETS
(1980—1998)

(以上年为100)　　(preceding year＝100)

年　份 Year	全社会固定资产投资额 Total Investment in Fixed Assets	基本建设 Capital Construction	更新改造 Technical Updates and Transformation	房地产开发 Investment in Commodity Houses	集体经济单位 Collective－owened Units	城乡私人建房 Buildings Construction by Individuals
1980	232.4	250.3	433.3		107.4	
1981	215.1	216.5			123.1	
1982	248.5	234.0			238.3	481.5
1983	146.9	140.0	475.7		312.8	121.2
1984	179.6	175.5	28.6		279.6	167.1
1985	171.3	177.6	300.7		164.6	108.7
1986	74.6	69.3	481.7		84.2	77.0
1987	114.7	112.6	29.7		144.0	122.5
1988	152.9	161.0	85.5		105.1	217.8
1989	114.6	125.4	355.4		61.3	46.9
1990	115.9	98.1	269.8		85.1	135.9
1991	137.0	123.8	149.8	201.8	230.5	149.5
1992	177.7	140.3	120.9	250.3	374.0	184.5
1993	138.3	164.8	46.5	146.0	68.0	95.8
1994	118.4	104.8	318.3	158.8	78.6	87.1
1995	119.4	109.4	106.5	129.6	155.8	145.7
1996	118.7	112.0	161.5	121.1	141.3	115.7
1997	120.0	128.4	146.7	109.5	106.3	121.2
1998	122.2	118.9	120.6	122.6	136.6	133.1

6-3 全社会新增固定资产
NEWLY INCREASED FIXED ASSETS
(1979—1998)

单位:万元 (10 000 yuan)

年 份 Year	合 计 Total	基本建设 Capital Construction	更新改造 Technical Updates and Transformation	房地产开发 Investment in Commodity Houses	集体经济单位 Collective owened Units	城乡私人建房 Buildings Construction by Individuals
1979	3 201	2 243	98		860	
1980	7 753	6 654	175		924	
"六五"时期 The Sixth Five-year Plan Period	**482 682**					
1981	19 032	16 387			1 137	1 508
1982	42 369	31 756	643		2 709	7 261
1983	81 902	62 576	2 049		8 474	8 803
1984	149 020	110 087	527		23 696	14 710
1985	190 359	134 696	658		39 015	15 990
"七五"时期 The Seventh Five-year Plan Period	**1 410 599**					
1986	192 016	151 486	5 359		22 860	12 311
1987	185 758	133 910	2 602		33 745	15 078
1988	269 475	191 734	1 752		44 083	31 906
1989	384 183	332 699	5 350		29 876	15 405
1990	379 167	260 718	10 749	68 252	15 949	20 943
"八五"时期 The Eighth Five-year Plan Period	**5 443 591**					
1991	573 793	387 315	31 324	83 594	40 251	31 309
1992	682 768	332 281	22 055	126 174	144 492	57 766
1993	1 010 590	633 055	2 711	212 568	106 937	55 319
1994	1 542 090	937 960	84 681	342 361	117 441	59 647
1995	1 634 350	729 913	36 725	652 570	144 953	70 189
"九五"时期 The Ninth Five-year Plan Period						
1996	2 549 663	939 154	107 401	1 246 877	175 018	81 213
1997	2 997 015	1 458 695	174 104	1 044 707	219 911	98 459
1998	3 865 634	1 600 634	153 238	1 676 557	289 173	131 038
累计 Total	**16 760 138**	**8 453 953**	**642 201**	**5 453 660**	**1 461 504**	**728 855**

6－4　全社会房屋施工建筑面积
FLOOR SPACE OF BUILDINGS UNDER CONSTRUCTION
(1979—1998)

单位:万平方米　　　　(10 000 sq. m)

年　份 Year	合　计 Total	基本建设 Capital Construction	更新改造 Technical Updates and Transformation	房地产开发 Investment in Commodity Houses	集体经济单位 Collective－owened Units	城乡私人建房 Buildings Construction by Individuals
1979		29.26				
1980		52.36				
1981		96.88				
1982		250.71				
1983		368.40				
1984		644.59				
1985		1 030.94				
1986	940.39	771.29	7.00		93.21	68.89
1987	887.21	642.48	2.10		152.09	90.54
1988	1 161.77	888.29	1.51		174.69	97.28
1989	1 088.02	926.36	9.83		103.68	48.15
1990	772.42	408.71	22.29	228.39	57.20	58.83
1991	1 128.70	533.66	14.96	339.33	139.96	100.79
1992	1 494.09	532.45	0.93	630.35	183.91	146.45
1993	1 848.31	566.70	0.34	925.35	248.91	107.01
1994	1 998.73	704.15	0.93	932.71	267.84	93.1
1995	2 733.57	951.68	47.07	1 371.04	260.04	103.74
1996	2 878.53	965.41	9.66	1 495.27	301.92	106.27
1997	2 775.82	847.14	9.25	1 454.17	336.10	128.91
1998	3 218.81	862.96	6.64	1 656.65	508.69	170.47

6-5　全社会房屋竣工建筑面积
FLOOR SPACE OF BUILDINGS COMPLETED
(1979—1998)

单位:万平方米　　(10 000 sq. m)

年　份 Year	合　计 Total	基本建设 Capital Construction	更新改造 Technical Updates and Transformation	房地产开发 Investment in Commodity Houses	集体经济单位 Collective-owened Units	城乡私人建房 Buildings Construction by Individuals
1979		13.01				
1980		34.63				
1981		54.59				
1982		92.67				
1983		146.86				
1984		266.63				
1985		320.94				
1986	453.07	297.27	4.17		82.74	68.89
1987	464.69	240.58	0.63		132.94	90.54
1988	567.38	321.99			148.11	97.28
1989	563.01	419.52	3.32		92.02	48.15
1990	347.33	142.90	2.99	97.32	45.29	58.83
1991	504.81	166.58	4.60	116.05	116.79	100.79
1992	635.21	189.92	0.53	151.32	146.99	146.45
1993	672.89	212.91	0.34	173.28	179.35	107.01
1994	676.84	222.06	0.16	204.32	157.20	93.10
1995	838.46	262.02	19.55	311.55	141.60	103.74
1996	964.52	294.65	3.77	394.32	165.51	106.27
1997	942.91	303.29	1.89	327.04	181.53	128.91
1998	1 211.89	266.63	4.96	463.31	302.02	170.47

6-6 全社会竣工房屋价值
VALUE OF BUILDINGS COMPLETED
(1979—1998)

单位:万元　　(10 000 yuan)

年份 Year	合计 Total	基本建设 Capital Construction	更新改造 Technical Updates and Transformation	房地产开发 Investment in Commodity Houses	集体经济单位 Collective-Owened Units	城乡私人建房 Buildings Construction by Individuals
1979		1 207				
1980		4 607				
1981		9 189				
1982		20 865				
1983		37 164				
1984		79 318				
1985		103 970				
1986	157 701	112 918	1 557		30 915	12 311
1987	151 670	92 746	214		43 632	15 078
1988	348 453	263 936			51 677	32 840
1989	276 535	229 764	1 450		29 916	15 405
1990	210 323	97 015	2 455	66 676	23 234	20 943
1991	308 940	108 924	13 586	99 649	55 472	31 309
1992	601 150	169 894	267	160 027	213 196	57 766
1993	640 545	228 558	490	237 913	118 265	55 319
1994	784 100	287 106	299	333 945	114 562	48 188
1995	1 343 491	359 878	20 502	753 927	138 995	70 189
1996	1 825 063	409 095	9 607	1 135 867	189 281	81 213
1997	1 745 964	552 222	3 353	914 166	177 407	98 459
1998	2 416 223	544 777	8 700	1 465 010	257 198	131 038

6-7　全社会住宅投资
INVESTMENT IN RESIDENTIAL HOUSING
(1979—1998)

单位:万元　　(10 000 yuan)

年　份 Year	合　计 Total	基本建设 Capital Construction	更新改造 Technical Updates and Transformation	房地产开发 Investment in Commodity Houses	集体经济单位 Collective-owened Units	城乡私人建房 Buildings Construction by Individuals
1979		914				
1980		2 838				
1981		6 428				
1982		19 021				
1983		27 640				
1984		38 372	34			
1985		64 827	36			
1986	46 940	32 656	15		2 918	11 351
1987	54 629	36 269	88		4 228	14 044
1988	114 993	78 522			4 745	31 726
1989	123 617	101 466	189		7 478	14 484
1990	164 518	92 429	20	50 554	1 663	19 852
1991	315 480	173 346	425	100 094	11 704	29 911
1992	703 879	342 331	519	268 007	40 464	52 558
1993	582 283	161 494	100	337 090	33 836	49 763
1994	616 790	177 141		359 373	38 907	41 369
1995	795 949	187 993	2 296	487 022	53 108	65 530
1996	859 803	153 068	6 220	544 541	85 575	70 399
1997	1 135 054	146 509	1 766	855 049	47 015	84 715
1998	1 500 548	261 719	4 800	998 850	107 458	116 617

6-8　全社会住宅施工建筑面积
FLOOR SPACE OF RESIDENTIAL HOUSING UNDER CONSTRUCTION
(1979—1998)

单位:万平方米　　　　(10 000 sq. m)

年　份 Year	合　计 Total	基本建设 Capital Construction	更新改造 Technical Updates and Transformation	房地产开发 Investment in Commodity Houses	集体经济单位 Collective-owened Units	城乡私人建房 Buildings Construction by Individuals
1979		13.41				
1980		27.81				
1981		43.34				
1982		128.30				
1983		155.68				
1984		258.52				
1985		362.70				
1986	366.59	284.92	0.37		12.46	68.84
1987	339.69	228.10	0.15		24.30	87.14
1988	447.03	342.03			18.04	86.96
1989	434.43	364.58	0.99		23.78	45.08
1990	359.73	133.49	0.03	158.86	10.13	57.22
1991	604.58	190.63	8.77	252.61	54.70	97.87
1992	920.04	200.16	0.79	480.23	105.72	133.14
1993	1 032.92	231.73	0.20	640.19	65.82	94.98
1994	1 090.32	324.46		614.40	64.72	86.74
1995	1 443.72	406.46	8.33	844.17	86.94	97.82
1996	1 474.14	325.21	2.33	940.61	107.50	98.49
1997	1 465.45	285.19	1.29	966.19	102.35	110.43
1998	1 866.76	400.22	0.65	1 146.97	149.25	159.73

6-9 全社会住宅竣工建筑面积
FLOOR SPACE OF RESIDENTIAL HOUSING COMPLETED
(1979—1998)

单位:万平方米　　(10 000 sq. m)

年 份 Year	合 计 Total	基本建设 Capital Construction	更新改造 Technical Updates and Transformation	房地产开发 Investment in Commodity Houses	集体经济单位 Collective-owened Units	城乡私人建房 Buildings Construction by Individuals
1979		5.26				
1980		17.85				
1981		23.41				
1982		45.57				
1983		62.42				
1984		123.76				
1985		139.31				
1986	197.15	116.73	0.21		11.37	68.84
1987	199.09	89.58	0.15		22.22	87.14
1988	245.10	143.83			14.31	86.96
1989	236.98	169.86	0.99		21.05	45.08
1990	183.24	55.77	0.03	62.87	7.35	57.22
1991	301.08	64.25	4.60	87.13	47.23	97.87
1992	405.75	65.27	0.39	120.34	86.61	133.14
1993	371.75	110.50	0.20	128.14	37.93	94.98
1994	373.77	112.48		141.44	33.11	86.74
1995	485.23	116.87	4.43	216.38	49.73	97.82
1996	565.86	156.14	2.33	250.51	58.39	98.49
1997	512.24	102.00	0.40	243.19	56.22	110.43
1998	729.48	120.01	0.65	356.30	89.09	159.73

6-10 全社会住宅竣工价值
VALUE OF RESIDENTIAL HOUSING COMPLETED
(1979—1998)

单位:万元　　　　(10 000 yuan)

年 份 Year	合 计 Total	基本建设 Capital Construction	更新改造 Technical Updates and Transformation	房地产开发 Investment in Commodity Houses	集体经济单位 Collective-owened Units	城乡私人建房 Buildings Construction by Individuals
1979		449				
1980		2 440				
1981		4 322				
1982		9 873				
1983		15 043				
1984		37 418				
1985		38 341				
1986	54 880	40 169	44		3 316	11 351
1987	46 707	26 261	83		6 319	14 044
1988	88 625	52 663			4 236	31 726
1989	109 242	87 117	317		7 324	14 484
1990	105 056	31 272	15	50 915	3 002	19 852
1991	180 594	34 811	13 586	83 039	19 247	29 911
1992	256 111	37 275	159	130 010	36 109	52 558
1993	351 941	104 136	140	168 939	28 963	49 763
1994	432 365	121 501		234 568	34 927	41 369
1995	754 577	137 462	3 810	498 207	49 568	65 530
1996	918 088	180 532	6 291	597 390	63 476	70 399
1997	879 347	132 583	600	598 621	62 828	84 715
1998	1 426 708	165 262	1 900	1 044 859	90 590	116 617

6－11　基本建设投资构成
COMPOSITION OF INVESTMENT IN CAPITAL CONSTRUCTION BY USE OF FUNDS (1990—1998)

单位:万元　　(10 000 yuan)

年份 Year	一、投资额 Total	按构成分 By Use of Funds			二、新增固定资产 Newly Increased Fixed Assets
		建筑安装工程 Construction and Installation	设备、工器具购置 Purchase of Equipment and Instruments	其他费用 Others	
全市 Total					
1990	427 134	244 356	133 757	49 021	260 718
1991	528 725	362 110	118 015	48 600	387 315
1992	741 573	506 693	160 723	74 157	332 281
1993	1 222 146	912 874	225 947	83 325	633 055
1994	1 281 065	946 734	220 847	113 484	937 960
1995	1 401 235	1 008 297	195 853	197 085	729 913
1996	1 569 208	1 131 817	295 631	141 760	939 154
1997	2 015 620	1 416 486	437 057	162 077	1 458 695
1998	2 395 732	1 718 382	403 771	273 579	1 928 562
特区 Urban					
1990	420 711	238 759	133 006	48 946	255 155
1991	517 746	351 884	117 571	48 291	376 766
1992	733 745	499 264	160 480	74 001	325 775
1993	1 100 934	828 645	200 003	72 286	596 437
1994	1 100 463	800 770	193 679	106 014	818 910
1995	1 035 169	765 994	176 131	93 044	556 018
1996	1 269 179	883 331	281 894	103 954	823 988
1997	1 579 435	1 109 331	345 936	124 168	1 202 614
1998	1 935 309	1 384 057	357 263	193 989	1 344 609

6-12　按国民经济行业分的基本建设投资

(1979—1998)

单位:万元

年份 Year	合计 Total	农、林、牧渔业 Farming, Forestry, Animal Husbandry and Fishery	采掘业 Mining and Quarrying	制造业 Manufac-turing	电力、煤气及水的生产和供应业 Electric Power, Gas and Water Production and Supply	建筑业 Construction	地质勘查业 水利管理业 Geological Prospecting and Water Conservancy
1979	4 988	976		824	768	125	451
1980	12 487	657		5 112	267	248	
1981	27 039	717		6 270	311	107	
1982	63 265	2 006		6 464	327	373	170
1983	88 593	642		10 271	520	1 261	287
1984	155 466	1 666		18 319	10 937	3 979	61
1985	276 125	3 740	1 350	42 003	15 702	9 682	146
1986	191 490	2 361	381	43 535	4 423	2 962	273
1987	215 701	3 153	1 140	48 257	7 568	1 827	10 655
1988	347 307	3 956	1 472	107 970	16 243	3 771	125
1989	435 438	3 507		107 977	16 081	27 549	918
1990	427 134	2 406		150 215	89 188	8 907	4 300
1991	528 725	3 441		106 253	92 008	3 334	3 657
1992	741 573	6 797		170 753	113 037	8 758	8 651
1993	1 222 146	10 015	1 218	164 678	173 144	41 103	4 990
1994	1 281 065	9 807	750	144 517	139 951	76 569	9 449
1995	1 401 235	5 853	400	150 054	172 412	41 884	23 106
1996	1 569 208	9 780		187 407	225 157	11 608	27 241
1997	2 015 620	13 981		332 142	199 653	23 626	46 149
1998	2 395 732	16 010		313 269	97 153	49 719	110 285
累计 Total	**13 400 337**	**101 471**	**6 711**	**2 116 290**	**1 374 850**	**317 392**	**250 914**

INVESTMENT IN CAPITAL CONSTRUCTION OF STATE-OWNED UNITS BY SECTOR (1979—1998)

(10 000 yuan)

交通运输仓储和邮电通信业 Transportation, Storage, Post and Telecom-munications	批发零售贸易和餐饮业 Wholesale & Retail Trade and Catering Services	金融、保险业 Banking and Insurance	房地产业 Real Estate Trade	社会服务业 Social Services	卫生体育和社会福利业 Health Care, Sports and Social Welfare	教育、文化艺术和广播电影电视业 Education, Culture, Arts, Radio, Film and Television	科学研究和综合技术服务事业 Scientific Research and Polyte-chnical Services	国家机关、政党机关和社会团体 Government Agencies, Party Agencies and Social Organizations	其他行业 Others
286	489	36					15		1 018
1 500	1 176	77		989	192	296	40	1 331	602
587	2 191	142	2 331	10 816	226	576	35	1 496	1 234
2 795	7 563	263	4 201	19 490	544	1 482	173	3 476	13 938
6 931	11 526	492	6 006	27 864	1 151	1 333	232	6 032	14 045
10 021	24 201	1 728	30 344	18 006	2 336	10 917	611	11 358	10 982
21 838	41 200	4 955	56 781	33 693	6 500	10 794	620	12 842	14 279
15 317	19 578	7 178	25 700	20 673	3 038	14 029	994	11 417	19 631
17 084	11 480	5 205	59 009	11 053	2 688	7 592	1 210	12 061	15 719
32 798	22 418	245	72 845	33 854	3 889	7 766	95	28 995	10 865
63 069	16 240	3 824	73 884	24 975	4 742	17 502	95	10 821	64 254
75 331	8 260	227	12 380	19 758	3 769	12 140	296	6 145	33 812
115 710	14 301	602	14 014	77 257	6 497	17 296		18 207	56 148
190 132	22 706	510	19 650	75 044	14 145	19 238	313	7 880	83 959
230 905	16 528	7 228	114 582	353 058	9 355	18 607	265	16 248	60 222
369 072	23 262	8 335	76 900	280 180	9 875	25 315	9 486	42 191	55 406
309 199	74 717	18 831	86 193	295 644	19 453	42 366	6 585	78 328	76 210
362 857	108 689	25 269	91 997	251 501	33 664	60 704	14 605	88 310	70 419
491 385	52 870	5 521	120 121	418 091	43 321	116 075	1 696	109 640	41 349
513 641	58 976	2 700	249 892	625 062	37 230	121 344	2 101	146 819	51 531
2 830 458	**538 371**	**93 368**	**1 116 830**	**2 597 008**	**202 615**	**505 372**	**39 467**	**613 597**	**695 623**

6－13　基建投资主要经济效益指标

(1990—1998)

年　份 Year	一、建设项目投产率(%) Rate of Construction Projects Completed and Put into Use (%)	施工建设项目数(个) Number of Projects Under Construction (unit)	建成投产项目数(个) Number of Projects Completed and Put into Use (unit)	二、建设项目平均建设周期(年) Average Time Taken by Construction Projects (year)	施工项目计划总投资(万元) Investment Planning of Construction Projects (10 000 yuan)	完成投资额(万元) Investment in Construction Projects (10 000 yuan)
全市　Total						
1990	41.76	352	147	3.20	1 368 562	427 134
1991	41.76	376	157	3.18	1 679 975	528 725
1992	34.70	415	144	2.88	2 135 561	741 573
1993	36.44	365	133	2.84	3 469 534	1 222 146
1994	39.03	433	169	3.53	4 519 880	1 281 065
1995	27.86	384	107	4.59	6 437 126	1 401 235
1996	38.58	394	152	4.72	7 403 125	1 569 208
1997	39.42	449	177	4.03	8 131 400	2 015 620
1998	39.52	463	183	4.39	10 528 602	2 395 732
特区　Urban						
1990	37.74	310	117	3.22	1 355 798	420 711
1991	39.77	347	138	3.21	1 663 653	517 746
1992	33.25	397	132	2.90	2 126 139	733 745
1993	37.74	318	120	2.56	2 822 448	1 100 934
1994	38.48	369	142	3.28	3 610 047	1 100 463
1995	28.66	314	90	4.61	4 767 014	1 035 169
1996	40.48	336	136	4.87	6 176 993	1 269 179
1997	39.73	375	149	4.38	6 917 303	1 579 435
1998	40.87	389	159	4.70	9 094 214	1 935 309

MAIN ECONOMIC EFFICIENCY INDEXES OF INVESTMENT IN CAPITAL CONSTRUCTION

(1990—1998)

三、固定资产交付使用率(%) Rate of Fixed Assets Put into Use (%)	完成投资额(万元) Investment in Fixed Assets (10 000 yuan)	新增固定资产(万元) Newly Increased Fixed Assets (10 000 yuan)	房屋建筑面积竣工率(%) Rate of Floor Space of Buildings Completed (%)	施工房屋面积(万平方米) Floor Space of Buildings Under Construction (10 000 sq.m)	竣工房屋面积(万平方米) Floor Space of Buildings Completed (10 000 sq.m)
61.04	427 134	260 718	34.96	408.71	142.90
73.25	528 725	387 315	31.21	533.66	166.58
44.81	741 573	332 281	35.67	532.45	189.92
51.80	1 222 146	633 055	37.57	566.70	212.91
73.21	1 281 065	937 960	31.54	704.15	222.06
52.09	1 401 235	729 913	27.53	951.68	262.02
59.85	1 569 208	939 154	30.52	965.41	294.65
72.37	2 015 620	1 458 695	35.80	847.14	303.29
66.81	2 395 732	1 600 634	30.90	862.96	266.63
60.65	420 711	255 155	33.74	390.34	131.69
72.77	517 746	376 766	29.60	498.85	147.67
44.40	733 745	325 775	34.32	514.14	176.45
54.18	1 100 934	596 437	35.97	491.97	176.94
74.42	1 100 463	818 910	26.92	592.05	159.38
53.71	1 035 169	556 018	23.44	850.33	199.32
64.92	1 269 179	823 988	30.31	877.90	266.12
76.14	1 579 435	1 202 614	34.18	728.50	248.99
69.48	1 935 309	1 344 609	30.28	706.37	213.92

6－14　基本建设投资财务拨款额
FINANCIAL APPROPRIATION OF INVESTMENT IN CAPITAL CONSTRUCTION
(1990—1998)

单位:万元　　　　(10 000 yuan)

年　份 Year	财务拨款额 Financial Appropriation	国家预算内资金 State Budgetary Appropriations	国内贷款 Domestic Loans	债券 Securities	利用外资 Foreign Investment	自筹资金 Fund－Raising	其他投资 Others
全市　Total							
1990	499 843	2 635	115 044		164 068	181 413	36 683
1991	586 178	2 000	192 603		123 358	211 958	56 259
1992	768 887	500	230 860		87 252	370 673	79 602
1993	1 239 162		246 153	21 049	156 054	673 895	142 011
1994	1 326 714		175 767	10 339	174 809	830 151	135 648
1995	1 390 619	.	167 510		230 560	909 593	82 956
1996	1 524 924		190 060		324 436	931 551	78 877
1997	2 029 449		157 498		522 576	1 287 817	61 558
1998	2 144 748	4 730	192 894		128 538	1 737 315	81 271
特区　Urban							
1990	492 538	2 635	114 615		163 164	176 224	35 900
1991	573 837	2 000	191 610		122 950	202 711	54 566
1992	761 456	500	230 445		86 842	364 067	79 602
1993	1 067 651		213 199		150 588	575 632	128 232
1994	1 042 383		103 446	10 339	145 663	686 971	95 964
1995	1 019 322		78 113		191 926	715 233	34 050
1996	1 257 467		168 846		266 390	773 917	48 314
1997	1 631 868		119 532		391 015	1 083 581	37 740
1998	1 740 273	4 430	138 844		78 945	1 463 438	54 616

6－15　房地产开发投资
INVESTMENT IN REAL ESTATE DEVELOPMENT
(1990—1998)

单位:万元　　(10 000 yuan)

年　份 Year	一、合计 Total	住宅 Residential Housing	按构成分 Grouped by Use of Funds 建筑安装工程 Construction and Installation	设备、工器具购置 Purchases of Equipment and Instruments	其他费用 Others	二、新增固定资产 Newly Increased Fixed Assets
1990	67 842	50 554	61 822	3 515	2 505	68 252
1991	136 896	100 094	118 855	4 116	13 925	33 594
1992	342 706	268 007	248 303	14 136	80 267	126 174
1993	500 332	337 090	453 047	23 207	24 078	212 568
1994	794 754	359 373	634 953	53 323	106 478	342 361
1995	1 030 368	487 022	793 170	67 516	169 682	652 570
1996	1 248 251	544 541	922 172	123 803	202 276	1 246 877
1997	1 366 545	855 049	984 052	63 593	318 900	1 044 707
1998	1 674 854	998 850	1 157 899	73 471	443 484	1 676 557

6－16　房地产开发投资财务拨款额
FINANCIAL APPROPRIATION OF INVESTMENT IN REAL ESTATE DEVELOPMENT
(1990—1998)

单位:万元　　(10 000 yuan)

年　份 Year	财务拨款额 Financial Appropriation	国家预算内资金 State Budgetary Appropriations	国内贷款 Domestic Loans	债券 Securities	利用外资 Foreign Investment	自筹资金 Fund－Raising	其他投资 Others
1990	89 493		16 165		34 398	23 604	15 326
1991	185 497		34 199		54 700	74 049	22 549
1992	407 607		124 784		49 374	152 201	81 248
1993	674 001		130 387		66 859	321 156	155 599
1994	774 549		141 764		159 588	368 531	104 666
1995	1 478 346		314 292	20	281 422	494 097	388 515
1996	1 491 019		294 547		283 050	454 877	458 545
1997	1 681 137		309 060		201 470	611 982	558 625
1998	2 230 372		550 266		93 078	803 217	783 811

6－17 更新改造投资

(1986—1998)

单位:万元

年份 Year	合计 Total	一、按国民经济行业分 Grouped by Main Sectors 1. 农业 Farming	2. 工业 Industry	3. 交通运输 Transportion	4. 商业 Commerce	5. 文化教育和卫生事业 Culture, Education and Health	6. 房地产业、社会服务业 Real Estate Management and Social Services	7. 其他行业 Others
全市 Total								
1986	10 140		10 140					
1987	3 009		3 004			5		
1988	2 572		1 819	655	98			
1989	9 140		6 806	1 295			289	750
1990	24 661		4 313	14 903	17			5 428
1991	36 949	1 029	5 110	29 802		30	794	184
1992	44 678		11 605	6 338			24 563	2 172
1993	20 794		2 607	14 520			3 317	350
1994	66 191		13 435	52 756				
1995	70 484		36 741	13 704			20 039	
1996	113 836		78 350	26 318	2 000	1 326	5 842	
1997	167 033		128 191	20 141	6 411	4 808	3 233	4 249
1998	201 514		160 362	10 513	4 903	365	23 413	1 958
特区 Urban								
1986	6 296		6 296					
1987	3 009		3 004			5		
1988	1 847		1 819	28				
1989	7 399		5 065	1 295			289	750
1990	24 661		4 313	14 903	17			5 428
1991	36 949	1 029	5 110	29 802		30	794	184
1992	44 678		11 605	6 338			24 563	2 172
1993	5 894		2 227				3 317	350
1994	9 430		9 430					
1995	45 428		35 998	6076			3 354	
1996	68 794		59 126	500	2 000	1 326	5 842	
1997	138 577		116 756	3 120	6 411	4 808	3 233	4 249
1998	190 865		157 255	4 705	4 903	365	21 679	1 958

INVESTMENT IN INNOVATION

(1986—1998)

(10 000 yuan)

二、按构成分 Grouped by Use of Funds			三、按工程用途分 Grouped by Use of Projects					新增固定资产 Newly Increased Fixed Assets
建筑安装工程 Construction and Installation	设备、工器具购置 Purchases of Equipment and Instruments	其他费用 Others	1. 农林牧渔业用 Farming, Forestry, Animal Husbandary and Fishery	2. 工业、建筑业用 Industry and Construction	3. 商业、运输邮电业用 Commerce, Tran-sportation, Post and Telecommunications	4. 住宅 Residential Housing	5. 其他 Others	
2 786	7 277	77						5 359
513	2 261	235						2 602
1 038	1 406	128						1 752
3 251	5 481	408						8 350
14 960	9 448	253						10 749
23 038	13 023	888						31 324
42 640	881	1 157						22 055
16 233	2 033	2 528						2 711
52 376	12 351	1 464		13 349	52 756		86	84 681
36 092	30 232	4 160		35 941	19 560	2 296	12 687	36 725
43 489	57 289	13 058	9 522	69 599	26 818	6 220	1 677	107 401
47 243	116 611	3 179		133 618	21 178	1 766	10 471	174 104
62 541	122 179	16 794	4 000	151 446	23 607	4 800	17 661	153 238
2 618	3 601	77						5 258
513	2 261	235						2 602
988	761	98						1 101
2 610	4 381	408						4 049
14 960	9 448	253						10 749
23 038	13 023	888						31 324
42 640	881	1 157						22 055
2 791	1 853	1 250						2 331
213	9 068	149		9 344			86	8 693
15 965	29 203	260		35 498	4 380	2 196	3 354	15 126
14 691	47 253	6 850	9 522	50 375	1 000	6 220	1 677	87 323
23 887	111 711	2 979		122 183	4 157	1 766	10 471	125 988
55 730	119 227	15 908	4 000	148 339	16 065	4 800	17 661	147 297

6-18 更新改造投资财务拨款额
FINANCIAL APPROPRIATION OF INVESTMENT IN INNOVATION (1986—1998)

单位:万元 (10 000 yuan)

年 份 year	财务拨款额 Financiam Appropriation	国家预算内资金 State Budgetary Appropriations	国内贷款 Domestic Loans	债券 Securities	利用外资 Foreign Investment	自筹资金 Fund-Raising	其他投资 Others
全市 Total							
1986	10 140	773	6 931		716	1 446	274
1987	3 009	250	1 613		92	1 054	
1988	2 572		156			2 416	
1989	9 140		4 296		1 577	3 267	
1990	24 661		2 955		4 699	13 383	3 624
1991	38 380	70	7 119			31 191	
1992	42 817		11 295		65	19 651	11 806
1993	11 090		5 434			5 656	
1994	66 417		50 674			12 243	3 500
1995	70 309		9 501		2 908	51 815	6 085
1996	109 989		16 995		38 553	41 855	12 586
1997	146 263		40 736		22 712	79 715	3 100
1998	199 432	58	48 406		24 120	121 968	4 880
特区 Urban							
1986	6 296	773	3 087		716	1 446	274
1987	3 009	250	1 613		92	1 054	
1988	1 847		74			1 773	
1989	7 399		2 789		1 577	3 033	
1990	24 661		2 955		4 699	13 383	3 624
1991	38 380	70	7 119			31 191	
1992	42 817		11 295		65	19 651	11 086
1993	7 041		4 634			2 407	
1994	9 152		100			9 052	
1995	45 503		1 353			44 150	
1996	67 728		13 798		24 125	25 855	3950
1997	118 853		34 175		21 584	59 994	3 100
1998	189 927	58	46 156		24 120	114 713	4 880

6-19 房地产开发房屋建筑面积、价值、造价
FLOOR SPACE, VALUE AND COST OF COMMERCIAL HOUSES (1998)

项目 Item		合计 Total	住宅 Residential Housing	别墅、高档公寓 Villas and Flats	办公楼 Office Building	商业营业用房 Commerce	其他 Others
施工房屋建筑面积（万平方米）	Floor Space of Buildings Under Construction (10 000 sq. m)	1 656.65	1 146.97	20.72	175.10	208.97	125.61
竣工房屋建筑面积（万平方米）	Floor Space of Buildings Completed (10 000 sq. m)	463.31	356.30	4.36	42.26	41.05	23.70
竣工房屋价值（万元）	Value of Buildings Completed(10 000 yuan)	1 465 010	1 044 859	18 248	200 731	147 965	71 455
竣工房屋造价（元/平方米）	Cost of Buildings Completed(yuan/sq. m)	3 162.05	2 932.53	4 185.32	4 749.91	3 604.51	3 014.98

6-20 房地产开发房屋实际销售面积、销售额、平均价格
FLOOR SPACE, SALES AND AVERAE PRICES OF COMMERCIAL HOUSES SOLD (1998)

项目 Item		合计 Total	住宅 Residential Housing	别墅、高档公寓 Villas and Flats	办公楼 Office Building	商业营业用房 Commerce	其他 Others
实际销售面积（万平方米）	Floor Space (10 000 sq. m)	290.35	251.31	2.92	25.51	9.38	4.15
实际销售额（万元）	Total Sales (10 000 yuan)	1 720 868	1 304 420	16 043	305 993	96 063	14 392
实际销售平均价格（元/平方米）	Average Prices (yuan/sq. m)	5 926.87	5 190.48	5 494.18	11 995.02	10 241.26	3 467.95

七、商业、物价

1998 年深圳商业运行概况

1998 年,深圳经济保持稳步、持续发展势头,促进了商业的发展,全市批发零售贸易业、餐饮业发展平稳,社会消费品零售总额达423.05亿元,但由于受我国宏观经济的影响及亚洲金融危机的逐步波及,商贸企业出现了各种前所未有的困难,集中表现在商品销售总额、商品购进总额均比上年有所下降,企业经营困难,经济效益不理想,竞争进一步激烈,商场倒闭的事件时有发生,零售商与供货商之间的矛盾加剧等。

一、1998 年商业运行特点

1. 商业零售市场稳步发展

随着深圳经济发展步入平稳增长轨道,物价持续回落,并在 1998 年出现负增长,居民商品购买力相对提高,市场有效供给充足,基本形成买方市场。1998 年全年社会消费品零售总额达 423.05 亿元,比上年增长 6.8%,扣除物价因素,实际增长 9.5%。零售市场中,批发零售贸易业、餐饮业、制造业、农贸市场均保持不同程度的增长势头,但增长幅度不一,其中批发零售贸易业、餐饮业与上年相比增幅出现回落,而制造业、农贸市场依然保持较高的增幅。在零售市场中,批发零售贸易业占有较大的比重,达 56.3%。

2. 批发零售贸易业购销不畅,库存增加,企业经营困难

当前深圳商品市场明显供过于求,物价持续下降,并由此引发各企业间竞争日益激烈,特别是不同经济类型商场如雨后春笋般开业,为争夺有限客源,纷纷打出低价格,希望以平促销,导致利润下降,全行业效益不佳。1998 年限额以上批发零售业销售收入 371.13 亿元,比上年下降 6.5%,利润总额 6.53 亿元,下降 12.3%,利润率由 1.88%下降到 1.76%,下降了 0.12 个百分点。同时,商业企业流动资金周转减慢,资金占用较大,导致企业负债加重。1998 年负债合计增长 12.8%,其中流动负债增长 8.4%,长期负债增长 75.2%,整个商业企业的资产负债率由 1997 年的 66% 上升到 68.3%。

3. 商品零售类别结构发生新变化

在社会消费品销售总额中,与居民生活息息相关的食品、饮料烟酒类、服装鞋帽类、日用品类和化妆品类是消费的主要导向,其零售额所占比重一直超过 50%。随着经济的发展和居民收入的不断提高,深圳居民对生活质量的要求越来越高,商品销售额也发生了新的变化,一是对家居生活环境的要求不断提高,家庭装饰消费发展很快,占零售总额的比重已经达到了 4%;二是家用电器也保持了较高的增长,这一类商品特别是空调、电脑、家庭影院、大屏幕彩电等近年来由于价格不断下调,已经逐步走入家庭生活,并成为新的消费热点,在零售总额中的比重达到了 6%;三是居民购买中西药品的消费也呈上升趋势,1998 年中西药品零售额已占零售总额的 2.9%;四是随着我国加入 WTO 的步伐日益加快,对汽车市场也带来较大的影响,汽车价格的下降,也逐步为一部分先富起来的家庭所接受,汽车类的零售额已占 2.6%,从未来发展趋势来看,它必将成为新的

消费热点;五是居民文化需求提高,各类书报杂志、体育文化用品和娱乐类零售额也呈不断上升的趋势。

4. 商业网点迅猛扩张,从业人员不断增加

1998年全市商业网点达到11.87万个,比上年增长25.8%。从业人员47.95万人,比上年增长7.7%。全市商业网点呈现以下几个特点:①批发业网点快速增长,达到1.26万个,比上年增长29.9%。在批发业网点中,私营经济大幅度增长达73.1%,而其他各类经济呈不同程度的下降,这一情况说明私营经济在批发业网点中已占据主导地位。②在零售贸易业网点中,个体经济和私营经济占有较高的比重,分别达到83.4%和15.5%。在零售贸易业网点中,以食品饮料烟草零售业、日用百货和纺织品、服装鞋帽零售业所占比重较高,分别达到34.3%、36.4%和20.1%。随着商贸企业投资力度加大,大、中型零售网点不断增加,所占比重不断增大。1998年全市大型商业零售网点259个,从业人员19407人,分别比上年增长97.7%和77.2%。近年来深圳大型商业零售网点不断增多,逐步改变了从前那种小规模分散的商业网点格局,极大地改善了居民购物条件,增强了城市商品流通服务功能,开始向国际化商贸中心靠拢。③餐饮业网点发展较快,1998年餐饮业网点1.69万个,增长23.2%,其中占主导地位的依然是个体经济,在餐饮业网点中占89.4%。

5. 规模经营已成为深圳零售市场的发展趋势

近几年来,深圳市加快建设大型商场的步伐,并对批发零售业逐渐实行对外资开放,1998年批发零售贸易和餐饮业实际利用外资达7715万美元。大型零售企业的不断加入,外资的不断引进,给零售业经营带来更大竞争压力的同时,也带来了活力,促使各零售企业改变经营观念,努力提高管理水平和服务水平,增强竞争能力。对居民来说则有了更多的选择,可以得到更好的服务和实惠。随着市场经济的发展和经营竞争的优胜劣汰,不少商场被兼并甚至关门倒闭,一些经营有方的零售企业则迅速发展,如万佳股份有限公司、易初配销有限公司(山姆会员店)、岁宝百货有限公司等,1998年全市十大零售企业销售额51.87亿元,比上年增长5%,在全社会消费品零售总额中占12.3%。

二、发展深圳商业的几点建议

1. 充分利用地理位置的优势

深圳毗邻香港和南方最大的商贸中心广州,在地理位置上拥有绝对优势。深圳是全国重点旅游城市之一,每年有数以百万计的国内外游客前来观光、度假、探亲和从事经贸活动。深圳是全国唯一拥有海陆空口岸的城市,以及全国第二大集装箱港口,交通通讯设施十分发达,吸引了海外和全国各省市重要的商贸机构设点经营,汇集世界和全国各地的名优产品,以物美价廉著称。因此,应充分利用这些优势,加快建设区域性物流中心,使深圳成为全国重要的商品集散地。

2. 加强宏观调控力度,规范商业市场行为

当前,深圳商贸企业问题很多,一些商业企业无视国家政策规定,滥发购物卡,甚至管理人员携款潜逃的事件时有发生,严重损害了广大供货商和消费者的利益。尽管深圳市加大力度打击制假贩假的活动,但制假贩假的行为依然屡禁不止,对商贸市场造成了严重的冲击。另一方面流动无证小贩剧增,乱摆卖现象严重,对市容和市场管理带来了难度。有关部门应采取有力措施,联合各相关部门,争取标本兼治,净化商贸市场。

3. 进一步扩大对外开放程度,积极引进外资

应通过引进外资来提高整个行业的管理水平和服务水平,促进商业国际化进程,利用外商的资金优势和海外联系,吸纳更多的名优产品,使深圳成为商品种类齐全,物美价廉,万商云集的国际性商业市场。

4. 深化国有企业机制改革,促使国有企业转换经营机制,加快产业结构调整和股份制改造,盘活国有资产

(经贸统计处供稿,执笔:梁达军)

1998 年深圳物价形势回顾及 1999 年预测

1998 年是不平凡的一年,深圳市在克服了亚洲金融危机和国内需求不振等不利因素的影响后,取得国民经济的稳定和持续发展,GDP 增长达到 14.5%,完成了增长 14%的目标。与此同时,市场物价呈现稳步下降的走势,与上年比,居民消费价格下降 0.7%,商品零售价格下降 2. 5%,降幅创了 1990 年以来的新低。

一、全年物价走势及特点

1. 指数呈单边下降走势

1998 年初,物价上扬动力已显不足。一季度,消费价格维持在 100 上下浮动,而商品零售价格已显降势(下降 0.3%)。一季度后物价进一步走低,零售物价更是除 1 月份外,全年呈负增长,最低的 8 月份下降 5.6%。

物价变动的主要特点是:(1)物价降幅较大、面广。1998 年物价指数的降幅是深圳市自 1980 年计算物价指数以来最大的降幅,而且从编制零售物价指数的 14 大类商品看,下降的有 10 大类,占 71%。(2)持续时间长。从商品零售物价看,由于商品价格持续低迷,除 1 月份受春节影响外,其余各月均呈阴跌状态,指数一直是负增长。居民消费价格指数由于部分服务项目调高价格,下降的幅度和月份少一些,但也有 8 个月显示负增长。

2. 食品供应丰富,价格逐月下降

由于食品在消费中占较大比重,其价格的波动往往对总指数造成明显影响。今年我国虽遭受特大水灾,对粮食生产造成一定影响,但经过努力,全年仍取得与上年相当的收成。从深圳市情况看,粮价仍较上年有较大下降,降幅为 5.4%。由于粮价的稳中有降,加上其他农副产品的市场化、产业化、规模化,使食品市场更是供应充足,价格也持续下跌。如鲜菜自 7 月开始即出现明显的下跌趋势,最低的 8 月较上年下降 40.7%,全年下跌 6.4%,鲜果价格亦下降 6.1%。肉禽、水产品等也处于不断的跌市之中,各下跌 9.7%和 7.9%,其中猪肉价格下跌 7.2%,活鸡价格下跌 19%。但引人注目的是,饮食业价格却能在一片跌价声中逆市上升,与上年比,价格上升 10.6%,究其原因,主要是与市民外出就餐增加以及上年饮食业价格跌幅过大有关。从主要类别来看,饮食业中主食的涨幅达 31.4%,炒菜、地方小吃各上升 4.2%和 7.6%。尽管如此,由于食品类中其他类别基本为负增长,因此,全年食品类价格仍下降2.7%,成为拉动全年总指数下跌的主要因素。

3. 工业消费品价格稳中有降

由于买方市场的形成,人们选择商品的余地增大,各商家的竞争也非常激烈,商场的倒闭与开业成为本年鹏城商战的一道风景线。在淡静的市道中价格仍成为各商家的主要武器,因此商品价格的走低也在情理之中。与上年比,衣着类价格下降 0.5%,其中服装价格仅下降 0.1%,基本与上年持平。1998 年服装市场的主要特点是人们购买偏向价廉的品种,且在换季时价格波动较大。家庭设备及用品价格下降 1.6%,其中耐用消费品价格下降 2.5%,因为深圳居民耐用品拥有量已趋饱和,购买量也相对减少,因此价格处于下降回落之势。但由于 1998 年国家促进商品房销售政策的实施,使购房者增加,对耐用品的需求也增多,加上耐用品价格的普遍回落,也使部分耐用品市场淡中见

旺。医疗保健类价格上涨1%,较上年涨幅低了4.3个百分点。其中,中药及中成药价格下降0.5%,西药价格上升3. 0%,从1998年情况看,药品价格上涨的势头已趋缓。交通和通讯工具价格下降2%,其中交通工具下降2.1%,通讯工具价格下降1.5%。1998年各种手提电话机、BP机价格均有不同程度的下降,这是其向价值回归的过程,随着竞争的加剧,手机、BP机价格仍会继续下降。娱乐教育文化用品价格下降3 .7%,其中文娱用耐用消费品价格下降7.3%,彩电价格虽然下半年有所回稳,但全年仍下跌9.1%,文化娱乐用品类由于报纸杂志价格上调16.2%而上涨2.2%。

4. 居住和服务项目价格有所上升

1998年,居住类价格上涨0.9%,其中住房价格下降0.1%,水电燃料类价格上涨3.1%,主要是上年调高水费15.8%的滞后影响,以及11月份电费调高后,全年上涨2.9%的影响。虽然液化石油气价格在11月也向下调整,但全年降幅仅0.6%,对总指数影响不大。因此,在以上因素的影响下,居住类价格较上年稍有上升。

服务项目价格全年上涨5.3%,主要是部分调价项目相继出台,如5月份,深圳市调高了部分医疗检查费用,使医疗保健服务类价格上涨9.4%;9月份,调高了学杂费标准,全年涨幅为12.7%;文娱费用因戏票、电影票等的价格上调而上涨14.3%。其余各大类服务项目价格基本平稳。

二、物价变动的成因

1. 商品供应丰富,价格竞争白热化

我国经过20年的改革开放,经济一直保持高速增长,1998年即使遭受不利因素的影响,GDP仍增长7.8%。从近几年的情况看,我国商品供应已基本告别短缺时代,而进入富余时期,买方市场形成。因此,在价值规律的作用下,市场竞争进一步加剧,商品价格的市场化日益明显,随行定价,降价销售已成为各商家在竞争中取胜的主要手段之一。因此,1998年商品价格欲振乏力,原因之一是由于市场商品丰富,价格竞争白热化的结果。

2.收入增幅减缓,消费欲望减弱

从居民方面来看,收入和消费是难以分割的两个方面,而收入是消费的发动机。但从1998年情况看,人们对未来收入是否增加存有疑虑,甚至预期收入可能减少。究其原因,主要是周边国家和地区由于受亚洲金融危机影响,居民失业率上升,收入增幅明显放缓,消费欲望减弱;国内在机构和国企改革中,下岗人员增加,收入减少,这些都增加了人们的心理负担。1998年从统计上来看,居民的收入仍有一定幅度增长,深圳市为4.2%,但由于银行存款利率下调、股票价格阴跌,都使居民的投资收益减少或亏损。就以上因素分析,再考虑到我国人民传统的以储蓄定消费的心理,没有不断增长的收入支持,消费是热不起来的。

3.居民生活水平提高,消费心理趋稳

从需求方面看,居民的购买力仍是存在的。1998年,深圳市居民消费支出增长2.2%,扣除物价因素增长2.9%。因此从全年看,居民支出并未减弱,实际处于一种平衡状态。这是因为,深圳居民在消费构成、消费支出上都达到了比较优良的水平,选择的余地较大,从多年的积累中,居民家庭耐用品拥有量已趋饱和,新形成的购买力只能消化新的生产量,就此达到平衡。因此,从供求方面看,需求拉动物价上升的动力减少,居民消费心理平稳。

三、对1998年物价走势的看法

1998年物价的持续下跌,反映了我国通缩情况的出现,是市场需求乏力,消费信心不足的表现。它使部分生产商贸企业经营困难,利润减少,甚至倒闭。因此物价过低、持续时间过长,对经济的发展会产生不利影响,这也是国家采取各种措施启动消费的原因。但物价的回落,也使生产成本降低,消费者得益,从而促进消费的增加。因此,物价是一把双刃剑,关键是看我们如何把握。物价的变动有其自身的规律,1998年物价总水平的回落,是由经济运行所处国内外环境及客观规律决定的,一方面反映了物价与我国经济增长的相互关系,同时也是对前一时期物价高幅上涨的修正,使价格向其价值回归。随着我国经济逐渐进入成熟期,高幅的通胀或通缩的情况都会减少,将进入一个低度的通胀过程。

四、对1999年物价走势的预测

1999年,国家仍继续执行扩大国内需求的政策,以化解出口减少对我国经济增长带来的不利影响。在财政政策方面,以政府支出的形式刺激经济增长,增加基本建设的投入。在货币政策上,将是"松紧适度"以促进经济的稳定增长。在居民消费方面,将采取鼓励消费的办法以启动消费市场。1998年国家大量增加的投资也将对1999年的经济增长带来正面影响。但由于亚洲金融危机尚未结束,经济的复苏仍有待时日,而国内机构和国企改革正进入攻坚阶段,社会下岗待业人员仍将增加,社会消费会受到一定的制约。因此,1999年的经济环境比1998年并没有较大的改变。综合以上因素,1999年物价总水平将维持小幅变动的局面,预计消费价格指数将与上年大体持平,零售物价指数将下降2.5个百分点左右。

(城调队供稿,执笔:陈少勇)

社会消费品零售总额（亿元）

Total Retail Sales of Consumer Goods (100 millon yuan)

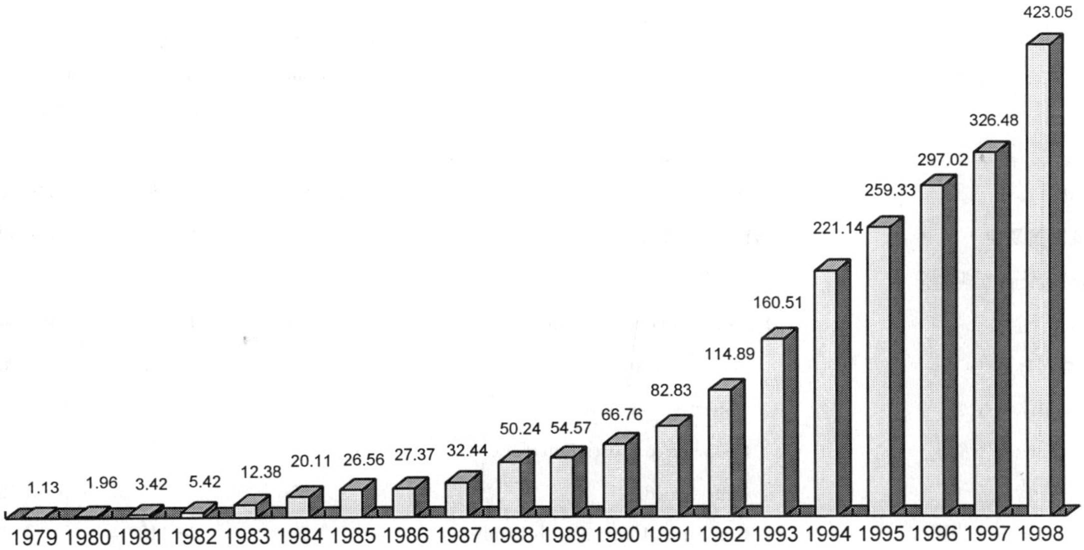

物价指数（以上年为100）

Price Indices (preceding year =100)

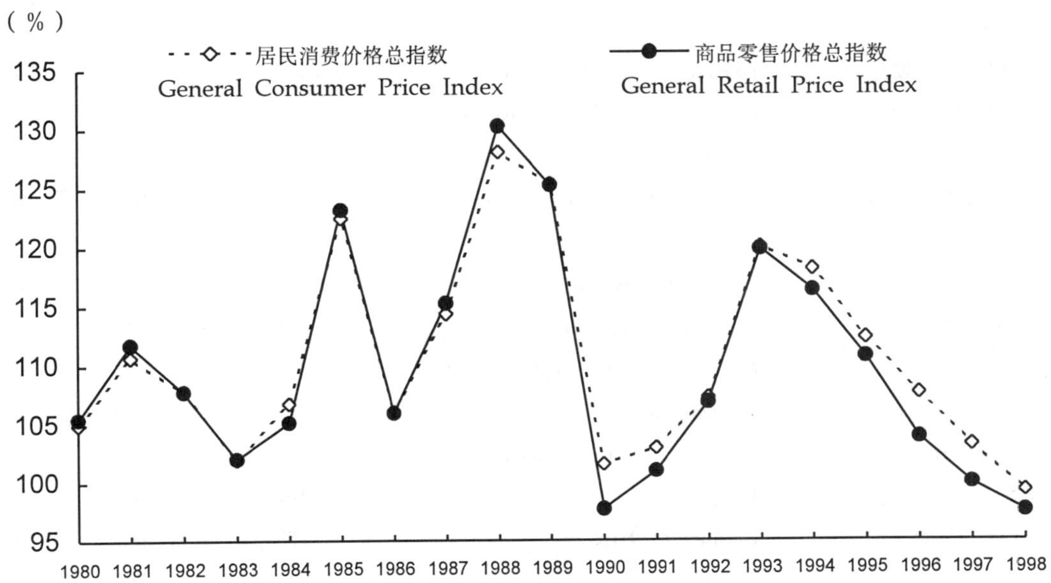

7－1　批发零售贸易业、餐饮业机构、网点和人员情况

NUMBER OF INSTITUTIONS, OUTLETS AND PERSONNEL IN WHOLESALE AND RETAIL SALE TRADES AND CATERING TRADE (1998)

项　目	Item	机构(个) Institutions (unit)	网点(个) Outlets (unit)	人员(人) Personnel (person)
总　计	**Total**	**21 582**	**118 650**	**479 512**
一、批发贸易业	**Wholesale Trade**	**9 252**	**12 635**	**108 890**
(一)按登记注册类型分	Group by Registration			
1. 内资企业	Domestic Investment Enterprise	9 213	12 590	104 604
#国有企业	State－owned	327	532	26 755
集体企业	Collective－owned	38	150	1 954
股份合作企业	Cooperative Shares Enterprise	12	12	248
联营企业	Joint owned	65	72	3 151
有限责任公司	Companies Limited with Liabilities	90	118	3 632
股份有限公司	Companies Limited by Shares	29	33	2 964
私营企业	Private	8 650	11 671	65 818
其他内资企业	Other	2	2	82
2. 港澳台投资企业	Funded by Entrepreneur from Hongkong, Macao and Taiwan	29	29	3 337
3. 外商投资企业	Foreign Funded	10	16	949
(二)按国民经济行业分	By Sector			
1. 食品饮料烟草批发业	Food, Beverage and Tobacco	4 177	4 752	34 797
2. 棉麻土畜产品批发业	Cotton, Fiber, Local and Livestock Products	7	7	549
3. 纺织品、服装和鞋帽批发业	Textile Products, Garments, Shoes and Hats	677	996	8 056
4. 日用百货批发业	Articles of Daily Use	2 339	2 875	18 347
5. 日用杂品批发业	Sundry Goods for Daily Use	11	11	844
6. 五金、交电、化工批发业	Hardwares, Electric Appliances and Chemicals	716	799	7 763
7. 药品及医疗器械批发业	Medicines and Medical Appliances	30	63	3 256
8. 能源批发业	Energy	101	266	4 893
9. 化工材料批发业	Chemical Materials	55	100	1 293
10. 木材批发业	Timber	15	70	641
11. 建筑材料批发业	Building Materials	522	738	9 342
12. 矿产品批发业	Ore Products	3	3	39

7-1续表1　continued

项　目	Item	机构(个) Institutions (unit)	网点(个) Outlets (unit)	人员(人) Personnel (person)
13. 金属材料批发业	Metals	41	68	1 911
14. 机械、电子设备批发业	Machines and Electronic Equipment	123	205	3 150
15. 汽车、摩托车及零配件批发业	Spare and Component Parts for Automobiles	29	102	1 284
16. 再生物资回收批发业	Collection of Materials for Regeneration	12	398	2 949
17. 工艺美术品批发业	Handicraft Articles	3	14	115
18. 图书报刊批发业	Books and Newspapers	2	16	812
19. 农业生产资料批发业	Agricultural Producer Goods	16	85	2 048
20. 其他批发业	Others	373	1 067	6 801
(三)按企业规模分	By Size of Enterprises			
1. 大型企业	Large	95	345	10 170
2. 中型企业	Medium	1 399	2 723	33 403
3. 小型企业	Small	7 758	9 567	65 317
二、零售贸易业	**Retail Sale Trade**	**10 989**	**89 119**	**307 032**
(一)按登记注册类型分	Group by Registration			
1. 内资企业	Domestic Investment Enterprise	10 961	89 080	300 105
#国有企业	State-owned	157	371	14 518
集体企业	Collective-owned	52	343	18 596
股份合作企业	Cooperative Shares Enterprise	11	13	183
联营企业	Joint owned	41	45	2 990
有限责任公司	Companies Limited with Liabilities	37	127	3 779
股份有限公司	Companies Limited by Shares	6	7	2 427
私营企业	Private	10 656	13 848	86 596
其他内资企业	Other	1	74 326	171 016
2. 港澳台投资企业	Funded by Entrepreneur from Hongkong, Macao and Taiwan	18	18	3 930
3. 外商投资企业	Foreign Funded	10	21	2 997
(二)按国民经济行业分	By Sector			
1. 食品饮料和烟草零售业	Food, Beverage and Tobacco	2 998	30 541	86 119

7-1续表2　continued

项　目	Item	机构(个) Institutions (unit)	网点(个) Outlets (unit)	人员(人) Personnel (person)
2. 日用百货零售业	Articles of Daily Use	3 877	32 429	117 734
3. 纺织品、服装、鞋帽零售业	Textile Products, Garments, Shoes and Hats	1 895	17 903	60 630
4. 日用杂品零售业	Sundry Goods for Daily Use	133	292	2 717
5. 五金、交电、化工零售业	Hardwares, Electric Appliances and Chemicals	570	837	16 143
6. 药品及医疗器械零售业	Medicines and Medical Appliances	157	292	3 480
7. 图书报刊零售业	Books and Newspapers	56	237	1 542
8. 其他零售业	Others	1 303	6 588	18 667
(三)按企业规模分	By Size of Enterprises			
1. 大型企业	Large	50	259	19 407
2. 中型企业	Medium	272	1 538	27 741
3. 小型企业	Small	10 667	12 997	88 936
三、餐饮业合计	**Catering Trade**	**1 341**	**16 896**	**63 590**
(一)按登记注册类型分	Group by Registration			
1. 内资企业	Domestic Investment Enterprise	1 308	16 809	55 239
#国有企业	State-owned	24	30	3 195
集体企业	Collective-owned	30	32	1 177
股份合作企业	Cooperative Shares Enterprise	2	3	488
联营企业	Joint owned	9	10	1 499
有限责任公司	Companies Limited with Liabilities	4	15	723
股份有限公司	Companies Limited by Shares	3	4	1 230
私营企业	Private	1 236	1 603	12 142
其他内资企业	Other		15 112	34 785
2. 港澳台投资企业	Funded by Entrepreneur from Hongkong, Macao and Taiwan	21	63	5 458
3. 外商投资企业	Foreign Funded	12	24	2 893
(二)按企业规模分	By Size of Enterprises			
1. 大型企业	Large	63	156	5 800
2. 中型企业	Medium	89	155	8 097
3. 小型企业	Small	1 189	1 473	14 908

7-2　批发零售贸易业商品购销存总额
TOTAL PURCHASES,SALES AND INVENTORY IN WHOLESALE AND RETAIL SALE TRADES (1998)

单位:万元　　(10 000 yuan)

项　目	Item	总　计 Total	国有批发零售贸易业 State-Owned	限额以上批发零售贸易业 Enterprise over Levels
一、商品购进总额	**Total Goods Purchase**	**4 776 811**	**3 151 545**	**3 433 757**
1. 从生产者购进	From Producers	2 356 650	1 768 567	1 897 369
#农副产品购进	Farm and Sideline Products	100 693	48 568	81 069
2. 从批发零售贸易业购进	From Wholesale and Retail Sale Trade	1 843 377	896 348	1 006 276
3. 进　口	Import	548 323	459 323	509 870
4. 其　他	Others	28 461	27 307	20 242
二、商品销售总额	**Total Sales**	**5 542 575**	**3 675 861**	**3 956 331**
1. 批发合计	Total Wholesale	3 159 903	2 762 401	2 792 394
①对生产经营者的批发	To Units of Production Management	998 859	883 902	911 876
#对农民农业生产资料批发	Wholesale of Agricaltural Producer Goods to Peasants	384	302	323
②对批发零售贸易业批发	To Wholesale and Retail Sale Trade	1 277 708	1 177 079	1 123 961
③出　口	Export	883 336	701 420	756 557
2. 对居民和社会集团消费品零售	Total Retail Sales	2 382 672	913 460	1 163 937
三、年末库存额	**Inventory (year-end)**	**487 980**	**337 158**	**371 852**

7-3 批发零售贸易业商品分类销售和库存总额
TOTAL SALES AND INVENTORY IN WHOLESALE AND RETAIL SALE TRADES GROUPED BY CATEGORY OF COMMODITIES (1998)

单位:万元　　　　(10 000 yuan)

项目	Item	批发额 Value in Wholesale Trade	零售额 Value in Retail Sale Trade	年末库存 Inventory (year-end)
总　计	**Total**	**3 159 903**	**2 382 672**	**487 980**
食品、饮料、烟酒类	Food, Beverage, Tobacco and Liquor	865 396	773 892	119 166
针、纺织品类	Knitted Goods and Textiles	121 992	76 663	12 438
服装、鞋帽类	Garments, Shoes and hats	110 661	270 276	26 498
化妆品类	Cosmetics	11 955	47 692	4 093
钟表、眼镜类	Timepiece and Glasses	7 746	26 966	2 681
日用品类	Articles for Daily Use	82 741	216 205	22 398
五金、电工器具类	Hardwares, Electric Appliances	13 967	47 067	4 746
生活电器类	Household Electric Appliances	53 416	98 630	21 715
音像器材类	Sound and Photo Appliances	20 330	43 846	5 671
自行车、摩托车类	Bicycles, Motorcycles	4 631	2 752	2 800
体育、娱乐用品类	Sports and Recreational Articles	14 362	16 232	3 217
文化、办公用品类	Articles For Culture and Office Use	34 278	24 620	5 249
金银珠宝类	Jewelry	278	26 511	7 917
家具类	Furnitures	9 211	7 704	476
中西药品类	Medicines	291 074	68 398	47 220
书报杂志类	Books and Newspapers	79	14 791	5 961
汽车类	Vehicles	16 976	62 511	16 735
建筑材料类	Building Materials	28 445	95 699	5 677
木材类	Timber	5 451	203	443
化工材料及制品类	Chemical Materials and Products	208 392	1 666	10 048
黑色金属材料类	Ferrous Metal Matterials	103 871	3 583	12 591
有色金属材料类	Nonferrous Metal Materials	59 266	26	4 862
机电设备及零件类	Mechanical and Electrical Products and Accessories	225 512	59 857	31 049
煤炭及制品类	Coal and Coal Products	14 249	117	1 285
石油及制品类	Petroleum and Petroleum Products	551 283	181 201	51 445
种子饲料类	Seeds and Forage	25 855	25	638
棉麻、土畜产品类	Cotton, Fiber, Local and Livesstock Products	13 649		366
再生资源类	Materials for Regeneration	12 646	840	496
其他类	Others	252 192	214 699	60 099

7-4 限额以上批发零售贸易业商品分类销售和库存

TOTAL SALES AND INVENTORY OF ENTERPRISES OVER LEVELS IN WHOLESALE AND RETAIL SALE TRADES GROUPED BY CATEGORY OF COMMODITIES (1998)

单位:万元　　(10 000 yuan)

项目	Item	批发额 Value in Wholesale Trade	零售额 Value in Retail Sale Trade	年末库存 Inventory (year-end)
总　计	**Total**	**2 792 394**	**1 163 937**	**371 852**
食品、饮料、烟酒类	Food, Beverage, Tobacco and Liquor	751 496	301 023	84 819
针、纺织品类	Knitted Goods and Textiles	106 210	15 726	8 276
服装、鞋帽类	Garments, Shoes and hats	96 345	122 322	18 517
化妆品类	Cosmetics	10 408	17 224	2 843
钟表、眼镜类	Timepiece and Glasses	6 744	8 685	1 954
日用品类	Articles for Daily Use	72 037	83 119	16 134
五金、电工器具类	Hardwares, Electric Appliances	12 160	6 849	3 467
生活电器类	Household Electric Appliances	46 506	84 005	18 529
音像器材类	Sound and Photo Appliances	12 369	34 096	4 326
自行车、摩托车类	Bicycles, Motorcycles	4 032	2 752	2 645
体育、娱乐用品类	Sports and Recreational Articles	9 304	8 310	2 576
文化、办公用品类	Articles For Culture and Office Use	26 644	13 651	4 015
金银珠宝类	Jewelry	246	26 511	7 356
家具类	Furnitures	8 140	4 048	122
中西药品类	Medicines	257 221	68 398	39 688
书报杂志类	Books and Newspapers	70	14 791	5 649
汽车类	Vehicles	16 976	62 511	15 070
建筑材料类	Building Materials	21 889	638	3 076
木材类	Timber	4 817	203	325
化工材料及制品类	Chemical Materials and Products	184 155	1 666	5 647
黑色金属材料类	Ferrous Metal Matterials	91 790	3 583	10 340
有色金属材料类	Nonferrous Metal Materials	52 373	26	3 620
机电设备及零件类	Mechanical and Electrical Products and Accessories	199 284	59 857	25 070
煤炭及制品类	Coal and Coal Products	12 592	117	984
石油及制品类	Petroleum and Petroleum Products	519 640	181 201	36 098
种子饲料类	Seeds and Forage	22 848	25	96
棉麻、土畜产品类	Cotton, Fiber, Local and Livesstock Products	12 062		80
再生资源类	Materials for Regeneration	11 175	840	213
其他类	Others	222 861	41 760	50 317

7－5　限额以上国有批发零售贸易业商品分类销售和库存

TOTAL SALES AND INVENTORY OF STATE－OWNED ENTERPRISES IN WHOLESALE AND RETAIL SALE TRADES GROUPED BY CATEGORY OF COMMODITIES (1998)

单位:万元　(10 000 yuan)

项　目	Item	批发额 Value in Wholesale Trade	零售额 Value in Retail Sale Trade	年末库存 Inventory (year－end)
总　计	**Total**	**2 499 409**	**771 684**	**293 378**
食品、饮料、烟酒类	Food, Beverage, Tobacco and Liquor	668 833	167 789	60 667
针、纺织品类	Knitted Goods and Textiles	96 161	9 924	5 407
服装、鞋帽类	Garments, Shoes and hats	95 320	64 594	16 755
化妆品类	Cosmetics	9 888	8 212	2 389
钟表、眼镜类	Timepiece and Glasses	6 546	5 470	1 682
日用品类	Articles for Daily Use	71 020	74 469	14 565
五金、电工器具类	Hardwares, Electric Appliances	11 160	5 849	3 326
生活电器类	Household Electric Appliances	45 506	37 548	16 903
音像器材类	Sound and Photo Appliances	10 939	7 519	1 712
自行车、摩托车类	Bicycles, Motorcycles	3 566	530	2 060
体育、娱乐用品类	Sports and Recreational Articles	8 228	8 241	2 295
文化、办公用品类	Articles For Culture and Office Use	23 563	1 584	2 263
金银珠宝类	Jewelry	218	21 401	7 076
家具类	Furnitures	7 140	2 265	65
中西药品类	Medicines	227 481	63 227	27 827
书报杂志类	Books and Newspapers	62	14 791	5 649
汽车类	Vehicles	15 013	62 511	15 070
建筑材料类	Building Materials	19 358	638	2 868
木材类	Timber	4 260	203	303
化工材料及制品类	Chemical Materials and Products	162 863	57	3 800
黑色金属材料类	Ferrous Metal Matterials	81 177	3 583	8 475
有色金属材料类	Nonferrous Metal Materials	46 318	26	3 620
机电设备及零件类	Mechanical and Electrical Products and Accessories	176 243	2 483	19 728
煤炭及制品类	Coal and Coal Products	11 136	117	308
石油及制品类	Petroleum and Petroleum Products	459 560	179 358	28 355
种子饲料类	Seeds and Forage	20 206	25	96
棉麻、土畜产品类	Cotton, Fiber, Local and Livesstock Products	10 667		75
再生资源类	Materials for Regeneration	9 883	840	213
其他类	Others	197 094	28 430	39 826

7-6 限额以上批发零售贸易企业主要商品销售及库存数量
TOTAL SALES AND INVENTORY OF PRINCIPAL GOODS OF ENTERPRISES OVER LEVELS IN WHOLESALE AND RETAIL SALE TRADES (1998)

项　目	Item	批发额 Value in Wholesale Trade	零售额 Value in Retail Sale Trade	年末库存 Inventory (year-end)
粮　食(吨)	Grain (ton)	283 258	114 282	84 015
食用植物油(吨)	Edible Vegetable Oil(ton)	3 606	4 445	844
猪及猪肉(吨)	Pig and Pork (ton)	89 849	4 970	5 336
食　糖(吨)	Sugar (ton)	2 393	413	340
布(百米)	Cloth (100m)	7 473 940	8 725	16 670
#棉布(百米)	Cotton Cloth (100m)	2 656 455	5 567	2 813
呢　绒(百米)	Wool Fabric (100m)	121	29	60
绸　缎(百米)	Silk and Satins (100m)	279	21	
服　装(百件)	Garments (100 pieces)	317 305	287 564	46 881
鞋(百双)	Shoes (100 pairs)	304 325	17 171	4 403
#皮　鞋(百双)	Leather Shoes (100 pairs)	1705	8 556	1 093
黄金饰品(万元)	Gold Ornaments (10 000 yuan)	701	20 165	1 584
抽油烟机(台)	Range Hoods	21 531	29 122	4 210
汽　车(辆)	Automobiles	1 126	7 219	1 335
自行车(辆)	Bicycles	396 149	18 556	2 429
摩托车(辆)	Motorcycles	539	3 144	2 019
照相机(架)	Cameras		19 834	22 166
电视机(台)	TV Sets	405 752	75 772	7 068
#彩电(台)	Color TV Sets	4 031	61 616	5 136
录相机(台)	Video Recorders		379	32
房间空调器(台)	Air Conditioners	2 291	31 663	2 192
家用洗衣机(台)	Washing Machines	1 584	36 599	4 915
家用电冰箱(台)	Refrigerator	2 398	34 982	3 288
家用电风扇(台)	Electrical Fan	406 460	63 051	5 963
汽　油(吨)	Petrol (ton)	751 970	239 715	42 931
柴　油(吨)	Diesel Oil (ton)	1 402 562	191 975	67 652
钢　材(吨)	Steel (ton)	266 673	16 567	31 698
水　泥(吨)	Cement (ton)	255 351	7 112	56 797

7－7 限额以上国有批发零售贸易企业主要商品销售及库存数量

TOTAL SALES AND INVENTORY OF PRINCIPAL GOODS OF STATE－OWNED ENTERPRISES OVER LEVELS IN WHOLESALE AND RETAIL SALE TRADES (1998)

项目	Item	批发额 Value in Wholesale Trade	零售额 Value in Retail Sale Trade	年末库存 Inventory (year－end)
粮 食(吨)	Grain (ton)	9 098	2 212	348
食用植物油(吨)	Edible Vegetable Oil(ton)	497	1 103	274
猪及猪肉(吨)	Pig and Pork (ton)	81 821	3 949	218
食 糖(吨)	Sugar (ton)	2 391	214	329
布(百米)	Cloth (100m)	7 182 223	7 997	4373
#棉布(百米)	Cotton Cloth (100m)	2 581 278	5 230	353
服 装(百件)	Garments (100 pieces)	224 887	10 730	3 856
鞋(百双)	Shoes (100 pairs)	249 910	9 029	814
#皮 鞋(百双)	Leather Shoes (100 pairs)	1 074	2 894	246
黄金饰品(万元)	Gold Ornaments (10 000 yuan)	701	14 717	1 293
抽油烟机(台)	Range Hoods	21 219	4 519	668
汽 车(辆)	Automobiles	825	3 883	975
自行车(辆)	Bicycles	396 005	8 408	1342
摩托车(辆)	Motorcycles		1 156	201
照相机(架)	Cameras		6 051	1 148
电视机(台)	TV Sets	390 104	8 370	866
#彩电(台)	Color TV Sets	2 647	8 370	863
录相机(台)	Video Recorders		237	
房间空调器(台)	Air Conditioners	1 821	4 293	335
家用洗衣机(台)	Washing Machines	190	4 285	485
家用电冰箱(台)	Refrigerator	85	4 563	262
家用电风扇(台)	Electrical Fan	380 263	11 362	2 154
汽 油(吨)	Petrol (ton)	413 224	127 719	31 786
柴 油(吨)	Diesel Oil (ton)	583 078	69 844	39 013
钢 材(吨)	Steel (ton)	236 536	16 567	15 167
水 泥(吨)	Cement (ton)	176 236	7 112	55 642

7-8 社会消费品零售总额
TOTAL RETAIL SALES OF CONSUMER GOODS
(1979—1998)

单位:万元　　(10 000 yuan)

年份 Year	社会消费品零售总额 Total Retail Sales of Consumer Goods	按行业分 By Sector				
		批发零售贸易业 Wholesale and Retail Sale Trades	餐饮业 Catering Trade	制造业 Manufacturing	其他行业 Others	农民对非农业居民零售额 Farmer to Non-Agriculture Household
全市 Total						
1979	11 259	9 912	833	30	484	174
1980	19 615	16 067	2 221	106	1 221	1 002
1981	34 229	29 013	2 410	609	2 197	1 913
1982	54 185	46 547	4 877	656	2 105	1 501
1983	123 794	102 693	6 909	1 802	12 390	3 401
1984	201 107	153 129	13 579	6 306	28 093	11 437
1985	265 642	208 702	20 014	4 406	32 520	13 166
1986	273 712	204 076	22 145	4 901	42 590	20 215
1987	324 364	253 039	32 773	7 462	31 090	31 090
1988	502 430	407 426	45 476	6 519	43 009	43 009
1989	545 741	411 647	59 489	6 817	67 788	67 788
1990	667 580	477 206	74 720	6 330	109 324	109 324
1991	828 341	560 044	100 147	10 999	157 151	157 151
1992	1 148 908	724 861	145 209	15 827	263 011	263 011
1993	1 605 130	1 004 775	195 970	17 351	387 034	387 034
1994	2 211 404	1 239 285	283 581	17 804	670 734	611 485
1995	2 593 269	1 376 569	312 059	22 787	881 854	759 349
1996	2 970 159	1 589 765	405 002	35 620	939 772	856 157
1997	3 264 806	1 793 106	512 675	36 058	922 967	893 731
1998	4 230 500	2 382 672	800 301	39 535	1 007 992	974 829
特区 Urban						
1980	11 762	8 813	2 065	106	778	559
1981	23 433	19 015	2 244	609	1 565	1 281
1982	44 086	37 220	4 682	656	1 528	924
1983	107 887	92 380	6 909	1 802	6 796	2 381
1984	170 973	138 168	13 579	6 306	12 920	7 090
1985	217 273	179 393	19 217	4 361	14 302	8 105
1986	220 426	164 745	20 323	4 901	30 457	12 445
1987	267 843	209 980	30 124	7 462	20 277	20 277
1988	426 630	353 690	41 099	6 519	25 322	25 322
1989	452 166	346 595	52 419	6 817	46 335	46 335
1990	552 311	395 434	66 881	6 330	83 666	83 666
1991	692 703	471 756	89 497	10 999	120 451	120 451
1992	956 606	593 630	131 012	15 805	216 159	216 159
1993	1 285 330	793 182	162 383	16 575	313 190	313 190
1994	1 808 564	1 001 057	266 760	17 404	523 343	473 517
1995	2 078 803	1 113 478	282 768	20 043	662 514	533 511
1996	2 481 130	1 303 607	336 117	31 026	810 380	630 680
1997	2 683 531	1 441 451	463 583	31 942	746 555	737 203
1998	3 311 322	1 811 425	659 455	34 462	805 980	767 345

注:1998 年社会消费品零售总额采用新口径统计数,不能与上年直接对比。

Total retail sales of consumer goods in 1998 is estimated by new method and can not be compared with preceding year directly.

7－9 社会消费品零售总额指数
INDICES OF TOTAL RETAIL SALES OF CONSUMER GOODS
(1979—1998)

年份 Year	社会消费品零售总额(万元) Total Retail Sales of Consumer Goods (10 000 yuan)	社会消费品零售总额指数(%) Retail Sales Indices(%) 以1979年为100 (1979＝100)	 以上年为100 (Preceding year＝100)
1979	11 259	100.0	
1980	19 615	174.2	174.2
1981	34 229	304.0	174.5
1982	54 185	481.3	158.3
1983	123 794	1 099.5	228.5
1984	201 107	1 786.2	162.5
1985	265 642	2 359.4	132.1
1986	273 712	2 431.1	103.0
1987	324 364	2 880.9	118.5
1988	502 430	4 462.5	154.9
1989	545 741	4 847.2	108.6
1990	667 580	5 929.3	122.3
1991	828 341	7 357.1	124.1
1992	1 148 908	10 204.4	138.7
1993	1 605 130	14 256.4	139.7
1994	2 211 404	19 641.2	137.8
1995	2 593 269	23 032.9	117.3
1996	2 970 159	26 380.3	114.5
1997	3 264 806	28 997.3	109.9
1998	4 230 500	30 969.1	106.8
年平均增长率 Average Annual Growth Rate		**35.2**	

7－10 限额以上批发零售贸易业主要财务指标

MAIN FINANCIAL INDICATORS OF ENTERPRISES OVER LEVELS IN WHOLESALE AND RETAIL SALE TRADES (1997—1998)

单位:万元 (10 000yuan)

项 目	Item	1997	1998
资本金合计	Total Capital	724 345	783 382
流动资产年末合计	Total Circulating Funds (year－end)	2 085 810	2 382 600
#存 货	Inventory	405 304	500 511
流动资产年平均余额	Annual Average Balance of Circulating Funds	2 158 420	2 234 205
固定资产合计	Total Fixed Assets	975 014	939 068
固定资产原价合计	Original Value of Fixed Assets	989 132	982 287
累计折旧	Depreciation of Fixed Assets	235 613	247 102
无形及递延资产合计	Intangible and Deferred Assets	129 123	125 086
资产总计	Total Assets	3 722 030	4 053 546
流动负债	Liquid Liabilities	2 295 117	2 488 896
长期负债	Long－Term Liabilities	158 038	276 837
负债合计	Total Liabilities	2 456 300	2 769 885
所有者权益	Creditors' Equity	1 265 730	1 283 661
商品销售收入	Sales Revenue	3 967 493	3 711 310
商品销售成本	Cost of Sales	3 477 927	3 193 980
商品销售税金及附加费	Sales Tax and Extra Charges	10 547	7 912
商品销售利润	Sales Profits	258 478	237 832
管理费用	Management Expenses	255 458	231 220
#税金	Taxes	4 611	5 615
利润总额	Total Profits	74 450	65 283
本年应付工资	Total Wages Payable in the Year	99 687	92 451
本年应付福利费	Welfare Expenses payable in the Year	12 108	10 272
本年应交增值税	Value Added Tax Payable in the Year	66 803	65 034

7-11　限额以上国有批发零售贸易业主要财务指标

MAIN FINANCIAL INDICATORS OF STATE-OWNED ENTERPRISES OVER LEVELS IN WHOLESALE AND RETAIL SALE TRADES (1997—1998)

单位:万元　　(10 000yuan)

项　目	Item	1997	1998
资本金合计	Total Capital	412 304	666 847
流动资产年末合计	Total Circulating Funds (year-end)	1 499 414	2 078 161
#存　货	Inventory	257 084	402 443
流动资产年平均余额	Annual Average Balance of Circulating Funds	1 510 669	1 788 787
固定资产合计	Total Fixed Assets	588 188	810 581
固定资产原价合计	Original Value of Fixed Assets	633 850	835 266
累计折旧	Depreciation of Fixed Assets	166 587	211 690
无形及递延资产合计	Intangible and Deferred Assets	72 333	90 666
资产总计	Total Assets	2 511 262	3 523 036
流动负债	Liquid Liabilities	1 592 880	2 141 232
长期负债	Long-Term Liabilities	108 082	233 103
负债合计	Total Liabilities	1 702 131	2 374 887
所有者权益	Creditors' Equity	809 131	1 148 149
商品销售收入	Sales Revenue	2 880 151	2 978 433
商品销售成本	Cost of Sales	2 571 824	2 553 300
商品销售税金及附加费	Sales Tax and Extra Charges	6 426	6 616
商品销售利润	Sales Profits	160 795	197 821
管理费用	Management Expenses	153 834	176 095
#税金	Taxes	3 287	4 083
利润总额	Total Profits	67 094	64 603
本年应付工资	Total Wages Payable in the Year	66 746	70 731
本年应付福利费	Welfare Expenses payable in the Year	8 175	8 391
本年应交增值税	Value Added Tax Payable in the Year	49 175	54 447

7-12 物价指数
PRICE INDICES
(1979—1998)

年份 Year	以上年价格为100 Preceding Year=100				以1979年价格为100 1979=100			
	居民消费价格总指数 General Consumer Price Index	食品类 Food	服务项目 Services	商品零售价格总指数 General Retail Price Index	居民消费价格总指数 General Consumer Price Index	食品类 Food	服务项目 Services	商品零售价格总指数 General Retail Price Index
1979	100.0	100.0	100.0	100.0	100.0	100.0	100.0	100.0
1980	105.0	108.3	100.7	105.5	105.0	108.3	100.7	105.5
1981	110.7	117.9	101.6	111.8	116.2	127.7	102.3	117.9
1982	107.8	116.6	108.7	107.8	125.3	148.9	111.2	127.1
1983	102.0	105.9	100.9	102.1	127.8	157.7	112.2	129.8
1984	106.8	106.6	119.3	105.2	136.5	168.1	133.9	136.6
1985	122.5	128.5	117.2	123.2	167.2	216.0	156.9	168.3
1986	106.1	108.1	106.9	106.0	177.4	233.5	167.7	178.3
1987	114.4	118.7	107.4	115.3	203.0	277.1	180.1	205.6
1988	128.1	133.7	112.2	130.3	260.0	370.5	202.1	267.9
1989	125.4	126.6	125.7	125.3	326.0	469.1	254.1	335.7
1990	101.6	95.4	127.7	97.7	331.2	447.5	324.4	328.0
1991	103.0	99.2	115.4	101.0	341.2	443.9	374.4	331.3
1992	107.3	109.2	109.4	106.9	366.1	484.8	409.6	354.2
1993	120.1	122.6	120.9	119.9	439.7	594.3	495.2	424.6
1994	118.2	120.2	118.1	116.4	519.7	714.4	584.8	494.3
1995	112.4	116.7	118.1	110.8	584.1	833.7	690.6	547.7
1996	107.7	105.2	110.7	103.9	629.1	877.1	764.5	569.1
1997	103.3	100.2	118.2	100.0	649.9	878.9	903.6	569.1
1998	99.3	97.2	105.3	97.5	645.4	854.3	951.5	554.9

7－13　居民消费价格总指数
GENERAL CONSUMER PRICE INDEX
(1998)

以上年价格为100　　(preceding year＝100)

项　目	Item	指数 Index	项　目	Item	指数 Index
居民消费价格总指数	**General Consumer Price Index**	**99.3**	三、家庭设备及用品	Household Facilities and Articles	98.4
一、食　品	Food	97.2	1. 耐用消费品	Durable Consumer Goods	97.5
1. 粮食	Grain	94.6	2. 家庭日用杂品	Daily Use Household Articles	98.1
#细粮	Flour and Rice	94.2	四、医疗保健	Medicine and Medical Services	101.0
2. 油脂类	Oil or Fat	99.7	五、交通和通讯工具	Means of Transportation and Communication	98.0
3. 肉禽及其制品	Meal, Poultry and Their Products	90.3	1. 交通工具	Means of Transportation	97.9
4. 蛋类	Eggs	97.2	2. 通讯工具	Means of Communication	98.5
5. 水产品类	Aquatic Products	92.1	六、娱乐教育文化用品	Recreation, Education and Culture Articles	96.3
6. 菜类	Vegetable	93.9	1. 文娱耐用消费品	Durable Consumer Goods for Recreational Use	92.7
#鲜菜	Fresh Vegetable	93.6	2. 文化娱乐用品	Recreation and Culture Articles	102.2
7. 调味品	Flavoring	101.6	七、居住	Residence	100.9
8. 糖类	Carbohydrate	95.0	1. 住房	Housing	99.9
#食糖	Sugar	100.6	#房租	Rent	107.5
9. 烟草类	Tobacco	91.1	2. 水、电、燃料	Water, Electricity and Fuels	103.1
10. 酒和饮料	Liquor and Beverages	95.1	八、服务项目	Services	105.3
11. 干鲜瓜果类	Dried and Fresh Melons and Fruits	94.6	1. 电讯费	Telecommunication	100.9
#鲜果	Fresh Melons and Fruits	93.9	2. 邮费	Postage	100.0
12. 糕点类	Cake	99.4	3. 交通费	Traffic	100.2
13. 奶及奶制品	Milk and Its Products	96.9	4. 洗理美容费	Bathing and Haircut	99.9
14. 其他食品	Other Food	88.2	5. 文娱费	Recreation	114.3
15. 饮食业	Catering Trade	110.6	6. 学杂保育费	Tuition and Child Care	110.0
二、衣着类	Clothing	99.5	7. 修理及其他服务费	Repair and Other Services	100.5
1. 服装	Garments	99.9	8. 医疗保健服务	Medical and Health Care Services	109.4
2. 衣着材料	Clothing Material	94.6			

7-14 商品零售价格总指数
GENERAL RETAIL PRICE INDEX
(1998)

以上年价格为100　　(preceding year=100)

项目	Item	指数 Index
商品零售价格总指数	**General Retail Price Index**	**97.5**
一、食品类	Food	97.2
1. 粮食	Grain	93.5
2. 油脂类	Oil or Fat	99.7
3. 肉禽蛋	Meal, Poultry and Eggs	91.8
4. 水产品	Aquatic Products	92.9
5. 鲜菜	Fresh Vegetables	94.0
6. 干菜	Dried Vegetables	96.8
7. 鲜果	Fresh Fruits	94.3
8. 干果	Dried Fruits	99.1
9. 其他食品类	Other Food	96.9
10. 饮食业	Catering Trade	108.9
二、饮料、烟酒类	Liquor, Beverages and Tobacco	93.9
三、服装、鞋帽类	Garments, Shoes and Hats	102.2
四、纺织品类	Textiles	95.0
五、中、西药品类	Traditional Chinese and Western Medicines	100.9
六、化妆品类	Cosmetics	102.0
七、书报、杂志类	Newspaper and Magazines	109.5
八、文化体育用品类	Stationery and Sports Goods	93.4
九、日用品类	Daily Use Articles	97.1
十、家用电器类	Household Appliances	96.8
十一、首饰类	Jewelry	91.9
十二、燃料类	Fuels	99.6
十三、建筑装璜材料类	Building Decoration Materials	99.4
十四、机电产品类	Mechanical and Electrical Products	93.2

7-15 集市贸易价格指数
PRICE INDICES OF FREE MARKETS
(1980—1998)

以上年价格为100　　(preceding year = 100)

年份 Year	总指数 General Index	1. 粮食 Grain	2. 食油 Edible Oil	3. 鲜菜 Fresh Vegetable	4. 干菜 Dried Vegetable	5. 肉禽蛋 Meal, Poultry and Eggs	6. 水产品 Aquatic Products	7. 鲜果 Fresh Fruits
1980	108.8							
1981	121.0	122.2		134.8		113.6	123.5	104.2
1982	111.6			133.3		110.0	115.5	110.8
1983	101.6			96.1	114.8	104.0	104.6	95.2
1984	90.0	173.6		75.2		99.3	86.9	108.4
1985	114.4	100.4	109.2	124.1	102.2	109.9	113.6	124.1
1986	104.1	122.8	101.3	112.2	115.7	101.2	101.6	102.6
1987	120.1	122.2	98.5	143.9	119.3	116.4	119.4	117.0
1988	135.6	150.2	118.2	129.6	134.9	137.2	140.4	130.2
1989	122.7	143.9	128.7	124.8	116.4	104.3	113.3	127.0
1990	92.7	75.0	94.4	95.6	106.5	92.8	90.2	95.3
1991	98.3	92.6	102.4	109.0	102.0	93.6	101.8	103.1
1992	110.3	99.9	99.5	127.7	104.4	107.0	111.3	105.9
1993	123.7	118.5	134.7	133.0	122.9	113.6	143.5	130.2
1994	110.7	138.8	143.1	99.3	104.7	116.9	114.6	106.2
1995	113.8	119.9	110.0	112.1	104.8	113.8	111.1	116.7
1996	102.7	104.7	107.3	99.7	107.4	104.8	104.5	97.4
1997	96.6	97.3	106.2	103.2	98.8	96.4	93.4	92.4
1998	91.2	93.7	99.7	91.5	93.8	90.4	90.3	92.8

八、物　资

1998年深圳工业生产能源消费与库存简析

能源是国民经济发展的基础，也是工业生产的重要物质条件，其供应与消费直接关系到国民经济稳定发展和企业经济效益。1998年，深圳市各行各业的生产经营活动稳步发展，作为整个工业生产经营过程中不可缺少的能源消费亦得到较快增长。

一、重点耗能工业企业能源消费情况

1998年，深圳市全部国有及年产品销售收入500万元以上的非国有工业企业为2084家，工业企业生产年用电量大于300万千瓦时的企业有297家，其中年用电量大于1000万千瓦时的有55家，重点耗能工业企业和能源转换加工企业41家，其中能源加工转换企业18家；印染、纺织行业7家；电子产品制造业5家；水泥制造业2家；其他制造业9家。全年一次性能源消费达373.7万吨标煤，综合能源消耗为97.36万吨标煤，分别比上年增长14.2%和7.9%。

从重点耗能工业企业的能源消费类别来看，煤炭、油料和电力消费居前三位。

1998年，西部电厂的正式投产使全市的煤炭消费达267.6万吨，折合吨标煤为153.6万吨，比上年增长30.3%，占重点耗能企业能源消费总量的41%。全市1998年三大油类(汽油、柴油、燃料油)消耗达98.1万吨，折合吨标煤为144.3万吨，比上年下降2.1%，占全市重点耗能企业能源消费总量的38.5%。电力消费达169万千瓦时，折合吨标煤为68.3万吨，占能源消费总量的18%，比上年增长26.1%。

深圳工业企业的能源消费从行业来看，煤炭、油类的消费大户是能源加工转换的电力企业。近年来，深圳的电力发展逐步实施了“以大代小”的政策，一些大型的煤炭电力企业增配了上网电力指标，而一些小型油料电力企业减少上网配电指标，使这些小型油料电力企业油类消费下降。

电力能源的消费大户仍是电子产品制造行业，该行业是深圳工业的支柱之一，1998年全市工业产值继续保持快速增长的态势，因而工业电力能源消费随之增长是合理的。

二、重点耗能工业企业万元产值耗能呈上升趋势

1998年，深圳重点耗能工业企业产值87亿元，比上年度减少4.6亿元，下降5.0%，而1998年综合能源消费97.36万吨标煤，比上年度增加5.56万吨，增长6.1%。1998年全市重点耗能工业企业和能源加工转换企业万元产值耗能1.12吨标煤，比上年高出0.12吨。

重点耗能工业企业和能源加工转换企业万元产值耗能持续上升，主要是由以下情况造成：一方面是部分行业产品市场供大于求，能源加工转换企业尤为突出。目前深圳电力供应由于受供大于求的市场制约，导致部分能源加工转换企业在耗电高峰期出现生产不旺和开工不足，严重影响企业的生产和发电计划，同时增加企业自用电的负荷，相应增加了能源的消费。另一方面，目前全市重点耗能工业企业中的纺织、印染、水泥制造业的生产设备大部分购于80年代中后期，已相当残旧，这些企业由于产品结构单一，产品市场不景气，缺乏流动资金更新设备,旧的生产设备需经常性停机进行维修,使企业背上沉重的设备维修费。停机维修还造成企业的生产计划无法完成,导致企业减产,产品成本增加,经济效益下降。此外,部分电子产品设备制造业因受亚洲金融风暴的影响,来料加工出口产品减少,经济增长有所下降,这也是工业企业万元产值耗能上升的原因之一。

三、重点耗能工业企业能源库存情况

1998年,全市重点耗能工业企业综合能源库存为17.2万吨标煤,与上年相比增长12%。其中煤炭库存11.2万吨,增长5.7%;柴油库存3.2万吨,增长15.4%;燃料油库存2万吨,下降3.7%;原油和其他石油制品的库存亦有所下降,其他能源品种库存基本持平。

1998年,深圳市重点耗能工业企业和能源加工转换企业的产值与上年相比增长速度有所减缓,部分能源消费和库存适当减少是比较合理的。一方面反映了能源市场价格比较平稳。另一方面,新材料、新工艺不断推出,产品更新换代速度不断加快,企业购买能源更加方便快捷,因而出现了企业能源库存下降的趋势。

(工交统计处供稿,执笔:黄培添)

8-1 工业能源消费与库存
CONSUMPTION AND INVENTORY OF ENERGY IN INDUSTRY
(1998)

单位:吨标准煤　　(ton of SCE)

项 目	Item	企业单位数(个) Number of Enterprises (unit)	年初库存 Stock (year-begin)	本年消费 Consumption in the Year	年末库存 Stock (year-end)
总 计	**Total**	**2 084**	**19 534**	**1 842 639**	**23 788**
按行业分	**Grouped by Sector**				
有色金属矿采选业	Nonferrous Metals Mining and Dressing				
非金属矿采选业	Nonmetal Minerals Mining and Dressing	7		629	
食品加工业	Food Processing	24	20	2 840	58
食品制造业	Food Manufacturing	30	362	8 959	753
饮料制造业	Beverage Manufacturing	22	373	5 300	142
烟草加工业	Tobacco Processing	1		46	
纺织业	Textile Industry	64	12	7 223	14
服装及其他纤维制品制造业	Garments and Other Fiber Products	181	85	42 454	111
皮革毛皮羽绒及其制品业	Leather, Furs, Down and Related Products	65	21	19 465	20
木材加工及竹藤棕草制品业	Timber Processing, Bamboo, Cane, Palm Fiber and Straw Products	8	76	40 436	516
家具制造业	Furniture Manufacturing	39	19	4 443	19
造纸及纸制品业	Papermaking and Paper Products	54	924	17 560	211
印刷业	Printing	45	65	25 593	69
文教体育用品制造业	Cultural, Educational and Sports Goods	85	110	26 590	117
石油加工及炼焦业	Petroleum Processing and Coking	2	20	1 023	40
化学原料及化学制品制造业	Raw Chemical Materials and Chemical Products	74	284	11 152	234
医药制造业	Medical and Pharmaceutical Products	27	16	1 391	18
化学纤维制造业	Chemical Fiber	4	4	2 539	5
橡胶制品业	Rubber Products	21	242	26 444	188
塑料制品业	Plastic Products	202	4 978	919 602	4 095
非金属矿物制品业	Nonmetal Mineral Products	70	529	16 487	356
黑色金属冶炼及压延加工业	Smelting and Pressing of Ferrous Metals	4		255	
有色金属冶炼及压延加工业	Smelting and Pressing of Nonferrous Metals	9	10	5 352	9
金属制品业	Metal Products	163	176	31 164	168
普通机械制造业	Ordinary Machinery	31	61	4 965	14
专用设备制造业	Special Purpose Equipment	45		6 777	4
交通运输设备制造业	Transport Equipment	60	225	30 203	8 100
电气机械及器材制造业	Electric Equipment and Machinery	171	271	135 485	315
电子及通信设备制造业	Electronic and Telecommunications Equipment	370	997	123 754	532
仪器仪表文化办公用机械	Instruments, Meters, Cultural and Office Machinery	104	145	21 549	161
其他制造业	Other Manufacturing	75	71	9 239	54
电力蒸气热水生产供应业	Electric Power, Steam and Hot Water Production and Supply	19	9 438	290 010	7 465
自来水的生产和供应业	Tap Water Production and Supply	8		3 710	

8-2 主要能源按工业行业分组消费量
CONSUMPTION OF MAIN ENERGY BY SECTOR
(1998)

单位:吨　　(ton)

项 目	Item	原 煤 Coal	原 油 Crude Oil	汽 油 Gasoline	煤 油 Kerosene
总 计	**Total**	**2 090 365**	**14 136**	**24 962**	**1 432**
#有色金属矿采选业	Nonferrous Metals Mining and Dressing				
非金属矿采选业	Nonmetal Minerals Mining and Dressing			37	
食品加工业	Food Processing	611		204	
食品制造业	Food Manufacturing	2 913		1 867	16
饮料制造业	Beverage Manufacturing	5 342		203	
烟草加工业	Tobacco Processing			46	
纺织业	Textile Industry			333	9
服装及其他纤维制品制造业	Garments and Other Fiber Products			1575	22
皮革毛皮羽绒及其制品业	Leather, Furs, Down and Related Products			403	70
木材加工及竹藤棕草制品业	Timber Processing, Bamboo, Cane, Palm Fiber and Straw Products			200	
家具制造业	Furniture Manufacturing			167	
造纸及纸制品业	Papermaking and Paper Products			446	
印刷业	Printing			297	6
文教体育用品制造业	Cultural, Educational and Sports Goods			835	209
石油加工及炼焦业	Petroleum Processing and Coking			40	
化学原料及化学制品制造业	Raw Chemical Materials and Chemical Products	1 087		593	
医药制造业	Medical and Pharmaceutical Products		11	234	37
化学纤维制造业	Chemical Fiber			26	
橡胶制品业	Rubber Products			683	
塑料制品业	Plastic Products	1 775		1 262	72
非金属矿物制品业	Nonmetal Mineral Products	31 898	17	625	6
黑色金属冶炼及压延加工业	Smelting and Pressing of Ferrous Metals		4 767	8	
有色金属冶炼及压延加工业	Smelting and Pressing of Nonferrous Metals			114	
金属制品业	Metal Products			1 078	451
普通机械制造业	Ordinary Machinery			181	114
专用设备制造业	Special Purpose Equipment			580	1
交通运输设备制造业	Transport Equipment			451	121
电气机械及器材制造业	Electric Equipment and Machinery		9 327	1 309	100
电子及通信设备制造业	Electronic and Telecommunications Equipment		14	8 690	81
仪器仪表文化办公用机械	Instruments, Meters, Cultural and Office Machinery			596	59
其他制造业	Other Manufacturing			835	56
电力蒸气热水生产供应业	Electric Power, Steam and Hot Water Production and Supply	2 046 689		604	2
自来水的生产和供应业	Tap Water Production and Supply			440	

8－2续表　continued

项　目	Item	柴　油 Diesel	燃料油 Fuel Oil	液　化 石油气 Liquefied Petroleum Gas	电　力 (万千瓦时) Electricity (10 000 kwh)
总　计	**Total**	914 603	479 962	26 999	387 631
#有色金属矿采选业	Nonferrous Metals Mining and Dressing				
非金属矿采选业	Nonmetal Minerals Mining and Dressing	1 429			224
食品加工业	Food Processing	4 435	4 166	375	6 121
食品制造业	Food Manufacturing	5 800	22	94	1 757
饮料制造业	Beverage Manufacturing	7 704	3 210	3	3 719
烟草加工业	Tobacco Processing	824			543
纺织业	Textile Industry	14 492	81 256	2 480	11 516
服装及其他纤维制品制造业	Garments and Other Fiber Products	20 139	2 058	22	13 363
皮革毛皮羽绒及其制品业	Leather, Furs, Down and Related Products	4 936		60	8 882
木材加工及竹藤棕草制品业	Timber Processing, Bamboo, Cane, Palm Fiber and Straw Products	9 989			3 149
家具制造业	Furniture Manufacturing	4 374		1 130	3 799
造纸及纸制品业	Papermaking and Paper Products	14 397	13 206	72	3 557
印刷业	Printing	14 517		54	5 115
文教体育用品制造业	Cultural, Educational and Sports Goods	32 818		278	15 102
石油加工及炼焦业	Petroleum Processing and Coking	4			179
化学原料及化学制品制造业	Raw Chemical Materials and Chemical Products	4 419	25	1 013	6 428
医药制造业	Medical and Pharmaceutical Products	1 881	207		3 538
化学纤维制造业	Chemical Fiber	2 687			1 992
橡胶制品业	Rubber Products	9 911	5 372	2	2 160
塑料制品业	Plastic Products	81 720	6 573	419	22 430
非金属矿物制品业	Nonmetal Mineral Products	12 296	66 206	9 497	24 997
黑色金属冶炼及压延加工业	Smelting and Pressing of Ferrous Metals	85			598
有色金属冶炼及压延加工业	Smelting and Pressing of Nonferrous Metals	5 137	21		3 352
金属制品业	Metal Products	17 972	2	760	14 712
普通机械制造业	Ordinary Machinery	1 110			1 756
专用设备制造业	Special Purpose Equipment	1 618		12	2 781
交通运输设备制造业	Transport Equipment	11 021	1	2 020	3 018
电气机械及器材制造业	Electric Equipment and Machinery	29 153	3 620	1 036	15 754
电子及通信设备制造业	Electronic and Telecommunications Equipment	47 070	3 212	7 055	71 416
仪器仪表文化办公用机械	Instruments, Meters, Cultural and Office Machinery	16 410	3 095	129	9 788
其他制造业	Other Manufacturing	12 230	379	488	4 695
电力蒸气热水生产供应业	Electric Power, Steam and Hot Water Production and Supply	523 904	287 331		105 632
自来水的生产和供应业	Tap Water Production and Supply	121			15 558

九、财政、金融

1998年深圳地方财政运行状况综述

1998年,是深圳市国民经济"九五计划"的第三年,在继续坚持深化改革、扩大开放的方针指引下,深圳市经济建设和社会发展取得了巨大的成就,财政收入实现了稳定增长,有力地支持了各项事业的迅速发展和改革的不断深化。

1998年,全市共完成地方预算内财政收入164.91亿元,比1997年增长13.9%,高于1997年增幅4个百分点,略低于全市国民经济增长速度;地方预算内财政支出年度内完成177.00亿元,比1997年增长24.0%,增幅高于1997年20.6个百分点,全面完成了年度财政收支任务。

在财政收入中,增长较快的项目主要有个人所得税、企业所得税、涉外企业所得税、营业税以及增值税。个人所得税完成15.71亿元,比上年增长46.2%,企业所得税完成22.31亿元,比上年增长32%,涉外企业所得税完成13.70亿元,比上年增长23.5%,营业税完成63.17亿元,比上年增长24.9%,增值税完成11.90亿元,比上年增长16.3%。

在支出项目中,增长最快的是企业挖潜改造支出,年内完成支出11.96亿元,比上年增长67.2%,另外基建支出也比上年增长了31%,完成59.09亿元,教育支出15.34亿元,比上年增长18.8%,科技三项费用完成支出1.85亿元,比上年增长13.9%。

1998年财政收支执行情况有以下特点:

一、向高新技术企业、出口企业、科学和教育事业予以策倾斜

1998年,深圳市为扶持高新技术企业、科学、教育事业的发展,加大对其投入。全市市本级完成对科学事业、企业技术改造等投入13.4亿元,比上年增长79.3%;完成对教育事业投入10.06亿元,比上年增长38.02%,使高新技术、教育事业得到了长足的发展。在出台扶持外贸出口20条政策的同时,财政增拨外贸出口贴息0.5亿元,扩大外贸专项贷款规模2亿元,同时由市区两级财政负担商检费0.2亿元,确保了外贸出口继续增长,1998年深圳市出口总额264.24亿美元,比上年增长3.6%。

二、增加基建投入,确保资金及时到位,支持经济增长

为了扩大有效需求,支持经济增长,1998年基建支出比1997年增加了14亿元资金,同时也超过1998年基建年度预算的安排,比年度预算增加了10.4%。为了保证建设项目用款,市财政局简化了资金拨付手续,加快拨款进度,跟踪监督,强化管理,使各项城市建设基建工程进展顺利。

三、优化支出结构,深化支出管理,加强财政资金监管

1998年,在贯彻财政支出有保有压、突出重点中,增大了对科技教育事业的投入,市本级对科学事业、企业技术改造的投入占全部财政支出的比重比上年提高了3.34个百分点,对教育事业的投入占全部财政支出的比重比上年提高了0.7个百分点,确保了科技教育的发展。1998年深圳市在政府招标采购上颁布和实施了《深圳经济特区政府采购条例》这标志着深圳市的政府行为已纳入法制化、规范化、市场化轨道。从财政支出看,深圳市严格控制"人、车、会、话"费用支出,大力压缩行政事业经费,全年市本级行政管理费支出3.19亿元,比上年下降2.51%;税务、统计、财政、审计等部门事业费为5.4亿元,比上年增长5.8%,低于财政收入和财政支出的增幅,各类行政事业性经费占财政支出的比重进一步下降。

四、市区分税制财政体制正式启动并平衡运行,确保了市区两级财政收入同步增长

1998年,深圳市市区分税制财政体制正式启动,从新体制运行结果看,目前已初步形成一个市区财政同步增长,水涨船高的良性循环机制。1998年市区共享税收入占全市财政收入的比重为69%,剔除证券交易印花税因素,比实行分税制前的1996年提高了5.8个百分点。同时分税制也改变了各级政府经济工作的指导思想,转变政府职能,改善投资环境,提高公共服务水平,大力发展区域经济已成为当前各级政府经济工作的重点。

1998年预算执行结果显示,深圳市地方预算内财政仍处于稳定增长的态势。从收入方面看,财政收入占GDP的比重有所提高。"八五"期间,深圳市财政收入占GDP的比重为12.4%,而到1998年为止,"九五"计划前三年财政收入占GDP的比重为13.1%。1998年财政收入占GDP的比重基本与1997年持平。从支出方面看,1996、1997连续两年财政支出增幅分别低于财政收入1.9个和6.5个百分点,而1998年财政支出高出财政收入10.1个百分点,反映出深圳市为支持经济增长加大了财政投资力度。

然而,在财政稳定增长的同时,也还存在着矛盾和问题。一是财政支出呈刚性增长,进一步压缩一般性支出和确保各项重点支出的压力增大;二是财政平衡的难度不断加大。这都必须引起足够的重视。

(国民经济核算处供稿,执笔:陈蓉)

1998年深圳金融业运行状况综述

1998年,深圳市金融业积极贯彻落实央行适度的货币政策,改善金融服务,防范和化解金融风险,有力地支持了本市国民经济持续、快速、健康发展。

一、金融运行基本情况

1. 各项存款稳定增长

1998年末,深圳市金融机构人民币存款余额2238.37亿元,比年初增加393.62亿元,增长21.3%,增幅高于上年0.7个百分点,在全国大中城市排名中位居第四。各项存款中企业存款余额为1206.09亿元,比年初增加208.50亿元,增长21.1%,增幅高于上年0.8个百分点;储蓄存款余额861.88亿元,比年初增加154.22亿元,增长21.8%,增幅高于上年0.6个百分点。年末深圳市金融机构外汇存款余额比年初增加5亿美元,增长8%,其中单位活期存款减少3.03亿美元,单位定期存款增加1.18亿美元,储蓄存款增加7.17亿美元。

2. 人民币贷款大幅上升,外汇贷款下降

1998年末,深圳市金融机构人民币贷款余额1550.37亿元,比年初增加349.02亿元,增长29.1%,增幅高于上年11.4个百分点,在全国大中城市中排名第五。在贷款增量中,短期流动资金增长平稳,短期流动资金贷款增量为212.81亿元,增长22.4%,增幅高于上年6.3个百分点;两类中长期贷款增长迅猛,年末中期流动资金贷款余额比年初增加43.68亿元,增长128.4%,中长期贷款余额比年初增加69.46亿元,增长54.0%,其中基建新增贷款38.47亿元,增长115.8%。在人民币贷款大幅上升的同时,外汇贷款出现下降。年末全市金融机构外汇贷款余额比上年末减少9.13亿美元,下降11.3%,进出口贸易融资减少2.56亿美元。

3. 现金出现净投放

1998年,全市国内金融系统现金累计收入比1997年仅增加8.07亿元,现金累计支出比1997年增加40.93亿元,现金累计收支轧差比1997多投放32.86亿元。其主要原因是工资性支出比上年多支出19.75亿元,行政企事业管理费支出多增92.58亿元,城乡个体经营支出多增54.54亿元。

4. 货币市场交易量下降

1998年,深圳货币市场资金拆借累计发生额455.54亿元,比上年减少376.18亿元,下降45.2%,其中拆入资金下降76.4%,拆出资金下降54.4%。

5. 外汇市场交易平淡,银行结售汇下降

1998年,银行结汇收入69.63亿美元,比1997年减少17.36亿美元,下降20%;银行售汇支出88.20亿美元,比1997年减少15.41亿美元,下降14.9%。外汇交易1998年累计45.5亿美元,比1997年减少21.15亿美元,下降27.1%。

6. 证券市场运行平稳,股票成交缩量

1998年,深市新上市公司52家,比1997年减少73家,新上市股票55只,新增发行总股本145.82亿股,比1997年增长18.3%。深市全年股票累计成交11158.14亿元,比1997减少5800.52亿元。年末深证综合指数以343点报收,下降9.8%。

7. 保险市场稳定发展

1998年,全市保险机构承保金额8635.58

亿元,比1997年增长12.8%,保费收入33.77亿元,比1997年增长5.5%,赔付金额9.07亿元,比1997年下降2.4%。

二、主要特征

1.银行贷款大幅增加,保证了全市基础设施建设、生产企业和消费增长对资金的需求

1998年银行新增贷款是上年净增贷款的1.8倍,成为深圳历史上银行贷款投入速度最快、投放量最大的一年。在贷款快速增长的同时,贷款投向积极向重点项目、外贸出口、个人住房贷款以及重点企业和国有大中型企业倾斜。基建贷款明显激增,全年新增中长期贷款为1997年的7倍,其中基本建设新增贷款为1997年的213倍。在全部新增贷款中,对重点项目、外贸出口、个人住房贷款以及重点企业和国有大中型企业中长期流动资金的贷款,分别占14.1%、4.7%、21.9%和9.4%。对三资企业的短期流动资金贷款,也出现急剧增长,全年新增贷款48.78亿元,增长70.4%,,有力地支持了三资企业的发展。深圳金融业成为深圳经济增长目标实现的重要推动力量。

2.储蓄存款稳定增长,企业定期存款增幅较大

1998年各项存款比1997年增加393.62亿元,其中储蓄存款增量占39.2%,企业存款增量占53%。在年度居民可支配收入增幅下降、央行三次下调存贷款利率的情况下,城乡居民储蓄存款仍保持快速增长态势,活期存款余额比年初增加84.67亿元,增长26.9%,定期存款余额比年初增加69.55亿元,增长17.7%。由于年内贷款投放力度加大,工业产品产销上升,企业资金周转速度加快,企业资金趋于宽松,企业存款稳定增长。企业活期存款余额比年初增加100.29亿元,增长13.1%,企业定期存款余额比年初增加108.21亿元,增长47.1%。

3.证券市场规模进一步扩大,二级市场成交冷淡

1998年,由于国家进一步鼓励和支持高科技企业改制上市,并为非国有企业通过市场融资大开方便之门,证券市场进一步扩大。截止到年底,在深交所上市的公司已达413家,比1997年底增加52家,上市股票共计454只,比上年增加55只,其中A股400只,B股54只。从这些上市股票的分布看,工业类308只,占总数的67.8%,商业类39只,占总数的8.6%,公共事业类30只,占总数的6.6%,房地产类21只,占总数的4.6%。深市股票的市价总值为8879.73亿元,比1997年底增长6.8%,流通市值2798.15亿元,比1997年增长4%。股票投资者开户数达1911.73万户,比上年增长18.8%,其中个人投资者1902.4万户,比上年增长18.8%,机构投资者9.32万户,比上年增长18.0%。但股票成交量与成交金额缩减。全年度证券市场上缴股票印花税近百亿元,增加了国家财政和深圳市地方财政的收入。

4.金融监管力度加强,金融业务不断创新

1998年,继年初深圳外资银行同业公会成立,深圳国内银行同业公会相继成立,并共同签署了《深圳市国内银行机关从业人员管理公约》、《深圳市国内银行机构关于借款企业资信评估的公约》、《深圳市国内银行机构关于防范信用不良债务人贷款风险的公约》,加上1997年度成立的深圳保险同业公会,深圳市基本建成了金融业行业自律体系,标志着深圳的金融业自律机制已经走向一个新阶段。

1998年,按照国家外汇管理局的布置,深圳分局进行了外汇大检查,针对企业逃套汇活动的特点和现行外汇管理中存在的漏洞,陆续出台了一系列规范运作、强化管理的措施,有力打击了逃套汇分子,规范了银行和企业的售付业务,减少国家外汇的流失,对维护人民币汇率稳定起到了重要的作用。

经国务院批准,深圳市成为继上海之后第二个允许外资银行经营人民币业务的城市,人民银行深圳分行为此相应制定了外资银行经营人民币业务试点的管理办法,到1998年末,深圳共有4家外资银行试点经营人民币业务。这标志着深圳金融改革和对外开放又迈进了新的一步。

1998年,深圳银行界在全国率先推出实时全额支付系统,这一电子转帐系统的试行,将大大缩短资金在途时间,同时也有利于中央银行的实时监控。

综观1998年深圳金融业的运行,虽然取得了较为理想的业绩,但潜在的金融风险仍然存在。如目前深圳商业银行资本充足率离风险监管的要求仍存在一定的差距,国有商业银行备付金率出现下降趋势,因扩大信贷投入而增加了贷款风险,商业银行的不良贷款率依然偏高,因利率多次下调、存贷差缩小,银行业经营效益下滑等。

(国民经济核算处供稿,执笔:陈蓉)

地方预算内财政收支（亿元）

Local Financial Revenue and Expenditure (100 million yuan)

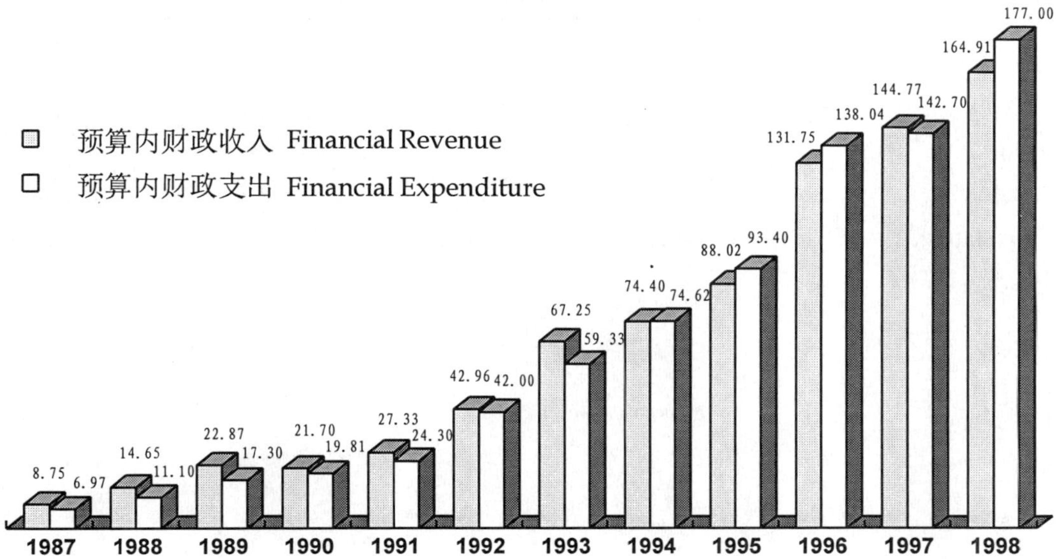

城乡居民储蓄存款余额（亿元）

Saving Deposits of Urban and Rural Residents (100 million yuan)

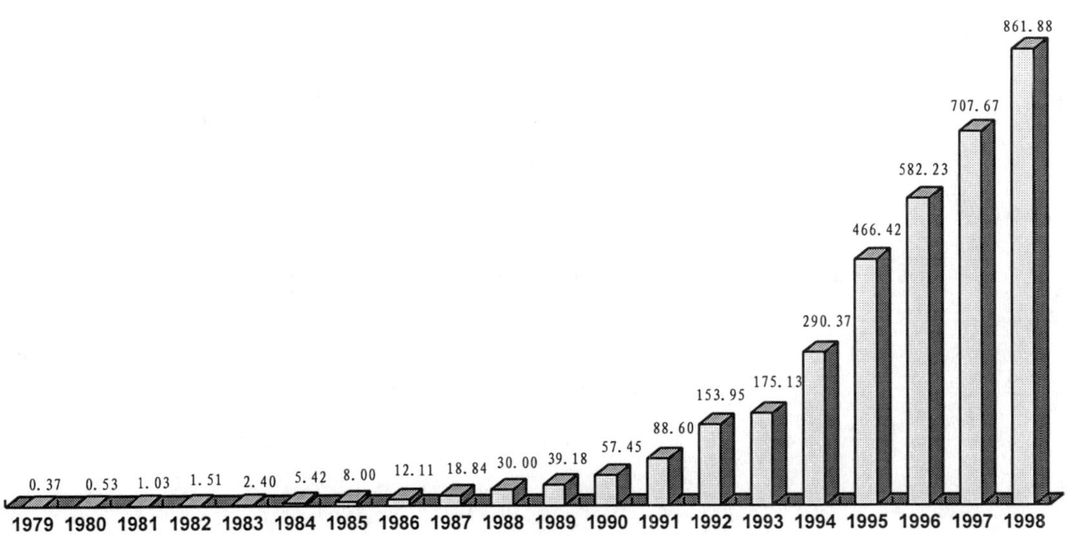

9－1 地方预算内财政收支
LOCAL FINANCIAL REVENUE AND EXPENDITURE IN BUDGET
(1998)

单位:万元 (10 000 yuan)

项　目	Item	1998
地方预算内财政收入	**Local Financial Revenue in Budget**	**1 649 067**
#一般预算收入	General Revenue	1 643 884
#各项税收	Taxes	1 451 100
企业收入	Income from Enterprises	14 100
行政性收费收入	Collect Fee	16 011
罚没收入	Penalty	99 982
专项收入	Special Revenue	30 105
基金预算收入	Funds Revenue	5 183
地方预算内财政支出	**Local Financial Expenditure in Budget**	**1 770 007**
#一般预算支出	General Expenditure	1 767 714
#基本建设支出	Expenditure for Capital Construction	590 938
企业挖潜改造资金	Expenditure for Innovation Enterprises	119 604
科技三项费用	Expenditure for Science and Technology Promotion	18 523
教育事业费	Expenditure for Education	153 436
科学事业费	Expenditure for Science	7 004
卫生事业费	Expenditure for Public Health	76 105
行政事业单位离退休经费	Pension for Retires of Administrative Units and Institutions	48 657
行政管理费	Expenditure for Government Administration	85 867
公检法支出	Expenditure for public Security Agency, Procuratorial Agency and Court of Justice	163 371
城市维护费	Expenditure for City Maintenance	89 163
专项支出	Special Expenditure	30 992
基金预算支出	Funds Expenditure	2 293

9-2　地方预算内财政收支指数
INDICES OF LOCAL FINANCIAL REVENUE AND EXPENDITURE IN BUDGET (1979—1998)

年　份 Year	收　入 (万元) Financial Revenue (10 000 yuan)	指　数(%) Index(%) 以1979年为100 1979=100	以上年为100 Preceding Year=100	支　出 (万元) Expenditure (10 000 yuan)	指　数(%) Index(%) 以1979年为100 1979=100	以上年为100 Preceding Year=100
1979	1 721	100.0		2 971	100.0	
1980	3 043	176.8	176.8	4 003	134.7	134.7
1981	8 787	510.6	288.8	8 411	283.1	210.1
1982	9 163	532.4	104.3	8 815	296.7	104.8
1983	15 605	906.7	170.3	15 025	505.7	170.4
1984	29 435	1 710.3	188.6	27 954	940.9	186.0
1985	62 894	3 654.5	213.7	58 651	1 974.1	209.8
1986	74 160	4 309.1	117.9	68 073	2 291.2	116.1
1987	87 521	5 085.5	118.0	69 688	2 345.6	102.4
1988	146 521	8 513.7	167.4	110 992	3 735.8	159.3
1989	228 668	13 286.9	156.1	173 007	5 823.2	155.9
1990	217 037	12 611.1	94.9	198 073	6 666.9	114.5
1991	273 291	15 879.8	125.9	243 012	8 179.5	122.7
1992	429 599	24 962.2	157.2	420 035	14 137.8	172.8
1993	672 507	39 076.5	156.5	593 327	19 970.6	141.3
1994	743 992	43 230.2	110.6	746 181	25 115.5	125.8
1995	880 174	51 143.2	118.3	934 041	31 438.6	125.2
1996	1 317 490	76 553.7	149.7	1 380 376	46 461.7	147.8
1997	1 447 709	84 119.7	109.9	1 426 983	48 030.4	103.4
1998	1 649 067	95 820.3	113.9	1 770 007	59 576.1	124.0
年平均增长率 Average Annual Growth Rate		**43.5**			**40.0**	

9－3　银行现金收支、信贷情况
CASH INCOME AND EXPENDITURE AND CREDIT FUNDS OF BANKS
(1979—1998)

单位:万元　　(10 000 yuan)

年　份 Year	现金收入 Cash Income	现金支出 Cash Expenditure	现金净投放、回笼(—) Currency Issuance and Cash Withdrawn(—)	各项存款余　额 Deposits	企业存款 Depoits of Enterprises	城乡居民储蓄 Saving Deposits of Urban and Rural Residents
金融机构　Banking System						
1979	24 252	33 793	9 541	10 125	2 756	3 713
1980	32 700	39 685	6 985	20 284	7 033	5 338
1981	50 125	53 313	3 188	43 713	20 040	10 294
1982	60 275	67 995	7 720	63 707	31 403	15 149
1983	84 654	116 047	31 393	112 554	64 283	23 993
1984	160 574	244 273	83 699	349 763	243 853	54 176
1985	272 742	315 403	42 661	302 567	183 833	79 989
1986	313 736	343 439	29 703	551 112	349 895	121 122
1987	544 866	561 471	16 605	808 545	492 704	188 403
1988	1 200 579	1 118 715	－81 864	1 317 381	770 617	300 003
1989	1 637 542	1 639 552	2 010	1 376 310	685 986	391 787
1990	2 945 381	2 831 142	－114 239	1 946 923	951 490	574 474
1991	4 243 982	3 917 119	－326 863	3 009 164	1 633 636	885 995
1992	10 755 638	10 492 935	－262 703	5 504 616	2 957 816	1 539 518
1993	14 414 432	14 412 911	－1 522	6 573 461	3 664 320	1 751 290
1994	15 638 047	15 377 602	－260 445	9 333 699	5 582 300	2 903 733
1995	22 162 733	21 446 876	－715 857	12 029 322	6 379 138	4 664 222
1996	34 870 719	34 313 589	－557 130	15 334 600	8 416 900	5 822 300
1997	40 537 482	40 230 805	－306 677	18 227 000	10 011 600	7 076 700
1998	40 618 223	40 640 124	21 901	22 383 700	12 060 900	8 618 800
国家银行　State Banks						
1980				19 966	7 033	1 901
1981				42 583	20 040	3 563
1982				61 851	31 403	5 707
1983				108 659	64 283	10 901
1984				333 141	243 853	28 667
1985				275 003	183 833	47 598
1986				505 702	349 895	74 602
1987				690 881	478 457	122 262
1988				1 061 106	716 885	205 716
1989				1 105 386	631 638	282 460
1990				1 507 176	864 835	426 561
1991				2 502 907	1 436 818	676 974
1992				4 487 424	2 637 735	1 197 599
1993				4 944 444	2 852 245	1 303 110
1994				6 425 486	3 972 846	2 194 776
1995				8 188 465	4 292 692	3 507 298
1996				10 167 500	5 539 300	4 214 300
1997				12 437 200	6 578 500	5 154 600
1998				13 619 400	6 846 900	6 100 400

9-3 续表　continued

年　份 Year	各　项 贷款余额 Loans	短期贷款 Short-Term Loans	工业贷款 Loans to Industrial Enterprises	商业贷款 Loans to Commercial Enterprises	农业贷款 Agricultural Loans	中长期贷款 Medium-Term & Long-Term Loans
金融机构　Banking System						
1979	7 523	5 791	498	5 037	892	73
1980	13 452	7 934	653	6 927	1 189	1 532
1981	23 944	12 643	1 725	10 156	1 472	909
1982	63 013	36 341	3 987	29 277	3 121	19 634
1983	119 471	67 102	9 808	49 377	5 745	41 816
1984	451 034	260 024	33 469	182 795	15 165	120 253
1985	537 014	296 576	70 433	183 211	17 220	159 084
1986	730 855	381 567	86 937	248 711	19 793	174 208
1987	1 065 176	683 521	201 257	408 106	26 067	189 612
1988	1 536 202	1 023 309	288 212	575 205	34 303	228 242
1989	1 789 834	1 225 462	455 387	641 693	39 139	230 507
1990	2 386 157	1 609 682	657 037	815 850	48 054	273 450
1991	2 797 500	2 064 682	846 623	992 634	52 804	306 051
1992	3 707 067	2 741 451	1 120 337	1 232 889	58 475	344 234
1993	5 015 868	3 513 610	1 432 355	1 585 883	48 482	393 662
1994	6 421 390	4 388 553	1 761 125	1 344 986	35 428	560 216
1995	7 863 364	5 530 853	2 075 856	1 627 228	40 344	926 411
1996	9 652 000	6 424 600	2 343 300	1 921 200	47 500	1 164 100
1997	12 025 800	9 735 700	2 772 400	2 324 600	48 200	1 394 300
1998	15 503 700	11 621 900	2 976 800	2 965 400	59 500	1 980 300
国家银行　State Banks						
1980	12 921	7 815	653	6 927	777	1 532
1981	22 868	12 297	1 725	10 156	742	909
1982	60 527	35 558	3 987	29 277	1 418	19 634
1983	114 780	65 364	9 808	49 377	2 792	41 816
1984	432 952	249 271	33 469	182 795	7 836	120 253
1985	479 998	280 909	70 433	183 211	8 322	159 084
1986	634 543	361 574	86 937	248 711	10 054	174 208
1987	883 864	599 713	183 644	373 807	15 208	184 854
1988	1 212 622	892 117	247 840	527 985	24 774	201 857
1989	1 404 266	1 065 658	415 409	572 291	28 164	206 348
1990	1 790 938	1 375 207	591 455	706 225	31 945	255 347
1991	2 180 306	1 713 068	736 740	838 919	32 145	290 722
1992	2 822 180	2 241 049	1 023 854	1 001 913	35 098	329 043
1993	3 516 287	2 554 486	1 217 336	1 157 861	24 806	380 168
1994	4 228 382	2 997 502	1 410 066	813 394	29 927	543 609
1995	4 989 605	3 780 767	1 683 029	1 038 359	35 918	725 706
1996	5 888 000	4 429 200	1 938 300	1 240 900	36 700	806 500
1997	7 887 300	6 843 600	2 448 100	1 637 300	33 700	866 000
1998	8 974 800	7 335 200	2 520 800	2 043 200	29 700	1 113 900

十、对外经济贸易和旅游

1998年深圳利用外资情况

1998年亚洲金融危机在持续和加深，国际经济环境对深圳的影响在扩大，不利因素在增多。加上我国实行全方位对外开放，招商引资的竞争日趋激烈，深圳市利用外资工作面临新的挑战。但深圳市各级部门克服重重困难，不断完善投资环境和基础配套设施，提高服务水平，进一步加强外商投资信心。全年吸引了65个国家(地区)的外商来深投资，合同利用外资27.5亿美元，比上年增长55.2%，取得了可喜的业绩。

一、利用外资结构特点

1. 深圳利用外资依然以外商直接投资为主，所占比重有所上升。1998年外商直接投资中，协议利用外资20.35亿美元，实际利用外资16.64亿美元，各占比重74.1%和65.2%。而对外发行股票、加工装配等外商投资方式所占比重呈现下滑趋势，其中加工装配实际利用外资下降18.8%，境外发行股票利用外资仅2300万美元，下降91%。1998年，由于香港受金融危机的影响不断加深，股市低迷，对港发行股票计划受挫。另一方面，受国家政策的影响及深圳自身发展的局限，加工装配利用外资方面的发展也受到制约。

2.1998年深圳市外商投资依然以工业占主导地位，其中协议利用外资18.4亿美元，实际利用外资15.69亿美元，分别占总额的67.0%和61.5%，比上年提高5个百分点和下降22.9个百分点。第三产业则保持较快增长势头，1998年协议利用外资8.55亿美元，实际利用外资9亿美元，分别比上年增长94.6%和47.3%。值得一提的是深圳市近年来积极发展“三高农业”，大力引进国外先进的技术和资金，第一产业利用外资有突破性的进展，1998年协议利用外资1417万美元，实际利用外资428万美元。

改革开发以来，深圳经济的发展以工业为导向，工业所实现的国内生产总值占较大的比重，第二产业利用较大比重的外资，是符合这一现状的。随着经济的发展和生活水平的提高，第三产业日益兴起，所实现的国内生产总值不断增长，在引进外资中比重也不断上升。详见表1。

表1　深圳市三次产业实际利用外资结构变化

单位：%

	1995	1996	1997	1998
第一产业	0.25	0.00	0.02	0.17
第二产业	69.79	79.74	78.71	64.58
第三产业	29.96	20.26	21.27	35.42

3. 从利用外资来源地来看，港澳是深圳市外资的主要来源地，其在实际利用外资中所占比重保持在60－70%左右，而日本、台湾在实际利用外资中所占比重呈现下降的趋势，前者从1995年的18.5%下降到1998的3.5%，而后者从4%下降到1.4%。特别是日本，1995－1998年四年中下降了15个百分点，这与日本本身的经济状况有较大的关系。由于日本经济复苏未能达到预期目标，存在着泡沫经济的后

遗症,受亚洲金融危机的影响较大,日资对外投资的能力大大减弱。详见表2。

表2 深圳市利用外资来源地比较

	1995	1996	1997	1998
实际利用外资(亿美元)	17.35	24.22	28.72	25.52
#香港、澳门(%)	60.60	61.97	70.70	71.69
日本(%)	18.48	12.33	6.13	3.51
台湾(%)	4.01	5.64	1.30	1.36
其他(%)	16.91	20.06	21.86	23.44

4.利用外资的行业结构。在第二产业中,制造业实际利用外资最多。1997-1998年制造业实际利用外资占第二产业实际利用外资的比重分别为83.3%和75.7%,制造业中以电子及通信设备制造业的实际利用外资比重为高,平均为14%左右。

在第三产业中,交通运输邮电通信业和房地产业实际利用外资的比重最大,占第三产业实际利用外资额的比重情况是:1997年为42.7%和23.6%,1998年为39.2%和20.4%。另外,社会服务业和金融保险业实际利用外资不断增加,如1997年占第三产业实际利用外资的比重是5.4%和10.8%,1998年上升为14.2%和13.3%,有较大的提高。

从行业结构的分析来看,深圳市实际利用外资的不足之处在于:①劳动密集型的行业偏多(如电子行业、服装加工业等);②来件加工和装配的行业偏多,特别是电子行业最为突出,大部分为装配线,依靠进口零部件组装以维持生产的运转。这样类型的行业,尽管利用外资较多,但对产业结构的调整作用不大,而且简单加工工业利用外资的迅速膨胀,反而加剧了广东本已稀缺的资源(供水、原材料)的紧张局面,对其他行业亦没有起到带动效应。

二、深圳引进外资的未来发展趋势及建议

深圳经济的外向型依存度较高,经济的发展和外贸出口受引进外资的影响很大。19年来,深圳引进外资项目2.2万个,实际利用外资172.9亿美元,累计协议利用外资额达276亿美元,处在全国前列,在经济发展中外资占有举足轻重的地位。至1998年底,深圳市实有外商投资企业1.1万家,协议投资总额超千万美元的有547家。在全市工业总产值中,外资企业占80%以上,进出口总额中占58.6%。大力引进外资,是深圳经济发展的需要,也是走向国际,建设国际化城市的重要条件。为此,应把招商引资作为经济发展的重要环节认真对待,当前应突出以下几件事。

1.有效调整引资结构。深圳的利用外资结构较为单一,实际利用外资额中,港资的比重达60%以上。而美国、日本和西欧等当今资本输出的重点国家和地区所占比重分别只有5.45%、13.11%和7.47%。港资位居大头,地域优势、比较成本驱动是重要因素。但目前的形势已发生较大变化。一是深圳生产成本较低的优势已被生产成本更低的周边城市渐渐取代。这些城市的地价、水电费、人工费平均低于深圳。香港制造业多以劳动密集型为主,且附加值较低,比较利益驱动将使港资流向更有诱惑力的地方。二是便捷的交通为港资向腹地渗透提供了有利条件。近些年来,高速公路在珠江三角洲地区已成网络化,深圳原有的货物进出港运输快捷、便利的优势弱化。三是受金融风暴的影响,在港的其它国家的资金纷纷回抽,影响了香港对内地投资的力度。同时一些港商对当前的经济形势不很看好,举棋观望者居多。四是近20年来,香港制造业转厂到内地已达7万多间,在港制造业已渐枯竭,挺军北进的后劲已明显不足。这些变化趋势表明深圳市对港招商引资的难度增大了。全市的引资工作应相应进行结构性调整,实现三个转移:一是由点到面的转移,在继续积极引进港资的同时,转移到全方位上来,把引资的触角伸世界各地,把美国、日本和西欧作为引资的重点对象,力争使这些国家和地区在深圳的投资有一个快速的增长。二是由一般向重点的转移,把引进跨国集团作为引资的重中之重,努力扩大同世界前500家跨国公司的合作,争取吸引更多的跨国公司来深圳设立机构。1999年,世界前500家跨国公司的引进数量要由现在的36家增加到50家。三是由生产领域向其它领域扩展。除按产业政策引进生产型项目外,还要加大金融、旅游、商贸、农业、科技、教育等领域的引资力度。特别要利用深圳试办外资银行经营人民币业务的机遇,加快吸引外资银行的步伐。

2. 完善招商引资的方法。在全球经济过剩的大趋势下,外商跨国投资相当慎重。为坚定外商在深投资的信心,首先要加大宣传力度,充分利用各种渠道,介绍深圳的投资环境、经济地理位置、区域市场需求潜力、人力资源状况和当地政府对外商投资的服务水平,使世界著名财团和跨国公司知道深圳,了解深圳。其次,改变以往坐门等客的引资方式,"走出去、请进来",定期组团到对象国洽谈引资业务。千方百计建立起与世界著名跨国公司沟通的渠道,及时掌握他们的投资动态,有的放矢地做好引资工作,做到一举两得。第三,采取"以商招商"的办法。充分发挥台商联合会、贸促会、总商会组织的作用。区、镇政府要与辖区内的外资企业保持密切联系,提供优质服务。外商满意当地投资环境的现身说法,对欲投资的其他外商最有号召力。第四,推进招商代理制。在引资的重点国家和地区,选择有影响的中介机构,利用他们的渠道引进资金和项目。

(经贸统计处撰稿,执笔:梁达军)

1998年深圳外贸出口结构分析

1998年,随着东南亚金融危机逐渐加深并逐步波及到周边的国家和地区,我国外贸出口受到严重的冲击,作为全国最大的出口地区及外向型经济成分较高的城市,深圳市的出口也受到了很大的影响,外贸形势面临着前所未有的挑战,1997年所保持的高速增长势头受到了遏制,特别是1998年5月和11月两次出现累计同比下降的情况为历年来所罕见。为此,深圳市各外贸企业克服重重困难,抓住一切机遇,在国家及市府出台一系列鼓励出口政策和措施的扶持和推动下,逐步扭转了全市外贸出口下滑的不利局面,实现全年正增长,并为全国外贸出口持平作出了贡献。

据深圳海关统计,1998年,深圳市外贸出口额263.96亿美元,比上年增长3.0%,并再创历史最高水平,占全国外贸出口总额14.4%,连续六年在全国各大城市中雄居榜首,贸易顺差达75.2亿美元。

一、一般贸易大幅下滑,加工贸易比重提高

受东南亚金融危机影响,深圳市一般贸易出口出现较大幅度的减少,特别是我国政府信守人民币不贬值的承诺,相比大幅度贬值的东南亚货币,深圳市出口产品价格上涨,成本加大,在竞争中处于劣势,无法同东南亚国家展开竞争而放弃了许多传统市场,加上海关加大打击出口骗税力度,出口骗税活动受到遏制。1998年深圳市一般贸易出口下降26.3%,特别是12月下降39.2%。同一般贸易相比,加工贸易出口受到影响较小,特别是加工贸易基本采用"两头在外"的方式,通常以美元或港币结算,不受日元及东南亚汇率波动的影响。1998年全市加工贸易出口227.69亿美元,占外贸出口总值的86.3%,其中进料加工出口140.7亿美元,比上年增长8.7%,是深圳市外贸出口主要增长点。

在这次金融危机中,国有企业受到影响较重,出口额比上年下降1.8%,其中中央、省属企业降幅达9.8%。而三资企业由于立足于国际市场,拥有大量的客户和国际跨国财团为后盾,因而所受影响较小,逐渐成为外贸领域的主力军,1998年外贸出口达152.5亿美元,增长7.8%,占外贸出口总额的比重已达57.8%。

二、对日本市场出口出现萎缩,美国市场则保持强劲增长

在深圳市外贸出口的地区中,美国、香港、欧盟、日本分别占据前4位,其总量已占外贸出口总额的84%,其市场的变化对深圳外贸出口举足轻重。由于它们受亚洲金融危机的影响不一,对深圳外贸出口造成的影响亦不尽相同。

日本是深圳外贸出口第四大市场,1998年对日出口31亿美元,占全部外贸出口的11.7%。由于日本受东南亚金融危机影响较重,经济处于低迷,削弱了其商品进口能力,因而深圳对日出口下降5%。

在美国市场方面,由于美国保持良好的经济增长,吸引外来投资增大,市场需求旺盛,推动了其进口增长。1998年深圳对美国出口75.7亿美元,增长5.8%,依然保持出口第一大市场地位。

作为深圳的第二大外贸出口地区,尽管香港也遭受金融危机的影响,但由于近几年来经

济发展打下了雄厚的基础，联系汇率的维持保住了香港作为国际金融中心的地位，1998 年深圳对香港出口保持了 2%的增幅。

深圳对欧盟国家出口保持平衡增长，1998 年增长 2.3%，占全部出口的 14.5%，居第三位。

对于遭受金融危机最沉重打击的东南亚国家(新加坡除外)和韩国，深圳出口出现大幅下滑，其中对马来西亚出口下降 37.4%，印尼下降 41%，韩国下降 21%。值得注意的是，由于东南亚国家金融体系的崩溃，不少东南亚国家的订单无力完成而转向深圳生产。对新加坡外贸出口不减反增，增幅达 34%。由于金融危机的波及，深圳在开拓拉美和非洲市场方面受到一定的影响，其中拉美地区下降 2.7%，非洲地区下降 11.5%，对这两地区的外贸出口分别占总额的 1.4%和 0.6%。

三、初级产品大幅下滑，机电产品依然保持较高增幅

由于亚洲各国受危机影响货币均不同程度贬值，导致我国初级产品价格优势完全丧失，在国际市场上的竞争中处于不利局面。因此，深圳初级产品出口均有不同程度的下滑，其中纺织原料及制品下降 13%，动植物产品下降 18%，食品、饮料、烟酒下降 7.5%，皮革制品下降 5%。近几年来，深圳市采取了优化产业结构，加速高新技术产业发展的措施，取得了初步成效，出口产品结构不断优化，高科技、高附加值的机电产品增长较快。1998 年深圳市高科技产品产值已达 655.18 亿元，占工业总产值的比重达 35.4%，居全国领先地位。机电产品出口达 153.58 亿美元，比上年增长 8.5%，占全市出口总值的 58.2%，并初步形成了通讯、电脑整机和零部件、电器、音像制品、玩具、光学及照相器材、钟表、服装鞋类为主的出口产品类型，在国际市场上有品牌与一定的知名度，并有较高的市场占有率，其中电讯设备和器材出口额 80.6 亿美元，保持了 13.6%的增长速度，成为深圳市出口产品结构的重要支柱。

(经贸统计处供稿，执笔：梁达军)

实际利用外资金额（亿美元）

Amount of Foreign Capital Actually Used (USD 100 million)

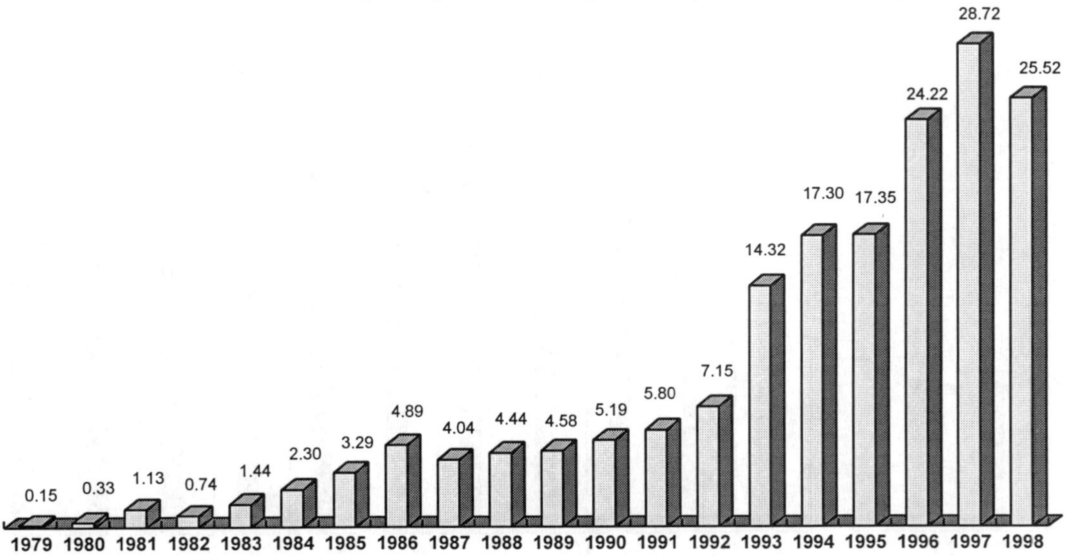

出口贸易总额（亿美元）

Total Exports (USD 100 million)

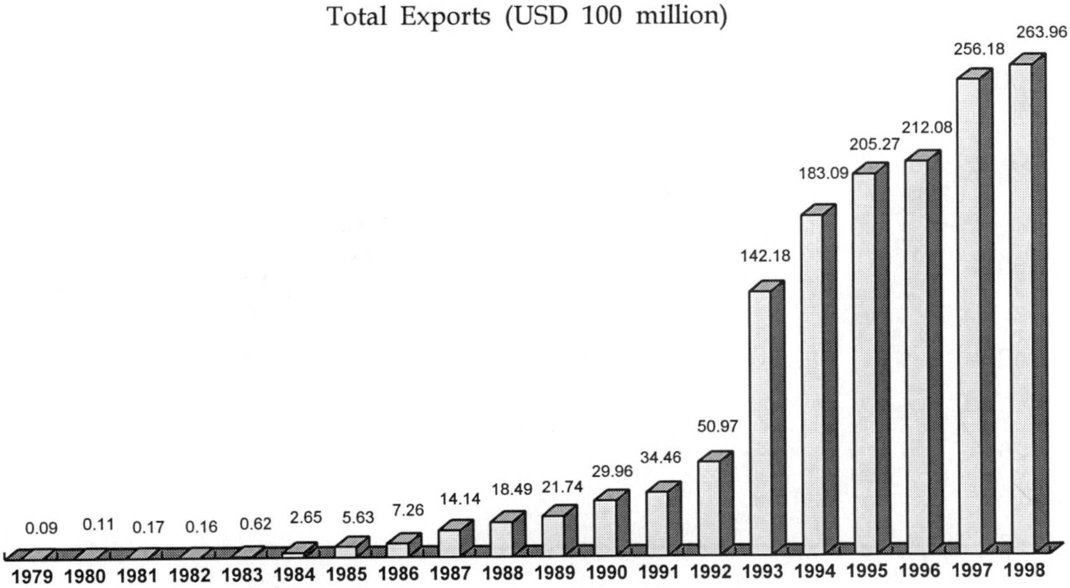

接待过夜国际旅游人数(万人)
Total Number of International Tourists (10000 persons)

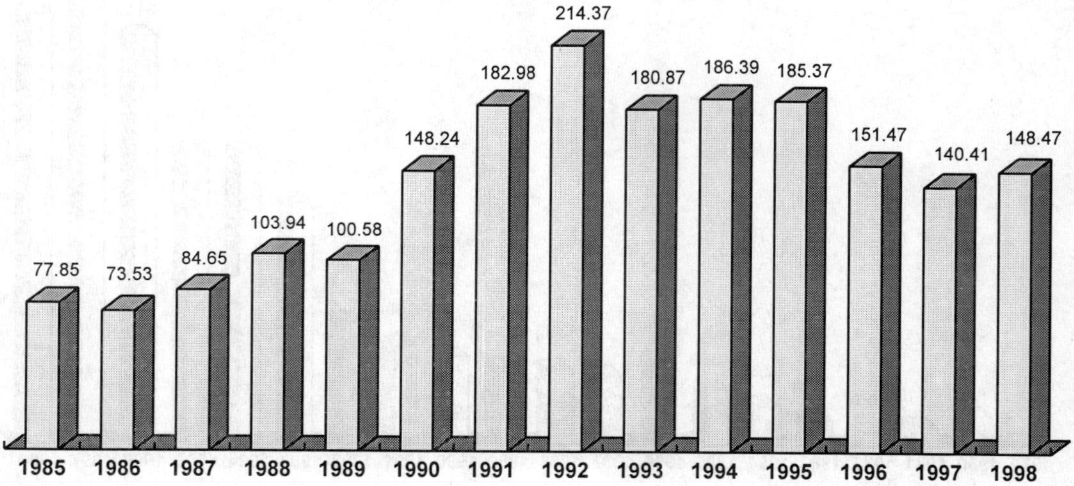

宾馆、酒店、度假村开房率(%)
Room Occupancy Rate of Hotels and Holiday Countries (%)

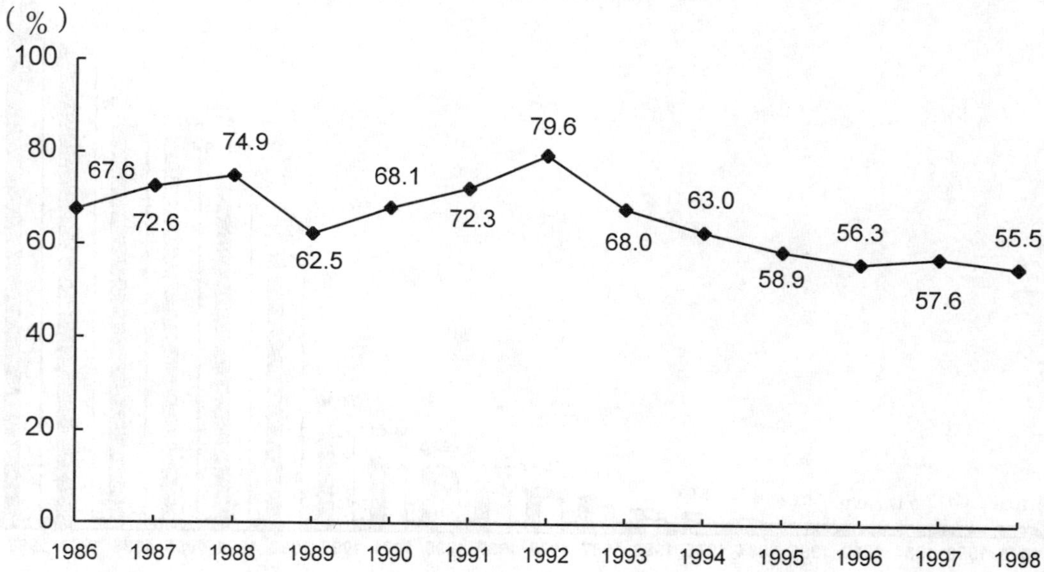

10－1　利用外资签订协议(合同)项目

NUMBER OF THE SIGNED AGREEMENTS AND CONTRACTS FOR UTILIZATION OF FOREIGN CAPITAL (1979—1998)

单位:项　　(unit)

年份 Year	总计 Total	一、按投资方式分 Grouped by Investment Mode					
		对外借款 Foreign Loans	外　商 直接投资 Direct Foreign Investments	合资经营 Joint Ventures	合作经营 Cooperative Operation	外商独资 Solo－Foreign Enterprises	外商其他投资 Other Foreign Investments
1979	169		37	7	30		132
1980	303		33	4	24	5	270
1981	578		70	13	39	18	508
1982	577		66	11	47	8	511
1983	878		253	92	149	12	625
1984	988	5	334	188	134	12	649
1985	1 203	40	282	192	73	17	881
1986	454	31	224	152	64	8	199
1987	334	13	310	231	62	17	11
1988	694	4	591	443	93	55	99
1989	711	5	647	473	94	80	59
1990	796	6	757	434	100	223	33
1991	986	6	951	534	122	295	29
1992	1 561	1	1 553	822	227	504	7
1993	3 257	2	3 255	1 735	358	1 162	
1994	2 223	2	2 221	1 049	208	964	
1995	1 638	5	1 633	764	109	760	
1996	999		999	491	38	470	
1997	1 786		957	454	30	471	829
1998	1 915		1 391	513	31	844	524
累计　Total	**22 050**	**120**	**16 564**	**8 602**	**2 032**	**5 925**	**5 366**

10－1 续表1　continued

年份 Year	二、按国民经济行业分 Grouped by Sector						
	农、林、牧、渔水利业 Farming, Forestry, Animal Husbandry and Fishery	工　业 Industry	地质勘查业 Geological Prospecting	建筑业 Construction	交通运输、邮电通讯业 Transportation, Postal and Telecommuni－cations Services	商业、饮食业、物资供销仓储业 Commerce, Catering Services, Materials Supply, Marketing and Storage	房地产业、社会服务业 Real Estate Management and Social Services
1979	6	112			3	5	3
1980	8	243			4	10	14
1981	9	321			5	5	28
1982	3	457			1	25	8
1983	19	714			15	87	21
1984	14	148			15	117	31
1985	10	164			8	84	15
1986	6	172		3	1	20	14
1987	7	303				1	10
1988	5	646		4	5	12	11
1989	5	666			3	12	10
1990	3	766		2	3	6	3
1991	5	908		3	6	22	30
1992	6	1 464		2	8	20	51
1993	10	2 836	4	18	23	115	205
1994	6	1 815	1	20	16	168	135
1995	5	1 377		10	15	104	59
1996	10	858		7	8	53	30
1997	8	1 526		4	13	89	138
1998	5	1 401		3	12	65	286
累计　Total	**150**	**16 897**	**5**	**76**	**164**	**1 020**	**1 102**

10－1续表2 continued

年份 Year	二、按国民经济行业分 Grouped by Sector					
	卫生、体育和社会福利事业 Health Care, Sports and Social Welfare	教育、文艺和广播、电影、电视事业 Education, Culture and Arts, Radio, Film and Television	科研和综合技术服务业 Scientific Research and Polytechnical Services	金融、保险业 Banking and Insurance	国家机关、政党机关、社会团体 Government Agencies, Party Agencies and Social Organizations	其他行业 Others
1979						40
1980						24
1981						210
1982						83
1983						22
1984						663
1985						922
1986	1	2	1	1		233
1987				7		6
1988				4		7
1989		4	4			7
1990	1		5			7
1991		2	2	6		2
1992		4	4	1		1
1993	6	1	5	1		33
1994	5	8	33	1		15
1995	19	4	31	1		13
1996	8	3	11	2		9
1997	1		7			
1998	1	1	138			3
累计 Total	**42**	**29**	**241**	**24**		**2 300**

10－1 续表 3　continued

年份 Year	三、按国别(地区)分 Grouped by Country (Territory)							
	香港、澳门 HongKong and Macao	台湾 Taiwan	新加坡 Singapore	韩国 Korea Rep.	日本 Japan	泰国 Thailand	澳大利亚 Australia	马来西亚 Malaysia
1986	387		6		28	1	1	
1987	284		8		25	2	2	
1988	610	8	10		24			3
1989	630	25	2		16	1	2	
1990	699	45	5		12	2	2	1
1991	885	36	8	3	17	3	1	
1992	1 330	88	20	5	16	8	6	3
1993	2 834	154	24	8	27	15	14	5
1994	1 885	124	29	8	25	8	7	3
1995	1 288	100	26	14	36	11	9	6
1996	760	85	15	11	15	4	6	6
1997	1 576	85	14	9	13	3	5	5
1998	1 614	119	19	7	12	1	4	2

10－1 续表 4　continued

年份 Year	三、按国别(地区)分 Grouped by Country (Territory)							
	美国 United States	加拿大 Canada	德国 Germany	法国 France	英国 United Kingdom	瑞士 Switzerland	荷兰 Netherlands	其他 Others
1986	12	2	1	5	5	1	2	3
1987	10			1	1			1
1988	31	1	2	1	2			2
1989	16	2	1	9			1	6
1990	16	2		1	2	3		6
1991	18	2	2	3	2	1	1	4
1992	57	8	1	2	5		1	11
1993	104	22	2	4	16	2	3	23
1994	74	10	5	3	19		1	22
1995	71	9	3	1	18	2	4	40
1996	42	7	3	4	14	1	2	24
1997	35	8	2	3	5	3		20
1998	58	4	5	1	4	1	3	61

10－2　协议利用外资额

AMOUNT OF FOREIGN CAPITAL TO BE UTILIZED IN THE SIGNED AGREEMENTS AND CONTRACTS (1979—1998)

单位:万美元　　(USD 10 000)

年份 Year	总计 Total	一、按投资方式分 Grouped by Investment Mode					
		对外借款 Foreign Loans	外商直接投资 Direct Foreign Investments	合资经营 Joint Ventures	合作经营 Cooperative Operation	外商独资 Solo－Foreign Enterprises	外商其他投资 Other Foreign Investments
1979	2 984		1 790	851	939		1 194
1980	27 122		23 966	1 021	13 966	8 979	3 156
1981	86 360		86 360	442	72 636	13 282	
1982	18 028		17 546	643	14 498	2 405	482
1983	33 451		29 355	8 052	17 605	3 698	4 096
1984	64 564	1 962	53 342	21 240	31 704	398	9 260
1985	102 647	19 320	79 323	18 544	58 046	2 733	4 004
1986	51 360	22 474	24 396	9 776	13 189	1 431	4 490
1987	64 893	7 812	56 675	10 993	7 370	38 312	406
1988	48 739	4 500	43 021	25 163	9 310	8 548	1 218
1989	48 904	576	46 945	25 120	11 501	10 324	1 383
1990	69 344	1 062	67 899	18 869	16 099	32 931	383
1991	115 158	5 038	108 611	35 419	23 072	50 120	1 509
1992	251 774	1 188	249 496	75 010	65 597	108 889	1 090
1993	497 737	800	496 937	211 828	71 588	213 521	
1994	298 649	15 521	283 128	92 731	47 632	142 765	
1995	359 654	13 347	346 307	125 589	63 561	157 157	
1996	168 000		168 000	99 879	26 192	41 929	
1997	176 896		135 387	63 177	10 224	59 657	41 509
1998	274 571	42 093	203 475	78 016	8 484	115 293	29 003
累计　Total	**2 760 835**	**135 693**	**2 521 959**	**922 363**	**583 213**	**1 012 372**	**103 183**

10-2续表1　continued

年份 Year	二、按国民经济行业分 Grouped by Sector						
	农、林、牧、渔水利业 Farming, Forestry, Animal Husbandry and Fishery	工　业 Industry	地质勘查业 Geological Prospecting	建筑业 Construction	交通运输、邮电通讯业 Transportation, Postal and Telecommuni - cations Services	商业、饮食业、物资供销仓储业 Commerce, Catering Services, Materials Supply, Marketing and Storage	房地产业、社会服务业 Real Estate Management and Social Services
1979	119	1 163			537	179	538
1980	1 085	10 577			4 883	1 628	4 883
1981	3 454	33 680			15 545	5 182	15 675
1982	213	6 269			3 245	1 082	3 245
1983	1 345	13 145			5 978	2 085	6 042
1984	214	16 936			1 933	27 152	6 349
1985	439	56 558			3 935	13 510	4 928
1986	187	12 197		3 849	102	3 773	4 075
1987	359	54 644				13	2 065
1988	273	36 686		149	899	2 403	3 568
1989	120	37 885			643	3 499	4 939
1990	99	55 931		138	378	5 197	3 802
1991	888	77 756		3 839	1 665	5 742	17 197
1992	2 878	176 536		1 180	8 321	4 724	51 153
1993	378	292 842	293	3 646	37 086	48 641	77 660
1994	263	177 967	7	1 264	1 585	37 774	59 615
1995	438	243 725		4 468	21 376	21 903	51 630
1996	763	123 973		11 905	1 827	12 443	9 200
1997	481	129 826		2 671	4 864	7 977	29 839
1998	1 417	184 011		3 678	16 008	11 323	44 075
累计　Total	**15 413**	**1 742 307**	**300**	**36 787**	**130 810**	**216 230**	**400 478**

10－2 续表 2　continued

年份 Year	二、按国民经济行业分 Grouped by Sector					
	卫生、体育和社会福利事业 Health Care, Sports and Social Welfare	教育、文艺和广播、电影、电视事业 Education, Culture and Arts, Radio, Film and Television	科研和综合技术服务业 Scientific Research and Polytechnical Services	金融、保险业 Banking and Insurance	国家机关、政党机关、社会团体 Government Agencies, Party Agencies and Social Organizations	其他行业 Others
1979						448
1980						4 066
1981						12 824
1982						3 974
1983						4 856
1984						11 980
1985						23 277
1986	19	16	4	129		27 009
1987				6 000		1 812
1988				4 500		261
1989		300	108			1 410
1990	2 574		123			1 102
1991		669	240	5 038		2 124
1992		3 239	97	1 188		2 458
1993	991	2 900	94	2 100		31 106
1994	628	6 552	1 393	29		11 572
1995	8 625	1 250	1 103	2 170		2 966
1996	2 664	1 750	487	2 301		687
1997	161		426			651
1998	1 584	36	8 043	4 911		－515
累计 Total	**17 246**	**16 712**	**12 118**	**28 366**		**144 068**

10－2续表3　continued

年份 Year	三、按国别(地区)分 Grouped by Country (Territory)							
	香港、澳门 HongKong and Macao	台湾 Taiwan	新加坡 Singapore	韩国 Korea Rep.	日本 Japan	泰国 Thailand	澳大利亚 Australia	马来西亚 Malaysia
1986	23 953		5 014		8 790	59	1 285	
1987	16 431		427		10 336	112	85	
1988	33 363	1 407	1 735		6 762			41
1989	40 214	986	328		1 131	2 585	48	
1990	54 729	4 839	3 134		1 058	1 092	550	17
1991	98 476	2 652	693	264	7 987	67	480	
1992	206 231	10 814	2 151	1 174	5 843	416	3 198	1 679
1993	411 673	21 908	2 132	665	7 491	5 284	7 934	392
1994	260 535	12 075	6 996	384	2 692	1 421	184	114
1995	274 815	7 344	7 940	1 926	20 914	978	227	2 024
1996	80 115	3 376	1 847	50 895	1 120	347	340	210
1997	98 839	4 951	1 874		2 517	59		293
1998	153 002	6 375	10 002	343	15 184	1 030		

10－2续表4　continued

年份 Year	三、按国别(地区)分 Grouped by Country (Territory)							
	美国 United States	加拿大 Canada	德国 Germany	法国 France	英国 United Kingdom	瑞士 Switzerland	荷兰 Netherlands	其他 Others
1986	1 049	1 202	134	3 364	3 649	2 500	11	350
1987	779			300	23			36 400
1988	3 441	100	1 162	22	603			103
1989	2 290	63	48	249			562	400
1990	1 253	115		8	772	809		968
1991	981	34	210	392	1 700	83	819	320
1992	4 764	4 067	31	111	5 373		5	5 917
1993	18 289	7 245	368	534	7 352	500	175	5 795
1994	8 010	921	222	78	2 421		25	2 571
1995	17 020	426	1 995	3 900	3 641	6	6 315	10 183
1996	3 876	368	357	227	2 493	15	2 659	19 755
1997	2 177	553	1 365	182		128	1 061	62 897
1998	10 759	215	3 077	21 270	7 489		4 142	41 683

10－3　实际利用外资额
AMOUNT OF FOREIGN CAPITAL ACTUALLY USED
(1979—1998)

单位:万美元　　(USD 10 000)

年份 Year	总计 Total	一、按投资方式分 Grouped by Investment Mode					
		对外借款 Foreign Loans	外商直接投资 Direct Foreign Investments	合资经营 Joint Ventures	合作经营 Cooperative Operation	外商独资 Solo－Foreign Enterprises	外商其他投资 Other Foreign Investments
1979	1 537		548	192	356		989
1980	3 264		2 755	252	1 891	612	509
1981	11 282		8 618	1 073	5 427	2 118	2 664
1982	7 379		5 771	1 114	3 823	834	1 608
1983	14 394		11 316	1 906	6 077	3 333	3 078
1984	23 013	1 962	18 640	8 008	5 990	4 642	2 411
1985	32 925	13 585	17 989	6 993	10 316	680	1 351
1986	48 933	10 860	36 450	5 124	30 241	1 085	1 623
1987	40 449	12 436	27 379	8 489	17 826	1 064	634
1988	44 429	14 430	28 716	9 644	10 085	8 987	1 283
1989	45 809	15 563	29 252	16 852	7 182	5 218	994
1990	51 857	12 360	38 994	26 849	4 917	7 228	503
1991	57 988	17 184	39 875	27 330	5 185	7 360	929
1992	71 539	25 808	44 879	20 554	8 716	15 609	852
1993	143 217	43 762	98 900	48 165	15 097	35 638	555
1994	172 959	47 367	125 046	49 312	21 388	54 346	546
1995	173 545	42 556	130 989	33 120	28 003	69 866	
1996	242 242	37 177	205 065	89 228	26 776	89 061	
1997	287 168	57 095	166 112	53 271	20 771	92 070	63 961
1998	255 222	55 717	166 357	73 762	22 354	67 561	33 148
累计　Total	**1 729 151**	**407 862**	**1 203 651**	**481 238**	**252 421**	**467 312**	**117 638**

10－3 续表1　continued

年份 Year	二、按国民经济行业分 Grouped by Sector						
	农、林、牧、渔水利业 Farming, Forestry, Animal Husbandry and Fishery	工　业 Industry	地质勘查业 Geological Prospecting	建筑业 Construction	交通运输、邮电通讯业 Transportation, Postal and Telecommuni－cations Services	商业、饮食业、物资供销仓储业 Commerce, Catering Services, Materials Supply, Marketing and Storage	房地产业、社会服务业 Real Estate Management and Social Services
1979	30	645			31	200	553
1980	65	1 371			65	424	1 175
1981	226	4 738			226	1 467	4 061
1982	148	3 099			148	959	2 656
1983	216	6 013			273	1 809	5 124
1984	57	8 235			881	5 251	4 412
1985	73	6 549			1 457	1 221	7 976
1986	138	31 874		13	416	974	2 965
1987	232	25 216		239	432	387	454
1988	383	28 645		45	917	1 069	4 652
1989	200	27 406		53	1 071	1 530	4 744
1990	28	32 306		6	440	858	5 576
1991	143	34 869		12	894	831	10 835
1992	55	44 056		122	300	807	9 503
1993	94	74 851		54	18 514	3 216	31 664
1994	626	113 192			18 900	6 798	14 220
1995	433	121 125			17 195	2 305	15 982
1996		193 141		30	6 944	11 852	16 970
1997	64	222 822		3 195	26 095	3 318	14 372
1998	428	156 925		7 906	35 333	7 715	31 208
累计　Total	**3 639**	**1 137 078**		**11 675**	**130 532**	**52 991**	**189 102**

10－3续表2 continued

年份 Year	二、按国民经济行业分 Grouped by Sector					
	卫生、体育和社会福利事业 Health Care, Sports and Social Welfare	教育、文艺和广播、电影、电视事业 Education, Culture and Arts, Radio, Film and Television	科研和综合技术服务业 Scientific Research and Polytechnical Services	金融、保险业 Banking and Insurance	国家机关、政党机关、社会团体 Government Agencies, Party Agencies and Social Organizations	其他行业 Others
1979						78
1980						164
1981						564
1982						369
1983						959
1984						4 177
1985						15 649
1986		6		8 948		3 599
1987	6	39		10 247		3 197
1988	161	30	20	4 168		4 339
1989		33		10 666		106
1990		34		5 913		6 696
1991	35			9 837		532
1992	13	17		14 008		2 658
1993	500			254		14 070
1994	234	1 445	132	5 751		11 661
1995	10 921	625		4 327		632
1996	1 236	68	550	9 339		2 112
1997	1 750	470	17	6 638		8 427
1998	831	548	234	12 021		2 073
累计 Total	**15 687**	**3 315**	**953**	**102 117**		**82 062**

10－3 续表 3　continued

年份 Year	三、按国别(地区)分 Grouped by Country (Territory)							
	香港、澳门 HongKong and Macao	台湾 Taiwan	新加坡 Singapore	韩国 Korea Rep.	日本 Japan	泰国 Thailand	澳大利亚 Australia	马来西亚 Malaysia
1986	38 587		11		7 009	13	16	
1987	25 632		247		9 291	32	29	
1988	28 198	316	146		14 567		10	
1989	28 729	1 006	1 177		10 004		166	
1990	26 291	371	897		17 257		723	
1991	32 375	216	339	125	14 265		700	
1992	46 134	475	475		15 806	914	323	117
1993	92 455	4 532	1 197	170	20 822	1 577	155	
1994	125 890	10 671	1 270		18 740	102	645	
1995	105 172	6 954	845		32 067		520	
1996	150 126	13 665	7 525	7 094	29 860	3 381	340	2 024
1997	203 035	6 732	2 502	309	17 616	1 133	19	750
1998	182 956	3 479	1 089	352	8 959	257	56	45

10－3 续表 4　continued

年份 Year	三、按国别(地区)分 Grouped by Country (Territory)							
	美国 United States	加拿大 Canada	德国 Germany	法国 France	英国 United Kingdom	瑞士 Switzerland	荷兰 Netherlands	其他 Others
1986	2 560	200		499	15			23
1987	3 101	899	18	1 194	6			
1988	294	150	201	501	5			41
1989	1 143	16		3 399	112			57
1990	4 011		35	1 112	235	500	337	88
1991	6 963	5		1 668	457		819	56
1992	2 029			3 225	1 109	84	633	215
1993	14 531	450		3 153	64	510	3 511	90
1994	3 371	628	130	2 206	6 662		2 520	124
1995	14 145	194	250	8 963	1 099	2 623		713
1996	10 576	162	911	2 985	1 820	794	125	10 854
1997	24 306	215	1 365	182	3 888	6		25 110
1998	4 326	364	505	24 610	9 002	188	1 601	17 433

10－4　利用外资合同、协议金额、实际利用外资额指数
INDICES OF FOREIGN CAPITAL USED
(1979—1998)

年　份 Year	签订合同项目(项) Number of the Signed Agreements Contracts (unit)	指　数 (以上年为100) Index (preceding year＝100)	协议利用外资额(万美元) Amount of Foreign Capital to be Utilized in the Signed Agreements & Contracts	指　数 (以上年为100) Index (preceding year＝100)	实际利用外资额(万美元) Foreign Capital Actually Used (USD 10 000)	指　数 (以上年为100) Index (preceding year＝100)
1979	169		2 984		1 537	
1980	303	179.3	27 122	908.9	3 264	212.4
1981	578	190.8	86 360	318.4	11 282	345.6
1982	577	99.8	18 028	20.9	7 379	65.4
1983	878	152.2	33 451	185.6	14 394	195.1
1984	988	112.5	64 564	193.0	23 013	159.9
1985	1 203	121.8	102 647	159.0	32 925	143.1
1986	454	37.7	51 360	50.0	48 933	148.6
1987	334	73.6	64 893	126.3	40 449	82.7
1988	694	207.8	48 739	75.1	44 429	109.8
1989	711	102.4	48 904	100.3	45 809	103.1
1990	796	112.0	69 344	141.8	51 857	113.2
1991	986	123.9	115 158	166.1	57 988	111.8
1992	1 561	158.3	251 774	218.6	71 539	123.4
1993	3 257	208.6	497 737	197.7	143 217	200.2
1994	2 223	68.3	298 649	60.0	172 959	120.8
1995	1 638	73.7	359 654	120.4	173 545	100.3
1996	999	61.0	168 000	46.7	242 242	139.6
1997	1 786	178.8	176 896	105.3	287 168	118.5
1998	1 915	107.2	274 571	155.2	255 222	88.9

10－5　进出口总额
TOTAL IMPORTS AND EXPORTS
(1979—1998)

单位:万美元　　(USD 10 000)

年　份 Year	进出口总额 Total Imports and Exports	出口总额 Total Exports	进口总额 Total Imports	进出口差额 Balance
1979	1 676	930	746	184
1980	1 751	1 124	627	497
1981	2 807	1 745	1 062	683
1982	2 534	1 597	937	660
1983	78 642	6 230	72 412	－66 182
1984	107 247	26 539	80 708	－54 169
1985	130 632	56 340	74 292	－17 952
1986	184 696	72 552	112 144	－39 592
1987	255 784	141 354	114 430	26 924
1988	344 277	184 949	159 328	25 621
1989	375 259	217 428	157 831	59 597
1990	1 570 136	815 165	754 971	60 194
1991	1 947 635	986 240	961 395	24 845
1992	2 357 562	1 200 019	1 157 543	42 476
1993	2 820 392	1 421 776	1 398 616	23 160
1994	3 498 281	1 830 921	1 667 360	163 561
1995	3 876 960	2 052 736	1 824 224	228 512
1996	3 905 342	2 120 781	1 784 561	336 220
1997	4 500 921	2 561 844	1 939 077	622 767
1998	4 527 417	2 639 611	1 887 806	751 805

10－6　进出口总额指数
INDICES OF TOTAL IMPORTS AND EXPORTS
(1980—1998)

单位:%　　(%)

年份 Year	以上年为100 Preceding Year = 100			以1979年为100 1979 = 100		
	进出口总额 Total Imports and Exports	出口总额 Total Exports	进口总额 Total Imports	进出口总额 Total Imports and Exports	出口总额 Total Exports	进口总额 Total Imports
1980	104.5	120.9	84.0	104.5	120.9	84.0
1981	160.3	155.2	169.4	167.5	187.6	142.4
1982	90.3	91.5	88.2	151.2	171.7	125.6
1983	3 103.5	390.1	7 728.1	4 692.2	669.9	9 706.7
1984	136.4	426.0	111.5	6 399.0	2 853.7	10 818.8
1985	121.8	212.3	92.1	7 794.3	6 058.1	9 958.7
1986	141.4	128.8	151.0	11 020.0	7 801.3	15 032.7
1987	138.5	194.8	102.0	15 261.6	15 199.4	15 339.1
1988	134.6	130.8	139.2	20 541.6	19 887.0	21 357.6
1989	109.0	117.6	99.1	22 390.2	23 379.4	21 157.0
1990	145.8	137.8	156.8	32 643.8	32 213.0	33 180.8
1991	124.0	121.0	127.3	40 478.3	38 977.7	42 239.2
1992	121.0	121.7	120.4	48 978.8	47 435.9	50 856.0
1993	119.6	118.5	120.8	58 578.6	56 211.5	61 434.0
1994	124.0	128.8	119.2	72 637.5	72 400.5	73 229.3
1995	110.8	112.1	109.4	80 482.3	81 160.9	80 112.9
1996	100.7	103.3	97.8	81 045.7	83 839.2	78 350.4
1997	115.3	120.8	108.7	93 445.7	101 277.8	85 166.9
1998	100.6	103.0	97.4	94 006.4	104 316.1	82 952.6
年平均增长率 Average Annual Growth Rate				**43.4**	**44.2**	**42.4**

10－7 进出口总额
TOTAL IMPORTS AND EXPORTS
(1997—1998)

单位:万美元 (USD 10 000)

项目	Item	1997 全市 Total	1997 特区 Urban	1998 全市 Total	1998 特区 Urban
进出口总额	**Total Imports and Exports**	**4 500 921**	**2 241 929**	**4 527 417**	**2 202 772**
#用外汇收付贸易	Transaction in Foreign Exchange	2 872 178	1 907 928	2 947 538	1 902 722
一、出口总额	**Total Exports**	**2 561 844**	**1 253 180**	**2 639 611**	**1 227 126**
#用外汇交易贸易出口	Transaction in Foreign Exchange	1 702 019	1 132 655	1 742 051	1 104 746
按隶属关系分类:	Grouped by Administrative Relationship				
1.深圳市属企业	Shenzhen	1 015 966	273 406	1 008 474	230 003
2.中央、省属企业	Central Government and Guangdong	130 090	128 583	105 531	104 672
3."三资"企业	Foreign Investment Enterprises	1 415 788	851 191	1 525 606	892 451
按贸易方式分类:	Grouped by Form of Trade				
1.一般贸易	Original Trade	327 749	322 942	241 453	236 624
2.补偿贸易	Compensation Trade	1 061	5	1 031	
3.来料加工装配贸易	Processing and Assembly Trade	831 163	92 944	870 336	96 225
4.进料加工贸易	Processing Trade for Imported Material	1 294 425	730 695	1 406 596	775 587
5.出料加工贸易	Processing Trade for Exported Material	150	124	60	23
6.易货贸易	Transaction in Kind				
7.其　他	Others	107 296	106 470	120 133	118 667
二、进口总额	**Total Imports**	**1 939 077**	**988 749**	**1 887 806**	**975 646**
#用外汇交易贸易进口	Transaction in Foreign Exchange	1 170 159	775 273	1 205 487	797 976
按隶属关系分类:	Grouped by Administrative Relationship				
1.深圳市属企业	Shenzhen	718 169	185 382	699 094	209 745
2.中央、省属企业	Central Government and Guangdong	53 776	52 787	59 063	58 329
3."三资"企业	Foreign Investment Enterprises	1 167 132	750 581	1 129 649	707 572
按贸易方式分类:	Grouped by Form of Trade				
1.一般贸易	Original Trade	156 416	148 374	173 690	167 652
2.补偿贸易	Compensation Trade	66	7	50	
3.来料加工装配贸易	Processing and Assembly Trade	560 079	74 134	531 238	71 446
4.进料加工贸易	Processing Trade for Imported Material	906 092	521 633	938 244	538 044
5.以工缴费补偿期进口的设备	Imported Equipment Compensated With the Processing and Assembling Costs	46 977	2 405	30 412	1 947
6.租赁贸易	International Leasing	65	65	33 214	33 214
7.外商投资企业作为投资进口的设备	Imported Equipment and Materials as Investment of Foreign Investment Enterprises	119 931	95 095	70 020	53 675
8.外商投资企业进口供加工内销产品的料、件	Imorted Materials and Parts of Foreign Investment Enterprises for Processing and Sold Inside Country				
9.易货贸易	Transaction in Kind				
10.其　他	Others	149 451	147 036	110 936	109 668

10－8　深圳市同主要国家(地区)进出口总额
SHENZHEN'S FOREIGN TRADE WITH MAIN RELATED COUNTRIES AND TERRITORIES (1997—1998)

单位:万美元　　(USD 10 000)

国(地区)别	Country (Territories)	1997 合计 Total Imports and Exports	1997 出口总额 Exports	1997 进口总额 Imports	1998 合计 Total Imports and Exports	1998 出口总额 Exports	1998 进口总额 Imports
香　港	Hongkong	846 538	722 542	123 996	855 842	737 862	117 980
日　本	Japan	870 091	326 461	543 630	796 400	310 141	486 259
美　国	United States	892 296	723 761	168 535	959 881	767 216	192 665
法　国	France	56 243	44 233	12 010	78 428	47 305	31 123
德　国	Germany	145 115	102 847	42 268	140 237	106 364	33 873
泰　国	Thailand	51 715	14 277	37 438	79 758	16 476	63 282
新加坡	Singapore	191 792	69 010	122 782	205 051	92 456	112 595
韩　国	Korea Rep.	157 594	23 592	134 002	140 499	18 656	121 843
台　湾	Taiwan	426 883	72 346	354 537	430 103	72 864	357 239
澳　门	Macao	1 986	1 915	71	832	759	73
澳大利亚	Australia	44 199	29 695	14 504	51 763	33 317	18 446
印度尼西亚	Indonesia	34 748	14 594	20 154	36 722	8 609	28 113
马来西亚	Malaysia	63 991	13 918	50 073	53 964	8 704	45 260
英　国	United Kingdom	109 938	89 374	20 564	117 218	97 978	19 240
意大利	Italy	38 253	22 021	16 232	36 579	22 073	14 506
巴　西	Brazil	27 414	13 752	13 662	17 058	11 324	5 734
加拿大	Canada	34 648	25 868	8 780	42 156	32 795	9 361

10－9 主要商品进口数量
MAIN IMPORT COMMODITIES IN VOLUME
(1997—1998)

项目	Item	1997		1998	
		全市 Total	特区 Urban	全市 Total	特区 Urban
1. 汽车(辆)	Motor Vehicles	2 555	2 518	2 695	3 703
2. 摩托车(辆)	Motorcycles	31	30		
3. 录像、放像机(台)	Vedio Recorders	9 046	9 044	5 396	2 372
4. 收录音机及组合音响(万台)	Radio Cassette Players and Hi－Fi Stereo Component System(10 000)	46.88	46.88	34.72	34.54
5. 家用冰箱(台)	Household Refrigerators	205	73	662	620
6. 家用洗衣机(台)	Household Washing Machines	64	35	182	165
7. 照相机(架)	Cameras	33	24	5 592	1 590
8. 复印机(台)	Duplicators	108	40	1 259	1 238
9. 计算机(台)	Computers	122 935	59 316	43 197	42 199
10. 彩色电视机(万台)	Color TV Sets (10 000)	4.50	4.50	28 051	28 031
11. 成品油(万吨)	Oil Products (10 000 ton)	237.8	219.8	143.16	123.32
12. 水泥(万吨)	Cement (10 000 ton)	14.00	14.00	2.97	2.92
13. 钢材(万吨)	Rolled－Steel(10 000 ton)	201	101	160.8	61.69
14. 谷物(吨)	Rice(ton)	395 785	387 552	334 937	325 761
15. 食糖(吨)	Sugar(ton)	9 640	2 063	8 237	1 423
16. 肥料(吨)	Fertilizer(ton)	1 804 235	1 803 422	967 407	966 927

10－10　主要商品出口数量
MAIN EXPORT COMMODITIES IN VOLUME
(1997—1998)

项目	Item	1997 全市 Total	1997 特区 Urban	1998 全市 Total	1998 特区 Urban
1. 肉用活猪(万头)	Live Hogs(10 000 heads)	14.05	10.54	14.34	11.21
2. 活家禽(万只)	Live Poultry (10 000 heads)	2 306	1 997	1 806	1 504
3. 活鲜鱼(吨)	Live Fish (ton)	27 325	5 394	24 607	6 396
4. 棉纱线(吨)	Cotton Yarn (ton)	5 396	3 194	4 536	2 789
5. 棉布(万米)	Cotton Cloth (10 000m)	23 131	21 025	21 921	21 038
6. 涤棉布(万米)	Polyester Cotton Cloth (10 000m)	3 866	3 255	3 272	2 712
7. 服装(万美元)	Garments (USD 10 000)	131 085	57 338	119 109	46 361
8. 彩色电视机(万台)	Color TV Sets(10 000)	180.50	94.50	152.1	55.0
9. 收录音机及组合音响(万台)	Radio Cassette Players and Hi－Fi Stereo Component System(10 000)	7 468.70	2 051.70	7 166.2	2 157.4
10. 电话机(万部)	Telephone Sets (10 000)	5 047	2 121	4 537	1 755
11. 自行车(万辆)	Bicycles(10 000)	211	91	419	122
12. 鲜虾(吨)	Fresh Shrimps (ton)	50	40	234	225
13. 沙石(万吨)	Sand and Stone(10 000 ton)	96.40	66.40	150.5	128.5

10－11　对外承包工程和劳务合作
CONTRACTED PROJECTS AND LABOR COOPERATION WITH FOREIGN COUNTRIES OR TERRITORIES
(1998)

项目	Item	合计 Total	承包工程 Contracted Projects	劳务合作 Labor Cooperation	设计咨询 Design Consultancy
合同份数(份)	Number of Contracts	120	2	103	15
合同金额(万美元)	Contracted Value(USD 10 000)	2 619	1 300	934	385
营业额(万美元)	Value of Business Fulfilled (USD 10 000)	4 196	2 012	1 855	329
派出人次(人次)	Persons Sent Abroad(person－times)	1 666		1 666	
年末在国外人数(人)	Persons in Abroad (year－end)	597		597	

10－12　对外承包工程和劳务合作分国别(地区)统计
CONTRACTED PROJECTS AND LABOR COOPERATION WITH FOREIGN COUNTRIES OR TERRITORIES (BY COUNTRY OR TERRITORY) (1998)

国　别(地区)	Country (Territory)	合同份数(份) Number of Contracts	合同额(万美元) Contracted Value (USD 10 000)	营业额(万美元) Value of Business Fulfilled (USD 10 000)	派出人次(人次) Persons Sent Abroad (person－times)	年末在外人数(人) Persons in Abroad (year－end) (person)
合　计	**Total**	**120**	**2 619**	**4 196**	**1 666**	**597**
一、承包工程	**Contracted Projects**	**2**	**1 300**	**2 012**		
1. 香　港	Hongkong	2	1 300	2 012		
2. 美　国	United States					
二、劳务合作	**Labor Cooperation**	**103**	**934**	**1 855**	**1 666**	**597**
1. 香　港	Hongkong	75	779	1 546	1 515	380
2. 新加坡	Singapore	1	1	25	1	7
3. 马来西亚	Malaysia	3	38	77	43	
4. 日　本	Japan	5	35	40	43	27
5. 汤　加	Tonga					
6. 美　国	United States					
7. 澳　门	Macao	1	12	35	10	36
8. 阿联酋	United Arab Emirates	5	19	14	13	6
9. 荷　兰	Netherlands					
10. 坦桑尼亚	Tanzania					
11. 孟加拉国	Bangladesh					
12. 越　南	Viet Nam	2	27	8	4	4
13. 波　兰	Poland					
14. 老　挝	Laos					
15. 韩　国	Korea Rep.			8		16
16. 加拿大	Canada					
17. 其　它	Others	11	23	102	37	121
三、设计咨询	**Design Consultancy**	**15**	**385**	**329**		

10-13 旅游业基本情况
BASIC CONDITIONS OF TOURISM
(1990—1998)

年份 Year	过夜国际旅游人数(万人) Total Number of International Tourists (10 000 persons)	外国人 Foreigners	华侨 Overseas Chinese	港澳同胞 Compatriots from Hongkong and Macao	台胞 Compatriots Form Taiwan
1990	148.24	9.32	0.68	131.94	6.30
1991	182.98	10.84	1.66	163.74	6.74
1992	214.37	16.98	1.29	183.14	12.96
1993	180.87	20.41	2.73	144.42	13.31
1994	186.39	31.07	2.58	139.75	12.99
1995	185.37	35.32	1.10	131.41	17.54
1996	151.47	30.91	1.37	101.48	17.71
1997	140.41	32.00	0.75	89.49	18.17
1998	148.47	30.83	0.72	97.52	19.41

10-13 续表 continued

年份 Year	过夜国内旅游人数(宾馆部分)(万人) Domestic Tourists (10 000 persons)	旅游外汇收入(万美元) Total Foreign Exchange Earnings from International Tourism (USD 10 000)	商品性收入 Commodities	劳务性收入 Services	宾馆、酒店、度假村开房率(%) Room Occupancy Rate of Hotels and Holiday Countries (%)
1990	314.97	20 933	11 389	9 544	68.1
1991	442.41	20 911	9 410	11 501	72.3
1992	497.77	39 100	14 774	24 326	79.6
1993	435.79	39 128	15 068	24 060	68.0
1994	373.32	48 821	17 483	31 338	63.0
1995	357.27	63 633	20 574	43 059	58.9
1996	360.55	58 384	21 489	36 895	56.3
1997	341.11	53 225	17 176	36 049	57.6
1998	488.80	59 025	18 413	40 612	55.5

10－14 按国别分的外国旅游者人数
NUMBER OF FOREIGN TOURISTS BY COUNTRY
(1990—1998)

单位:人 (person)

国别 Country		1990	1991	1992	1993	1994	1995	1996	1997	1998
合 计	**Total**	**93 175**	**108 379**	**169 818**	**204 104**	**310 751**	**353 152**	**309 126**	**320 076**	**308 279**
日 本	Japan	28 203	32 503	38 747	60 851	80 336	89 555	83 203	78 264	74 275
菲律宾	Philippines	2 553	1 946	2 116	3 157	3 661	3 167	3 134	3 338	4 266
新加坡	Singapore	6 443	8 727	18 034	19 115	20 891	17 151	19 024	19 266	24 264
泰 国	Thailand	3 962	6 570	7 179	5 791	5 711	6 901	8 550	6 176	4 536
印度尼西亚	Indonesia	1 617	2 367	9 175	8 280	9 439	8 467	12 688	14 329	5 779
英 国	United Kingdom	5 209	6 064	8 058	9 931	13 772	13 361	10 820	9 043	10 007
法 国	France	3 277	1 954	4 425	3 253	4 241	3 439	4 265	4 826	6 524
德 国	Germany	1 496	1 360	2 063	1 938	3 504	3 026	5 234	4 720	6 549
意大利	Italy	1 271	766	1 621	1 804	3 312	2 390	2 163	2 399	3 043
美 国	United States	13 374	14 963	23 075	26 486	46 760	47 217	39 173	32 771	39 490
加拿大	Canada	3 809	3 753	6 855	5 376	7 000	6 297	6 939	6 208	8 476
澳大利亚	Australia	1 985	2 326	4 311	3 981	5 906	5 242	6 205	5 441	6 851
新西兰	New Zealand	430	364	552	812	1 274	750	993	804	1 397
俄罗斯	Russia	367	795	708	466	814	432	656	2 084	874
韩 国	Korea Rep.		951	4 277	5 129	7 078	10 899	32 015	30 885	18 696
马来西亚	Malaysia		3 032	12 220	15 723	11 909	19 081	24 430	23 269	43 931
其他	Others	19 179	19 938	26 402	32 011	85 143	115 777	49 634	76 253	49 321

10－15　旅游部门主要财务指标
MAIN FINANCIAL INDICATORS OF TOURISM
(1998)

单位:万元　　(10 000yuan)

指　标	Item	合计 Total	一类旅行社 First Class Travel Services	二类旅行社 Second Class Travel Services	三类旅行社 Third Class Travel Services	宾馆、酒店 Hotels	旅游点 Tourist Spots
营业收入	Business Revenue	596 919	69 067	18 770	9 185	431 807	68 089
营业成本	Business Cost	202 112	59 422	15 816	8 250	102 986	15 638
营业费用	Business Expenses	195 200	2 936	1 079	507	183 774	6 903
营业税金及附加	Business Taxes and Extra Charges	24 997	401	152	45	21 945	2 454
管理费用	Management Expenses	139 118	2 970	926	525	112 071	22 626
财务费用	Financial Expenses	20 416	270	139	8	18 568	1 432
营业利润	Business Profits	15 076	3 068	658	－150	－7 537	19 037
投资收益	Earnings of Investment	4 194	－110	－134		4 349	89
利润总额	Total Profits	18 618	3 154	637	－114	－4 688	19 629
年末固定资产原值	Original Value of Fixed Assets(year－end)	1 109 015	18 785	7 072	2 501	908 205	172 451
年末固定资产净值	Net Value of Fixed Assets (year－end)	689 933	9 864	3 914	2 095	558 603	115 457
年末职工人数(人)	Number of Staff and Workers (year－end)(person)	52 979	1 197	465	233	47 162	3 922

10－16　主要宾馆(酒店)设施情况
FACILITIES OF MAIN TOURIST HOTELS
(1998)

宾馆(酒店)名称 Name	客房数(间) Number of Dining Rooms	床位数(张) Number of Beds	开房率(%) Room Occupancy Rate
合　计　Total	**24 015**	**45 967**	**55.5**
五星级　Five－Star	**2 367**	**3 727**	**60.4**
阳光酒店	371	514	77.88
富临大酒店	533	850	51.92
香格里拉大酒店	522	815	72.05
富苑酒店	351	423	47.06
南海酒店	370	712	55.75
骏豪酒店	220	413	51.80
四星级　Four－Star	**1 313**	**2 464**	**60.9**
新都酒店	428	764	56.03
晶都酒店	373	677	58.73
深圳湾大酒店	308	648	62.55
都之都大酒店	204	375	74.20
三星级　Three－Star	**7 271**	**13 614**	**59.3**
金碧酒店	311	588	65.63
粤海酒店	229	356	88.61
竹园宾馆	190	370	58.36
名都酒店	293	458	55.59
罗湖大酒店	229	445	57.00
雅园宾馆	95	166	77.08
东湖宾馆	144	170	48.61
长安大酒店	171	362	63.87
新园大酒店	305	610	65.80
永安大酒店	64	108	60.48
帝豪酒店	143	236	72.47
京鹏宾馆	212	466	67.33
环宇大酒店	242	455	48.75
友谊酒店	139	260	78.74
国宾酒店	235	451	60.20
丰园大酒店	120	240	70.28
三九大酒店	320	439	54.00
丽都酒店	265	458	69.00
远东大酒店	306	612	59.03

10－16 续表 1 continued

宾馆(酒店)名称 Name	客房数 (间) Number of Dining Rooms	床位数 (张) Number of Beds	开房率(%) Room Occupancy Rate
小梅沙旅游中心	238	443	35.71
联城酒店	92	180	59.15
海燕大酒店	285	566	74.43
港龙大酒店	299	470	53.19
凯悦大酒店	166	332	78.30
格兰云天大酒店	168	260	73.05
银湖旅游中心	197	400	68.32
长城大酒店	138	285	53.32
香蜜湖渡假村	218	438	37.15
洲际大酒店	117	226	60.60
西丽大酒店	188	376	74.54
田心酒店	98	204	53.23
西丽湖度假村	276	546	28.47
海景酒店	324	689	57.64
石岩湖渡假村	280	600	29.75
恒丰服务中心	105	211	72.42
晶都城酒店	69	138	52.92
二星级　Two－Star	**3 947**	**8 147**	**61.4**
航空大酒店	101	202	65.00
广信酒店	172	380	60.85
华中国际酒店	173	224	50.94
京湖大酒店	65	130	61.25
蔡屋围大酒店	96	186	68.65
新安酒店	131	256	64.23
漓江春宾馆	47	162	51.46
罗湖宾馆	70	137	78.17
西湖宾馆	71	150	36.00
深圳酒店	80	160	64.68
芙蓉宾馆	134	278	74.00
深铁大酒店	166	355	60.46
和平酒店	77	155	62.45
广深宾馆	143	327	82.53
河东宾馆	96	161	51.96

10－16 续表 2 continued

宾馆(酒店)名称 Name	客房数 (间) Number of Dining Rooms	床位数 (张) Number of Beds	开房率(%) Room Occupancy Rate
凯利宾馆	176	352	63.29
华侨旅行社	220	420	68.72
大江南酒店	58	162	30.78
南洋大酒店	184	365	65.28
洪岭大酒店	236	466	11.61
罗芳大酒店	37	72	49.49
上海宾馆	143	285	83.69
北方宾馆	82	155	75.94
上林苑酒店	108	336	55.16
迪富宾馆	159	318	72.94
兴华宾馆	168	370	70.01
四川宾馆	154	321	53.37
云鹏大酒店	64	152	79.87
天地宾馆	41	64	48.78
太子宾馆	211	491	76.37
南油酒店	128	248	75.26
银都酒店	54	108	60.30
京华酒店	42	82	82.87
佳豪酒店	60	117	40.35
一星级　One－Star	**22**	**68**	**83.1**
金得宾馆	22	68	83.13
其它　Others	**9 095**	**17 947**	**47.1**
新王朝大酒店	148	274	58.35
南方国际大酒店	203	344	73.40
西苑宾馆	87	168	76.40
鸿雁大酒店	51	103	75.99
海洋宾馆	100	193	40.35
宝华园宾馆	45	90	65.06
建设宾馆	85	193	74.74
新华宾馆	69	93	31.60
贝岭居宾馆	120	250	42.05
穆斯林宾馆	68	141	50.40
中兴酒店	38	84	63.89

10－16 续表 3 continued

宾馆(酒店)名称 Name	客房数 (间) Number of Dining Rooms	床位数 (张) Number of Beds	开房率(%) Room Occupancy Rate
西江酒店	84	204	59.30
锦湖宾馆	155	285	69.17
深运大酒店	48	99	63.98
华登宾馆	34	63	85.13
湖北宾馆	35	70	52.36
龙凤宾馆	27	54	44.69
新世界宾馆	156	213	29.12
天池宾馆	61	122	54.00
沈阳宾馆	72	180	74.48
望族酒店	40	70	59.19
湖光酒店	67	133	57.00
湖溪酒店	46	64	46.44
红岭宾馆	105	230	62.11
迎宾馆	230	414	47.50
航运宾馆	158	302	70.55
水库酒店	52	114	53.07
新地酒店	83	164	73.73
华通酒店	94	177	62.63
东南国际大酒店	160	320	28.13
名士酒店	30	54	60.65
江南酒店	161	283	23.64
锦苑酒店	97	222	31.89
国旅酒店	110	210	60.60
美伦山庄	19	45	70.91
银座大酒店	71	141	45.95
银园宾馆	58	130	49.75
湖贝酒店	23	48	38.73
富丽华大酒店	208	406	74.75
核电宾馆	68	136	32.04
振兴宾馆	63	119	81.01
杏花村酒家	11	23	59.52
荔花村宾馆	151	325	50.04
湛江宾馆	35	80	60.00

10－16 续表 4 continued

宾馆(酒店)名称 Name	客房数 (间) Number of Dining Rooms	床位数 (张) Number of Beds	开房率(%) Room Occupancy Rate
中贸宾馆	35	105	47.31
江南春酒店	100	205	44.99
华海宾馆	96	210	52.17
华联宾馆	46	90	47.09
华强宾馆	78	170	62.00
嘉旅宾馆	60	120	76.99
依迪宾馆	72	118	48.55
金儿岛酒店	56	104	33.29
金峰大酒店	118	236	82.01
新世纪酒店	243	543	78.93
五洲宾馆	145	250	41.29
南山宾馆	48	84	65.74
新侨宾馆	36	78	62.19
明华中心	139	224	0.56
金都大酒店	50	76	51.77
荔山宾馆	46	89	35.78
君悦酒店	26	57	44.63
森林酒店	14	29	37.87
嘉宝酒店	18	26	26.83
三星酒店	22	50	38.66
沙河酒店	50	90	31.67
上南酒店	22	39	36.87
桂发酒店	69	152	40.71
新城市酒店	42	72	55.82
松乔酒店	96	160	26.54
三明酒店	50	80	24.96
宝安联华酒店	24	50	50.47
羊台山大酒店	32	56	31.00
新富豪酒店	18	38	51.66
新侨酒店	46	49	22.42
濠江酒店	29	62	53.75
南海酒店	32	62	23.00

10－16 续表 5 continued

宾馆(酒店)名称 Name	客房数 (间) Number of Dining Rooms	床位数 (张) Number of Beds	开房率(%) Room Occupancy Rate
外经宾馆	22	50	17.76
福永宾馆	50	100	19.88
新业酒店	36	72	28.31
皇都大酒店	60	120	34.29
宝都酒店	30	60	65.23
金山酒店	24	68	39.74
利达酒店	16	26	48.00
金祥富酒店	90	960	63.60
大都会娱乐城	32	64	25.13
双溪威大酒店	236	366	33.33
东江大酒店	46	89	44.54
泰宝度假村	163	251	11.72
星星酒店	18	36	28.62
富麟酒店	16	20	78.81
龙岗长鸿酒店	42	102	33.88
坪山百乐酒店	11	16	18.66
坪山怡兴酒楼	26	46	33.33
坑梓百福楼饭店	26	33	11.71
汇都大酒店	46	85	44.74
南澳酒店	17	30	35.39
南澳大酒店	78	147	31.08
亨梓大酒店	30	70	34.43
横岗大厦	64	120	39.23
岭南酒店	44	102	27.77
平湖宾馆	20	40	53.38
横岗宾馆	65	126	31.97
爱都酒店	63	121	34.29
伟发山庄大酒店	30	60	56.46
深圳青少年渡假营	60	120	31.57
深圳溪冲核电专家村	117	234	32.00
锦龙酒店	35	61	21.79
坪山帝王酒店	64	106	51.87

10－16 续表 6 continued

宾馆(酒店)名称 Name	客房数 (间) Number of Dining Rooms	床位数 (张) Number of Beds	开房率(%) Room Occupancy Rate
平湖金寿酒店	30	60	19.44
新雅大酒店	16	24	55.03
秦艺酒店	30	45	44.41
龙都酒店	60	110	25.37
龙岗三阳宾馆	22	40	33.53
龙岗金龙酒店	75	114	34.28
龙岗青叶大饭店	28	38	78.39
龙岗唐宫娱乐城	34	66	40.83
龙岗彩龙宾馆	32	57	25.43
龙岗金鼎大酒店	36	46	41.98
溪冲工人休养度假村	30	60	20.98
大鹏皇都酒店	13	21	30.31
龙岗南天阁酒店	26	49	15.55
龙岗华深酒店	40	80	43.53
东华宾馆	15	30	31.75
天虹酒店	25	50	29.81
平茂宾馆	32	70	52.34
金怡酒店	43	78	24.05
平湖春湖大酒店	45	68	13.16
金山酒店	19	31	19.55
平湖华强宾馆	40	85	36.92
天鹅宾馆	40	78	44.55
下沙湾旅游中心	34	37	20.44
天王星酒店	44	55	34.76
群益酒店	49	97	44.47
岭南宾馆	29	58	44.80
金沙湾大酒店	113	200	39.07
玉皇宾馆	18	32	42.21
凯利莱酒店	230	329	49.59
龙岗青湖酒店	22	44	31.25
名星酒店	11	22	27.11
葵涌假日酒店	288	540	9.77
南澳福源宾馆	65	125	14.74

十一、劳动工资

1998年深圳职工工资情况分析

1998年,深圳市国民经济继续保持快速健康的发展势头,职工工资水平随之不断提高,职工工资总额继续保持增长势头,但增幅趋缓,为近年新低。

一、基本情况

1998年,深圳市城镇在岗职工工资总额为1674771.1万元,比上年增长13.8%;在岗职工月平均工资为1532元,比上年增长10.2%,扣除物价因素后,实际增长11.0%。主要特点表现在:

1.职工工资总额增长为近年最低点,增幅低于国内生产总值的增幅

近两年,市政府加大对工资总额增长宏观管理的力度,强调企业工资增长应在"两个低于"的原则下进行,使企业工资增长的盲目性得到有效控制,全市工资总额增幅逐年下降,并且增幅低于国内生产总值的增幅(如表1)。

表1　1995年—1998年深圳市职工工资总额增长情况

	1995	1996	1997	1998
职工工资总额增幅(%)	26.3	19.4	15.2	13.8
国内生产总值增幅(%)	23.0	16.4	16.0	14.5

2.内资企业职工工资水平最高,增幅最快

从企业登记注册类型来看,内资企业(包括国有企业、集体企业、股份合作企业、联营企业、有限责任公司、股份有限公司和其他企业)、港澳台商投资企业和外商投资企业职工的工资水平都有不同程度的增长。内资企业的职工工资水平最高,为1628元/月,增幅最快,为11.8%;其次是外商投资企业,增幅9.9%;最慢的是港澳台商投资企业,增幅只有4.3%(如表2)。

表2　深圳市在岗职工月平均工资基本情况

单位:元/月

按登记注册类型分组	1998年	比上年增长%
合　计	1532	10.2
1.内资企业	1628	11.8
2.港澳台商投资企业	1304	4.3
3.外商投资企业	1463	9.9

3.第一产业职工月平均工资的增幅首次快于第二和第三产业

1998年,深圳市第一产业在岗职工月平均工资为1164元,增幅20.2%,是近年首次快于第二和第三产业(如表3);第二产业在岗职工月平均工资为1297元,增幅13.0%;第三产业在岗职工月平均工资为1845元,仍居首位,增幅7.7%。

4.除采掘业和房地产业外,所有行业的工资水平都有不同程度的提高

从国民经济行业分组来看,职工工资水平增幅快于全市平均增幅的行业有农、林、牧、渔业、其它行业、金融、保险业和制造业,其增幅分

别为20.2%、15.8%、14.4%和13.9%。除采掘业和房地产业出现负增长外,其他行业的工资水平也有不同程度的提高,其增幅均在10.0%以内。

表3　1996年—1998年深圳市三次产业职工月平均工资增幅

单位:%

按产业分组	1996年	1997年	1998年
总　计	18.2	14.0	10.2
1.第一产业	11.6	1.8	20.2
2.第二产业	14.6	16.7	13.0
3.第三产业	22.8	11.2	7.7

二、职工工资总额变化的主要原因

职工工资总额变化主要受经济增长、职工人数和职工工资水平等因素影响。1998年,在亚洲金融风暴影响下,深圳经济增长经受了严峻的考验,国内生产总值继续保持增长势头,但增幅趋缓,增幅比上年下降了1.5个百分点,在其影响下,深圳市职工工资总额增幅进入了近年的最低点,但仍保持一定的增长。造成职工工资总额增长的主要原因是职工工资水平的增长。主要表现为:

1.由于继续深化国有企业的各项重点改革,增强国有企业的发展活力,使企业的经济效益不断提高,职工工资水平也随之提高。1998年,深圳市建立和强化企业内部动力机制,在全市市属国有企业推行经营者年薪制,148家国有企业实行了内部员工持股试点,大大提高了职工工作的积极性。同时,继续做好"抓大放小"这项工作,集中力量抓好大企业大集团,大中型工业企业产值增幅高于全市平均水平2个百分点,通过多种规范的企业重组方式,放开搞活国有小企业,全市"放小" 企业已达800多家。

2.由于不断优化产业结构,三次产业的经济质量进一步提高,使三次产业的职工工资水平稳步提高。主要表现在几个方面:①近几年,市政府加大农业投资,积极发展"三化"(企业化、工厂化、现代化)、"三高"(高产、高质、高效)农业和创汇农业,农业生产稳步发展,"菜篮子工程"建设取得了新进展,企业经济效益有所提高,从而使第一产业的职工月平均工资大幅提高。②由于深圳大力推进科技与经济的紧密结合,制定了扶持高新技术产业发展的22条政策,使高新技术产业作为深圳市第一经济增长点的地位更加突出。1998年全市高新技术产品产值655亿元,增长38.1%,占工业总产值的比重达35.4%。作为高新技术产业的企业,其技术含量高,经济效益较好,职工的工资水平普遍较高。③深圳市第三产业稳步发展,使第三产业的职工工资水平稳步提高。1998年,深圳市进一步加强金融监管,防范和化解金融风险取得成效,使得金融业在不断改革中稳步健康发展,其工资水平显著提高,继续保持领先位置。1998年,金融保险业的职工月平均工资为2977元,增幅14.4%。此外,深圳市已经建成现代化的立体交通网络和邮电通信网络,交通运输和邮电通信业飞速发展,1998年交通运输和邮电通信业职工月平均工资为1901元,增幅9.4%。

三、对职工工资增长中存在问题的思考

1.企业职工工资总额的增长必须低于企业经济效益的增长

企业职工工资来自企业的生产成果,是对企业生产成果的分配,企业职工工资的高低,取决于企业生产经营的状况,尤其取决于企业经济效益的提高。从企业的自身发展来看,企业职工工资总额的增长必须要低于企业经济效益的增长。1998年,亚洲金融风暴给深圳市外向型工业经济带来一定程度的负面影响,尤其是产品销往东南亚地区的企业深受影响,其定单数量、价格、市场、企业效益均受到严重冲击。据统计,1998年工业经济效益综合指数比上年同期只增长0.91个百分点,而职工工资总额却增长16.86%。职工工资总额的增幅大大超过经济效益的增幅,对工业企业自身的发展很不

利。

2. 职工工资水平在行业间、单位间的差距应保持一定的幅度,不能越拉越大

目前我国的收入分配体制还存在很多值得探讨的问题,如职工工资水平在行业间、单位间的差距比较大,而且有越拉越大的趋势。据统计,1998 年深圳市行业间的职工月平均工资差距是 1833 元,差距比上年的 1650 元拉大了 183 元;单位间的职工月平均工资差距是 9906 元,差距比上年的 8990 元拉大了 916 元。造成差距的原因并不是劳动者个人的学识、劳动技能及工作积极性等因素引起的,而是各种非劳动因素引起的,如行业垄断造成的工资差别,靠国家优惠政策获取了高额收入,价格结构的不合理,政府投资不足影响有关行业效益的提高等。因此,要使工资收入分配更为合理,使行业间、单位间不合理的工资收入差距缩小,有待于工资分配体制改革的逐步深入。

(人口办供稿,执笔:陈利萍　刘丽莲)

1998年深圳职工就业情况分析

1998年,深圳国民经济在平稳中保持快速增长,职工就业人数继续增加。到1998年末,全市城镇在岗职工人数为91.93万人,比上年增加2.05万人,增长2.3%。为准确反映社会经济发展动向和结构变化,以适应我国经济发展和宏观管理的需要,国家进一步制定和完善了有关统计分类的划分标准和方法,按新的标准划分后职工就业结构有较大的变化,这一变化更真实地反映了社会经济的发展现状和特点。

一、主要特点

1. 所有制分类结构细化

为准确反映和研究当前我国所有制结构以及国有经济的控股情况,解决经济成分与企业的组织形式混淆的现象,国家统计局和国家工商行政管理局新制发了《关于划分企业登记注册类型的规定》,1998年,我国所有制结构采用新的分组(按登记注册类型)。在新的分组里,国有联营和国有独资的有限责任公司从国有企业中划出而归为其他单位,集体联营和原属集体的股份合作企业也不再划入集体,使国有企业和集体企业的职工人数减少,其他单位职工人数相对增加,即除原来的外商投资和港、澳、台投资企业外,其他单位还包括了全部联营企业、股份制企业和有限责任公司等(但在划分经济类型时需按资产比例计算划分)。1998年,深圳市在岗职工人数按单位类型分组情况见表1。

表1　深圳市各单位类型在岗职工人数

单位类型	1998年在岗职工人数(人)	1997年各类型所占比重%	1998年各类型所占比重%
合　计	919289	100	100
1. 国有单位	337452	44.9	36.7
2. 集体单位	42520	9.5	4.6
3. 其他单位	539317	45.6	58.7
＃股份合作	28244	—	3.1
联营企业	24574	—	2.6
有限责任公司	56113	—	6.1
股份有限公司	96315	—	10.5
港澳台投资企业	200323	24.8	21.8
外商投资企业	133194	11.4	14.5
其　他	554		0.1

2. 企业、事业和机关按执行的会计制度类别划分

以往,按照国家有关部门制定的《关于在劳动计划和统计中划分企业、事业、机关单位的暂行规定》(统制字[1990]304号),把独立核算单位以单位的职能和工作性质划分为企业、事业、机关。随着社会主义市场经济的发展,不少单位的职能和性质已发生了根本的变化或部分职能发生了变化,如新华书店、电影院等,由原来的以宣传服务为主转为以企业经营为主,其单位性质虽然仍属事业,但实际经营管理已企业

化,执行的是企业会计制度,所以在企业、事业、机关划分中应归为企业。1998年企业、事业、机关分组按执行的会计制度类别划分,期末在岗职工人数分别为807497人、66855人和44937人,比上年增长2.3%、-1.8%和8.4%(如表2)。企业单位在岗职工人数平稳增长,事业单位在岗职工人数有所下降,机关单位在岗职工人数增长较大。这种变化一是由于深圳市经济整体发展良好,企业、事业、机关职工人数均有增长趋势;二是由于按新的企事业机关划分标准,一些企业化管理的事业单位划归企业,如市机关印刷厂、深圳勘查设计院等,一些执行机关会计制度的事业单位划归机关,如市社保局、体育发展中心、商检局、中国人民银行深圳分行等,使事业单位职工人数减少,机关单位职工人数增长较大。

表2　深圳市企业、事业、机关在岗职工人数

	1998年末(人)	比上年增加(人)	增长±%
总　　计	919289	20521	2.3
1.企　业	807497	18269	2.3
2.事　业	66855	-1228	-1.8
3.机　关	44937	3480	8.4

3.第三产业增人最多

职工按三大产业分类和按国民经济行业分类的统计划分标准不变。1998年全市第一、二、三产业在岗职工人数为10576人、512488人和396225人,分别比上年增加862人、8277人和11382人,增长8.6%、1.6%和2.9%(如表3)。第一产业在岗职工人数增幅最大,第三产业在岗职工人数增长最多。三大产业结构比为1:56:43,与上年相比,第三产业比重略有提高,第二产业比重稍有下降。

表3　深圳市三大产业在岗职工人数

	1998年末(人)	比上年增加(人)	增长±%
总　　计	919289	20521	2.3
1.第一产业	10576	862	8.6
2.第二产业	512488	8277	1.6
3.第三产业	396225	11382	2.9

4.职工在国民经济各行业的分布进一步优化

随着深圳市优化产业结构,实施"科教兴市",改善投资环境,加快第三产业发展等一系列措施的落实,职工在国民经济各行业间的分布进一步优化,表现为:①高新技术产业发展迅速。近几年,深圳采取引进和创新相结合的发展道路,建立以企业为主体的开发研究体系以及新的企业制度,政府则发挥产业引导、政策扶持、环境营造等作用,使高新技术产业发展很快,特别是电子及通信行业。1998年,深圳市电子及通信设备制造业在岗职工已达138466人,比上年增长3.7%,增幅大于全市在岗职工增长速度。②基础设施建设进一步加强,整体投资环境良好。1998年,深圳市在城市基础设施、水电生产供应、交通邮电通信、金融等方面都加大了投入,使这些行业发展迅速,从业人员相应增加,如电力、煤气及水的生产和供应业,年末在岗职工人数达10800人,比上年增长18.1%,在十六大行业中增幅最大;交通运输、仓储及邮电通信业职工人数增长也较为明显,增幅为6.1%,是近几年来保持较快发展速度的一个行业。③科研、教育、卫生持续发展。"科教兴市"战略的实施,带动了相关行业职工队伍的壮大。1998年,从事科学研究和综合技术服务业的在岗职工6867人,比上年增长7.7%;教育、文化艺术和广播电影电视业在岗职工33305人,增长5.3%;卫生、体育和社会服务业也有较好的发展,在岗职工23636人,增长6.9%。这些行业职工人数增长幅度均在全市平均增幅之上。

二、存在问题及建议

当前就业工作中的主要问题是下岗职工人数继续增加。1998 年,深圳市年末下岗职工人数达 13028 人,比上年增加 1846 人,增幅为 16.5%。其中下岗职工人数最多的行业是批发零售贸易业,达 4541 人,其次是建筑业和制造业,分别为 2692 人和 2522 人。从单位类型看,下岗职工主要集中在国有企业,占全部下岗职工的 67.5%。随着国有企业深化改革,一部分经营业绩不佳的国企职工下岗是难免的,重要的是在转换经营机制的同时,如何创造新的就业机会。

深圳经济发展的重点是大力发展高新技术产业和第三产业,调整优化经济结构,扩大外贸出口和国内需求,这是社会主义市场经济发展的需要,也是实现劳动力充分就业的出路。因此,建议在解决就业问题时着重考虑以下几个方面:

1. 继续加快产业结构调整,注重发展高新技术产业,提高第二产业档次,形成科技效益、规模效益。同时,把国有企业改革同改组、改造、加强管理结合起来,积极探索符合市场经济规律和我国国情的企业领导体制和组织管理制度,建立决策、执行和监督体系,形成有效的激励和制约机制,提高企业活力和竞争力。

2. 积极拓宽就业渠道,有效解决职工再就业难问题。第三产业的发展能不断扩大就业容量,增加就业岗位,因此要加快第三产业的发展,特别是服务业、旅游业、商饮业等,这些行业的快速发展,不仅能促进经济的繁荣,而且可以解决大量劳动力的就业。要进一步健全就业服务体系,为下岗职工提供职业介绍和必要的信息咨询服务,指导劳动者转变择业观念;大力开展职工转岗培训,提高下岗职工的职业技能和就业能力。

3. 继续扩大投资需求,努力开拓城乡市场。扩大就业有赖于经济增长,扩大投资需求则是拉动经济增长最直接有力的手段。因此,要注意开辟融资渠道,加大城市基础设施、工业基建等方面的投资,创造优良的投资环境,增强经济发展后劲。此外,还应积极调整外贸出口结构,扩大出口规模,并努力开拓国内市场,促进深圳经济再上一个新台阶。

(人口办供稿,执笔:陈利萍　刘丽莲)

年末职工人数（万人）

Number of Staff and Workers (10000 persons)

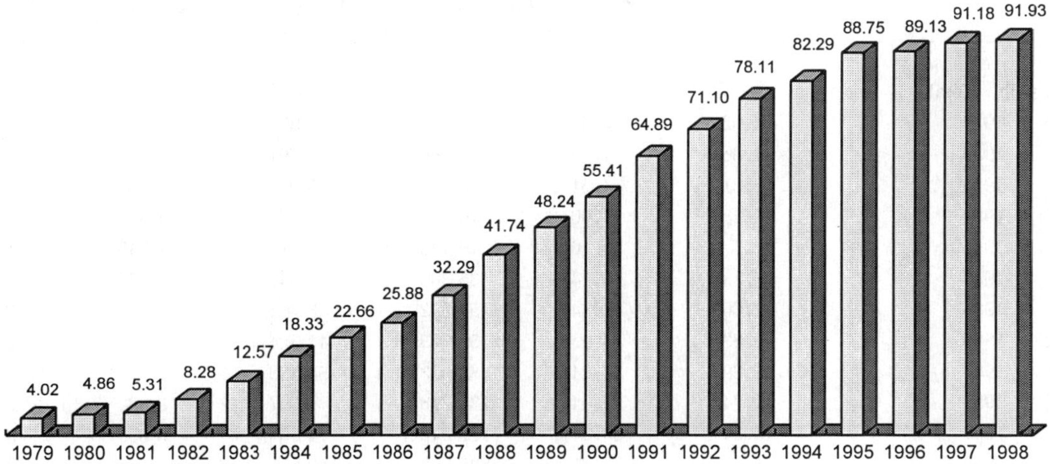

职工工资总额（亿元）

Total Wages of Staff and Workers (100 million yuan)

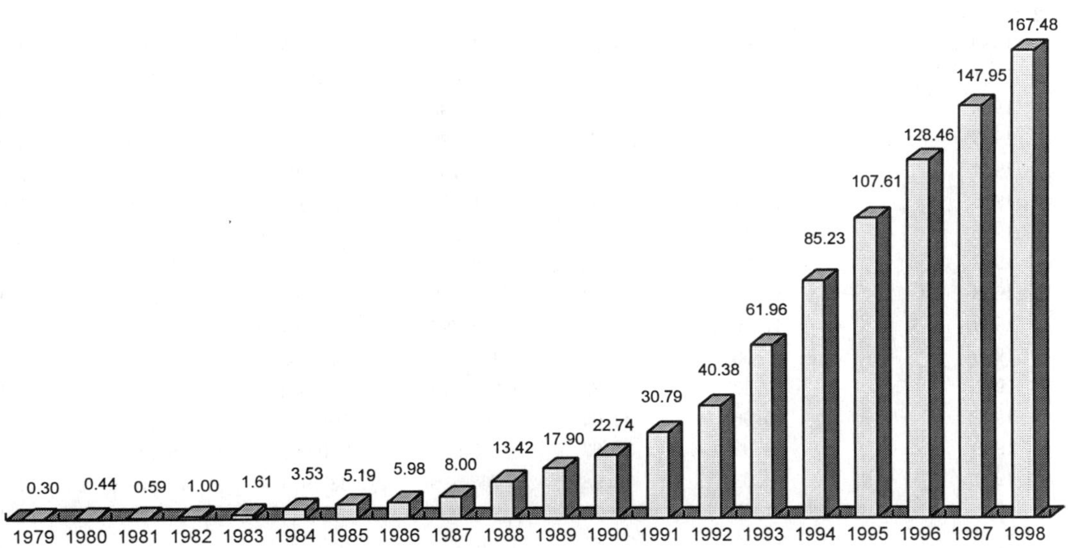

11－1　职工人数、工资总额及平均工资
NUMBER, TOTAL WAGES AND AVERAGE WAGE OF STAFF AND WORKERS (1979—1998)

年份 Year	年末职工人数（万人）Number of Staff and Workers Year－end (10 000persons)	国有单位 State－owned Units	工资总额（万元）Total Wages (10 000yuan)	国有单位 State－owned Units	年平均工资（元）Average Yearly Wages (yuan)	国有单位 State－owned Units
全市 Total						
1979	4.02	3.37	2 952	2 505	769	785
1980	4.86	4.05	4 366	3 691	979	990
1981	5.31	4.51	5 930	5 046	1 132	1 119
1982	8.28	7.00	10 000	8 477	1 366	1 358
1983	12.57	10.10	16 142	12 976	1 545	1 571
1984	18.33	14.14	35 306	28 642	2 179	2 257
1985	22.66	16.84	51 912	38 465	2 418	2 427
1986	25.88	18.97	59 773	44 324	2 452	2 476
1987	32.29	22.04	80 013	54 333	2 677	2 637
1988	41.74	28.04	134 218	87 607	3 388	3 269
1989	48.24	30.34	179 042	114 650	3 858	3 917
1990	55.41	33.85	227 392	140 935	4 304	4 339
1991	64.89	38.77	307 950	175 169	5 016	4 908
1992	71.10	38.85	403 790	226 079	5 931	6 026
1993	78.11	41.45	619 647	356 949	8 145	8 854
1994	82.29	38.71	852 332	445 286	10 572	11 632
1995	88.75	40.17	1 076 083	545 013	12 276	13 709
1996	89.13	41.07	1 284 558	679 349	14 507	16 625
1997	91.18	40.92	1 479 515	744 781	16 531	18 515
1998	91.93	33.75	1 674 771	707 004	18 381	21 161
特区 Urban						
1980	2.65	2.65	2 697	2 697	1 133	1 133
1981	3.85	3.85	4 603	4 603	1 196	1 196
1982	6.68	6.08	8 296	7 361	1 408	1 366
1983	10.67	8.70	13 689	10 770	1 610	1 610
1984	15.45	11.78	30 705	24 902	2 266	2 363
1985	19.31	14.00	46 070	33 553	2 524	2 558
1986	22.13	15.64	53 625	38 826	2 568	2 624
1987	27.35	17.72	71 027	46 596	2 798	2 789
1988	35.79	22.94	119 989	75 667	3 543	3 455
1989	41.20	24.37	156 795	95 707	3 919	3 930
1990	47.59	27.10	199 609	118 263	4 397	4 468
1991	55.47	30.29	272 413	147 863	5 196	5 124
1992	60.06	33.04	356 496	198 202	6 151	6 198
1993	68.32	34.93	555 961	310 909	8 335	9 119
1994	72.33	32.98	768 535	389 924	10 815	11 926
1995	74.67	33.70	947 900	469 341	12 838	14 047
1996	77.52	34.81	1 146 233	586 662	14 903	16 941
1997	80.36	35.40	1 333 670	654 603	16 896	18 783
1998	80.47	28.20	1 507 327	604 604	18 896	21 641

11－2　职工工资总额指数和平均工资指数

RELATED INDICES OF TOTAL WAGES AND AVERAGE WAGE OF STAFF AND WORKERS (1980—1998)

以上年为100　　(preceding year＝100)

年　份 Year	工资总额指数 Related Indices of Total Wages	国有单位 State－owned Units	职工平均货币工资指数 Related Indices of Average Money Wage	国有单位 State－owned Units	职工平均实际工资指数 Related Indices of Average Real Wage	国有单位 State－owned Units
1980	147.9	147.3	127.3	126.1	121.2	120.1
1981	135.8	136.7	115.6	113.0	104.4	102.1
1982	168.6	168.0	120.8	121.4	112.1	112.6
1983	161.4	153.1	113.1	115.7	110.9	113.4
1984	218.7	220.7	141.0	143.7	132.0	134.6
1985	147.0	134.3	111.0	107.5	90.6	87.8
1986	115.1	115.2	101.4	102.0	95.6	96.1
1987	133.9	122.6	109.2	106.5	95.5	93.1
1988	167.7	161.2	126.6	124.0	98.8	96.8
1989	133.4	130.9	113.9	119.8	90.8	95.5
1990	127.0	122.9	111.6	110.8	109.8	109.1
1991	135.4	124.3	116.5	113.1	113.1	109.8
1992	131.1	129.1	118.2	122.8	110.2	114.4
1993	153.5	157.9	137.3	146.9	114.3	122.3
1994	137.6	124.7	129.8	131.4	109.8	111.2
1995	126.3	122.4	116.1	117.9	103.3	104.9
1996	119.4	124.6	118.2	121.3	109.7	112.6
1997	115.2	109.6	114.0	111.4	110.3	107.8
1998	113.8	95.7	110.2	112.3	111.0	113.1

11－3　职工工资总额指数和平均工资指数
RELATED INDICES OF TOTAL WAGES AND AVERAGE WAGE OF STAFF AND WORKERS (1980—1998)

以1979年为100　(1979＝100)

年　份 Year	工资总额指数 Related Indices of Total Wages	国有单位 State－owned Units	职工平均货币工资指数 Related Indices of Average Money Wage	国有单位 State－owned Units	职工平均实际工资指数 Related Indices of Average Real Wage	国有单位 State－owned Units
1980	147.9	147.3	127.3	126.1	121.2	120.1
1981	200.9	201.4	147.2	142.5	126.7	122.6
1982	338.8	338.4	177.6	173.0	141.7	138.1
1983	546.8	518.0	200.9	200.1	157.2	156.6
1984	1 196.0	1 143.4	283.4	287.5	207.6	210.6
1985	1 758.5	1 535.5	314.4	309.2	188.0	184.9
1986	2 024.8	1 769.4	318.9	315.4	179.8	177.8
1987	2 710.5	2 169.0	348.1	335.9	171.5	165.5
1988	4 546.7	3 497.3	440.6	416.4	169.5	160.2
1989	6 065.1	4 576.8	501.7	499.0	153.9	153.1
1990	7 703.0	5 626.1	559.7	552.7	169.0	166.9
1991	10 431.9	6 992.8	652.3	625.2	191.2	183.2
1992	13 678.5	9 025.1	771.3	767.6	210.7	209.7
1993	20 990.8	14 249.5	1 059.2	1 127.9	240.9	256.5
1994	28 873.0	17 775.9	1 374.8	1 481.8	264.5	285.1
1995	36 452.7	21 757.0	1 596.4	1 746.4	273.3	299.0
1996	43 514.8	27 119.7	1 886.5	2 117.8	299.9	336.6
1997	50 119.1	29 731.8	2 149.7	2 358.6	330.8	362.9
1998	57 035.5	28 453.3	2 369.0	2 648.7	367.1	410.4
年平均增长率 Average Annual Growth Rate	**39.7**	**34.6**	**18.1**	**18.8**	**7.1**	**7.7**

11－4　全部职工人数(1998 年底)
NUMBER OF STAFF AND WORKERS (END OF 1998)

项　目	Item	单位数(个) Units	在岗职工年末人数(人) Number of Staff and Workers Year－end (person)	女　性 Femal
总　计	**Total**	5 870	919 289	419 223
一、按登记注册类型分	Grouped by Registration			
1. 内资企业	Domestic Investment Enterprise	4 300	585 772	225 096
(1)国有企业	State－owned	2 644	337 452	126 975
(2)集体企业	Collective－owned	340	42 520	21 982
(3)股份合作企业	Cooperative Shares Enterprise	87	28 244	17 781
(4)联营企业	Joint owned	386	24 574	10 213
(5)有限责任公司	Companies Limited with Liabilities	488	56 113	15 925
(6)股份有限公司	Companies Limited by Shares	343	96 315	32 050
(7)其他内资企业	Others	12	554	170
2. 港澳台投资企业	Funded by Entreprenear from Hongkong, Macao and Taiwan	1 037	200 323	111 904
3. 外商投资企业	Foreign Funded	533	133 194	82 223
二、按企业、事业、机关分	Grouped by Enterprises, Institutions and Agencies			
1. 企业	Enterprises	4 687	807 497	372 736
2. 事业	Institutions	808	66 855	33 938
3. 机关	Agencies & Organizations	375	44 937	12 549
三、按国民经济行业分	Grouped by Sector			
1. 农、林、牧、渔业	Farming, Forestry, Animal Husbandry and Fishery	63	10 576	4 682
①农业	Farming	19	1 141	473
②林业	Forestry	3	177	53
③畜牧业	Animal Husbandry	9	7 431	3 304
④渔业	Fishery	9	298	89
⑤农、林、牧、渔服务业	Services	23	1 529	763
2. 采掘业	Mining and Quarrying	9	929	104
3. 制造业	Manufacturing	1 875	412 201	240 630
4. 电力、煤气及水的生产和供应业	Electricity, Gas and Water Production and Supply	27	10 800	2 510
5. 建筑业	Construction	229	88 558	8 348
#土木工程建筑业	Civil Engineering	133	78 862	6 491
6. 地质勘查业、水利管理业	Geological Prospecting and Water Conservancy	17	1 957	282
①地质勘查业	Geological Prospecting	7	1 418	161
②水利管理业	Water Conservancy	10	539	121
7. 交通运输、仓储及邮电通信业	Transportation, Storage, Post and Telecommunication	270	55 410	18 127
①交通运输业	Transportation	179	34 011	8 117
②仓储业	Storage	55	3 664	1 100
③邮电通信业	Post and Telecommunication	36	17 735	8 910

11－4 续表 continued

项　目	Item	单位数(个) Units	在岗职工年末人数(人) Number of Staff and Workers Year－end (person)	女　性 Femal
8. 批发和零售贸易、餐饮业	Wholesale and Retail Trade & Catering Services	1 161	97 157	46 216
①批发业	Wholesale	910	57 750	23 954
②零售业	Retail Sales	159	22 300	13 533
③餐饮业	Catering Services	92	17 107	8 729
9. 金融、保险业	Banking and Insurance	58	31 517	14 162
①金融业	Banking	55	28 867	13 031
②保险业	Insurance	3	2 650	1 131
10. 房地产业	Real Estate Trade	341	31 694	11 204
#房地产开发与经营业	Real Estate Development and Operation	183	15 178	6 858
房地产管理业	Real Estate Management	154	16 440	4 308
11. 社会服务业	Social Services	460	59 153	22 705
#公共服务业	Public Services	132	26 726	8 208
居民服务业	Resident Services	26	1 144	477
旅馆业	Hotels	68	15 927	8 369
信息、咨询服务业	Information and Consultancy Services	80	2 164	944
12. 卫生、体育和社会福利业	Healh Care, Sports and Social Welfare	150	23 636	13 915
①卫生	Health Care	99	20 634	12 661
②体育	Sports	27	1 954	769
③社会福利保障业	Social Welfare	24	1 048	485
13. 教育、文化艺术和广播电影电视业	Education, Culture, Arts, Radio, Film and Television	533	33 305	17 060
①教育	Education	448	28 104	15 076
#普通高等学校	Regular Institution of Higher Education	4	2 004	798
普通中学	Regular Secondary Schools	77	9 428	4 497
小学校	Primary Schools	268	11 270	6 457
②文化艺术业	Culture and Arts	64	3 915	1 522
③广播电影电视业	Radio, Film and Television	21	1 286	462
14. 科学研究和综合技术服务业	Scientific Research and Polytechnical Services	139	6 867	2 226
①科学研究业	Scientific Research	15	607	196
②综合技术服务业	Polytechnical Services	124	6 260	2 030
15. 国家机关、政党机关和社会团体	Government Agencies, Party Agencies and Social Organizations	376	43 171	11 865
#国家机关	Government Agencies	274	41 106	11 091
政党机关	Party Agencies	61	1 276	391
16. 其他行业	Others	162	12 358	5 187

11－5　分经济类型和行业职工工资总额、平均人数和平均工资
TOTAL WAGES, AVERAGE NUMBER AND AVERAGE WAGE OF STAFF AND WORKERS BY OWNERSHIP AND SECTOR　(1998)

项　目	Item	在岗职工工资总额(万元) Total Wages (10 000 yuan)	在岗职工年平均人数(人) Average Number (person)	年平均工资(元) Average Yearly Wages (yuan)
总　计	**Total**	**1 674 771.1**	**911 131**	**18 381**
一、按登记注册类型分	Grouped by Registration			
1. 内资企业	Domestic Investment Enterprise	1 128 078.4	577 611	19 530
(1)国有企业	State－owned	707 003.8	334 108	21 161
(2)集体企业	Collective－owned	47 248.8	41 962	11 260
(3)股份合作企业	Cooperative Shares Enterprise	25 131.4	27 689	9 076
(4)联营企业	Joint owned	40 785.2	24 956	16 343
(5)有限责任公司	Companies Limited with Liabilities	98 084.1	55 421	17 698
(6)股份有限公司	Companies Limited by Shares	208 436.8	92 913	22 434
(7)其他内资企业	Others	1 388.3	562	24 703
2. 港澳台投资企业	Funded by Entreprenear from Hongkong, Macao and Taiwan	317 402.3	202 913	15 642
3. 外商投资企业	Foreign Funded	229 290.4	130 607	17 556
二、按企业、事业、机关分	Grouped by Enterprises, Institutions and Agencies			
1. 企业	Enterprises	1 398 957.7	801 400	17 456
2. 事业	Institutions	164 150.3	65 366	25 112
3. 机关	Agencies & Organizations	111 663.1	44 365	25 169
三、按国民经济行业分	Grouped by Sector			
1. 农、林、牧、渔业	Farming, Forestry, Animal Husbandry and Fishery	14 427.3	10 331	13 965
①农业	Farming	1 377.2	1 127	12 220
②林业	Forestry	321.5	194	16 572
③畜牧业	Animal Husbandry	8 768.6	7 180	12 213
④渔业	Fishery	447.0	311	14 373
⑤农、林、牧、渔服务业	Services	3 513.0	1 519	23 127
2. 采掘业	Mining and Quarrying	1 598.6	946	16 899
3. 制造业	Manufacturing	627 417.2	408 819	15 347
4. 电力、煤气及水的生产和供应业	Electricity, Gas and Water Production and Supply	32 076.6	10 757	29 819
5. 建筑业	Construction	129 491.5	87 538	14 793
＃土木工程建筑业	Civil Engineering	114 038.0	78 434	14 539
6. 地质勘查业、水利管理业	Geological Prospecting and Water Conservancy	3 408.1	1 887	18 061
①地质勘查业	Geological Prospecting	2 038.6	1 352	15 078
②水利管理业	Water Conservancy	1 369.5	535	25 598
7. 交通运输、仓储及邮电通信业	Transportation, Storage, Post and Telecommunication	125 196.9	54 884	22 811
①交通运输业	Transportation	71 209.1	33 839	21 043
②仓储业	Storage	8 159.4	3 566	22 881
③邮电通信业	Post and Telecommunication	45 828.4	17 479	26 219

11－5续表 continued

项　目	Item	在岗职工工资总额(万元) Total Wages (10 000 yuan)	在岗职工年平均人数(人) Average Number (person)	年平均工资(元) Average Yearly Wages (yuan)
8. 批发和零售贸易、餐饮业	Wholesale and Retail Trade & Catering Services	158 732.7	97 915	16 211
①批发业	Wholesale	104 188.7	58 962	17 670
②零售业	Retail Sales	31 256.9	21 658	14 432
③餐饮业	Catering Services	23 287.1	17 295	13 465
9. 金融、保险业	Banking and Insurance	111 916.6	31 325	35 728
①金融业	Banking	105 110.8	28 712	36 609
②保险业	Insurance	6 805.8	2 613	26 046
10. 房地产业	Real Estate Trade	62 478.0	30 575	20 434
#房地产开发与经营业	Real Estate Development and Operation	33 434.5	14 892	22 451
房地产管理业	Real Estate Management	28 808.7	15 607	18 459
11. 社会服务业	Social Services	113 974.8	58 987	19 322
#公共服务业	Public Services	56 011.0	26 700	20 978
居民服务业	Resident Services	1 841.5	1 135	16 225
旅馆业	Hotels	26 605.6	16 145	16 479
信息、咨询服务业	Information and Consultancy Services	5 220.1	2 171	24 045
12. 卫生、体育和社会福利业	Health Care, Sports and Social Welfare	56 912.2	22 988	24 757
①卫生	Health Care	50 323.1	20 038	25 114
②体育	Sports	4 327.2	1 924	22 491
③社会福利保障业	Social Welfare	2 261.9	1 026	22 046
13. 教育、文化艺术和广播电影电视业	Education, Culture, Arts, Radio, Film and Television	84 226.0	32 555	25 872
①教育	Education	71 722.3	27 367	26 208
#普通高等学校	Regular Institution of Higher Education	5 281.9	1 914	27 596
普通中学	Regular Secondary Schools	24 536.7	9 025	27 187
小学校	Primary Schools	29 052.9	11 125	26 115
②文化艺术业	Culture and Arts	9 168.5	3 863	23 734
③广播电影电视业	Radio, Film and Television	3 335.2	1 325	25 171
14. 科学研究和综合技术服务业	Scientific Research and Polytechnical Services	18 451.1	6 755	27 315
①科学研究业	Scientific Research	1 674.9	595	28 150
②综合技术服务业	Polytechnical Services	16 776.2	6 160	27 234
15. 国家机关、政党机关和社会团体	Government Agencies, Party Agencies and Social Organizations	106 652.5	42 548	25 066
#国家机关	Government Agencies	101 634.4	40 530	25 076
政党机关	Party Agencies	3 154.8	1 268	24 880
16. 其他行业	Others	27 811.0	12 321	22 572

11－6　工业、建筑业企业职工人数和工资
NUMBER AND WAGE OF STAFF AND WORKERS IN INDUSTRY AND CONSTRUCTION ENTERPRISES (1998)

项　目	Item	年末人数(人) Year－end Figure (person)	工资总额(万元) Total Wages (10 000 yuan)	年平均工资(元) Average Yearly Wages (yuan)
总　计	**Total**	**512 488**	**790 583.9**	**15 561**
一、工　业	Industry	423 930	661 092.4	15 721
(一)按登记注册类型分	Grouped by Registration			
1. 国有单位	State－owned Units	40 275	65 550.0	16 163
2. 城镇集体单位	Urban Collective Owned Units	21 911	23 062.0	10 720
3. 其他类型单位	Units of Other Types of Ownership	361 744	572 480.4	15 971
(二)按行业分	Grouped by Sector			
1. 采掘业	Mining and Quarrying	929	1 598.6	16 899
煤炭采选业	Coal Mining and Dressing			
石油和天然气开采业	Petroleum and Natural Gas Extraction			
黑色金属矿采选业	Ferrous Metals Mining and Dressing			
有色金属矿采选业	Nonferrous Metals Mining and Dressing			
非金属矿采选业	Nonmetal Minerals Mining and Dressing	929	1 598.6	16 899
其他矿采选业	Other Minerals Mining and Dressing			
木材及竹材采运业	Logging and Transport of Wood and Bamboo			
2. 制造业	Manufacturing	412 201	627 417.2	15 347
食品加工业	Food Processing	5 582	10 134.0	18 061
食品制造业	Food Manufacturing	4 023	6 166.7	15 170
饮料制造业	Beverage Manufacturing	4 398	9 819.3	22 347
烟草加工业	Tobacco Processing	392	1 565.1	39 926
纺织业	Textile Industry	8 075	11 591.9	14 546
服装及其他纤维制品制造业	Garments and Other Fiber Products	56 384	66 851.3	11 841
皮革、毛皮、羽绒及其制品业	Leather, Furs, Down and Related Products	19 532	21 278.3	10 913
木材加工及竹、藤、棕、草制品业	Timber Processing, Bamboo, Cane, Palm Fiber and Straw Products	5 165	6 390.0	12 238
家具制造业	Furniture Manufacturing	1 633	2 340.1	14 286
造纸及纸制品业	Papermaking and Paper Products	2 800	5 480.5	16 577
印刷业记录媒介的复制	Printing and Record Medium Reproduction	5 845	10 721.9	18 404
文教体育用品制造业	Cultural, Educational and Sports Goods	15 283	16 490.2	10 600

11－6 续表 continued

项　目	Item	年末人数（人）Year－end Figure (person)	工资总额（万元）Total Wages (10 000 yuan)	年平均工资（元）Average Yearly Wages (yuan)
石油加工及炼焦业	Petroleum Processing and Coking	173	467.2	27 006
化学原料及化学制品制造业	Raw Chemical Materials and Chemical Products	6 918	13 619.3	18 510
医药制造业	Medical and Pharmaceutical Products	5 287	10 840.7	20 312
化学纤维制造业	Chemical Fiber	1 115	2 374.4	16 733
橡胶制品业	Rubber Products	2 137	2 799.9	13 176
塑料制品业	Plastic Products	13 063	19 144.9	14 254
非金属矿物制品业	Nonmetal Mineral Products	11 065	26 775.8	23 832
黑色金属冶炼及压延加工业	Smelting and Pressing of Ferrous Metals	417	848.7	19 421
有色金属冶炼及压延加工业	Smelting and Pressing of Nonferrous Metals	1 753	3 602.3	20 272
金属制品业	Metal Products	30 777	42 664.8	13 923
普通机械制造业	Ordinary Machinery	2 737	4 437.4	15 979
专用设备制造业	Special Purpose Equipment	5 722	10 880.1	19 108
交通运输设备制造业	Transport Equipment	5 380	9 956.3	17 622
电气机械及器材制造业	Electric Equipment and Machinery	31 195	37 331.1	12 046
电子及通信设备制造业	Electronic and Telecommunications Equipment	138 466	236 606.7	17 834
仪器仪表及文化办公用机械制造业	Instruments, Meters, Cultural and Office Machinery	21 540	28 880.8	13 170
其他制造业	Other Manufacturing	5 344	7 357.5	13 948
3. 电力、煤气及水的生产和供应业	Electricity, Gas and Water Production and Supply	10 800	32 076.6	29 819
电力、蒸气及热水的生产和供应业	Electricity, Steam and Hot Water Production and Supply	6 439	20 476.3	31 673
煤气生产和供应业	Gas Production and Supply	2 029	6 376.0	31 518
自来水的生产和供应业	Tap Water Production and Supply	2 332	5 224.3	23 025
二、建筑业	Construction	88 558	129 491.5	14 793
按登记注册类型分	Grouped by Registration			
1. 国有单位	State－owned Units	45 349	60 957.9	13 666
2. 城镇集体单位	Urban Collective Owned Units	5 395	7 183.5	13 152
3. 其他单位	Units of Other Types of Ownership	37 814	61 350.1	16 372

11－7　镇、村企业从业人员和工资
NUMBER AND WAGE OF STAFF AND WORKERS IN TOWN AND VILLAGE ENTERPRISES (1998)

项　目	Item	从业人员(人) Employed Persons(person)	工资总额(万元) Total Wages (10 000 yuan)	年平均工资(元) Average Yearly Wages(yuan)
总　计	**Total**	**1 095 532**	**720 239.3**	**6 885**
1. 农、林、牧、渔业	Farming, Forestry, Animal Husbandry and Fishery	6 131	4 621.5	8 275
2. 采掘业	Mining and Quarrying	590	514.0	9 414
3. 制造业	Manufacturing	1 025 664	655 313.3	6 681
4. 电力、煤气及水的生产和供应业	Electricity, Gas and Water Production and Supply	2 419	3 179.8	14 395
5. 建筑业	Construction	14 919	11 745.5	8 353
6. 地质勘查业、水利管理业	Geological Prospecting and Water Conservancy			
7. 交通运输、仓储及邮电通信业	Transportation, Storage, Post and Telecommunication	1 086	1 274.5	13 602
8. 批发和零售贸易、餐饮业	Wholesale and Retail Trade & Catering Services	15 670	10 543.6	7 523
9. 金融、保险业	Banking and Insurance	238	427.5	18 191
10. 房地产业	Real Estate Trade	793	960.8	12 743
11. 社会服务业	Social Services	8 455	6 891.2	8 744
12. 卫生、体育和社会福利业	Health Care, Sports and Social Welfare			
13. 教育、文化艺术和广播电影电视业	Education, Culture, Arts, Radio, Film and Television			
14. 科学研究和综合技术服务业	Scientific Research and Polytechnical Services	452	229.7	5 104
15. 国家机关、政党机关和社会团体	Government Agencies, Party Agencies and Social Organizations			
16. 其他行业	Others	19 115	24 537.9	13 286

11－8　城乡劳动力资源分配平衡表
BALANCE OF LABOUR RESOURCES IN URBAN AND RURAL AREAS
(1998)

单位:万人　(10 000 persons)

项　目	Item	合　计 Total	城　镇 Urban Areas	农　村 Rural Areas
年末劳动力资源总数	**Labour Resources(Year－end)**	**320.1**	**294.3**	**25.8**
#当年新增加的劳动力资源	Newly Increased Labour Resources	13.7	12.3	1.4
1.年末16岁以上全部人数	Population aged 16 and Over	313.9	289.7	24.2
#不计入劳动力资源的人数	Population not Counted in Labour Resources	6.5	6.3	0.2
2.机械变动差额跨地区调整数	Adjustment of Machanical Change	12.7	10.9	1.8
经济活动人口	**Economically Active Population**	**293.2**	**276.8**	**16.4**
一、从业人员	Employed	286.4	270.0	16.4
(一)按经济类型分	Grouped by Ownership			
1.国有经济	State－owned	33.9	33.9	
2.集体经济	Collective－owned	73.2	58.2	15.0
3.私营经济	Private	39.9	39.9	
4.个体经济	Individual	29.7	28.3	1.4
5.联营经济	Joint Owned	6.6	6.6	
6.股份制经济	Share Holding	17.0	17.0	
7.外商投资经济	Foreign Funded	17.7	17.7	
8.港、澳、台投资经济	Funded by Entrepreneur from HongKong, Macao & Taiwan	59.7	59.7	
9.其他经济	Others	8.7	8.7	
(二)按国民经济行业分	Grouped by Sector			
1.农、林、牧、渔业	Farming, Forestry, Animal Husbandry and Fishery	4.6	1.8	2.8
2.采掘业	Mining and Quarrying	0.2	0.2	
3.制造业	Manufacturing	158.8	153.4	5.4
4.电力、煤气及水的生产和供应业	Electricity, Gas and Water Production and Supply	1.3	1.3	
5.建筑业	Construction	10.8	10.5	0.3
6.地质勘查业、水利管理业	Geological Prospecting and Water Conservancy	0.2	0.2	
7.交通运输、仓储及邮电通信业	Transportation, Storage, Post and Telecommunication	6.6	6.0	0.6
8.批发和零售贸易、餐饮业	Wholesale and Retail Trade & Catering Services	57.5	55.3	2.2
9.金融、保险业	Banking and Insurance	3.2	3.2	
10.房地产业	Real Estate Trade	3.3	3.3	
11.社会服务业	Social Services	14.0	13.7	0.3
12.卫生、体育和社会福利业	Health Care, Sports and Social Welfare	2.7	2.4	0.3
13.教育、文化艺术和广播电影电视业	Education, Culture, Arts, Radio, Film and Television	3.6	3.3	0.3
14.科学研究和综合技术服务业	Scientific Research and Polytechnical Services	0.7	0.7	
15.国家机关、政党机关和社会团体	Government Agencies, Party Agencies and Social Organizations	4.3	4.3	
16.其他行业	Others	14.6	10.4	4.2
二、失业人员	Unemployed	6.8	6.8	
非经济活动人口	**Noneconomically Active Population**	**26.9**	**17.5**	**9.4**
#16岁以上在校学生	Students aged 16 and over	5.1	5.1	
家务劳动者	Household Labour	17.1	9.1	8.0

十二、科学、教育、文化、卫生

1998年深圳市高新技术产业统计公报

深圳市科学技术局　深圳市统计信息局

(1999年3月)

1998年,我市高新技术产业在市委、市政府的正确领导下,继续保持高速发展的良好态势,正在成为我市经济发展的第一增长点,现将统计结果公告如下:

高新技术产业总体运行良好。全市高新技术产品实现产值为655.18亿元(现价,下同),比上年增长38.09%,占全市工业总产值1848.38亿元(新口径,以下简称工业总产值)的比重达到35.44%。产品销售收入598.51亿元,比上年增长31.52%,产销率达到91.35%;高新技术产品出口44.31亿美元,比上年增长19.19%,占产品销售收入的比重为61.45%;产品创利税61.25亿元,比上年增长6.99%,销售利税率为10.23%。

全市从事开发、生产高新技术产品的企业有374家,企业年末职工总数为137643人,比上年增长33.22%,其中具有大专以上文化程度的科技人员38689人,比上年增长22.65%,占职工总数的比重为28.11%;从事高新技术产品研究、开发的科技人员18118人,比上年增长28.10%,占职工总数的比重为13.16%。

全市高新技术产品资金投入增加。全年共研究、开发和生产高新技术产品715种,资金投入总额为193.37亿元,比上年增长14.75%。在资金投入总额中用于高新技术产品研究、开发经费达25.89亿元,比上年增长34.21%。

自主开发高新技术产品快速增长。全市具有自主知识产权的高新技术产品产值达到287.82亿元,比上年增长66.79%,占全部高新技术产品产值的43.93%,比上年提高7.6个百分点。高新技术支柱产业稳步发展。全市电子信息产业的高新技术产品产值达到602.12亿元,比上年增长39.32%,占全部高新技术产品产值的比重为91.90%,占全市工业总产值的比重达到32.57%,比上年提高1.5个百分点,其中:计算机硬件及软件产品产值为324.46亿元,比上年增长25.71%,占全部高新技术产品产值的49.52%,产品销售收入、出口额和利税分别为316.83亿元、33.21亿美元和15.88亿元,占全部高新技术产品的比重分别为52.94%、74.95%和25.93%;通信产品产值为211.04亿元,比上年增长35.83%,占全部高新技术产品产值的32.21%,产品销售收入、出口额和利税分别为177.11亿元、4.71亿美元和32.22亿元,占全部高新技术产品的比重为29.59%、10.63%和52.60%。

重点扶持的新材料及新能源产业的产品产值为16.92亿元,比上年增长31.06%,占全部高新技术产品产值的2.58%,产品销售收入、出口额和利税分别为16.28亿元、1.25亿美元和2.59亿元,分别比上年增长1.32%,50.60%和9.75%;生物工程产品产值为9.61亿元,比上年增长4.46%,占全部高新技术产品产值的1.47%,销售收入和利税分别为6.00

亿元、2.01 亿元，分别比上年增长 7.53%、16.18%。

全市高新技术企业快速发展。截止到1998 年底，我市共认定高新技术企业 129 家，实现工业产值为 540.81 亿元(两家应用型高新技术企业除外)，比上年增长 38.44%，占全市工业总产值的比重为 29.26%，平均每家企业的工业产值为 4.33 亿元。企业销售收入、出口额和利税分别为 487.84 亿元、34.26 亿美元和 55.32 亿元，分别比上年增长 32.43%、14.70% 和 12.10%。高新技术企业人均产值 73.53 万元，人均利税 7.52 万元。企业工业产值过亿元的高新技术企业有 51 家，占全部高新技术企业的 40.80%，其中超 10 亿元的企业有 15 家，超 20 亿元的有 7 家，超 80 亿元的有 2 家。

1998 年高新技术企业年末职工总数为 73551 人，比上年增长 49.93%，其中具有大专以上文化程度的科技人员 24253 人，比上年增长 26.29%，从事高新技术产品研究、开发的科技人员 11869 人，比上年增长 19.99%。1998 年高新技术企业投入研究开发经费为 18.68 亿元，比上年增长 18.30%，占全市高新技术产品研究开发经费的 72.15%。

已认定高新技术企业开发、生产高新技术产品 303 种，实现产品产值为 512.19 亿元，占全部高新技术产品产值的 78.18%，产品销售收入、出口额和利税分别为 454.28 亿元、31.82 亿美元和 51.74 亿元，比上年增长 28.29%、11.49% 和 7.79%，销售利税率达 11.39%。

截止 1998 年底，我市累计认定高新技术项目 184 项，其产品产值为 64.88 亿元，比上年增长 43.86%，占全部高新技术产品产值的比重为 9.90%。经过企业努力和市政府的扶持，已有 20 家企业被认定为高新技术企业。

深圳市高新技术产业园区中企业的高新技术产品产值达到 213.15 亿元，比上年增长 57.57%，占全市高新技术产品产值的比重为 32.53%。

1998 年深圳教育事业概况

一、教育事业发展基本情况

1998 年,全市有各级各类学校 893 所(未含成人中学,下同),比上年增加 54 所,增长 6.4%。毕业生 85908 人,增长 2.6%。实际招生 121524 人,增长 4.4%。在校学生 418700 人,增长 9.6%。教职工 31208 人,增长 9.4%。其中,专任教师 21257 人,增长 6.8%。各类学校发展情况分述如下:

1. 普通高教和成人高教均快速发展

1998 年,全市有普通高等学校 2 所(深圳大学和深圳职业技术学院),招生 3078 人,增长 19.3%。毕业生 2126 人,增长 44.2%。在校学生 8497 人,增长 11.8%。教职工 1649 人,增长 15.3%。其中,专任教师 865 人,增长 9.1%。

全市有成人高等学校 2 所(电视大学和教育学院),成人高等教育(含深圳大学和职业技术学院的函授部)招生 3659 人,增长 12.3%。毕业生 1786 人,增长 19.5%。在校学生 8550 人,增长 18.5%。教职工 (仅电视大学和教育学院)309 人,增长 5.5%。其中,专任教师 127 人,减少 9.9%。

2. 普通高中发展快,中等职业技术教育和职业高中出现负增长

普通高中招生 8534 人,增长 4.2%。毕业生 5486 人,增长 19.4%。在校学生 23387 人,增长 11.3%。专任教师 1547 人,增长 10.8%。

普通中等专业技术学校 8 所,招生 1108 人,减少 14.3%。在校学生 3898 人,减少 3.7%。教职工 801 人,增长 4.3%。其中,专任教师 447 人,增长 3.5%。

技工学校 2 所,在校学生 1356 人,减少 7.6%。

职业高中 16 所,比上年减少 4 所(转制为普通中学)。实际招生 3859 人,增长 12.2%。毕业生 3656 人,增长 27.1%。在校学生 10488 人,减少 2.4%。教职工 1217 人,增长 4.6%。其中,专任教师 880 人,增长 2.6%。

3. 义务教育稳步发展

普通初中招生 22752 人,增长 5.4%。毕业生 18165 人,增长 16.3%。在校学生 62622 人,增长 2.4%。初中毕业生升学率 96.7%,提高 2.9 个百分点。专任教师 3955 人,增长 1.9%。

全市有小学 286 所,增加 11 所。小学招生 41824 人,增长 12.1%。毕业生 23871 人,增长 8.0%。在校学生 215652 人,增长 13.4%。小学学龄儿童入学率和毕业生升学率继续保持 100%。教职工 9786 人,增长 7.0%。其中,专任教师 7940 人,增长 4.9%。

4. 幼儿教育发展较快

全市幼儿园数、教职工人数和专任教师人数均有较大幅度增加,增幅分别为 9.4%、17.2%和 14.0%。由于教育部门办小学已全部取消附设学前班,致使幼儿教育(含幼儿园和学前班)招生数和毕业生数均大幅度减少,分别减少 3.2%和 18.2%。幼儿园则仍然快速发展,招生 32822 人,增长 13.6%。在校学生 74933 人,增长 16.8%。

二、教育事业发展的特点

1998 年,深圳市教育事业发展有三个突出特点。一是大力推进素质教育,坚持基础教育

"重中之重"的教育发展方针,加强了重点投入学校和薄弱学校建设,普及12年教育的水平进一步提高。二是加大高等教育改革力度,高校内涵发展加快。三是适应产业结构调整与社会人才需求,职业教育、成人教育办学水平进一步提高。

三、教育事业发展中的存在问题

1998年,深圳教育事业稳步发展,教育工作取得了较好的成绩,但还存在一些需要认真研究解决的问题。一是在教育体制改革和建立充满活力的教育运行机制方面还要进一步加大力度。二是部分薄弱学校的存在,影响了教育整体水平和实力,不能适应现代化建设和人民群众日益增长的教育要求。三是高等教育还需要进一步加强管理,提高质量。四是职业教育和成人教育还需要进一步调整思路,更好地为产业结构调整服务。五是教育思想、教育结构布局、教学内容方法还相对滞后。六是教师队伍的素质和水平与教育现代化的要求还不相适应。

四、几点建议

1.进一步加大教育体制改革力度,深化招生考试制度改革,建立充满活力的教育运行机制,全面推行小学综合等级测评制,推行素质教育,继续提高普及12年教育水平。

2.加强薄弱学校的改进工作,继续创造条件合并小规模学校,进一步提高教育的整体实力和水平。

3.探索发展高等教育新路,借鉴国外高校管理先进经验,开展与国外高校联合办学的可行性研究,扩大高校办学规模,提高高校办学质量。

4.落实《关于改革和发展我市职业教育的决定》中发展职业教育的新政策、新措施,配合产业结构的调整来调整职教专业结构,提高职教教育质量,有效抑制职教滑坡。加强成教管理,提高岗位培训、继续教育和再就业培训的质量,提高成教办学机构的办学信誉。

5.开展教育结构布局、教学内容方法等方面的调研,并在此基础上制定《深圳市教育发展规划(2001-2010)》。

6.继续抓好"名师工程",抓紧对校长、教师的培训考核及对师生融洽程度的考核,增进师生感情,激发学生奋发向上的情感,使深圳教师队伍素质和教育水平与教育现代化要求相适应。

(社会科技统计处供稿,执笔:戴跃华 罗海泉)

1998 年深圳文化事业概况

1998 年,深圳市文化事业取得了丰硕成果,获各级奖项 112 项。其中,国际级奖项由上年的 0 项增加到 15 项。

一、基本情况

1. 文艺精品创作和大型文化活动成绩喜人

1998 年是文艺精品创作的丰收之年。现代舞剧《深圳故事》首演成功,并被省文化厅和国家文化部列为国庆 50 周年的全国重点创作剧目;现代粤剧《大潮》被省文化厅列为国庆 50 周年重点创作剧目;成功举办了第一届深圳国际水墨画双年展,美、英、法、德、日、加等 15 个国家和地区的 205 位国内外著名画家及其作品参加了这一国际美术盛事;成功举办了第七届大剧院艺术节,邀请了包括英国、奥地利在内的 15 个国内外优秀艺术团体,演出了 20 场高品位的剧(节)目,观众达 3 万人次;歌曲《走进新时代》获国家文化部第七届"文华节目奖"和全国新人新作声乐比赛作品一等奖。

2. 群众文化活动丰富多彩

1998 年,城乡三级文化网络日趋完善,除了全市 6 个群众艺术馆、文化馆有 3 个被评为省特级文化馆,42 个街道乡镇文化站有 20 个被评为省特级站,并且有 39 个达标上等级,入级率 91% 等情况保持不变外,继 1996 年宝安区被评为"全国文化先进区"后,1998 年南山区又被评为"全国文化先进区"。全年举办展览 235 个,与上年基本持平,组织群众文艺活动 1038 次,增加 102 次。全年组织抗洪赈灾义演 9 场,义展义卖活动 2 次。大家乐舞台、龙城广场荣获全省"十佳"文化广场称号。

3. 公共图书馆迅速发展

1998 年,全市增加公共图书馆 2 座,达到 7 座,增加阅览室座席 748 个,达到 2750 个。公共图书馆总藏量 204.5 万册(件),比上年增加 21.9%。总流通人次 273.3 万人次,增加 42.0%。图书馆科技事业又上新台阶,深圳图书馆研制的 ILAS 图书馆自动化管理系统在全国 30 个省(市、区)800 多个图书馆投入使用,成为国内用户数最多,推广面最广,实用性最强,网络性能最佳的自动化系统。1998 年又完成了 ILAS-2 的研制和系统布线、设备更新工作。少儿图书馆积极开展业务,建成了 600 万字的青少年读者保健资料库和中老年读者保健资料数据库。深圳市现已逐步形成以市级图书馆为龙头的市、区、街道(镇)三级图书馆网络。

4. 文博事业取得新进展

1998 年,深圳博物馆网络迅速发展,综合性博物馆举办展览 48 次,文物藏品有 4998 件,增加 101 件。深圳市首家私立博物馆玺宝楼青瓷博物馆问世;首家村办博物馆皇岗博物馆建成;大鹏古城博物馆、龙岗客家民俗博物馆、中英街历史博物馆等专题性博物馆陆续建成。逐步完善了区、镇、村文物保护网络,大鹏所城、鹤湖新居等古建筑的维修工程进展顺利。

5. 文化设施建设步伐加快

1998 年,深圳市政府加大了文化设施建设力度,全年文化设施基本建设实际完成投资额 3477 万元(不含广播电视设施建设投资),关山月美术馆、歌舞团团址、福田影剧院、罗湖图书馆等一批新的文化设施陆续建成投入使用。中心图书馆、音乐厅、电视中心和青少年宫等四大重点文化设施的建设已在年内动工。

6. 宣传力度加大

全市广播电台开办的广播节目增加了1套,达到4套。播音时间从上年的每日54:10增加到今年的80:40,增加近50.0%。

全市有线电视台(站)总用户数53.5万个,增加42.3%。其中,有线电视台用户31.0万户;有线电视站用户22.5万个。

7. 建设速度加快

1998年,深圳市以有线电视联网为重点,各区、镇有线电视传输线路加快建设,全市电缆、光缆合计14788公里,增加45.1%。全市广播人口综合覆盖率98.9%,电视人口综合覆盖率99.4%,均比上年略增。

8. 新闻出版事业向优质高效发展

1998年是新闻出版业完成由规模数量增长向优质高效增长的一年,全市公开发行报纸12家,出版印数52358万份,比上年减少3.5%;公开发行的杂志32种,出版印数406万册,增加13.5%;全年出版图书350种,其中新书230种,出版印数406万册,减少42.0%;全市新华书店系统图书销售数量1348万册,减少2.0%;图书销售金额1.45亿元,增加3.0%。

二、存在问题

1. 经费投入比例偏低

1998年,深圳市文化事业经费财政补助收入(不含基建投资和广播电视经费)仅占地方预算内财政支出的0.70%,比上年下降0.14个百分点,与广东省要求的1%差距较大。

2. 文化产业有待发展

深圳市的文化产业既受制于客观因素,同时也缺乏整体的规划。具体表现在产业化、规模化不够,市场竞争力、创收能力不强。如1998年全市文化事业单位的经费自给率仅为36.0%。

3. 基层文化发展不平衡

具体表现在特区外发展较快,特区内(除南山区外)相对滞后。全市20个被评为省特级的文化站中,宝安区占了9个,龙岗区占了8个,罗湖区和福田区一个都没有,并且福田区还有三个文化站尚未达标。有的文化站的基层文化设施已投资上千万元,有的却还"有站无舍"。

4. 文化设施的维护急待加强

深圳市在大力建设新的文化设施的同时,对旧的文化设施的维护重视不够。老化、破损的需要维修,功能过时的需要改造。由于专项资金短缺,影响了维修改造工作的进行,影响了这些设施原有功能的发挥。

三、几点建议

1. 多渠道对文化事业投入

一是各级政府应该保证文化经费增长速度不低于财政收入的增长速度,正常的文化事业经费不低于地方财政支出的1%。二是设立健全有关文化艺术事业发展基金。三是继续鼓励支持社会力量办文化,筹集社会资金支持公益性的文化事业和高雅艺术、民族艺术发展。四是大力发展文化产业,努力增加文化事业单位的自我创收能力,在提高社会效益的同时,注重经济效益的提高,探索文化产业发展的新路子。

2. 大力发展文化产业

一是健全和完善文化产业政策。二是统一规划,组建文化产业集团,如报业集团、艺术娱乐业集团、电影信息产业集团、影视录一体化产业集团等,走出集约化、规模化的文化产业新路子。三是充分利用现代高新技术,提高文化事业的科技含量。

3. 促进平衡发展

一是制定有关扶持政策,如给予新建基层文化设施一定补助或设立基层文化设施建设基金,促使区、镇(街道)政府重视文化事业的发展,引导其加大对基层文化事业建设的投入。二是健全各种考评制度,如基层文化机构、设施发展考评制度,基层文化馆舍建设考核达标制度等,促使落后地区加速发展。

4. 重视文化设施的维护工作

每年保证一定额度的文化设施维修改造专项资金,用于旧文化设施的维修改造,保证其持续发挥公益性功能。

(社会科技统计处供稿,执笔:戴跃华 吴志伟)

1998 年深圳卫生事业概况

1998 年,深圳卫生工作紧紧围绕着“一个规划、一个目标、三项建设、两个提高”的工作思路,开展了区域卫生规划研究工作,落实了初保达标的各项措施,加快了社区健康服务建设、重点医学专科建设和精神文明建设进程,以提高医疗技术水平和服务质量为目的,结合创建文明市、文明区工作及行业窗口服务规范达标工作,开展了整顿医德医风的专项活动,较好地完成了 1998 年各项工作任务。

一、基本情况

1. 卫生事业继续保持良好的发展势头

一是机构与人员在整顿中发展。1998 年,全市拥有各类卫生机构 899 个,比上年减少 20.2%。其中,医院数增加 1 家,达 77 家。全市卫生机构连续两年递减 20.0%,主要是清理了部分不合格企事业单位卫生室、门诊部、个体诊所及乡村卫生站等。整顿医疗市场基本达到了“控制数量、提高质量”的目标。全市拥有医院病床数 8590 张,增加 7.9%。拥有卫生工作人员 18707 人,增加 0.8%。其中,卫生技术人员 14975 人,副高职称以上人员占卫生技术人员比例从上年的 8.4%提高到 10.6%。

二是卫生服务人次增加,服务质量基本稳定。全年全市各级医院完成诊疗 1386.3 万人次,增加 12.6%。其中,处理急诊 161.2 万人次,增加 7.5%;收治住院病人 19.1 万人次,增加 18.0%。住院治愈率 78.0%、危重病人抢救成功率 85.6%,均与上年持平。出院者平均住院日 10.2 天,比上年减少 0.9 天。病床使用率 68.6%,提高 1.2 个百分点。全年共报告甲、乙类传染病 9047 例,发病率与上年基本持平。

三是主要健康指标水平较高。1998 年,深圳市采用改良的测算方法,对本市居民期望寿命进行研究,其结果为 75.2 岁,略高于广州而低于上海。1998 年全市孕产妇死亡率为 8.6/10 万,降低了 21.9 个十万分点。婴儿死亡率为 9.3‰,与上年基本持平。这几项指标均达到领先城市的水平。

2. 认真调查研究,深化卫生改革

社区健康服务网络建设和规范管理得到进一步加强,全年完成建设社区健康服务中心 52 个,累计达 108 个。医疗服务补偿机制逐步完善,医疗服务价格调整方案出台,自 5 月 1 日起按新的医疗标准收费,标志着深圳市医疗服务补偿机制的改革又向前迈出了一步。

3. 加强预防保健工作,控制重点传染病

一是传染病防治工作进一步加强。1998 年,在全国、全省疫情明显上升的情况下,深圳市传染病发病率与上年基本持平。全年传染病防治工作重点是霍乱、禽流感、艾滋病、结核等重大疾病的预防和控制。针对 1997 年下半年香港发生禽流感暴发流行的疫情,市卫生防疫站与各级医院密切配合,对可疑病人进行了 H5N1 流感病毒监测,用大量科学数据充分证明深圳未发现 H5N1 流感病毒流行。把慢性病患者纳入社区健康服务管理范畴。结核病防治继续落实归口管治和全人口管理的措施,被评为全省结防工作先进单位。卫生监督监测工作卓有成效,全市各类食品合格率 91.3%,降低 1.1 个百分点。公共场所各项监测合格率 96.0%、劳动卫生有毒有害作业单位监测合格率 83.2%,分别提高 1.6 和 1.2 个百分点。

二是妇幼保健工作进一步到位。全市婚前检查 28542 人次，增加 13.8%。婚检率 99.0%，与上年持平。妇女病普查普治 91852 人次，增加 8.2%。孕产妇系统管理率 52.6%，与上年持平。儿童(0－3 岁)系统管理率 81.8%，下降 5.7 个百分点。

4. 整顿医德医风，提高医疗水平和服务质量

针对上半年深圳市接连发生的几起医疗事故，全市开展了卫生系统医德医风大整顿，接受社会和群众监督，建立下岗、待岗、转岗制度，引入竞争机制，取得了预期效果。社会医疗市场管理也得到进一步加强，无证非法行医得到清理，有证医疗机构的管理得到规范。

5. 加强药品监督管理，确保用药安全有效

1998 年，全市完成各类药品检验 3083 件，增加 27.6%。抽验合格率普遍提高，全市平均提高 6.1 个百分点。其中，医院自制制剂合格率提高 10.2 个百分点。

6. 无偿献血工作进一步发展

全年参加无偿献血人数达 5.8 万人次，增加 68.6%。无偿献血满足医疗用血从《献血法》实施前的 85%，提高到 100%。

二、存在的主要问题

1. 社区健康服务发展不平衡，社区健康服务规范管理有待加强。

2. 整顿医德医风的任务还很艰巨。还存在着整顿医德医风工作发展不平衡、医疗管理责任不够落实、医院感染管理仍有隐患、基本医疗制度执行不到位、医务人员技术水平有待提高、医院服务意识需进一步强化等问题。

3. 卫生改革力度不够。医疗卫生单位领导管理体制改革、人事制度改革、分配制度改革、运行机制改革、药品采购制度改革等，任务重，难度大。

4. 传染病控制工作有待加强。受全国、全省疫情影响，深圳疫情压力较大。艾滋病已叩开了深圳大门，预防和控制工作任重而道远。

三、卫生事业进一步发展的对策

1. 加大卫生改革力度，理顺卫生服务体系

具体包括：①改革医疗卫生单位领导体制，实行院(所、站、校)长聘任制，落实院长负责制，推行院长任期目标管理责任制。②改革人事制度，实行逐级聘用、竞争上岗。③建立一个按劳分配、兼顾公平、富有激励的分配制度。④调整医疗收费结构，降低药品在医疗收费中的比例。⑤对药品、医疗器械实行集中采购、统一招标。

2. 实施区域卫生规划，合理利用卫生资源

制订一个科学、全面、具有超前意识的区域卫生规划，对今后深圳卫生事业协调发展具有重要意义。深圳市的卫生发展，既要抓特区高尖新医疗卫生的建设，又要抓好基层卫生建设。要把深圳市卫生事业建设成布局合理、网络完善、服务便捷、门类齐全、设施先进、技术高超、管理科学、发展协调的社会主义新型卫生事业，以适应深圳建设国际性城市的需要。

3. 加强社区健康服务网络建设

各区卫生局及基层医院要想方设法加大社区健康服务的推广力度，加快社康中心的建设进度，不断拓宽社康中心的各项卫生服务，彻底转变现行卫生服务模式和观念，进一步探索社康中心的运行机制和补偿机制，加强规范化管理，推动深圳市社康服务的健康发展。

4. 规范医疗服务管理，提高医疗技术水平和服务质量

全面落实《深圳市基本医疗制度》、《深圳市常见疾病诊疗规范》及《深圳市医务人员医德规范与奖惩办法》等制度，抓住医疗卫生技术和服务质量这个命脉。要建立全市医疗卫生服务质量控制体系，确保医疗安全，并完善监督制约机制，坚持开展医疗服务不满意调查。

5. 进一步加强预防保健工作

继续加强对重点传染病控制工作，做好霍乱、病毒性肝炎、结核病、艾滋病及流行性出血热的防治，根据深圳疾病流行的特点，开展大众健康教育活动。要巩固慢性病流行病调查取得的成果，加强追踪治疗，开展社区慢性非传染性疾病防治工作，强化政府干预职能。

(社会科技统计处供稿，执笔：戴跃华　严吉祥)

1998年深圳体育事业概况

1998年是深圳市体育事业取得优异成绩的一年。一年来,深圳市深入进行体育改革,加强体育法制建设,群众体育和竞技体育协调发展,涌现出一批国家级和省级的群众体育先进集体和个人。深圳市体育代表团取得了广东省第十届运动会团体金牌总数第二、团体总分第二和少年总分第二的优异成绩。

一、体育事业发展情况

1. 全民健身,全民行动

体育的根本任务是发展体育运动,增强人民体质。一年来,深圳市全面贯彻落实国务院颁布的《全民健身计划纲要》,采用各种措施和形式,引导和发动广大市民开展群众性的体育活动,组织了市一级的体育比赛133次,市行业体协和市级基层单位的比赛863次。市体育部门承办上级体育部门下达的全国网球锦标赛、全国少年武术锦标赛、全国象棋个人锦标赛、省运会羽毛球、篮球比赛及协办国际龙舟邀请赛、国际舞狮大赛、全球散打拳王争霸赛、全国摩托车锦标赛、全国轮滑邀请赛等大型赛事48次,共约15万人参赛。同时还组织了"全民健身活动月"活动,包括三次全市性大型体育活动,仅第十九届长跑日活动就有14万人参加。全市建立了96个晨、晚练点,培训了166名社会体育指导员,全市社会体育指导员累计达到550人。现在,这些体育活动网点星罗棋布,参加锻炼人数越来越多。市体育总会发挥桥梁、参谋、助手作用,联系、扶持、指导各单项体育协会积极开展活动,使市民能够根据自己的爱好、特长参与不同项目的锻炼,深受群众的欢迎。另外,在群体活动开展较好的福田区沙头街道办和南山区南山村建成了六条健身路径,深受当地群众的喜爱,起到了示范作用。市体育部门与教育部门配合,组织深圳市中学生体育代表团参加广东省第六届中学生运动会,获得金牌总数第一、总分第三名,取得了建市以来的最好成绩,与上届团体总分第九名的成绩相比有了飞跃性的进步。同时,在筹备、组织'98全国少年武术锦标赛、省十运会羽毛球赛和少年男子篮球赛,以及加强对社会上参加省运会队伍的管理方面,做了大量工作,获得了上级的好评。

扎实、有效的群众体育活动,扩大了深圳群体工作的对外影响,不少市外单位前来参观学习全民健身和社区体育的经验。群体工作受到了上级领导和群众的好评。龙岗区文体局获得国家体育总局授予的全国体育系统先进集体荣誉称号,福田区沙头街道办获得国家体育总局授予的全国第一批城市体育先进社区荣誉称号,宝安区被省体委命名为省体育先进区,福田区沙头街道办、罗湖区翠竹街道办被评为省首批城市体育先进社区,宝安区沙井镇、西乡镇、龙华镇、石岩镇,龙岗区龙岗镇、布吉镇被省体委命名为省体育先进镇。宝安区沙井镇被评为广东省亿万农民健身活动先进镇。全市有10个单位及8位个人被评为省群众体育先进单位和个人,在省十运会期间受到了表彰。

另外,深圳市还协助组织了上级体育部门在深圳举办的几项大型群体竞赛活动,来自29个国家和地区的100多个队,近千名运动员参加了比赛,丰富了深圳群众的文体生活,促进了全民健身活动的开展。

2. 竞技体育,快马加鞭

1998年举行的广东省第十届运动会，深圳市代表团组织了34个运动队，502名运动员，参加了30个项目的比赛，获金牌116.15枚，列各代表团金牌总数第二。并以4493.47分列各代表团总分第二，以2742.64分列各代表团少年总分第二。此外，还获得少年陆上五项总分、球类五项总分的第二名，水上五项总分、重竞技五项总分的第四名。从实力上看，仅列广州之后，比过去参加历届省运会成绩有较大幅度的进步。与1994省第九届运动会上获金牌总数第四，总分第八的成绩相比，有很大提高。超额完成了市委、市政府交给代表团"金牌保四争三、总分进入前六名"任务。深圳女子举重选手邢芬以87.5公斤超46公斤级抓举世界纪录。另有22人破27项省少年纪录。同时，深圳代表团还获得体育道德风尚奖。女子羽毛球、男子篮球、保龄球、拳击、成年田径、跆拳道等6支运动会队及36名运动员获得体育道德风尚奖。1998年，深圳市有7人代表国家分别参加曼谷亚运会田径、跆拳道、射箭、赛艇、皮划艇、足球等项目的比赛，得两金、四铜、一个第五、一个第六。可见，深圳竞技体育获得了比赛成绩和精神文明双丰收，与城市的知名度是相称的。同时也反映了深圳竞技体育快速、健康、持续发展的态势。

3. 科研与运动相结合初显成效

体育科研能最大程度地激活运动员的运动潜能，找出不同运动项目，不同类型运动员的最佳训练模式，从而取得最好的运动成绩。1998年科研工作的重点是为深圳市运动员参加省运会服务，为全民健身工作服务。市体育部门在这两方面做了大量工作，收到了初步效果。

一是配合体工队运动训练，进行生理、生化指标的定向监测服务，向训练部门和教练员提供科学训练依据。参加监测运动员达820人次。

二是开展成年人体质监测服务工作。为提高全民健身质量，深圳市实施《中国成年人体质测定标准》，建立了5个区级测定站，培训了105名体质测试员和16名专门电脑操作员，建成了以市成年人体质测试中心为核心，辐射全市各个测定站的电脑网络，加强了对监测数据的管理。全市累计受测人数近万人。这些做法，摸清了深圳市成年人体质状况，为制订成人健身规划、提高劳动者素质提供了宝贵资料，提高了健身的科学性，受到上级体育主管部门的充分肯定。

三是开发研制生物治疗、康复、训练仪器，为运动员的创伤治疗、恢复训练、力量训练提供新的辅助手段。全年接受创伤治疗和恢复训练的运动员达710人次。开发的花样游泳用的水下音响对改善训练效果，提高运动成绩起到了较好作用。

四是聘请各有关学科的专家举办了六次讲座，介绍国内外动态和训练、营养等方面的新方法和新成果，提高教练员及训练、后勤等部门人员的业务素质。

五是邀请营养专家针对运动员营养情况进行调查，提出评价和改进意见；聘请运动心理学家对运动员进行心理训练的实际操作，对运动员进行心理辅导和心理咨询，使运动员初步掌握心理训练方法。

4. 以法治体，加强体育市场管理

市体育部门注重建立和健全各项市场管理规章制度，注重依法管理体育市场的宣传，收到了较好效果。一年来，加强体育经营许可证的审批，当年申报并被批准发证的企业有103家。同时，加强对体育企业从业人员的培训，全年共培训从业人员250多人，使体育市场管理逐渐走向制度化、规范化。为新兴体育产业的健康发展打下了良好基础。

5. 体育法规建设已摆上人大立法议事日程

《深圳经济特区实施全民健身计划暂行条例(草案)》经过两次修改后已通过了人大常委会初审，并进行第三次修改，提交复审，拟于1999年初出台。深圳市在全国率先颁布的《深圳经济特区体育市场管理暂行规定》在修改为《深圳经济特区体育市场管理条例(草案)》后，市政府将其列为人大立法的调研项目，待调研后再行颁布。

二、存在问题

1. 竞技体育队伍尖子人才缺乏,“尖子不尖,尖子不多,尖子不久”的问题依然存在。

2. 体育设施的布局与配套不够理想。

3. 信息渠道不广,交流不快,尚不适应形势发展的需要。

三、努力方向

1. 进一步解放思想,深入体育改革,使深圳体育更适应国家体育改革、世界体育发展的要求,促进体育工作健康发展。

2. 大力解决竞技体育队伍尖子人才缺乏问题。要理顺输送和提高、打基础和出优异成绩的关系,疏通引进人才和退役安置的渠道。

3. 统筹规划,使体育设施的布局、配套与城市的规划相衔接,与国际性、现代化城市的建设相衔接。

4. 加强部门之间的协调,提高整体工作效率。

5. 加快场馆建设,确保下一届省运会如期举行。

(社会科技统计处供稿,执笔:戴跃华 黎昌发)

各 类 学 校 在 校 学 生 数

Students Enrollment by Level and Type of School

高 等 院 校（人）
Institutions of Higher Education (person)

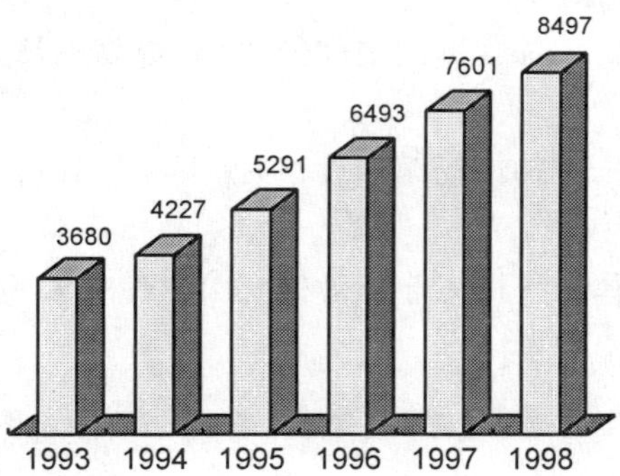

中等专业（技术）学校（人）
Specialized Secondary Schools (person)

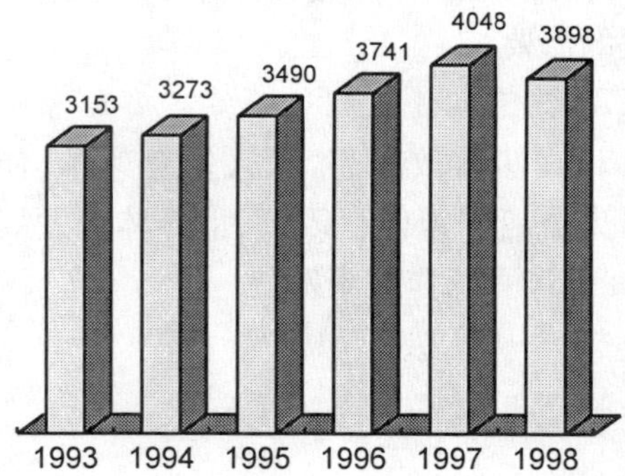

普 通 中 学（万人）
Regular Secondary Schools (10000 persons)

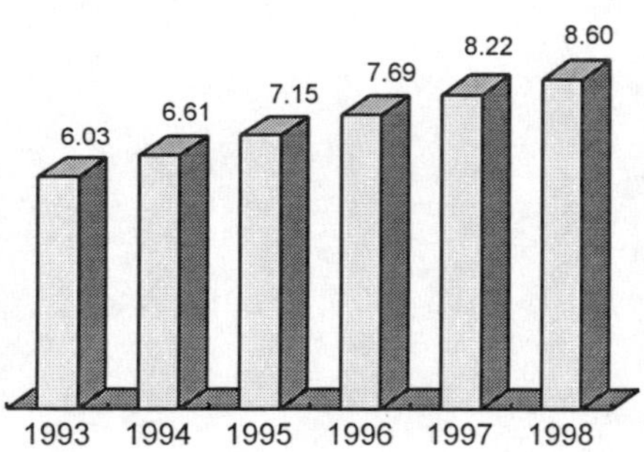

小 学（万人）
Primary Schools (10000 persons)

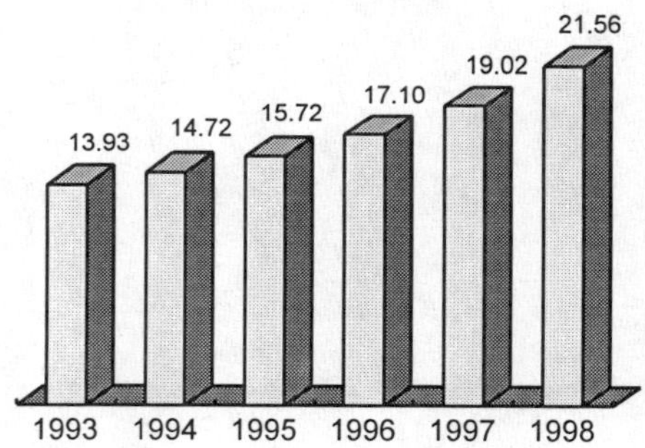

卫 生 技 术 人 员 数（人）

Medical Technical Personnel (person)

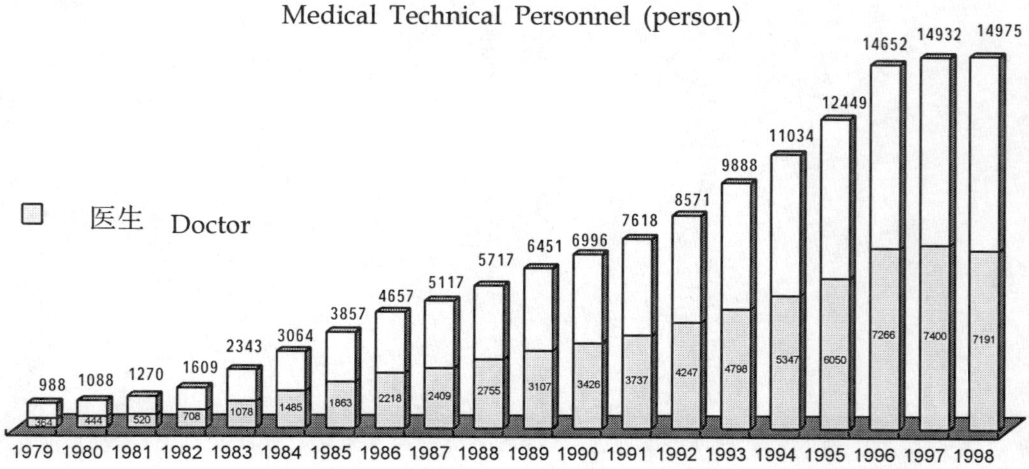

12－1 市属企事业单位各类专业人员数
PROFESSIONAL PERSONNEL IN LOCAL ENTERPRISES AND INSTITUTIONS BY LEVEL AND TYPE (1998)

单位:人 (person)

类别 Item		合计 Total	女性 Female	按专业技术职务分 By Duty of Professional Technology			
				高级 Senior	中级 Medium	初级 Junior	未聘 Not Employing
总计	**Total**	**55 526**	**23 787**	**5 775**	**22 009**	**25 005**	**2 737**
#工程技术人员	Engineering	13 973	3 062	2 086	6 050	4 727	1 110
农业技术人员	Agriculture	474	67	37	140	247	50
卫生技术人员	Health Care	10 908	7 039	1 172	3 253	6 166	317
科学研究人员	Scientific Research	359	109	104	184	64	7
教学人员	Teaching	17 512	9 397	1 529	7 465	8 290	228
经济人员	Economic	4 580	1 335	234	1 752	2 028	566
财会人员	Financial Accounting	3 813	2 117	131	1 262	2 085	335
统计人员	Statistical	322	222	9	93	208	12
新闻出版、播音人员	News Publisher and Announcer	1 124	380	194	617	284	29
翻译人员	Translator	275	143	11	115	117	32
艺术人员	Culture and Art	138	62	46	58	22	12

12－2 科学技术研究成果数
NUMBER OF ACHIEVEMENTS IN SCIENTIFIC AND TECHNICAL RESEARCH (1991—1998)

单位:项 (unit)

项目 Item		1991	1992	1993	1994	1995	1996	1997	1998
科技成果	Achievements in Science and Technology	71	81	109	140	111	106	139	157
#达到国际先进水平	Attaining Advanced World Levels	19	17	15	17	14	19	16	32
国内先进水平	Attaining Advanced Domestic Levels	29	33	41	38	55	42	47	30
填补国内空白	Being First Created in China	9	19	23	18	28	29	66	85
获省科技进步奖	Number of Provincial Scientific and Technical Progress Prizes Awarded	5	5	7	9	13	14	7	11
获市科技进步奖	Number of Shenzhen Scientific and Technical Progress Prizes Awarded	44	54	55	60	65	65	65	78

12-3 大中型工业企业技术开发主要指标
MAIN INDICATORS OF TECHNICAL DEVELOPMENT OF LARGE AND MEDIUM-SIZED INDUSTRIAL ENTERPRISES (1997—1998)

单位:万元　　(10 000 yuan)

项目	Item	1997	1998
企业个数(个)	Number of Enterprises (unit)	130	126
全部职工平均人数(人)	Average Number of Staff and Workers(person)	108 988	120 094
工业总产值(现价)	Gross Output Value of Industry (at current prices)	6 695 852	8 038 803
工业增加值	Value Added of Industry	1 859 648	2 400 480
劳动生产率(元/人)	Overall Labour Productivity (yuan/person)	170 600	199 900
产品销售收入	Sales Revenue	6 926 614	8 038 334
实现利税总额	Total Pre-Tax Profits	965 949	1 061 364
固定资产原价合计	Original Value of Fixed Assets	6 296 400	7 350 147
企业办技术开发机构数(个)	Number of Technical Development Institutions in Enterprises (unit)	63	95
企业技术开发人员总计(人)	Number of Personnel Engaged in Technical Development in Enterprises (person)	8 351	15 025
#科学家和工程师	Scientists and Engineers	7 753	13 148
技术开发机构中的人数(人)	Number of Personnel in Technical Development Institutions(person)	5 167	8 055
研究与发展人员(人)	Number of Personnel Engaged in Research and Development(person)	3 880	7 388
技术开发经费筹集总额	Funds of Technical Development	89 620	204 690
#企业自筹	Funds Self-raised by Enterprises	72 208	187 381
上级拨款	Appropriations from Higher Authorities	2 494	2 610
技术开发经费支出总额	Expenditures of Technical Development	81 302	181 735
#开发新产品经费	Expenditures for New Products Development	59 269	142 544
技术开发机构经费支出	Expenditures of Technical Development Institutions	39 516	127 477
研究与发展支出	Expenditures of Research and Development	71 321	152 509
新产品销售收入	Sales Revenue of New Products	1 356 774	2 072 085
新产品实现利税额	Pre-Tax Profits of New Products	179 651	275 111
技术开发项目(课题)数(项)	Number of Technical Development Projects (unit)	477	599
技术开发成果获奖数(项)	Prized Achievements of Technical Development(unit)	25	47
#国家级奖励	National Prizes	6	11
省部级奖励	Ministry Prizes	11	20
专利申请数(项)	Number of Patent Applications	87	200
专利授权数(项)	Number of Patent Applications Certified	27	60

12－4　各级各类学校数

NUMBER OF SCHOOL BY LEVEL AND TYPE

(1979—1998)

单位:所　　(unit)

年　份 Year	普通高等学　校 Institutions of Higher Education	中等专业技术学校 Specialized Secondary Schools	普通中学 Regular Secondary Schools	职业中学 Vocational Secondary School	小　学 Primary Schools	幼儿园 Kinder－gartens
全市　Total						
1979		1	24		226	90
1980		1	24		238	52
1981		4	26		244	32
1982		5	28		246	50
1983	1	4	30		248	69
1984	2	7	35	3	260	87
1985	2	7	38	3	258	79
1986	2	6	40	5	257	273
1987	2	7	43	5	255	187
1988	2	7	47	5	257	195
1989	2	8	47	7	264	207
1990	2	8	49	7	263	228
1991	2	7	51	9	260	257
1992	2	6	53	9	261	282
1993	3	6	51	17	267	281
1994	3	7	56	15	269	333
1995	2	7	62	19	274	349
1996	2	8	71	19	274	380
1997	2	8	73	20	275	446
1998	2	8	78	16	286	488
特区　Urban						
1980		1	7		39	11
1981		4	9		43	13
1982		5	10		45	28
1983	1	4	12		49	24
1984	2	7	14	3	63	43
1985	2	7	16	3	66	44
1986	2	6	18	5	66	92
1987	2	6	21	5	69	106
1988	2	6	23	5	72	80
1989	2	7	25	7	84	107
1990	2	7	24	7	80	103
1991	2	6	24	9	80	114
1992	2	5	26	9	82	142
1993	3	5	32	8	91	137
1994	3	7	35	8	96	177
1995	2	5	37	11	102	193
1996	2	6	42	11	101	205
1997	2	6	44	10	103	235
1998	2	6	44	11	106	254

12－5　各级各类学校教职工数
STAFF AND WORKERS BY LEVEL AND TYPE OF SCHOOL
(1986—1998)

单位:人　　(person)

年　份 Year	普通高等学校 Institutions of Higher Education	中等专业技术学校 Specialized Secondary Schools	普通中学 Regular Secondary Schools	职业中学 Vocational Secondary Schools	小　学 Primary Schools	幼儿园 Kinder－gartens
全市　Total						
1986	816	445	2 871	280	3 632	
1987	972	460	3 182	394	3 959	1 616
1988	1 034	496	3 455	506	4 302	1 558
1989	1 393	541	3 758	578	4 596	1 969
1990	1 348	520	3 920	759	5 061	2 267
1991	1 381	534	4 308	767	5 388	2 716
1992	1 405	585	4 650	843	5 768	3 113
1993	1 536	512	5 106	920	6 337	4 154
1994	2 753	583	5 589	945	7 129	5 294
1995	1 187	598	6 063	1 075	7 666	5 929
1996	1 331	725	6 669	1 074	8 702	6 817
1997	1 430	768	7 079	1 163	9 148	8 328
1998	1 649	801	7 369	1 217	9 786	9 761
特区　Urban						
1986	816	431	1 608	238	1 941	
1987	972	414	1 831	314	2 242	1 242
1988	1 034	436	2 095	374	2 540	1 161
1989	1 393	479	2 492	396	2 977	1 546
1990	1 348	483	2 454	540	3 143	1 763
1991	1 381	462	2 671	573	3 316	2 252
1992	1 405	512	2 905	656	3 602	2 565
1993	1 536	459	3 226	733	3 869	3 143
1994	2 753	512	3 470	781	4 226	4 051
1995	1 187	503	3 673	905	4 612	4 397
1996	1 331	615	3 968	905	4 919	4 951
1997	1 430	649	4 303	966	5 120	5 496
1998	1 649	665	4 539	1 060	5 383	6 293

12－6　各级各类学校专任教师数
FULL－TIME TEACHERS BY LEVEL AND TYPE OF SCHOOL
(1979—1998)

单位:人　　　　(person)

年　份 Year	普通高等学校 Institutions of Higher Education	中等专业技术学校 Specialized Secondary Schools	普通中学 Regular Secondary Schools	职业中学 Vocational Secondary Schools	小　学 Primary Schools	幼儿园 Kinder－gartens
全市　Total						
1979		22	752		1 588	
1980		25	625		1 763	159
1981		50	676		1 948	141
1982		31	860		1 954	259
1983	80	44	1 044	12	2 025	365
1984	162	133	1 372	67	2 282	575
1985	288	154	1 902	130	2 749	483
1986	406	197	2 138	193	2 977	573
1987	468	226	2 376	314	3 265	1 005
1988	524	263	2 603	413	3 571	937
1989	533	315	2 771	484	3 810	1 193
1990	484	272	2 915	607	4 221	1 317
1991	533	296	3 255	568	4 514	1 451
1992	493	308	3 533	629	4 832	1 698
1993	535	273	3 892	701	5 342	2 288
1994	978	303	4 290	719	6 015	2 745
1995	629	334	4 675	801	6 429	3 202
1996	747	385	5 004	812	7 046	3 665
1997	793	423	5 276	858	7 567	4 613
1998	865	447	5 502	880	7 940	5 257
特区　Urban						
1980		25	192		351	98
1981		50	248		506	57
1982		31	350		610	147
1983	80	44	470	12	700	201
1984	162	133	714	67	981	366
1985	288	154	1 031	111	1 439	244
1986	406	197	1 200	153	1 663	247
1987	468	198	1 373	235	1 924	656
1988	524	225	1 616	285	2 209	568
1989	533	276	1 883	310	2 568	816
1990	484	258	1 849	399	2 711	891
1991	533	245	2 059	385	2 843	1 097
1992	493	261	2 237	457	3 076	1 304
1993	535	248	2 458	531	3 306	1 571
1994	978	269	2 661	573	3 556	2 059
1995	629	278	2 807	665	3 839	2 232
1996	747	318	3 007	680	4 093	2 468
1997	793	351	3 215	726	4 220	2 832
1998	865	361	3 432	767	4 404	3 201

12-7 各级各类学校在校学生数
STUDENTS ENROLLMENT BY LEVEL AND TYPE OF SCHOOL
(1979—1998)

单位:人　　(person)

年份 Year	普通高等学校 Institutions of Higher Education	中等专业技术学校 Specialized Secondary Schools	普通中学 Regular Secondary Schools	职业中学 Vocational Secondary Schools	小学 Primary Schools	幼儿园 Kinder-gartens
全市 Total						
1979		80	13 686		47 022	4 587
1980		142	12 296		49 168	3 377
1981		133	13 088		51 560	5 074
1982		262	17 080		54 538	7 723
1983	216	310	20 982	156	56 319	9 252
1984	1 236	1 072	27 636	937	62 021	12 140
1985	3 206	1 661	35 334	2 105	70 277	14 338
1986	3 478	2 167	40 208	3 058	77 884	22 703
1987	4 330	2 868	44 910	4 389	84 601	26 072
1988	4 710	3 610	43 267	6 086	96 474	27 106
1989	4 419	3 348	45 056	6 904	104 041	34 781
1990	3 964	2 897	46 473	8 581	111 711	36 041
1991	3 779	3 090	50 625	7 564	118 460	43 877
1992	3 653	3 218	55 857	8 548	127 978	49 985
1993	3 680	3 153	60 337	9 200	139 272	56 024
1994	4 227	3 273	66 073	9 681	147 186	63 316
1995	5 291	3 490	71 540	9 903	157 210	62 571
1996	6 493	3 741	76 949	10 258	170 983	68 769
1997	7 601	4 048	82 155	10 742	190 192	71 378
1998	8 497	3 898	86 009	10 488	215 652	77 623
特区 Urban						
1980		142	3 718		10 884	1 729
1981		133	4 761		13 458	1 318
1982		262	6 901		15 996	2 869
1983	216	310	9 397	156	18 554	3 916
1984	1 236	1 072	12 883	937	24 826	5 322
1985	3 206	1 661	17 334	1 813	31 846	6 106
1986	3 478	2 167	19 447	2 363	36 977	12 143
1987	4 330	2 434	22 659	2 986	41 026	14 167
1988	4 710	3 075	24 265	3 618	45 973	15 031
1989	4 419	3 077	27 159	3 628	54 778	23 593
1990	3 964	2 666	27 272	4 623	56 300	23 169
1991	3 779	2 478	29 597	4 329	60 981	27 219
1992	3 653	2 687	32 860	5 482	66 871	30 206
1993	3 680	2 835	35 084	6 776	74 439	32 865
1994	4 227	2 794	38 546	7 386	80 301	39 874
1995	5 291	2 811	42 181	7 894	85 558	40 749
1996	6 493	2 947	45 506	8 068	90 486	41 173
1997	7 601	3 214	49 521	8 300	96 620	42 074
1998	8 497	3 004	52 945	8 269	103 904	42 363

12－8　各级各类学校招生数
NEW STUDENTS ENROLLMENT BY LEVEL AND TYPE OF SCHOOL
(1979—1998)

单位:人　　(person)

年　份 Year	普通高等学校 Institutions of Higher Education	中等专业技术学校 Specialized Secondary Schools	普通中学 Regular Secondary Schools	职业中学 Vocational Secondary Schools	小　学 Primary Schools	幼儿园 Kinder－gartens
全市　Total						
1979			5 612		8 978	
1980			5 344		9 064	
1981			5 046		9 978	
1982			7 401		9 561	
1983	216		8 142	156	8 936	
1984	473	615	10 053	582	9 700	8 734
1985	1 482	801	12 954	1 165	11 876	10 148
1986	1 173	1 001	12 826	1 529	14 269	10 932
1987	1 573	1 229	15 121	1 959	15 191	9 344
1988	1 378	1 332	12 583	2 669	17 235	8 369
1989	1 228	863	16 654	2 613	18 525	15 273
1990	1 041	792	17 034	3 352	19 122	17 494
1991	1 126	868	17 956	2 301	19 634	28 493
1992	1 070	964	21 242	3 373	22 129	32 847
1993	1 309	990	22 417	3 275	26 333	37 035
1994	1 664	1 297	24 286	3 211	27 860	26 213
1995	2 134	1 325	26 463	3 906	31 198	35 630
1996	2 470	1 208	27 752	3 381	33 692	37 869
1997	2 580	1 293	29 773	3 439	37 306	33 906
1998	3 078	1 108	31 286	3 859	41 824	32 822
特区　Urban						
1980						
1981			1 821		2 629	
1982			2 767		2 859	
1983	216		3 587	156	3 009	
1984	473	615	4 298	582	4 254	2 676
1985	1 482	801	6 027	873	5 447	2 440
1986	1 173	1 001	5 957	1 035	6 292	2 605
1987	1 573	1 053	7 965	1 118	6 667	5 168
1988	1 378	1 145	8 243	1 386	8 162	4 864
1989	1 228	783	9 341	1 172	9 905	7 730
1990	1 041	692	9 567	1 898	10 067	11 109
1991	1 126	668	10 774	1 484	10 518	15 182
1992	1 070	795	12 401	2 104	11 806	16 776
1993	1 309	829	12 811	2 331	14 647	19 333
1994	1 664	1 058	14 095	2 590	15 227	20 923
1995	2 134	1 045	15 525	3 200	16 722	20 062
1996	2 470	929	16 537	2 412	16 970	18 850
1997	2 580	1 016	17 957	2 578	17 732	17 914
1998	3 078	759	19 088	3 263	18 797	14 244

12－9　各级各类学校毕业生数
GRADUATES BY LEVEL AND TYPE OF SCHOOL
(1984—1998)

单位:人　　(person)

年　份 Year	普通高等学校 Institutions of Higher Education	中等专业技术学校 Specialized Secondary Schools	普通中学 Regular Secondary Schools	职业中学 Vocational Secondary Schools	小　学 Primary Schools	幼儿园 Kinder-gartens
全市　Total						
1984			4 677		8 505	6 710
1985			7 468	55	10 669	7 824
1986		492	9 169	297	11 481	9 892
1987	1 028	646	11 401	549	14 411	7 529
1988	828	609	14 305	974	8 821	7 741
1989	1 491	1 012	13 388	1 407	12 947	13 090
1990	1 334	769	13 914	1 739	13 363	13 848
1991	1 191	715	11 885	2 360	14 428	23 140
1992	1 187	1 038	14 035	2 351	16 555	27 126
1993	1 203	1 009	14 739	2 873	17 685	30 000
1994	1 064	909	15 345	2 776	19 010	17 749
1995	1 143	813	17 617	3 127	20 876	33 187
1996	1 210	871	18 891	2 873	21 030	25 889
1997	1 474	1 055	20 215	2 876	22 095	32 459
1998	2 126	1 239	23 651	3 656	23 871	26 560
特区　Urban						
1984			2 305		2 257	1 858
1985			3 848	55	3 667	1 989
1986		492	5 288	297	3 382	2 521
1987	1 028	646	6 029	549	5 344	3 716
1988	828	523	7 307	756	5 722	3 874
1989	1 491	936	7 294	1 042	6 435	6 082
1990	1 334	688	7 758	987	6 493	8 717
1991	1 191	503	7 717	1 402	7 347	12 449
1992	1 187	853	8 098	1 154	8 660	14 790
1993	1 203	911	8 655	1 765	9 253	16 619
1994	1 064	829	9 136	2 197	10 106	13 203
1995	1 143	644	10 376	2 408	11 491	18 510
1996	1 210	711	11 228	2 138	11 770	14 355
1997	1 474	820	11 964	2 294	12 177	15 761
1998	2 126	963	13 931	3 027	12 983	12 939

12－10 文化事业
CULTURAL INSTITUTIONS
(1997—1998)

项目	Item	1997		1998	
		全市 Total	特区 Urban	全市 Total	特区 Urban
电影放映单位(个)	Film Projection Units (unit)	118	44	172	35
#电影院、影剧院(间)	Cinemas and Theatres	94	24	113	22
电影观众人数(万人次)	Spectators (10 000 person－times)	354	181	313	163
专业艺术表演团体(个)	Art Performance Troupes(unit)	5	4	5	4
艺术表演场所(间)	Art Performance Places(unit)	4		4	
群众艺术、文化馆(座)	Art and Cultural Centers(set)	6		6	
公共图书馆(座)	Public Libraries (set)	5	4	7	6
公共图书馆藏书(万册)	Collection of Public Libraries (10 000 books)	167.8	155.1	204.5	189.8
博物馆、纪念馆(座)	Museums and Memorial Museum (set)	1	1	1	1
广播电台(座)	Broadcasting Stations (set)	2	1	1	1
电视中心台(座)	Television Stations (set)	1	1	1	1
有线电视台(座)	Cable Television Stations(set)	1	1	1	1
广播人口覆盖率(%)	Listener Rating(%)	98		98	100
电视人口覆盖率(%)	Viewer Rating(%)	99		99	100
图书出版数(万册)	Books Published(10 000 copies)	701		406	406
杂志出版数(万册)	Magazines Published(10 000 copies)	1 441		1 635	770
报纸出版数(万份)	Newspapers Published(10 000 copies)	54 268		52 358	38 535

12－11　卫 生 事 业
PUBLIC HEALTH
(1979—1998)

年　份 Year	一、卫生机构数(个) Health Care Institutions (unit)	1. 医院 Hospitals	县及县以上医院 Hospitals at County Level and Above	综合医院 Compre-hensive Hospitals	2. 疗养院、所 Sanatoriums	3. 门诊部、所 Clinics	4. 专　科防治所 Specialized Prevention & Treatment Stations	5. 卫生防疫站 Sanitation and Diseases Control Stations
全市　Total								
1979	62	25				31		
1980	74	24				44		
1981	77	24				47		
1982	121	26				87		
1983	128	30				91		
1984	150	29				109		
1985	215	31				169		
1986	297	32	14	10	1	234	2	7
1987	311	34	15	11	1	253	2	7
1988	308	35	14	9	1	249	4	6
1989	332	35	18	12	1	271	5	6
1990	354	38	20	14	1	291	4	6
1991	360	41	19	13	1	293	4	6
1992	397	45	22	17	1	326	4	6
1993	400	45	22	14	1	324	3	8
1994	496	48	23	13	1	415	3	8
1995	506	63	23	13	1	407	6	8
1996	1 422	69	38	23	1	1 314	7	8
1997	1 126	76	48	31	1	1 011	7	8
1998	899	77	49	31	1	784	7	8
特区　Urban								
1980	43	8				29		
1981	48	8				34		
1982	58	9				47		
1983	77	13				57		
1984	108	11				86		
1985	165	13				138		
1986	239	13	12	8	1	206	2	6
1987	258	14	13	9	1	222	2	6
1988	261	15	12	7	1	225	3	5
1989	276	16	15	9	1	237	4	5
1990	298	19	17	11	1	257	3	5
1991	302	19	16	10	1	260	3	5
1992	312	23	19	14	1	266	3	5
1993	323	23	19	11	1	275	1	6
1994	391	23	19	10	1	342	1	6
1995	399	37	19	10	1	344	3	6
1996	849	41	31	18	1	777	4	6
1997	649	47	39	24	1	572	4	6
1998	579	47	39	24	1	503	4	6

12－11 续表 1 continued

年　份 Year	6. 妇　幼保健所、站 Maternity and Child Care Centers	7. 药品检验所、站 Medicines and Chemical Reagent Test Labs	8. 其他卫生事业机构 Other Health Care Institutions	9. 医学科学研究机构 Institutions of Medical Science	10. 中　等医药学校 Medical Secondary Schools	二、床位数(张) Beds (unit)	1. 医院病床 Hospital Beds	县及县以上医院 Hospitals at County Level and Above
全市　Total								
1979						597		
1980						643		
1981						790		
1982						717		
1983						1 023		
1984						1 634	1 634	
1985						1 885	1 885	
1986	5	1	4	1	1	2 112	2 028	1 521
1987	6	1	4	2	1	2 309	2 225	1 682
1988	5	1	4	2	1	2 580	2 496	1 968
1989	5	1	5	2	1	2 922	2 838	2 362
1990	5	1	5	2	1	3 192	3 108	2 541
1991	6	1	5	2	1	3 582	3 498	2 789
1992	6	1	5	2	1	4 550	4 466	3 485
1993	8	1	5	4	1	5 252	5 168	3 794
1994	7	1	8	4	1	6 124	6 040	4 338
1995	7	1	8	4	1	6 724	6 640	4 561
1996	3	1	14	4	1	7 455	7 196	5 260
1997	3	1	14	4	1	8 288	7 963	5 950
1998	2	1	14	4	1	8 899	8 590	6 472
特区　Urban								
1980						254		
1981						402		
1982						367		
1983						712		
1984						1 143	1 143	
1985						1 295	1 295	
1986	4	1	4	1	1	1 465	1 381	1 359
1987	5	1	4	2	1	1 599	1 515	1 492
1988	4	1	4	2	1	1 847	1 763	1 738
1989	4	1	5	2	1	2 110	2 026	2 003
1990	4	1	5	2	1	2 244	2 160	2 126
1991	5	1	5	2	1	2 474	2 390	2 324
1992	5	1	5	2	1	3 145	3 061	2 885
1993	6	1	5	4	1	3 221	3 137	3 027
1994	5	1	7	4	1	3 707	3 623	3 493
1995	5	1	7	4	1	4 210	4 126	3 771
1996	2	1	12	4	1	4 804	4 610	4 384
1997	2	1	11	4	1	5 403	5 143	4 950
1998	2	1	10	4	1	5 549	5 305	5 104

12－11 续表 2　continued

年　份 Year	综合医院 Compre－hensive Hospitals	专科医院 Specialized Hospitals	2. 疗养院 Sanatoriums	三、医院门诊诊疗总人次(万人次) Total Patients Treated (10 000 person－times)	四、入院总人数(万人) In Patitents (10 000 persons)	县及县以上医院 Hospitals at County Level and Above
全市　Total						
1979						
1980						
1981						
1982						
1983						
1984						
1985						
1986	1 242	279	84	381	4.68	2.73
1987	1 398	284	84	461	5.84	3.58
1988	1 558	410	84	552	6.97	4.43
1989	1 830	533	84	607	7.87	5.48
1990	1 993	548	84	729	8.73	6.18
1991	2 138	651	84	808	10.08	6.88
1992	2 502	983	84	976	11.40	7.61
1993	2 818	1 022	84	1 042	12.50	8.08
1994	3 142	1 196	84	1 057	12.81	8.46
1995	3 271	1 289	84	1 060	13.07	8.48
1996	3 841	1 419	84	1 018	14.63	9.45
1997	4 211	1 739	150	1 061	16.15	10.47
1998	4 642	1 830	150	1 205	19.05	12.49
特区　Urban						
1980						
1981						
1982						
1983						
1984						
1985						
1986	1 080	279	84	236	2.58	2.54
1987	1 208	284	84	272	3.24	3.20
1988	1 328	410	84	334	3.87	3.79
1989	1 470	533	84	365	4.35	4.28
1990	1 578	548	84	462	4.89	4.89
1991	1 673	651	84	501	5.45	5.38
1992	1 978	983	84	567	5.99	5.89
1993	2 051	1 022	84	567	6.41	6.17
1994	2 337	1 156	84	628	6.59	6.49
1995	2 542	1 229	84	680	6.72	6.58
1996	3 041	1 343	84	634	7.51	7.84
1997	3 341	1 609	150	629	8.70	8.37
1998	3 501	1 603	150	690	9.76	9.31

12－11 续表3　continued

年　份 Year	五、病床使用率(%) Utilization Rate of Beds (%)	六、病床周转次数(次) Turnover of Beds(time)	七、卫生工作人员数(人) Medical Personnel (person)	卫生技术人员 Medical Technical Personnel	中医 Doctors and Paramedics of Chinese Medicine	中医师 Doctors of Chinese Medicine	西医 Doctors and Paramedics of Western Medicine	西医师 Doctors of Western Medicine
全市　Total								
1979			1 214	988				
1980			1 335	1 088				
1981			1 514	1 270				
1982			1 967	1 609				
1983			2 910	2 343				
1984			3 869	3 064				
1985			4 861	3 857				
1986	66.20	24.40	5 800	4 657	304	189	1 913	1 510
1987	73.60	22.20	6 354	5 117	307	221	2 067	1 599
1988	75.60	28.80	7 115	5 717	330	277	2 380	2 003
1989	78.40	29.00	7 923	6 451	433	336	2 670	2 264
1990	81.40	29.00	8 619	6 996	463	417	2 960	2 530
1991	85.15	30.28	9 405	7 618	500	456	3 231	2 792
1992	81.88	28.00	10 643	8 571	579	533	3 654	3 250
1993	83.93	24.08	12 261	9 888	639	590	4 148	3 777
1994	70.10	23.15	13 853	11 034	739	654	4 608	4 204
1995	65.00	20.80	15 591	12 449	823	732	5 227	4 778
1996	64.30	21.50	17 925	14 652	1 292	906	5 974	5 419
1997	67.40	21.90	18 553	14 932	1 122	814	6 278	5 776
1998	68.6	24.1	18 707	14 975	899	843	6 263	5 817
特区　Urban								
1980			732	579				
1981			925	755				
1982			1 319	1 043				
1983			2 333	1 833				
1984			3 068	2 366				
1985			3 877	2 996				
1986	67.50	18.80	4 722	3 728	235	165	1 565	1 284
1987	73.80	21.50	5 206	4 114	248	193	1 707	1 367
1988	73.90	22.50	5 756	4 540	260	225	1 923	1 658
1989	76.30	22.80	6 389	5 142	322	267	2 175	1 888
1990	79.00	23.40	6 892	5 546	338	309	2 423	2 106
1991	80.87	23.84	7 435	5 955	369	344	2 588	2 284
1992	79.44	22.20	8 119	6 452	416	390	2 791	2 537
1993	82.50	23.28	9 154	7 284	487	459	3 114	2 907
1994	78.10	21.20	9 833	7 756	533	484	3 288	3 086
1995	65.00	17.70	10 966	8 699	606	548	3 683	3 471
1996	62.60	18.20	12 198	9 907	794	671	4 057	3 899
1997	63.90	18.60	12 584	10 112	659	585	4 305	4 161
1998	66.80	20.20	12 476	10 031	609	592	4 214	4 079

12-11 续表4　continued

年　份 Year	中西医结合高级医师 Senior Doctors Who Integrate Traditional Chinese Therapeutics with Western Therapeutics in Practice	护师、士 Senior and Junior Nurses	护师 Senior Nurses	药剂师、士 Senior and Junior Pharmacists	检验师、士 Senior and Junior Laboratory Technicians	其他技师、士 Other Senior and Junior Technicians	卫生技术人员中：医生 Doctors
全市　Total							
1979							364
1980							444
1981							520
1982							708
1983							1 078
1984							1 485
1985							1 863
1986		1 246	96	260	211	137	2 218
1987		1 450	105	292	257	145	2 409
1988		1 735	511	279	182	150	2 755
1989	4	1 971	590	431	321	225	3 107
1990	3	2 145	642	475	355	224	3 426
1991	3	2 372	824	539	365	244	3 737
1992	14	2 705	1 142	630	375	278	4 247
1993	11	3 225	1 263	744	464	306	4 798
1994	17	3 625	1 560	823	538	385	5 347
1995	23	4 034	1 883	906	612	426	6 050
1996	300	4 654	2 167	1 005	664	489	7 266
1997	232	4 828	2 329	1 063	708	473	7 400
1998	29	5 025	2 535	1 111	760	468	7 191
特区　Urban							
1980							248
1981							338
1982							492
1983							861
1984							1 180
1985							1 477
1986		1 045	88	217	180	93	1 800
1987		1 225	98	244	220	89	1 969
1988		1 437	415	189	155	116	2 183
1989	4	1 642	494	335	267	163	2 501
1990	3	1 753	537	368	292	174	2 764
1991	3	1 909	700	408	293	189	2 963
1992	14	2 099	962	444	293	212	3 221
1993	10	2 408	1 041	506	355	213	3 611
1994	15	2 560	1 251	571	393	262	3 821
1995	19	2 814	1 481	624	434	308	4 289
1996	91	3 236	1 708	684	468	327	4 851
1997	44	3 367	1 810	711	506	332	4 964
1998	18	3 397	1 872	733	523	329	4 841

十三、环境保护和城市公用事业

1998年深圳市环境状况公报

深圳市环境保护局

根据《深圳经济特区环境保护条例》第十条规定,现将1998年我市环境状况公告如下:

综述

1998年,我市空气污染指数范围为25~98,空气环境质量良好;主要饮用水源水质达到国家地面水水质Ⅱ类标准,符合饮用水源水质要求;近海海域东部海水水质符合国家海水水质二类标准,西部海水水质基本符合国家海水水质三类标准;城市交通干线噪声平均值和区域环境噪声平均值均符合国家环保模范城市的标准;全市水土流失治理有明显成效;城市环境综合整治定量考核继续保持在全国前列;但全市河流污染依然严重,大部分流经城区的河段水质劣于国家地面水水质Ⅴ类标准。

一、环境质量状况

1. 空气环境

全市总悬浮颗粒物年日平均浓度92微克/立方米,比上年下降3.2%,符合国家环境空气质量二级标准(小于200微克/立方米)。二氧化硫年日平均浓度9微克/立方米,比上年上升12.5%,符合国家环境空气质量二级标准(小于60微克/立方米)。氮氧化物年日平均浓度62微克/立方米,比上年上升14.8%,超过国家环境空气质量二级标准(50微克/立方米)。铅含量年日平均浓度为0.084微克/立方米,比上年下降44.4%,符合国家环境空气质量标准(小于1微克/立方米)。降尘年平均值5.03吨/平方公里.月,比上年下降13.0%,符合广东省推荐标准(小于8吨/平方公里.月)。降水PH年平均值4.64,比上年降低0.27。酸雨频率56.2%,比上年上升6.4个百分点,酸雨量占总雨量的68.6%,比上年上升13个百分点。

2. 水环境

我市主要饮用水源深圳水库、西丽水库、铁岗水库、石岩水库、清林径水库和赤坳水库等水质保持良好,饮用水源水质达标率97.2%,比上年提高了0.4个百分点。

特区内深圳河、布吉河、大沙河水质有机污染依然严重,水质劣于国家地面水水质Ⅴ类标准,主要污染物是总磷、生化需氧量、石油类。特区外宝安区和龙岗区的河流有机污染严重,茅洲河上游、观澜河超过国家地面水水质Ⅲ类标准,茅洲河下游、龙岗河、坪山河水质劣于国家地面水水质Ⅴ类标准,主要污染物是总磷、生化需氧量和石油类。河流综合污染指数比上年上升的有布吉河、大沙河、观澜河、龙岗河和坪山河,下降的有茅洲河和西乡河,持平的有深圳河。

与上年相比,东部近海海水水质主要污染物无机氮和无机磷呈上升趋势,西部近海海水水质无机氮有较大幅度下降,无机磷则略有上升。

3. 声环境

全市区域环境噪声平均值57.2分贝,符合国家环保模范城市的标准(小于60分贝),与上年持平，达标率 80.7%。其中：特区区域环境噪声平均值 57.2 分贝，达标率 80.5%；宝安中心城区区域环境噪声平均值 57.0 分贝，达标率 93.3%；龙岗中心城区区域环境噪声平均值 57.3 分贝，达标率 70.0%。

在全市噪声源中，生活噪声源占 47.7%，交通噪声源占 33.6%，两者合计占 81.3%。

全市城市交通干线噪声平均值 69.8 分贝，符合国家环保模范城市的标准(小于 70 分贝)，比上年降低 0.1 分贝，达标率 53.2%。其中：特区交通干线噪声平均值 69.7 分贝，达标率 55.3%；宝安中心城区交通干线噪声平均值 70.0 分贝，达标率 18.6%；龙岗中心城区交通干线噪声平均值 70.2 分贝，达标率 40.9%。

4. 生态环境

全市林业用地 89674 公顷，其中有林地 77921 公顷。森林覆盖率 47.4 %，比上年增加 0.5 个百分点。当年造林面积 4441 公顷，义务植树 171.6 万株。

特区建成区绿化覆盖面积 5689 公顷，比上年增加 225 公顷，绿化覆盖率 44%。

全市自然保护区面积 125.1 平方公里，自然保护区覆盖率 6.2%。

全市实有耕地面积 4136 公顷，占全市土地面积 2.0%，比上年下降 2.5%。

全市水土流失面积 96.7 平方公里，占全市总面积的 4.8%，比上年减少 34.4%。

二、污染与防治

1. 废气

全市纳入环境统计的 655 家镇以上的工业企业(下同)共排放废气 507 亿立方米，比上年增加 45.7%。工业废气治理率 99.1%，比上年提高 1.5 个百分点。工业废气中，烟尘排放量 2923 吨，比上年减少 15.3%；二氧化硫排放量 23344 吨，比上年增加 13.8%；工业粉尘排放量 68 吨，与上年持平。

2. 废水

1998 年全市废水排放量约 63677 万吨，比上年增加 13.4%，其中环境统计的工业企业共排放 3087 万吨，比上年增加 15.8%。工业废水处理率 98.6%，比上年增加 0.3 个百分点。工业废水排放达标率 92.8%，与上年持平。

全市城市污水处理率 28.8%，比上年提高 3.7 个百分点，其中特区生活污水处理率 50.8%。

3. 固体废物

1998 年特区垃圾清运量 144 万吨，垃圾无害化处理率 100%。

全市纳入环境统计的工业企业固体废物产生量 32.56 万吨，比上年减少 8.5%，固体废物综合利用量 27.83 万吨，综合利用率 85.5%，比上年提高 0.5 个百分点。

全市综合利用危险废物 2605 吨，处置危险废物 2274 吨。

4. 污染事故

1998 年全市无污染事故发生。

三、城市环保设施建设

1998 年全市环保投资 23.1 亿元，占国内生产总值 1.79%。

到年底特区内已建成下水道排水管总长度 2441 公里，比上年增加 202 公里。

罗芳污水处理厂于 1998 年 7 月正式投入运转，日处理污水能力 10 万吨。平湖污水处理厂主体工程建设已完成，并进入设备安装阶段。

日处理垃圾 300 吨的龙岗中心城垃圾焚烧厂主体工程建设已完成，并进入设备安装阶段。盐田、南山、宝安和平湖垃圾焚烧发电厂已开展前期准备工作。

四、环境保护工作

1998 年，我市认真贯彻中央环境保护工作座谈会精神，全面落实全国环境保护(1998—2000 年)纲要，不断完善城市环境综合整治定量考核管理体制和运行机制，进一步巩固创建环境保护模范城市成果，主要做了以下工作：

1. 以全面提高和改善环境质量为出发点，实施环境质量建设工程，市政府颁发了“深圳市 1998—2005 年环境质量建设目标与任务”，确定了我市到 2005 年环境保护工作的目标与任务，以及落实这些目标和任务的具体工程项目，是我市今后八年环境保护工作的纲领性文件，为推动我市的环境质量再上一个新台阶奠定了坚实基础。各区政府和市、区有关部门均把环境质量建设任务列入议事日程,作为创建文明市、文明区活动的重要内容,为顺利完成环境质量建设任务提供了保障。

2. 加强法制建设与环境规划,完成了“深圳经济特区海域污染防治条例”、“深圳市污染物排放许可证管理办法”等规范性文件的起草,颁布了《深圳市“九五”期间主要污染物排放总量控制计划》和《深圳市酸雨和二氧化硫污染防治规划》,编制了《深圳市水污染防治工程年度计划(1998—2000)》、《龙岗河、坪山河综合治理工程规划》、《东江流域深圳市辖区内水污染综合整治实施计划》,并对《深圳市跨世纪绿色工程规划》进行了修编。

3. 加强建设项目的环境管理工作,完成了环保审批制度改革,制定了环保审批技术规范和操作规程。全年共审批建设项目7959项,其中因污染严重或选址不当等原因否定了832项。实行分类审批,简化程序,每个项目平均审批时间由原来的5.8天缩短为4.7天。推行公开办事制度和服务承诺制度,有效地提高了服务质量。

4. 全面推行环境保护行政执法责任制。全市环保依法行政工作取得成效,被国家环保总局、省环保局确定为全国、全省环保行政执法责任制试点单位。强化了环境监督管理。全年共对392家违反环保法规的单位进行了行政处罚,责令停产22家。对179家不能稳定达标的企业进行了限期治理,对531家企业进行了限期整改,对43家污染严重而又治理无望的企业实行了关、停、并、转、迁,对83宗逾期未执行的处罚案件申请法院予以强制执行。

在全市范围内开展了排污申报登记工作,全面清查污染源,建立了较完善的污染源动态管理档案。重点对龙岗河、坪山河流域内的电镀、制革、养殖业等500多家企业进行了现场执法检查,限期治理58家,罚款31家,依法关停18家,清除了261个违章养殖场(点)。与东部五家印染厂签定了“环境保护责任书”,安装了废水排放的自动监控装置,减轻了对附近海域的污染。

加强机动车辆尾气污染防治,全年共路检机动车16762辆,抽检985辆,汽车尾气达标率85.8%,比上年提高0.5个百分点。全面禁止销售含铅汽油,加快了清洁燃料汽车的开发,全年共改装了1800多辆汽油—液化石油气双燃料汽车。

全面推行第三产业《环保许可证》制度,加强第三产业环保验收管理,对不能达到环保要求的企业不予发证并限期整改,较好地控制了饮食业的废气、噪声污染。1998年,全市餐饮业环境污染投诉比上年下降了30%。

5. 加大水源保护力度,进一步理顺了市、区水源保护管理工作关系。重点对深圳水库、西丽水库、铁岗水库、石岩水库、观澜河流域开展污染源检查,对深圳水库流域内19家砖厂依法下达了关闭决定书。加大了大望村污水截排工程等重点水源区污染防治工程的建设。

加大了水土流失防治力度,各级政府与各有关职能部门签订了水土保持目标责任书,治理了水土流失面积57.9平方公里。

6. 开展了以“鹏城环保世纪行”为龙头的环保新闻宣传,重点报道了我市龙岗河、坪山河流域、东部五家印染厂以及施工噪声等专项环保执法检查。围绕“6.5”世界环境日活动,开展了以“珍惜环保模范城市荣誉,做保护环境市民”为主要内容的环保宣传月活动,组织开展了创建“绿色学校”和“社区环境文化”活动,建立了一批市级环境教育基地。

7. 继续拓展环境监测的深度和广度,推行监测全程序的质量管理,共取得监测数据123434个。在国内首次成功引进使用差分光谱法的大气自动监测系统,并顺利通过国家环保总局的验收,提高了环境监测的能力和水平。

环境科研取得新进展,与欧盟合作开展的“热带和亚热带区域水质改善回用与水生态重建的生物工艺学对策研究”项目试验研究成功,并开始应用于洪湖水质改善工程。完成了“饮食业油烟排放标准及监测方法”的研究,为我国制订饮食业油烟排放标准奠定了基础。研制成功了“油烟雾采集器”,并获得国家实用型专利。“印刷线路板氨蚀液经酸性氯化铜蚀板液中和沉淀后的再生利用”项目获深圳市1998年科技进步三等奖,“玻壳厂铅尘综合利用生产三盐基硫酸铅”列入市重点推广应用项目计划。

8. 认真做好环保信访工作,实施投诉处理督办制度和重大投诉跟踪制度。全年处理环境污染投诉4137宗,处理率为96.5%;对市人大、政协的25宗环保议案和提案进行了认真的处理和答复。

9. 积极开展ISO14000认证工作,市环境管理体系认证中心获国家颁发的ISO14000认证资格证书,成为我国首批获国家认证的六家机构之一。

13-1 全市用电量、供水量
ELECTRICITY CONSUMPTION AND TAP WATER SUPPLY (1990—1998)

年份 Year	用电总量(万千瓦小时) Total Electricity Consumption (10 000 kwh)	农、林、牧、渔、水利业 Farming, Forestry Animal Husbandry, Fishery and Water Conservancy	工业 Industry	建筑业 Construction	地质勘查业 Geological Prospecting	交通运输和邮电通信业 Transportation, Post and Tele-communications
1990	359 694	3 837	219 689	9 544	1 064	2 578
1991	472 169	5 475	296 733	12 367	71	6 523
1992	564 005	6 497	350 955	15 649	51	6 333
1993	746 795	9 650	444 328	23 472	212	11 183
1994	879 100	11 609	503 780	26 502	75	14 229
1995	913 600	11 258	499 757	27 081	147	15 877
1996	1 014 427	13 041	547 085	26 138	246	22 364
1997	1 125 781	14 558	617 016	23 974	176	20 571
1998	1 293 645	21 713	629 045	29 832	3 157	17 661

13-1 续表 continued

年份 Year	商业、饮食、物资供销仓储业 Commerce, Catering Trade, Material Supply, Marketing and Storage	其他行业 Other Sectors	城乡居民生活用电 Residential Consumption	城市 Urban	乡村 Rural	自来水生产能力(万吨/日) Tap Water Production Capacity (10 000 tons/day)	自来水供水总量(万吨) Volume of Tap Water Supply (10 000 tons)
1990	36 668	39 605	46 709	33 152	13 557		
1991	46 957	60 522	43 521	32 509	11 012		
1992	59 646	75 317	49 557	36 180	13 377		
1993	82 664	110 819	64 467	47 038	17 429		
1994	102 166	125 292	95 447	74 387	21 060	243.7	52 308
1995	105 512	128 134	125 834	92 873	32 961	268.2	57 408
1996	121 650	132 108	151 795	117 442	34 351	328.2	64 743
1997	150 755	124 155	174 576	134 001	40 575	328.2	70 194
1998	167 311	158 361	266 565	192 508	74 057	338.7	79 596

13－2 经济特区市政工程设施
CIVIL FACILITIES IN SPECIAL ECONOMIC ZONE
(1980—1998)

年份 Year	年末实有铺装道路长度(公里) Length of Paved Roads (year－end) (km)	年末实有铺装道路面积 (万平方米) Area of Paved Roads (year－end) (10 000 sq. m)	城市下水道总长度(公里) Length of Sewer Pipelines (km)	污水日处理能力(万吨) Dialy Capacity of Sewage Disposal (10 000 tons)	城市桥梁 (座) Number of Bridges	城市路灯 (盏) Number of Street Lights
1980	47		11			
1981	49		14			
1982	56	128	14			
1983	70	181	47			2 229
1984	108	286	271	2.5		5 112
1985	161	371	281	2.5		6 300
1986	202	440	332	4.5	16	7 900
1987	208	455	379	4.5	16	7 900
1988	247	585	466	4.7	19	11 000
1989	257	613	537	4.7	30	11 718
1990	275	657	560	14.3	30	15 690
1991	288	635	564	14.3	37	15 800
1992	299	657	678	12.0	39	
1993	296	651	700	12.0	41	16 759
1994	335	813	841	17.0	52	17 204
1995	657	869	1 746	17.0	102	30 361
1996	737	1 124	2 092	17.0	125	32 798
1997	789	1 287	2 239	47.0	145	40 260
1998	747	1 308	2 441	119.6	164	42 534

13-3 经济特区公共交通
PUBLIC TRANSPORTATION IN SPECIAL ECONOMIC ZONE
(1980—1998)

年份 Year	年末实有公共汽车(辆) Number of Buses (year-end)	年末公共汽车营运线路条数(条) Number of Operating Routes (year-end)	公共汽车客运总人数(万人次) Number of Passengers Carried (10 000 person-times)	年末出租汽车数(辆) Number of Taxis (Year-end)	轿车 Cars	中小巴 Mini and Medium-Sized Buses
1980				269	160	109
1981	20	4	158	331	199	132
1982	24	5	536	792	399	493
1983	55	7	1 399	1 296	860	436
1984	100	14	2 974	2 046	1 226	820
1985	153	20	5 184	2 800	1 700	1 100
1986	171	22	5 827	2 957	1 794	1 163
1987	205	24	10 079	3 516	1 896	1 620
1988	248	24	16 208	3 793	2 306	1 487
1989	305	23	16 601	3 805	2 305	1 500
1990	334	24	20 232	3 704	2 385	1 319
1991	445	28	22 163	4 404	3 143	1 261
1992	611	34	24 647	7 225	6 083	1 142
1993	673	37	23 028	8 894	6 212	2 682
1994	779	45	23 984	11 100	7 400	3 700
1995	911	50	27 086	10 909	7 892	3 017
1996	976	51	26 913	10 986	8 006	2 980
1997	1 114	59	26 702	10 729	7 924	2 805
1998	1 287	64	31 706	10 248	7 913	2 335

13－4　经济特区园林绿化
GREEN AREAS IN SPECIAL ECONOMIC ZONE
(1980—1998)

年份 Year	建成区面积 (平方公里) Developed Areas (sq. km)	建成区绿化 覆盖面积(公顷) Coverage Green Areas in Developed Areas (hectare)	建成区绿化 覆盖率(%) Coverage Rate of Green Areas in Developed Areas (%)	园林绿地 面积(公顷) Total Areas of Parks, Gardens and Green Areas (hectare)	公共绿地 面积(公顷) Public Green Areas (hectare)	人均公共绿地 面积(平方米) Per Capita Public Green Areas(sq. m)
1980						
1981						
1982		1 020				
1983		1 039				
1984		1 208				
1985	48	1 418	29.54			
1986	48	1 593	33.19			
1987	58	2 181	37.60			
1988	61	2 226	36.49			
1989	61	2 284	37.44			
1990	69	2 568	37.22			
1991	72	2 542	35.31			
1992	75	2 592	34.56	2 540	1 505	12.34
1993	81	3 246	40.07	2 800	1 404	11.80
1994	84	3 688	43.90	3 192	1 798	12.19
1995	88	3 872	44.00	3 319	1 925	12.73
1996	101	4 454	44.10	18 365	2 054	12.81
1997	124	5 464	44.06	18 411	2 432	13.89
1998	129	5 689	44.00	18 503	2 565	13.89

13-5 经济特区住房情况
HOUSING CONDITION IN SPECIAL ECONOMIC ZONE
(1980—1998)

单位:万平方米 (10 000sq. m)

年份 Year	年末实有房屋建筑面积 Floor Space of Buildings (year-end)	年末实有住宅建筑面积 Floor Space of Residential Buildings (year-end)	年末实有住宅居住面积 Living Space of Residential Buildings (year-end)	居住人口(万人) Living Population (10 000 persons)	平均每人居住面积(平方米) Per Capita Living Space (sq. m)
1980	156	52	37		
1981	219	76	51		
1982	312	122	85		
1983	459	184	128		
1984	689	277	180		
1985	981	408	224	28.50	7.86
1986	1 250	516	278	32.67	8.51
1987	1 461	595	318	34.64	9.18
1988	2 599	1 159	416	40.39	10.30
1989	3 045	1 344	487	47.47	10.26
1990	3 302	1 480	655	63.22	10.36
1991	3 601	1 647	728	66.42	10.96
1992			829	69.72	11.89
1993			954	79.37	12.02
1994	3 958	1 964	1 104	91.92	12.01
1995	4 313	2 179	1 222	95.47	12.80
1996	4 980	2 569	1 436	99.93	14.37
1997	5 577	2 887	1 611	114.26	14.10
1998	6 209	3 308	1 849	128.40	14.40

13-6 经济特区自来水供应情况
TAP WATER SUPPLY IN SPECIAL ECONOMIC ZONE (1980—1998)

年份 Year	自来水生产能力(万吨/日) Tap Water Production Capacity (10 000 tons/day)	年末供水管道总长度(公里) Length of Water Supply Pipelines (year-end)(km)	供水总量(万吨) Volume of Tap Water Supply (10 000 tons)	生活用水 Residential Use	生活用水人口(万人) Population with Access to Tap Water (10 000 persons)	人均生活用水量(吨) Per Capita Consumption of Tap Water for Residential Use (ton)
1980	1.1	35	411	343		
1981	2.0	47	744	491		
1982	5.3	50	1 158	810		
1983	7.2	57	1 939	1 258		
1984	9.4	95	3 645	1 667		
1985	22.0	210	5 931	2 703		
1986	23.4	292	7 320	2 927	47.93	61.07
1987	23.7	349	8 563	3 543	54.42	65.10
1988	51.0	385	12 940	5 012	69.18	72.45
1989	57.0	450	15 589	6 021	90.55	66.49
1990	65.0	509	17 106	6 483	101.84	63.66
1991	63.0	515	17 904	5 659	110.39	51.26
1992	63.0	607	21 793	7 278	120.91	60.19
1993	92.0	702	27 390	9 516	120.48	78.98
1994	153.2	778	32 604	13 077	133.24	98.15
1995	154.2	827	33 802	13 521	149.36	90.53
1996	184.2	1 076	35 655	14 260	155.74	91.56
1997	184.2	1 170	37 540	15 020	167.70	89.56
1998	189.7	1 609	41 537	16 630	179.86	92.46

13－7　经济特区液化石油气供应和环境卫生
LIQUEFIED PETROLEUM GAS SUPPLY AND ENVIRONMENTAL SANITATION IN SPECIAL ECONOMIC ZONE (1980—1998)

年份 Year	液化石油气销售总量(吨) Sales Volume of Liquefied Petroleum Gas (ton)	家庭用量 Residential Use	用液化气人口(万人) Population with Access to Liquefied Petroleum Gas (10 000 persons)	生活垃圾粪便清运量(万吨) Volume of Garbage, Excrement and Urine Disposal (10 000 tons)	生活垃圾粪便无害化处理量(万吨) Volume of Garbage, Excrement and Urine Harmlessly Treated (10 000 tons)
1980	15	15			
1981	240	240			
1982	1 000	700			
1983	1 880	1 680			
1984	3 095	3 091			
1985	9 376	9 274			
1986	10 859	10 229			
1987	15 072	13 872			
1988	18 186	15 751			
1989	29 830	24 921			
1990	35 470	30 838			
1991	51 254	39 302			
1992	93 344	59 809		73.40	73.40
1993	152 586	60 976		71.50	71.50
1994	239 443	122 753		68.50	68.50
1995	207 854	118 192	147.74	82.30	82.30
1996	303 373	123 998	155.74	91.30	91.30
1997	353 424	134 160	167.70	82.08	82.08
1998	358 043	143 892	179.86	151.5	151.5

13－8　主要年份经济特区气象及环境
CLIMATE AND ENVIRONMENT IN SPECIAL ECONOMIC ZONE IN MAIN YEARS

项目	Item	1990	1995	1997	1998
一、气候	**Climate**				
平均气温(摄氏度)	Mean Air Temperature (℃)	23.0	22.5	23.1	23.8
降雨量(毫米)	Precipitation (mm)	1 396.9	2 309.8	2 299.4	1 820.5
日照时数(小时)	Sunshine Time (hour)	1 842.1	1 858.2	1 597.9	1 835.8
平均湿度(%)	Mean Relative Humidity (%)	76	74	76	76
二、环境	**Environment**				
废水排放量(万吨)	Waste Water Discharged (10 000 tons)	13 685	27 042	30 032	33 230
工业废水排放量(万吨)	Industrial Waste Water Discharged(10 000 tons)	1 552	2 185	2 217	2 383
#符合排放标准的工业废水量(万吨)	According with Standard (10 000 tons)	1 211	1 937	2 080	2 226
工业废水处理量(万吨)	Industrial Waste Water Treated(10 000 tons)	584	2 988	2 900	2 978
工业废气排放量(亿标立米)	Industrial Waste Gas Emission (100 000 000 cu. m)	21.52	249.64	305.66	458.28
工业废气处理量(亿标立米)	Industrial waste Gas Treated (100 000 000 cu. m)	11.53	246.53	302.73	453.55
二氧化硫排放量(吨)	Sulphur Dioxide Emission (ton)	1 166	12 675	18 916	21410
工业粉尘排放量(吨)	Industrial Dust Emission (ton)	136	17	63	58
工业粉尘回收量(吨)	Industrial Dust Retrieved (ton)	284	1 182	2	4
工业固体废物产生量(吨)	Industrial Solid Wastes Produced (ton)	21 914	235 400	343 200	313 000
工业固体废物处置量(吨)	Industrial Solid Wastes Treated (ton)	2 567	79 100	51 700	43 000

十四、人民生活

1998年深圳居民家庭生活情况

过去的一年,面对亚洲金融危机和国内需求不旺等不利因素影响,深圳市采取外贸攻坚,拉动内需,扩大投资三管齐下的有力措施,取得明显成效,GDP比1997年增长14.5%,实现了国民经济持续快速发展。与此同时,物价水平继续在低位运行,居民收入水平保持适度增长,消费量入而出,需求趋于平淡,并呈多元化。

一、收入情况

1. 居民家庭收入继续增长,升幅明显减缓

据200户居民家庭抽样调查,1998年深圳市人均可支配收入19885.97元,比上年增长4.2%,受物价持续走低影响,居民收入水平实际增长5%,和往年相比,升幅明显减缓。本年度除离退休人员收入水平有所下降外(由内地退休人员收入偏低引起),在职人员的收入水平适度增长,其中区、镇集体所有制单位和个体劳动者收入升幅较大,分别比上年实际增长19.3%和27.7%。同时,部分下岗职工从原工作单位得到一次性大额补贴,也是本年度居民家庭收入增加的原因之一。此外,受诸多不利因素影响,许多上市公司业绩滑坡、亏损,居民投资股票等有价证券的利息和红利收入大幅减少,制约了居民总体收入水平的提高。据调查,1998年深圳市居民家庭人均利息、红利收入143.04元,比上年实际下降46.2%。

2. 居民收入高低差距进一步扩大

从下表可以看出,1998年深圳市居民家庭收入差距进一步扩大,尤其是就业者收入,高低差距由1997年的1.7倍扩大为2.4倍。另一方面,1998年最高收入户投资收益下降明显,而最低收入户投资收益有所增加,因此两者投资收益差距缩小。但是,最低收入居民家庭的总体收入水平明显低于全市平均水平是显而易见的。

深圳市200户居民家庭高低收入阶层收入对比表

单位:元

项目		人均可支配收入	平均每一就业者收入	人均财产性收入
最高收入户(占10%)	1998	39617.52	48026.67	1279.92
	1997	35795.77	41913.31	2204.64
最低收入户(占10%)	1998	8178.38	14280.42	580.27
	1997	7879.30	15510.38	229.09
全市平均水平	1998	19885.97	30937.90	891.00
	1997	19078.06	29324.31	857.34

二、居民家庭总体消费平稳,呈多元化方向发展

据抽样调查,1998年深圳市居民人均消费性支出15436.2元,比上年实际增长2.9%。在目前的经济环境下,居民总体消费大致平稳,消费需求继续呈多元化方向发展。居民对食品、衣着、一般日用品(含各种家庭设备及娱乐用耐用消费品)等方面消费需求平淡,而对医疗、交通通讯、教育、居住等方面支出则继续增加投入,需求不断上升。

1. 医疗保健类支出增幅居各项目之首

据统计,1998年深圳市居民家庭人均医疗

保健类支出754.56元,比上年实际增长49.6%,升幅居各消费性支出项目首位。自深圳市实施个人医疗帐户管理等医疗制度改革后,除了重病住院外,公费开药的现象大大减少,越来越多的居民图方便,或直接到药店买药,或自费就近求医。另一方面,随着生活水平的提高,居民有条件购买各种滋补营养品,因此,自去年以来,医疗保健类支出不断增加。

2.交通通讯支出继续上升,手机普及率提高,小轿车已进入百姓家庭

据统计,1998年深圳市居民家庭人均交通通讯支出1774.92元,比上年实际增长33.2%。由于深圳市加大力度整治交通通讯环境,家庭普通电话和手机的安装费、入网费和月租等不断下调,刺激了手机等通讯工具的热销。抽样调查资料显示,1998年深圳市200户居民家庭购买各种电话机(含手机)63部,比上年购买量增加12部。年末200户手机拥有量由上年的51部增加为82部,手机的普及率进一步提高。与此同时,本年度有一户居民家庭购买价值16万的小轿车,年末200户家庭小轿车拥有量已达4部,小轿车已进入普通百姓家庭。

3.不断加大文化教育投资

人民生活提高后,居民对自身发展提出更高要求,因而对文化教育的投资不断加大。目前,无论是在职员工,还是在校学生,均面临竞争就业的难题,所以加大教育投资、增加技能、适应新形势需要成为当务之急。据调查资料,1998年深圳市居民人均文化教育支出1600.92元,比上年实际增长20.7%,其中人均购买教材参考书等支出为245.64元,在去年上升20.6%的基础上再上升38.2%,深圳人舍得花钱购书由此可见一斑。

4.旅游支出出现负增长

受经济不景气、就业形势愈来愈严峻、预期收入降低等不利因素影响,居民消费谨慎。据抽样调查资料,1998年深圳市居民人均旅游支出576.12元,比上年实际下降5%,这是自1994年以来首次出现负增长。随着经济环境不断转好,外出旅游仍将继续增长。

过去的一年,是深圳市居民消费价格和商品零售价格绝对下降的年份,"买涨不买跌"的心理促使居民总体消费需求减弱,消费品市场步入了低水平的买方市场。同时,由于深圳居民的生活水平超越了为满足生存资料而奋斗的阶段,已踏步迈向小康,居民的消费需求已由吃、穿、用(主要是各种耐用品)等消费转向医疗、交通通讯、教育、居住等发展和享受型消费方面,因此,尽管居民总体消费平稳,但消费结构已发生转变,需求趋于多元化。

三、购房、储蓄性保险等支出成倍增长

目前,面对许多不利因素,居民除了安排好日常生活外,考虑更多的是储蓄、购买房屋、购买各种保险等,以备将来不时之需。据调查统计,1998年深圳市平均每户居民家庭购买房屋支出3861.36元,比上年实际增长2.9倍;人均购买储蓄性保险支出500.64元,实际增长68.3%。

四、存在问题和建议

1.据调查统计,深圳市平均每户居民家庭就业人口由1997年的2.03人减少至1998年的1.96人,下岗、待岗人员增加,使部分居民家庭生活陷入困境,他们急盼有关方面配合实现再就业。

2.及时制定相关政策法规,积极为民营经济创造良好投资环境,推动个体民营经济的发展和壮大,有利分解就业压力。

3.进一步健全和完善各项社会保障制度,解决民众的后顾之忧。

4.大力发展高新技术产业,开发适应消费者需求的优质新产品,刺激居民的消费需求。

5.引导居民合理消费,提倡适当的超前消费,扩大消费需求。

(城调队供稿,执笔:周碧蓉)

人均每月收入与支出（元）
Per Capita Monthly Income and Expenditure (yuan)

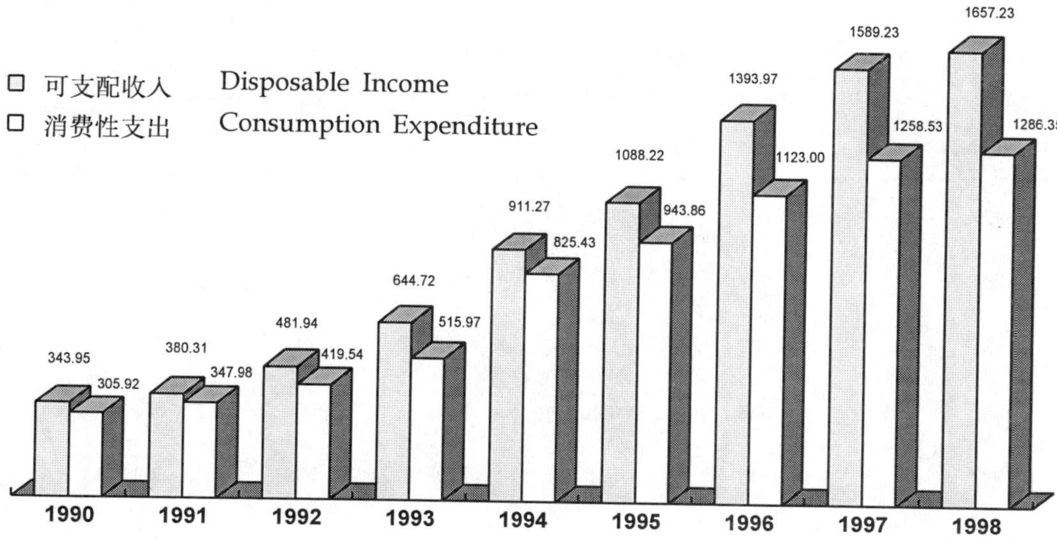

人均每月消费性支出构成
Composition of Per Capita Monthly Consumption Expenditure

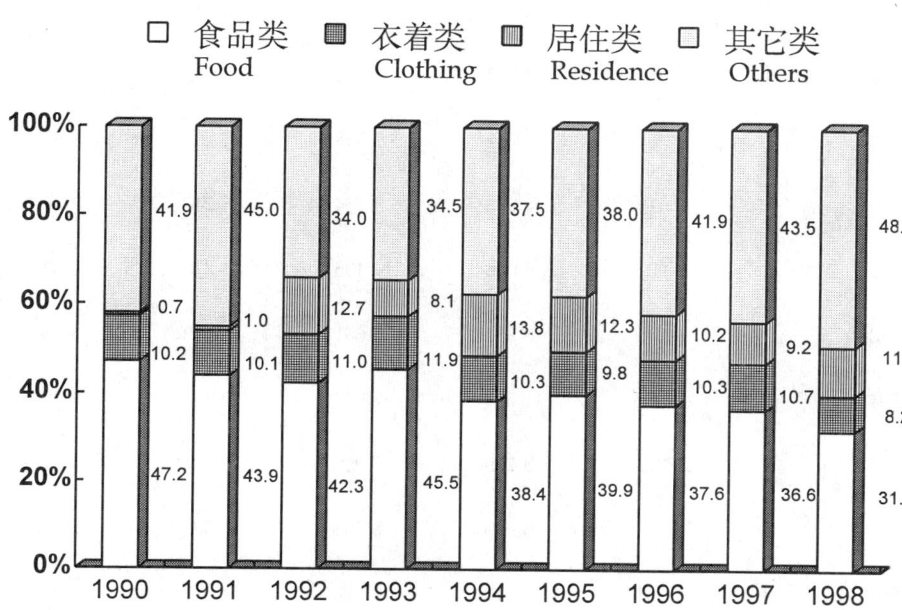

14－1　职工、农民收入及储蓄

WAGES, INCOME AND SAVINGS OF STAFF AND WORKERS AND RURAL RESIDENTS (1979—1998)

年　份 Year	职工年平均工资 (元) Average Annual Wages of Staff and Workers (yuan)	国有单位 State－owned Units	集体单位 Collective－owned Units	其他单位 Other Ownership Units	农民人均纯收入(元) Per Capita Annual Net Income of Rural Residents (yuan)	人均储蓄存款 (元) Per Capita Saving Deposits (yuan)
1979	769	785	688		152	118
1980	979	990	922	687	209	160
1981	1 132	1 119	1 211	1 156	230	281
1982	1 366	1 358	1 410	1 363	393	337
1983	1 545	1 571	1 470	1 528	469	403
1984	2 179	2 257	1 805	2 023	656	731
1985	2 418	2 427	1 932	2 753	750	907
1986	2 452	2 476	2 048	2 637	894	1 295
1987	2 677	2 637	3 223	3 021	1 097	1 632
1988	3 388	3 267	2 737	3 615	1 317	1 959
1989	3 858	3 917	2 855	3 733	1 622	2 045
1990	4 304	4 339	3 348	4 203	1 954	2 845
1991	5 016	4 908	3 984	5 240	2 270	3 714
1992	5 931	6 026	4 435	6 270	2 833	5 901
1993	8 145	8 854	5 681	7 633	3 050	5 937
1994	10 572	11 632	7 076	10 208	3 692	8 655
1995	12 276	13 709	7 229	12 184	4 517	13 515
1996	14 507	16 625	8 668	13 685	5 415	16 242
1997	16 531	18 515	10 320	15 872	6 256	18 641
1998	18 381	21 161	11 260	17 204	7 350	21 822

14－2　居民家庭生活基本情况
BASIC CONDITIONS OF URBAN HOUSEHOLDS (1985—1998)

年　份 Year	调查户数(户) Households Surveyed (household)	平均每户家庭人口(人) Average Persons per Household (person)	平均每户就业人口(人) Average Employees per Household (person)	平均每一就业者负担人口(人) Persons Supported by Each Employee (person)	平均每人每月实际收入(元) Per Capita Mothly Real Income (yuan)
1985	100	4.07	2.28	1.78	161.26
1986	100	4.01	2.20	1.82	153.39
1987	100	3.94	2.16	1.82	176.28
1988	100	3.90	2.17	1.80	216.75
1989	100	3.92	2.16	1.82	307.21
1990	100	3.81	2.16	1.76	346.89
1991	100	3.78	2.21	1.71	383.52
1992	100	3.73	2.23	1.67	485.06
1993	100	3.59	2.14	1.68	647.91
1994	100	3.60	2.10	1.72	913.83
1995	200	3.61	2.06	1.75	1 088.62
1996	200	3.50	2.06	1.70	1 394.97
1997	200	3.46	2.03	1.70	1 596.97
1998	200	3.48	1.96	1.78	1 676.51

年　份 Year	平均每人每月实际支出(元) Per Capita Mothly Real Expenditures (yuan)	平均每人每月可支配收入(元) Per Capita Mothly Disposable Income (yuan)	平均每人每月消费性支出(元) Per Capita Monthly Consumption Expenditures (yuan)	平均每人年末手持现金(元) Per Capita Year－end Holding Cash (yuan)
1985	159.68	159.57	149.20	116.52
1986	144.71	151.45	134.82	126.65
1987	170.66	174.28	159.30	80.01
1988	209.14	214.10	195.45	143.10
1989	326.24	304.71	256.59	263.71
1990	340.85	343.95	305.92	323.63
1991	454.18	380.31	347.98	404.10
1992	459.20	481.94	419.54	505.19
1993	583.38	644.72	515.97	630.15
1994	925.14	911.27	825.43	968.70
1995	1 056.66	1 088.22	943.86	1 232.33
1996	1 270.13	1 393.97	1 123.00	1 478.41
1997	1 440.57	1 589.23	1 258.53	1 186.08
1998	1 562.06	1 657.16	1 286.35	921.36

14－3　不同收入水平家庭人均每月消费情况
PER CAPITA MONTHLY CONSUMPTION OF HOUSEHOLD GROUPED BY LEVEL OF INCOME (1998)

单位:元　　(yuan)

项　目	Item	总平均 Average	最低收入户 Lowest Income (First Decile)	低收入户 Low Income (Second Decile)	中等偏下户 Medium－low Income (Second Quintite)
消费性支出合计	**Total Consumption Expenditures**	**1 286.35**	**773.26**	**960.22**	**936.67**
一、食品	Food	410.44	363.69	368.05	352.09
1．粮食	Grain	26.76	25.72	29.68	26.62
2．油脂类	Oil or Fat	7.43	8.03	8.79	8.51
3．肉禽及制品类	Meal, Poultry and Related Products	83.18	73.33	78.15	79.09
4．蛋类	Eggs	5.85	5.60	7.78	5.78
5．水产品	Aquatic Products	32.01	26.22	32.69	23.76
6．菜类、糖烟酒及饮料	Vegetable, Sugar, Tobacco, Liquor and Beverages	66.19	59.79	71.61	56.52
7．干鲜瓜果	Dried and Fresh Melons and Fruits	31.82	26.97	36.15	24.45
8．糕点、鲜奶及制品	Cake, Fresh Milk and Products	21.09	15.13	12.10	18.85
9．外餐消费	Dining Out	116.38	106.14	71.22	90.63
二、衣着支出	Clothing	105.76	39.20	62.36	74.05
1．服装	Garments	80.93	31.18	41.13	53.66
2．衣着材料	Clothing Materials	0.90	0.12	0.35	0.88
3．鞋袜帽及其它	Shoes, Socks, Hats and others	23.22	7.87	20.82	19.40
三、家庭设备用品及服务	Household Facilities, Articles and Services	136.71	44.25	141.00	59.96
1．耐用消费品	Durable Consumer Goods	71.23	20.57	76.56	26.86
2．室内装饰品	Interior Decorations	5.86	0.67	12.61	1.64
3．床上用品	Bed Articles	5.44	2.69	5.27	3.11
4．家庭日用杂品	Daily Use Household Articles	26.75	16.90	17.27	21.30
四、医疗保健	Medicine and Medical Services	62.88	44.33	19.74	57.22
五、交通和通讯	Transportation and Communication	147.91	59.54	79.46	86.41
1．交通	Transportation	61.25	21.30	23.03	22.32
2．通讯	Communication	86.67	38.24	56.43	64.09
六、娱乐教育文化服务	Recreation, Education and Cultural Services	179.53	99.37	130.64	116.48
1．文娱用耐用消费品	Recreational Durable Consumer Goods	46.12	13.86	29.04	22.17
2．教育	Education	86.59	69.78	74.79	66.15
3．文化娱乐	Recreation	46.82	15.74	26.81	28.15
七、居住	Residence	141.58	95.06	98.83	137.53
#房租	Rent	59.49	35.26	37.65	58.65
水、电、燃料及其他	Water, Electricity, Fuels and Others	75.45	44.17	59.76	70.37
八、个人消费	Personal Consumption	90.49	24.59	58.23	46.83
1．个人用品	Personal Articles	23.20	7.32	16.40	11.83
2．个人服务	Personal Services	5.97	1.40	1.55	3.91
3．旅游	Travel	48.01	10.40	32.79	20.95

14－3续表　continued

项　目	Item	中等收入户 Medium Income (Third Quintite)	中等偏上户 Medium-high Income (Fourth Quintite)	高收入户 High Income (Ninth Decile)	最高收入户 Highest Income (Tenth Decile)
消费性支出合计	**Total Consumption Expenditures**	**1 213.70**	**1 511.23**	**1 768.79**	**2 455.61**
一、食品	Food	381.29	453.25	468.53	593.58
1. 粮食	Grain	24.91	28.38	24.41	28.47
2. 油脂类	Oil or Fat	5.70	7.66	6.85	6.30
3. 肉禽及制品类	Meal, Poultry and Related Products	82.08	87.98	88.89	99.28
4. 蛋类	Eggs	4.91	6.19	4.75	6.77
5. 水产品	Aquatic Products	32.92	38.69	36.38	38.84
6. 菜类、糖烟酒及饮料	Vegetable, Sugar, Tobacco, Liquor and Beverages	64.24	68.07	78.46	80.39
7. 干鲜瓜果	Dried and Fresh Melons and Fruits	26.09	35.72	40.01	48.39
8. 糕点鲜奶及制品	Cake, Fresh Milk and Products	21.07	25.17	27.32	30.02
9. 外餐消费	Dining Out	101.04	133.34	140.29	230.04
二、衣着支出	Clothing	98.12	152.78	167.53	175.25
1. 服装	Garments	76.21	120.08	129.20	138.03
2. 衣着材料	Clothing Materials	0.36	1.66	2.06	0.86
3. 鞋袜帽及其它	Shoes, Socks, Hats and Others	21.03	29.24	34.42	35.80
三、家庭设备用品及服务	Household Facilities, Articles and Services	103.20	145.45	197.03	320.66
1. 耐用消费品	Durable Consumer Goods	54.99	86.31	117.96	205.81
2. 室内装饰品	Interior Decorations	1.96	2.20	12.53	26.17
3. 床上用品	Bed Articles	6.42	7.47	7.93	5.67
4. 家庭日用杂品	Daily Use Household Articles	29.25	32.59	35.88	36.75
四、医疗保健	Medicine and Medical Services	83.64	75.34	59.61	83.81
五、交通和通讯	Transportation and Communication	116.38	162.42	200.24	511.50
1. 交通	Transportation	50.63	48.84	60.91	331.53
2. 通讯	Communication	65.75	113.58	139.33	179.98
六、娱乐教育文化服务	Recreation, Education and Cultural Services	181.71	228.56	274.77	291.95
1. 文娱用耐用消费品	Recreational Durable Consumer Goods	23.40	68.35	115.62	98.17
2. 教育	Education	117.93	93.64	76.65	100.13
3. 文化娱乐	Recreation	40.39	66.56	82.50	93.65
七、居住	Residence	163.75	173.78	169.58	249.27
#房租	Rent	42.11	86.17	73.46	87.28
水、电、燃料及其他	Water, Electricity, Fuels and Others	79.13	86.11	95.48	94.56
八、个人消费	Personal Consumption	71.14	111.80	193.39	216.52
1. 个人用品	Personal Articles	18.43	29.77	52.71	45.70
2. 个人服务	Personal Services	5.97	6.83	14.09	11.75
3. 旅游	Travel	35.81	56.42	104.43	136.43

14-4　不同收入水平家庭人均每月现金收支情况
PER CAPITA MONTHLY CASH INCOME AND EXPENDITURE OF HOUSEHOLD GROUPED BY LEVEL OF INCOME (1998)

单位:元　　(yuan)

项　目	Item	总平均 Average	最低收入户 Lowest Income (First Decile)	低收入户 Low Income (Second Decile)	中等偏下户 Medium-low Income (Second Quintite)
一、调查户数(户)	Households Surveyed (household)	200	20	20	40
比重(%)	Proportion (%)	100	10	10	20
二、平均每户家庭人口(人)	Average Household Size (person)	3.48	3.85	3.60	3.86
平均每户就业人口(人)	Average Employees per Household (person)	1.96	1.75	1.95	1.99
平均每户就业面(%)	Percentage of Employees per Household(%)	56.3	45.5	54.2	51.6
平均每一就业者负担人口(人)	Persons Supported by Each Employee (person)	1.78	2.20	1.85	1.94
三、期初手存现金	Holding Cash at the Beginning	965.16	517.17	455.05	1 116.34
四、现金收入	Cash Income	2 555.31	1 220.66	1 608.78	1 831.40
(一)实际收入	Real Income	1 676.51	685.95	936.28	1 243.88
#可支配收入	Disposable Income	1 657.16	681.53	930.23	1 231.37
1.国有单位职工工资性收入	Wages of Staff and Workers in State-owned Units	1 040.14	461.96	679.51	752.23
2.国有单位职工非工资性收入	Other Income of Staff and Workers in State-owned Units	85.28	33.63	27.70	46.00
3.集体单位职工工资性收入	Wages of Staff and Workers in Collective-owned Uints	125.40	34.38	2.66	139.92
4.集体单位职工非工资性收入	Other Income of Staff and Workers in Collective-owned Uints	7.26			1.47
5.其他经济类型单位职工工资	Wages of Staff and Workers in Other Ownership Units	162.99	10.96	44.22	122.34
6.个体经营者净收入	Net Income of Individual Employers	18.33		46.25	16.08
7.个体被雇者收入	Income of Individual Employees	17.25		19.21	
8.离退休人员再就业者收入	Income of Reemployed Retirees	0.32			
9.其他就业者收入	Income of Other Employees				
10.其他劳动收入	Part-time Income	10.27	1.30	20.38	4.05
11.财产性收入	Property Income	74.25	48.36	40.98	77.40
12.转移性收入	Transfor Income	135.02	95.37	55.36	84.39
#离退休金	Pension	48.68	35.40	34.84	37.65
赠送收入	Income of Gifts	46.69	16.99	10.97	22.41
(二)借贷收入	Credit Income	878.79	534.72	672.50	587.52
五、现金支出	Cash Expenditure	2 558.96	1 228.46	1 600.50	1 843.32
(一)实际支出	Real Expenditure	1 562.06	853.85	1 095.04	1 153.47
1.消费性支出	Consumption Expenditure	1 286.35	773.26	960.22	936.67
2.非消费性支出	Nonconsumption Expenditure	275.72	80.59	134.82	216.80
#赡养支出	Expenditure for Support	64.41	12.72	23.73	35.50
赠送支出	Expenditure of Gifts	90.31	37.61	17.79	59.51
(二)借贷支出	Expenditure for Credit	996.90	374.61	505.45	689.85
六、期末手存现金	Holding Cash at the End	921.36	423.60	554.40	973.36

14-4 续表 continued

项目	Item	中等收入户 Medium Income (Third Quintite)	中等偏上户 Medium-high Income (Fourth Quintite)	高收入户 High Income (Ninth Decile)	最高收入户 Highest Income (Tenth Decile)
一、调查户数(户)	Households Surveyed (household)	40	40	20	20
比重(%)	Proportion (%)	20	20	10	10
二、平均每户家庭人口(人)	Average Household Size (person)	3.44	3.25	3.43	2.76
平均每户就业人口(人)	Average Employees per Household (person)	1.84	1.97	2.28	2.06
平均每户就业面(%)	Percentage of Employees per Household(%)	53.5	60.6	66.5	74.6
平均每一就业者负担人口(人)	Persons Supported by Each Employee (person)	1.87	1.65	1.50	1.34
三、期初手存现金	Holding Cash at the Beginning	1 442.81	984.41	562.73	1 095.83
四、现金收入	Cash Income	2 435.26	2 783.07	4 105.68	5 507.70
(一)实际收入	Real Income	1 599.44	2 057.25	2 628.89	3 342.95
#可支配收入	Disposable Income	1 573.91	2 035.96	2 597.37	3 301.46
1.国有单位职工工资性收入	Wages of Staff and Workers in State-owned Units	962.64	1 290.08	1 807.97	1 771.08
2.国有单位职工非工资性收入	Other Income of Staff and Workers in State-owned Units	82.87	120.62	140.47	196.28
3.集体单位职工工资性收入	Wages of Staff and Workers in Collective-owned Uints	159.05	183.87	49.12	244.94
4.集体单位职工非工资性收入	Other Income of Staff and Workers in Collective-owned Uints	13.83	7.78	10.68	21.18
5.其他经济类型单位职工工资	Wages of Staff and Workers in Other Ownership Units	111.20	177.99	237.78	644.08
6.个体经营者净收入	Net Income of Individual Employers		20.31		77.65
7.个体被雇者收入	Income of Individual Empolyees	35.13		57.53	32.88
8.离退休人员再就业者收入	Income of Reemployed Retirees		1.73		
9.其他就业者收入	Income of Other Employees				
10.其他劳动收入	Part-time Income	4.88	0.32	17.55	54.78
11.财产性收入	Property Income	63.33	97.19	83.51	106.66
12.转移性收入	Transfor Income	166.51	157.36	224.29	193.42
#离退休金	Pension	27.97	78.53	107.58	24.21
赠送收入	Income of Gifts	104.43	62.75	16.58	58.17
(二)借贷收入	Credit Income	835.82	725.83	1 476.78	2 164.74
五、现金支出	Cash Expenditure	2 442.31	2 783.15	4 084.73	5 528.53
(一)实际支出	Real Expenditure	1 423.29	1 695.70	2 350.54	3 350.73
1.消费性支出	Consumption Expenditure	1 213.70	1 511.23	1 768.79	2 455.61
2.非消费性支出	Nonconsumption Expenditure	209.58	184.47	581.75	895.12
#赡养支出	Expenditure for Support	55.14	63.97	106.55	242.00
赠送支出	Expenditure of Gifts	86.57	99.66	126.31	286.88
(二)借贷支出	Expenditure for Credit	1 019.02	1 087.45	1 734.19	2 177.80
六、期末手存现金	Holding Cash at the End	1 358.22	983.49	814.09	845.82

14－5　主要年份居民家庭人均每月食品购买量

PER CAPITA MONTHLY PURCHASES OF FOODS OF URBAN HOUSEHOLDS IN MAIN YEARS

品　名	Item	1985	1990	1995	1997	1998
粮食(千克)	Grain (kg)	9.22	8.58	8.00	7.80	6.80
食油(千克)	Edible Oil (kg)	0.64	0.67	0.60	0.70	0.50
鲜菜(千克)	Fresh Vegetable (kg)	9.86	8.76	8.60	9.50	8.80
猪肉(千克)	Pork (kg)	2.58	1.90	1.80	1.80	1.60
牛羊肉(千克)	Beef and Mutton (kg)	0.10	0.12	0.10	0.10	0.15
家禽(千克)	Poultry (kg)	0.59	0.97	0.90	1.20	1.00
鲜蛋(千克)	Fresh Eggs (kg)	0.64	0.61	1.30	0.80	0.70
鱼　(千克)	Fishes (kg)	1.63	1.38	1.50	1.50	1.60
食糖(千克)	Sugar (kg)	0.27	0.23	0.10	0.10	0.10
卷烟(盒)	Cigarettes (box)	2.18	1.10	1.20	2.10	1.90
茶叶(千克)	Tea (kg)	0.02	0.02	0.01	0.01	0.01
白酒(千克)	Liquor (kg)	0.16	0.05	0.05	0.05	0.05
啤酒(千克)	Beer (kg)	0.20	0.09	0.20	0.30	0.27
鲜果(千克)	Fresh Fruits (kg)	2.01	1.89	3.20	4.90	5.00
糕点(千克)	Cake (kg)	0.32	0.23	0.30	0.30	0.30
鲜奶(千克)	Milk (kg)	0.06	0.08	0.20	0.30	0.50

14－6　主要年份居民家庭平均每百户拥有耐用消费品

POSSESSION OF DURABLE CONSUMER GOODS PER 100 URBAN HOUSEHOLDS IN MAIN YEARS

品　名	Item	1985	1990	1995	1997	1998
自行车(辆)	Bicycle	168	220	149	129	136
缝纫机(架)	Sewing Machines	58	65	46	43	40
电风扇(台)	Electric Fans	213	330	260	266	252
洗衣机(台)	Washing Machines	69	88	96	104	102
电冰箱(台)	Household Refrigerators	69	97	99	103	103
彩电(台)	Color TV Sets	80	109	124	145	145
摩托车(辆)	Motorcycles		4	13	26	28
照相机(架)	Cameras	25	51	69	86	90
电炊具(个)	Electric Cookers	108	95	80	71	80
立体声收录机(台)	Stereo Radio Cassette Players		27	23	63	72
组合音响(套)	Stereo Systems		36	41	48	55
中高档乐器(件)	Medium and High－Grade Musical Instruments	6	21	15	13	12
空调器(台)	Air Conditioners		26	106	162	171
录相机(台)	Video Recorders		27	39	46	39
微型计算机(台)	Personal Computers				28	41
健身器材(台)	Fitness Appliances				10	13
移动电话(部)	Mobile Telephone				26	41

14－7　城镇居民家庭平均每人全年购买的主要商品数量
PER CAPITA ANNUAL PURCHASES OF PRINCIPAL GOODS IN URBAN HOUSEHOLD (1998)

项　目	Item	总平均 Average	最低收入户 Lowest Income (First Decile)	低收入户 Low Income (Second Decile)	中等偏下户 Medium－low Income (Second Quintite)	中等收入户 Medium Income (Third Quintite)	中等偏上户 Medium－high Income (Fourth Quintite)	高收入户 High Income (Ninth Decile)	最高收入户 Highest Income (Tenth Decile)
粮食(千克)	Grain (kg)	81.6	80.4	88.8	80.4	76.8	80.4	80.4	92.4
食油(千克)	Edible Oil (kg)	6.5	7.1	7.1	7.5	4.9	6.3	6.3	6.1
鲜菜(千克)	Fresh Vegetable (kg)	105.5	96.3	124.9	98.3	103.0	108.8	104.6	112.7
猪肉(千克)	Pork (kg)	19.3	16.9	19.9	19.8	18.4	21.4	16.2	21.8
牛羊肉(千克)	Beef and Mutton (kg)	1.9	1.5	2.3	1.8	1.2	1.9	3.5	1.4
家禽(千克)	Poultry (kg)	12.8	13.4	10.5	11.4	12.5	12.1	16.2	16.8
鲜蛋(千克)	Fresh Eggs (kg)	8.3	7.9	11.3	8.3	7.1	9.0	6.3	9.0
鱼(千克)	Fishes (kg)	14.9	13.6	14.9	12.3	16.2	16.1	15.1	18.6
食糖(千克)	Sugar (kg)	1.6	1.8	1.7	1.6	1.5	1.5	1.6	1.6
卷烟(盒)	Cigarettes (box)	23.3	19.6	23.6	31.2	28.5	11.4	24.5	20.1
茶叶(千克)	Tea (kg)	0.1	0.2	0.2	0.1	0.1	0.1	0.1	0.2
白酒(千克)	Liquor (kg)	0.6	0.6	0.9	0.5	0.5	0.6	0.2	1.1
啤酒(千克)	Beer (kg)	3.2	6.0	4.3	1.5	2.4	3.3	4.8	2.7
鲜果(千克)	Fresh Fruits (kg)	59.8	59.7	80.6	52.0	47.0	62.3	61.3	79.7
糕点(千克)	Cake (kg)	3.8	3.0	3.1	3.1	3.7	4.1	4.9	6.4
鲜奶(千克)	Milk (kg)	6.5	4.6	1.8	4.2	5.6	12.7	5.7	10.0

14－8　城镇居民家庭平均每百户年底主要耐用消费品拥有量
YEAR－END POSSESSION OF MAIN DURABLE CONSUMER GOODS PER 100 URBAN HOUSEHOLDS (1998)

项　目	Item	总平均 Average	最低收入户 Lowest Income (First Decile)	低收入户 Low Income (Second Decile)	中等偏下户 Medium－low Income (Second Quintite)	中等收入户 Medium Income (Third Quintite)	中等偏上户 Medium－high Income (Fourth Quintite)	高收入户 High Income (Ninth Decile)	最高收入户 Highest Income (Tenth Decile)
自行车(辆)	Bicycle	136	150	165	175	133	113	105	95
缝纫机(架)	Sewing Machines	40	40	35	45	33	45	50	30
电风扇(台)	Electric Fans	252	245	235	263	253	238	290	240
洗衣机(台)	Washing Machines	102	95	105	98	100	100	125	100
电冰箱(台)	Household Refrigerators	103	95	100	105	100	100	120	100
彩电(台)	Color TV Sets	145	115	135	153	133	138	185	165
摩托车(辆)	Motorcycles	28	35	25	15	40	30	30	15
照相机(架)	Cameras	90	55	70	73	105	95	125	105
电炊具(个)	Electric Cookers	80	40	50	53	85	98	140	100
健身器材(台)	Fitness Appliances	13		10	20	5	20	10	15
移动电话(部)	Mobile Telephone	41	30	20	30	28	60	60	65
微波炉(台)	Microwave Ovens	33		25	28	33	38	55	55
立体声收录机(台)	Stereo Radio Cassette Players	72	80	90	75	70	73	45	65
组合音响(套)	Stereo Systems	55	20	50	58	38	78	70	65
中高档乐器(件)	Medium and High－Grade Musical Instruments	12	10	5	13	5	18	15	15
空调器(台)	Air Conditioners	171	75	90	170	173	215	190	240
录放像机(台)	Video Recorders	39	10	30	40	33	53	40	55
微型计算机(台)	Personal Computers	41	15	35	28	30	58	75	55

14－9　居民物质文化生活提高情况
IMPROVEMENT IN RESIDENTS' MATERIAL AND CULTURAL LIFE

项　目	Item	1985	1990	1995	1997	1998
就业	**Employment**					
城镇登记失业率(%)	Urban Unemployment Rate(%)			2.44	2.46	2.48
收入	**Income**					
人均实际收入(元)	Per Capita Real Income (yuan)	1 935.12	4 162.68	12 775.44	18 671.64	20 118.17
人均可支配收入(元)	Per Capita Disposable Income (yuan)	1 914.84	4 127.40	12 770.64	18 578.76	19 885.97
基尼系数(%)	Gini coefficient (%)	0.17	0.19	0.28	0.27	0.30
支出	**Expenditure**					
人均实际支出(元)	Per Capita Real Expenditure (yuan)	1 916.16	4 090.20	12 391.92	16 794.84	18 744.72
人均消费性支出(元)	Per Capita Consumption Expenditure (yuan)	1 790.40	3 671.04	11 038.32	14 610.36	15 436.20
恩格尔系数(%)	Engel Coefficient (%)	47.5	47.2	39.9	36.6	31.9
储蓄	**Savings**					
人均储蓄存款余额(元)	Per Capita Balance of Saving Deposit (yuan)	907	2 845	13 515	18 641	21 822
居住	**Residence**					
人均居住面积(平方米)	Per Capita Living Space (sq. m)	7.9	10.4	12.8	15.9	15.3
通讯	**Telecommunication**					
每百人拥有电话(部)	Number of Telephone Sets per 100 Persons		10	28	40	49
城市公用事业	**Public Utilities in Urban Areas**					
人均生活用电量(度)	Per Capita Residential Electicity Consumption(kwh)		237	370	473	688
自来水普及率(%)	Rate of Access to Tap Water(%)				96.0	96.5
教育娱乐	**Education and Recreation**					
人均娱乐教育支出(元)	Per Capita Education and Recreation Expenditure (yuan)	182.60	244.20	1 325.56	1 926.00	2 154.36
#娱乐用品及服务	Recreational Articles and Services	134.62	140.84	665.21	769.08	743.88
教育费	Education	26.16	83.28	472.32	830.16	1 039.08
书报杂志费	Books, Newspaper and Magazines	4.56	8.40	53.52	112.32	107.76
卫　生	**Public Health**					
每万人拥有医生数(人)	Number of Doctors per 10 000 Persons (person)	21	17	18	19	18
每万人拥有医院病床(张)	Number of Hospital Beds per 10 000 Persons	21	15	19	21	22

十五、各区概况

1998 年罗湖区国民经济和社会发展统计公报

深圳市罗湖区计划统计局

(1999 年 3 月 3 日)

1998 年,全区人民在市委、市政府和区委、区政府的正确领导下,认真贯彻落实党的十五大、省八次党代会和市委二届八次全会精神,以经济建设为中心,同心同德,团结拼搏,知难而进,扎实工作,经受了亚洲金融危机的严峻考验和盐田分区对我区经济的影响。国民经济持续快速增长,各项改革稳步推进,经济结构不断优化,城市环境日趋完善,综合实力不断增强,人民生活水平继续改善,社会各项事业全面进步。据统计,全区区属国内生产总值 27.25 亿元,比上年增长 13.10%。其中,第一产业增加值 0.11亿元,增长 28.42%;第二产业增加值 6.04 亿元,下降 1.23%;第三产业增加值 21.10 亿元,增长 21.82%。第一、二、三次产业比重调整为 0.40:22.17:77.43。国民经济和社会发展中存在的主要问题是:受亚洲金融危机和盐田分区的影响,工业、出口和利用外资大幅下滑;结构性矛盾突出,传统型产业比重较高,高技术含量、高附加值的行业和产品较少,结构调整的难度较大,经济增长的质量有待提高;部分企业历史包袱沉重,各种纠纷较多,市场竞争能力差,生产经营困难,经济效益下降;防范和化解财务风险,推进国有企业改革的任务十分艰巨;潜在的不安定因素比较多,就业压力增大,社会治安和环境综合治理任务相当繁重。

一、农　业

农业生产迅速发展。全年农业增加值 1105 万元,比上年增长 28.42%。农业总产值 2533.50 万元,增长 66.24%。

“菜篮子”工程建设取得成效,花卉等经济作物快速发展。全年种植业播种面积 2305 亩,增长 13.44%。其中,蔬菜种植面积增长 13.44%,产量增长 17.74%;水果减产,畜牧业下降,水产品产量有所提高;花卉种植面积 1065 亩,比上年有较大幅度增长。青长蔬菜正式投产并被列入深圳市“三高”农业示范基地。

全年完成植树造林面积 1110 亩,义务植树 500 亩,幼林抚育 2250 亩,成林抚育 4.78 万亩。

二、工业和建筑业

受亚洲金融危机影响,工业生产滑坡,经济效益下降。全年完成工业增加值 3.44 亿元,比上年下降 8.32%。完成工业总产值(按 1990 年不变价格计算,下同)13.46 亿元,下降 35.67%。其中,国有经济 0.77 亿元,下降 14.69%;集体经济 2.45 亿元,增长 1.27%;“三资”、“三来一补”企业 7.17 亿元,下降 53.79%。全年完成出口产值 8.95 亿元,下降 42.46%;高新技术产品产值 3.98 亿元,下降 63.98%,占工业总产值比重由上年的 52.80% 下降为 29.56%,下降 23.24 个百分点。

工业总产值中,轻工业产值 9.44 亿元,下降 2.02%;重工业产值 4.02 亿元,下降

64.39%;轻工业产值占工业总产值的比重由上年的46.05%提高到70.14%。

产品结构进一步调整,产销衔接良好。全年工业产销率达到99.43%,比上年提高6.41个百分点。手机、灵童电脑等一批科技含量高、附加值大的产品正式投产。

1998年主要工业产品产量如下:

指标名称	计算单位	产　量	比上年增长%
手　机	万部	1.60	—
电话单机	万部	226.87	-69.75
灵童电脑	万部	5.79	—
电子原件	万只	1781.8	-36.91
收音机	万部	1.06	-96.95
录音机	万部	92.6	92.12
电子计算器	万台	117.20	持平
钟　表	万只	494.20	185.01
印染布	万米	2399.79	-2.76
服　装	万件	7406.77	131.27
软件家私	件	4654	6.33
塑料制品	吨	1320	-39.03

工业经济效益下降。全区独立核算工业企业实现销售收入15.8亿元,比上年下降19.4%;实现利润0.6亿元,下降35.7%。工业企业经济效益综合指数88.6%,下降13.4个百分点;工业成本费用利润率3.67%,下降1.12个百分点;工业资金利税率3.51%,下降1.54个百分点;流动资金周转次数1.45次,减少0.23次;全员劳动生产率1.65万元/人,下降33.32%。

建筑业稳步发展。全区建筑业完成增加值2.60亿元,比上年增长16.54%。各类房屋建筑施工面积125.26万平方米,增长22.80%;竣工面积32.16万平方米,增长16.27%。

三、固定资产投资

固定资产投资快速增长,投资结构进一步优化。全年全社会固定资产投资9.62亿元,比上年增长18.53%。其中,国有经济6.40亿元,下降12.01%;集体经济3.20亿元,增长296.49%;城镇居民私人建房0.03亿元,下降27.03%。在国有经济投资中,基本建设3.38亿元,下降26.70%;房地产开发3.02亿元,增长13.46%。全年固定资产投资项目60个,比上年增加12个;全部建成投产项目17个,增加2个;新增固定资产52875万元,下降47.04%。

主要建设项目进展顺利。福利大厦、罗湖医院东门门诊部、网球俱乐部服务楼装饰、高尔夫球练习场等政府投资项目竣工;东门商业步行街改造一期工程和莲塘河险段治理工程正式动工;罗湖培训中心、罗湖医院住院部大楼等工程项目进展加快;聚宝花园、名仕阁、都市名园等房地产项目已封顶,并陆续投放市场。

房地产投资规模扩大,市场平稳。全年商品房屋施工面积42.70万平方米,增长47.14%;竣工面积1.30万平方米,下降69.41%;销售面积3.90万平方米,增长44.44%。

四、商　业

消费品市场平稳增长。全年实现社会消费品零售总额20.60亿元,比上年增长16.61%,剔除价格因素,实际增长19.60%。从行业看,商业零售额15.66亿元,增长17.39%;饮食业零售额4.94亿元,增长14.62%。从经济类型看,国有、集体及其他经济3.15亿元,下降4.55%;个体、私营经济17.45亿元,增长21.52%。

区属国有、集体批发零售贸易业商品购进总额2.20亿元,比上年下降8.54%;商品销售总额2.47亿元,下降14.80%。商业企业经济效益有所好转。商品销售收入2.40亿元,增长46.34%;商品流通费用率29.93%,下降18.6个百分点;商品销售毛利率21.72%,下降31.98个百分点;商业利润比上年减亏96.30万元。

五、财　政

财政收入稳步增长。全区财政总收入13.83亿元,比上年增长29.74%,其中财政预算收入10.45亿元,占财政总收入的75.56%,增长22.75%。财政预算收入中,税收9.49亿元,占财政预算收入的90.81%,增长22.35%。税收中,个人所得税、涉外企业所得税和企业所得税增幅较大,分别增长76.33%、62.61%和32.07%。

支出结构比较合理。财政总支出13.74亿元,比上年增长18.8%。其中,预算内支出12.06亿元,增长15.88%;上解支出1.68亿元,增长45.02%。预算支出中,基本建设支出1.30亿元,企业挖潜改造资金支出0.43亿元,文教卫生支出3.58亿元,行政管理支出1.02亿元,公检法支出2.14亿元。

六、对外经济和旅游

在亚洲金融危机的冲击下,出口和利用外资大幅下降。对外贸易方面,全年完成出口总值1.83亿美元,比上年下降24.86%。其中,加工贸易出口1.74亿美元,下降25.18%;一般贸易出口866.02万美元,下降17.73%。利用外资方面,全年新签投资协议9宗,比上年减少2宗;协议利用外资1161万美元,下降46.30%;实际利用外资3018万美元,下降45.32%。

全年辖区宾馆、酒楼共接待国内外游客295.81万人次,比上年增长8.85%。其中,国外游客95.37万人次,增长15.52%;国内游客200.44万人次,增长5.95%。旅游营业收入24.10亿元,增长9.55%。宾馆酒楼平均住房率59.20%,比上年下降3.72个百分点。

七、科技、教育、文化、卫生和体育

科技事业得到加强。科技队伍稳定发展,年末区属各类专业人员4311人,其中高级职称人员比上年增长6.10%。科技经费投入大幅增加,全年科技三项经费投入1235万元,增长118.58%;政府拿出12000平方米的大楼作为科技大厦,成立高新技术创业中心;财政安排3000万元,建立科技发展基金。青长蔬菜项目被列入国家“星火计划”和深圳市“三高”农业示范基地。全年获省科技进步奖1项,市科技进步奖12项。

教育事业稳步发展。年末全区共有中、小学52间,比上年末减少1间。其中,中学14间,减少1间;小学38间,与上年持平。中学在校学生18227人,下降5.39%;小学在校学生38752人,增长5.43%。全区幼儿园共81间,增加7间;在校幼儿13710人,下降6.82%。成人教育学校1间,在校学生91人,下降76.24%。初中升学率为98.57%,提高0.34个百分点;高中升学率75.75%,下降12个百分点。行知学校被评为国家级职业技术学校,翠园中学高考升学率仅次于深中、实验,名列第三。

文化事业日益繁荣。全区有艺术表演团体3个,文化馆1座,图书馆1座,藏书量10万册,比上年增加7万册。全区参加市以上文化艺术比赛获奖总数667个,其中国家级奖项475个。由我区创作,响遍全国的歌曲《走进新时代》获全国文华新节目奖、全国新人新作一等奖、第12届全国电视星光一等奖和中央电视MTV大赛金奖。罗湖区锯琴表演获国际锯琴音乐竞赛一等奖;摄影作品《痛失伟人》获国际新闻奖;电视片《乐土一方》被全国综治委评为全国社会治安综合治理好新闻一等奖。

卫生事业健康发展。年末全区拥有医疗卫生机构14个,比上年增加2个。其中:医院3间,卫生防疫站1间,门诊部、所8间。卫生机构病床280张。卫生技术人员715人,增长1.27%,其中医生352人,增长1.73%,中高级职称人数占全系统职工人数的29.91%。全年医院门诊总人数77.57万人次,增长16.8%;入院总人数7035人,治愈率达77.90%。医疗卫生条件不断改善,新购置全自动生化分析仪、彩超、急救配套和防疫检验等设备一批;罗湖医院东门门诊部竣工,住院部大楼建设进度加快。

医疗科研工作有新进展,取得省、市立项科研项目5项,《微型腹腔镜门诊局麻下精索内静脉高位结扎术临床研究》和《针式腹腔镜临床应用研究》获市科技进步三等奖。

体育事业蓬勃发展。全区共举办各种群众性体育活动15次,参加人数达23560人次。在校中、小学生参加《国家体育锻炼标准》达标率为94.2%。我区体育健儿获市以上奖牌121枚,其中:国际级银牌一枚;国家级金牌5枚、银牌5枚、铜牌4枚;省级金牌19枚、银牌14枚、铜牌19枚;市级金牌21枚、银牌15枚、铜牌18枚。区少年足球队代表中国中学生,参加"可口可乐杯"比赛,荣获亚军。

八、城区建设和环境保护

城市功能继续完善。辖区建成区面积31平方公里,比上年增长14.39%;年末实有铺装道路长度76.89公里,年末实有铺装道路面积232.90万平方米;污水日处理能力35万吨,下水道排水管长度311.8公里;辖区年用电量20.51亿千瓦时,增长21.36%;自来水日供水能力38万吨,供水总量11363万吨,增长6.44%。

环境保护工作取得新进展。全区城区区域环境噪声年平均值57.2分贝,比上年下降0.3分贝;区域噪声监控合格率为83.3%,提高0.9个百分点;辖区噪达区面积共盖率达到63%,建成区烟尘控制区覆盖率保持在100%。固体废物利用处置率为100%,生活饮用水源水质达标率为96.43%,提高1.23个百分点。

九、人口和人民生活

人口总量稳步增长。全区年末常住人口60.04万人,比上年增长5.30%。其中,户籍人口28.62万人,增长2.25%;暂住人口31.42万人,增长8.3%。

户籍人口自然增长率继续下降。辖区户籍人口出生率为10.68‰。户籍人口自然增长率为9.64‰。分别比上年下降0.48个千分点和0.36个千分点;户籍人口计划生育率为98.11%,提高0.56个百分点。

职工人数有所减少,工资水平继续提高。区属年末职工人数4.5万人,比上年末下降15.16%;职工年工资总额66864.50万元,下降6.21%。职工人均工资14992元,增长13.30%,其中国有经济职工年人均工资25082元,增长38.25%。

城市居民收入稳定增长,生活水平继续提高。根据市统计信息局对罗湖辖区居民家庭抽样调查资料显示,城市居民家庭年人均可支配收入为1.92万元,比上年增长7.83%;年人均消费性支出1.49万元,下降7.0%。

注:国内生产总值及各产业增加值绝对数按现行价格计算,增长速度按同口径可比价格计算。

1998年福田区国民经济和社会发展统计公报

深圳市福田区计划统计局

(1999年3月30日)

1998年福田区委、区政府新一届领导班子面对国内外复杂严峻的经济局势,带领全区人民认真贯彻党的十五大精神,高举邓小平理论伟大旗帜,积极运用和强化各种调控手段,优化产业结构,加大固定资产投资力度,实现了国民经济持续、快速、健康发展,各项社会事业有了更大进步。

一、综　合

国民经济稳健发展,主要经济指标除实际利用外资外,其他均已达到了全年宏观调控的预期目标,经济结构不断优化,三次产业协调发展。据统计,全年完成国内生产总值19.63亿元,按可比价格计算,比上年增长13.4%,增幅高于全国平均水平5.6个百分点。在经济快速发展的同时,经济结构得到优化。第一产业完成增加值0.04亿元,比上年下降40.4%;第二产业完成增加值10.35亿元,比上年增长14.4%;第三产业完成增加值9.24亿元,比上年增长12.4%。一、二、三产业比例由上年的0.3:52.2:47.5调整为0.2:52.7:47.1。全员劳动生产率27829元,比上年提高8.1%。

国民经济和社会发展中存在的主要问题是:国民经济整体素质不高,国有企业经营困难,部分企业经济效益下降,企业亏损面扩大。

二、农　业

受福田城区功能影响,农业生产逐渐萎缩。全年实现农业总产值(90年不变价)0.05亿元,比上年下降5.6%。全年蔬菜播种面积1723亩,产量1834吨,分别与上年持平和减少59.6%;水果种植面积3472亩,产量40吨,分别比上年下降48.7%和87.5%。造林绿化成绩显著。全年完成植树造林面积1005亩,比上年增长63.4%。

三、工　业

工业生产持续稳定增长。全年完成工业增加值6.52亿元,比上年增长11.5%;完成工业总产值(90年不变价)23.25亿元,比上年增长13.0%。其中国有企业0.33亿元,下降69.1%;集体企业2.40亿元,下降1.8%;其他所有制企业20.53亿元,增长20.5%。全年完成出口产品产值17.60亿元,增长14.2%。

重工业发展快于轻工业。在全区工业产值中,重工业完成13.95亿元,比上年增长58.1%;轻工业完成9.30亿元,下降20.8%。

高新技术产业发展迅速。全区实现高新技术产品产值(现价)8.80亿元,占全区工业总产值的比重达36.0%,比上年提高9个百分点。已认定的高新技术企业4家,列入市级以上的计划项目10项,高新技术项目3项。

工业经济效益滑坡。实现产品销售收入20.14亿元,比上年下降11.9%;实现利税总额0.15亿元,比上年下降81.1%;企业亏损面64.6%,比上年上升26.6个百分点;亏损企业亏损额0.81亿元,比上年增长2.68倍。全区独立核算工业企业经济效益综合指数91.12%,比上年下降14.88个百分点。

全年主要工业产品产量如下:

产品名称	计量单位	产量	增减±%
表	万只	493.40	-25.1
服装	万件	507.91	-19.7
复印机械	万	17	11.8
程控交换机	万线	1.72	-5.5
电话机	万部	377	-9.4
光通信设备	台	2024	69.6
发电量	万度	16017	-7.9
半导体集成电路	万块	999.15	24.2
录放音机	万部	161	-31.0
组合音响	万部	81	-19.0

四、固定资产投资

固定资产投资加速增长。全年完成全社会固定资产投资额16.12亿元(含私人建房),比上年增长35.6%。其中国有经济投资10.89亿元,增长33.1%;集体经济投资3.65亿元,增长37.7%。按投资结构分,基本建设投资3.74亿元,下降19.4%;房地产开发7.90亿元,增长1.08倍;更新改造投资0.51亿元。全年固定资产投资在建项目58个,其中新开工项目19个,全部建成投产项目28个。

五、国内贸易

国内商贸平淡,交投不旺。区属批发零售贸易业商品购进总额5.66亿元,比上年下降12.0%;商品销售总额6.27亿元,比上年下降10.9%;社会消费品零售总额4.59亿元,扣除物价因素,实际增长13.5%。辖区个体商业餐饮业销售总额26.71亿元,农贸市场交易额11.93亿元。

六、对外经济

对外贸易继续保持增长态势。全区进出口总额3.89亿美元,比上年增长20.5%。其中出口总额2.09亿美元,增长18.7%;进口总额1.80亿美元,增长22.6%;贸易顺差0.29亿美元,与上年基本持平。

全年实际利用外资700万美元,比上年下降19.7%。全年协议利用外资582万美元,比上年增长47.0%。外资投向仍主要集中于工业领域,全年新签订合同项目5个,补充项目合同23个,续签合同12个。

七、财　政

财政收入增长显著。全年完成预算内财政收入12.34亿元,比上年增长57.1%。其中工商税收完成11.35亿元,比上年增长66.7%。全区预算内财政支出13.22亿元,比上年增长22.7%。其中基建支出2.71亿元,比上年增长8.9%。

八、科技、教育、文化和卫生

科技:全年落实科技三项经费1551万元,比上年增长37.6%,支持了27个科技项目。全区科研机构18个,科研人员284人。全年登记鉴定科技成果7项,其中达到国际水平3项,国内首创或先进水平4项。

教育:全区共有幼儿园84所,比上年增加4所,在园幼儿1.42万人,比上年增长2.2%;全区有中小学51所,比上年增加1所,在校学生5.29万人,比上年增长3.3%。小学适龄儿童入学率100%。

文化:硬件建设继续加强。全区有文化馆(站)8个,图书馆(室)86个,电影院19家,投资3600万元的福田影剧院已交付使用。群众性文化活动成果丰硕。

卫生:全区共有医疗机构12家,其中医院10家。病床510张,比上年增长7.4%;卫生专业技术人员927人,护理人员304人。新建5家社区健康服务中心,5间医院被评为“一甲”

医院,4间医院被评为市级"爱婴医院",福田区人民医院被评为"省百家文明医院"。

九、环境保护、综合治理

全区城市工业废水处理率100%,工业固体废物处理率100%,综合利用率60.2%。

全区已建成安全文明小区253个。其中市级标兵小区60个,比上年增加27个;先进小区117个,比上年增加36个。居民的安全感普遍增强,脏乱差得到有效整治。

十、人口和人民生活

全区年末常住人口70.67万人,比上年增加2.95万人。其中户籍人口27.48万人,比上年增加1.66万人,占常住人口的38.9%;暂住人口43.19万人,比上年增加1.29万人,占常住人口的61.1%。户籍人口出生率12.51‰,死亡率0.88‰,自然增长率11.64‰。

根据50户户籍居民家庭抽样调查资料,福田区城市居民家庭年人均可支配收入18998元,扣除物价因素(下同),比上年实际增长4.3%;年人均消费性支出14057元,比上年实际下降4.7%。

年末从业人员73511人,比上年增加5948人。其中职工36858人,私营个体从业人员36653人。职工工资总额5.67亿元,比上年增长2.1%。职工年平均工资15792元,扣除物价因素,比上年实际增长5.9%。

社会保险覆盖面不断扩大。据初步统计,1998年末全区有5.7万人参加了基本养老保险,3.8万人参加了工伤保险,3.2万人参加了医疗保险。失业保险金累计达743万元。

注:①国内生产总值、各产业增加值及全员劳动生产率的绝对数均按现行价格计算,增长速度按可比价格计算;②户籍人口出生率、死亡率及自然增长率由区计生局提供;③从业人员包括:区属企事业、机关单位职工和私营个体从业人员;④基本养老保险、工伤保险和医疗保险统计范围为在区社保分局投保各种类型单位。

1998年南山区国民经济和社会发展统计公报

深圳市南山区计划统计局

(1999年4月15日)

1998年南山区的经济社会发展经历了比较复杂的国内外环境,面对考验和挑战,区委、区政府新一届领导班子带领全区人民认真贯彻党的十五大精神,高举邓小平理论伟大旗帜,积极运用各种宏观调控手段,不断优化产业结构,努力培育新的经济增长点,实现了国民经济持续、快速、健康发展,各项社会事业取得全面进步。

一、综　合

国民经济稳健发展,主要经济指标基本达到了全年宏观调控的预期目标。

据统计,全年完成国内生产总值217.4亿元,其中:区属52亿元;比去年同期分别增长15.2%和15.8%。在国民经济快速发展的同时,经济结构得到进一步的优化。其中,第一产业完成增加值0.86亿元,增长1.2%,比重下降1.5个百分点;第二产业完成增加值148.2亿元,增长22%,比重上升2.5个百分点;第三产业完成增加值68.34亿元,增长4%,比重下降1.1个百分点。一、二、三产业比例由上年的1.9:65.6:32.6调整为0.4:68.1:31.5。全年全员劳动生产率58125元,比上年提高10个百分点。

国民经济和社会发展中存在的主要问题:国民经济整体素质不高,部分区属企业经营困难,企业经济效益下降,企业亏损面扩大。

二、农　业

农业生产克服困难,稳步发展。由于气候反常,荔枝大幅减产,荔枝产量仅占正常年产量的10%;死蚝造成经济损失3000多万元。区政府采取积极措施,克服气候反常带来的重重困难,全年实现农业总产值1.65亿元,比上年增长5.8%;完成农业增加值0.86亿元,比上年增长1.2%。农副产品出口总额560万美元,比上年增长4.7%。三防、水利、水保及农业基础设施进一步加强。

三、工业

工业持续高速发展,有效促进经济增长。全年完成工业总产值(90年不变价)442亿元,其中,区属完成105.5亿元,分别比上年增长17.9%和21%。工业增加值完成132亿元,占国内生产总值的61%,居于我区经济增长的主导地位。区属工业总产值中,内资企业203621万元,增长67%;三资企业830175万元,增长16.1%;"三来一补"企业20843万元,下降36.5%。全年完成工业产品出口产值7.04亿美元,增长23.3%。

轻工业发展迅速,全区工业总产值中,轻工业完成977359万元,增长25.5%;重工业完成77280万元,下降14.9%。

产品结构不断优化,大力发展高新技术产业。充分发挥全国高新技术产业化服务中心和投资促进中心的作用,积极与有关科研部门建立广泛的成果转化合作关系,引入优秀成果40多项,可实施转化16项,经市科技局确认的51家高新技术企业工业总产值达247.7亿元,比去年同期增长45%,占全区工业总产值的56%。

工业企业经济效益有所上升。全区工业企业经济效益综合指数为137.44%,比上年上升4.64个百分点。工业产品销售率为88.7%,比上年下降0.5个百分点;企业资产负债率为53.6%,比上年上升3个百分点;资本保值增值率为129%,比上年上升25个百分点;实现利税总额为118777万元,比去年同期增长58%;企业亏损面为17.5%,比上年上升1.5个百分点。

四、固定资产投资

加大投资力度,优化投资结构,进一步完善城市功能。全年完成全社会固定资产投资额56.6亿元,比上年增长6.8%,其中,区属完成14.2亿元,比上年增长14.5%。区属投资总额中,按用途分,第一产业投资为0,第二产业投资为36214万元,比去年同期增长1倍;第三产业投资为105451万元,比去年同期下降6.35%,其中,住宅投资为59847万元,占全部固定资产投资的42%,比去年同期增长46.53%。全年房屋建筑施工面积为119.8万平方米,比去年同期增长4.24%,其中,房屋建筑竣工面积为35.2万平方米,比去年同期增长58.27%。全年新增固定资产109568万元,比去年同期增长1倍。

五、商贸旅游

优化商业布局,促进重点旅游项目顺利发展。为促进商贸发展,努力扩大内需,引进一批有特色的商业企业落户南山。家乐福、人人乐商场不断扩大营业面积,商贸气氛日益浓厚,全年新增商业营业面积2.2万平方米,实现社会消费品零售总额51.5亿元,比上年同期增长10.8%,其中:区属实现27.1亿元,比上年同期增长12.4%。欢乐谷和未来时代等重点旅游项目已建成开业,增强了我区旅游业的发展后劲。全年接待游客总人数900万人次,与上年持平,旅游营业总收入13.6亿元,比上年增长7.9%。

六、对外经济

对外贸易保持增长势头。全区出口总额为29.2亿美元,其中,区属7.14亿美元,比上年增长15.5%。全年实际利用外资2亿美元,与上年持平,其中,区属0.5亿美元,与上年持平;全年协议利用外资1.4亿美元。全年引进外商投资项目225个,其中,三资企业206个,“三来一补”企业19个。

七、财　政

财政收入稳步增长。严格财经制度,强化预算管理,确保财政收入稳步增长,全年本级预算内财政收入9.97亿元,比上年增长15%,预算内财政支出10.96亿元,比上年增长12.1%。其中:基本建设支出3.33亿元,比上年增长7.4%。

八、精神文明建设和社会事业

社会事业全面进步,精神文明建设取得新的进展。

精神文明建设:全面开展社会治安综合治理和创建安全文明小区的活动,取得显著成果,社会治安明显好转。掀起了“学习张桂娣,做人民满意的公务员”的热潮,以张桂娣为榜样,克己奉公,无私奉献,全心全意为人民服务。南山区检察院再次荣获“全国模范检察院”,侯黎明同志被评为“全国十大杰出检察官”,为我区赢得了荣誉。

科教:科教兴区取得新成绩,博伦职校通过省级重点职业学校督导评估,创办了新安学院,新建了18所中小学校和幼儿园,新增学位4741个。全区教育综合实力进一步增强,被列为广东省教育现代化和信息化试验区之一。全区现有中小学38所,比上年增加3所,在校学生31172人,比上年增加10%;全区共有幼儿园66所,比上年增加4所,在园幼儿10135人,比上年同期增加23%。科技工作成绩显著,荣获"全国科技工作先进区"称号。

文体:文化体育事业健康发展,文化基础设施进一步完善。南山有线电视中心已开播;基层文化站建设得到加强,被评为"全国文化先进区"。体育工作成绩突出,张子力荣获世界青年运动会乒乓球男单冠军,吴现夺得第七届"东亚希望杯"乒乓球锦标赛男单冠军;成立了南山体育总会,全民健身运动全面开展。

卫生:医疗卫生进一步发展,全区现有医疗机构10家,病床842张,卫生技术人员1343人,其中,护理人员484人。门诊量118.7万人次,治愈率为77%。社区健康服务网络逐步建成。

九、人口和劳动工资

全区年末常住人口48.7万人,比上年增长2.05万人。其中:户籍人口12.8万人,比上年增长1.1万人,占常住人口的26.3%;暂住人口35.9万人,比上年增长0.95万人,占常住人口的73.7%。户籍人口出生率12.57‰,死亡率1.29‰,自然增长率11.28‰。

全区年末从业人员68091人,比上年增加1198人。职工工资总额96031万元,比上年增长10.1%。职工月平均工资1172.4元,比上年增长6.7%。

1998年盐田区国民经济和社会发展统计公报

深圳市盐田区计划统计局

(1999年4月8日)

1998年是盐田区建区第一年,也是实施五年发展计划的头一年,新区建设遇到了东南亚金融危机和世界经济格局的大调整。面对挑战,区委、区政府认真贯彻党的十五大、省八次党代会和市委二届八次全会精神,及时准确把握宏观形势,真抓实干,开拓进取,结合我区实际,采取了一系列刺激经济发展的有力措施,确保了全区国民经济快速增长,城市建设和人民生活都出现了可喜的变化,为新区经济社会发展开创了良好的新局面。1998年初确定的各项主要经济社会发展指标顺利完成,为1999年的各项经济建设奠定了坚实的基础。据统计,1998年,全区区属实现国内生产总值14.42亿元,比上年增长16.8%。其中,第一、二、三产业分别实现增加值0.11亿元、11.77亿元和2.54亿元,比上年增长1.2%、17.7%和13.5%,三次产业比例由上年的0.8:81.1:18.1调整为0.8:81.6:17.6。第二产业在工业高速增长的推动下,对经济增长的贡献增大。在全区16.8%的经济增长率中,第二产业贡献了14.2个百分点,对GDP增长的贡献率为84.5%。

一、农业

农业生产保持稳定。全年农业增加值1127万元,比上年增长1.2%。全年实现农业总产值2060万元(现价),比上年增长1.1%(按可比价计算)。

"菜篮子"工程建设成效显著。全年农作物播种面积1840亩,全部为蔬菜种植面积,蔬菜产量达1873吨,比上年增长21.7%;水果欠收,畜牧业下降,水产品产量特别是海洋捕捞量有所增加。全年水果产量46吨,比上年下降68.3%,家禽饲养量5.6万只,下降65.2%,生猪出栏量5800头,下降50.3%,水产品产量183吨,比上年增长18.1%。

二、工业

工业生产高速增长,高新技术产品产值占工业总产值的比重进一步上升。1998年,全年实现工业增加值11.01亿元,比上年增长20.2%。实现工业总产值99.51亿元(1990年不变价,下同),比上年增长27.0%。其中,轻工业实现产值24.37亿元,重工业实现产值75.14亿元,分别比上年增长1.6%和38.2%。工业总产值中,国有经济4.96亿元(由于企业划拨原因不可比),集体经济1.53亿元,比上年增长28.8%,"三资"企业93.02亿元,比上年增长24.6%。高新技术产品产值达69.71亿元,比上年增长48.0%,占工业总产值的比重也由上年的62.7%提高到70.1%。

1998年主要工业产品产量如下:

指标名称	计算单位	产　量	比上年增长%
电脑显示器	万只	249	52.5
电脑主机板	万片	396	—
电脑主机	万台	24	—
电子元件	万只	608	-96.8
手表	万只	3346	-55.7
皮鞋	万双	619	-20.2
服装	万件	4040	-16.0
日用不锈钢制品	吨	449	-15.1
发电量	万千瓦小时	14133	-44.9

工业经济效益有所好转。全区工业企业实现利润31816万元,比上年大幅增长66.4%。工业企业总资产贡献率、成本费用利润率和工业产品产销率分别比上年提高0.2、0.3和0.6个百分点。工业企业资产负债率则由上年的52.4%下降到52.0%,下降了0.4个百分点。独立核算工业企业经济效益综合指数为122.0%,比上年提高0.7个百分点。

建筑业稳步发展。全区建筑业实现增加值0.76亿元,比上年增长2.5%。各类房屋施工面积45.08万平方米,比上年增长48.6%,竣工面积11.72万平方米,比上年增长73.9%。

三、固定资产投资

固定资产投资力度加大,城市基础设施建设步伐加快。1998年,全区完成固定资产投资4.91亿元,比上年大幅增长55.6%。其中,基本建设投资2.77亿元,增长39.7%;房地产开发投资1.79亿元,增长170.9%。在基本建设投资中,市、区两级政府投资1.87亿元,比上年增长32.2%,占基本建设投资金额的67.6%,全部用于基础设施建设,使我区基础设施建设滞后状况有所改观。

主要建设项目进展顺利。东和大厦等房地产项目现已进入验收阶段,正在投放市场;中英街历史博物馆、沙头角填海区和同富裕工程等政府投资项目相继竣工。

房地产投资规模扩大,市场较好。全年商品房屋施工面积33.79万平方米,比上年增长132.6%;竣工面积2.63万平方米,增长250.7%;商品房屋销售面积2.46万平方米,增长23.0%。

四、商业

消费品零售市场保持稳定,饮食业发展迅速。1998年,全区完成社会消费品零售总额5.16亿元,比上年增长6.6%。商业零售业由于受“中英街”黄金销售持续下滑的影响,全年完成商业零售额3.66亿元,增长1.2%,其中国有、集体经济企业商业零售额1.79亿元,比上年下降27.8%。饮食业在盐田海鲜街的带动下,生意持续红火,全年完成饮食业零售额1.49亿元,增长21.6%。

区属国有集体批发零售贸易业商品购进总额5.03亿元,比上年增长20.6%;商品销售总额5.47亿元,比上年增长13.5%。全区商业企业经济效益明显好转,商品销售毛利率17.6%,比上年增长4.9个百分点,实现商业企业利润总额3797万元,比上年增长99.6%。

五、财政

财政收入快速增长,与经济发展同步。1998年,财税部门加强了税收征管力度,大力开拓税源,实现了财政收入与国民经济同步增长。全年财政总收入3.18亿元,比上年增长13.3%;预算内财政收入2.70亿元,比上年增长16.3%,其中税收收入2.18亿元,增长22.5%,在税收收入中增长较快的是个人所得税和外商投资企业所得税,分别比上年增长45.6%和59.4%。财政支出结构合理,与新区功能配套的支出大幅增加。全年财政支出3.25亿元,增长9.8%,其中基建支出0.51亿元,增长19.9%;文体广播事业费、财税部门事业费、行政管理费及公检法司经费等与新区功能配套的支出大幅增加,分别比上年增长174.6%、103.2%、103.7%和65.1%。

六、对外经济和旅游

1998年我区对外贸易克服金融危机影响,总体上未受严重冲击,出口持续快速增长。全年实现出口总值9.95亿美元,比上年增长26.8%。其中,"三资"企业出口8.55亿美元,增长35.2%;"三来一补"企业出口1.25亿美元,下降11.1%;一般贸易出口0.15亿美元,增长23.5%。

全年新签投资协议38项,比上年下降13.6%,协议利用外资金额4409万美元,增长229.3%;实际利用外资金额3104万美元,下降17.5%。

全年辖区宾馆、度假村接待过夜旅客数7.10万人次,比上年增长63.6%,其中国际旅客1.67万人次,下降38.1%,国内旅客5.43万人次,增长231.1%。辖区旅游营业收入4230万元,下降24.5%。宾馆酒店住房率43.0%,比上年提高8.5个百分点。

七、环境、治安、教育、文化、卫生和民政

实施"蓝天、碧海、绿地"工程初见成效。开展两个共建(区港共建和军警民共建)活动,以建设"两街一路"样板工程为突破口,加大环境治理力度,城区面貌大为改善。全年拆迁违章建筑15万多平方米;增加绿化面积2万多平方米,建设了三个绿化精品。新建5个公共厕所和垃圾收集点,环卫设施进一步得到改善,基本保证了全区垃圾外运。

社会治安综合治理取得明显成效。新创建的11个安全文明小区均达到标准,47个安全文明小区得到巩固提高。开展严打斗争与专项整治,依法打击各种刑事犯罪活动,社会治安状况进一步好转,刑事案件发案率下降13.5%,社会秩序稳定,保证了居民的生活安定。

教育事业进步显著。1998年度在校学生总数达7157人,比上年增长9.2%。其中,中学在校学生2268人,增长8.9%;小学在校学生4889人,增长9.3%,并且在全市率先实现儿童六岁入学。调整教育结构,开办了职业高中班,普及了高中教育。优化教师队伍,清退了30多名小学超编教师,优聘了20多位高中骨干教师。开展教师继续教育工程,加强教研教改,提高了教学质量,仅市级以上论文和比赛获奖项目即达526人次。教学设备得到改进和完善,盐田中学新教学大楼投入使用,田东小学的主体工程大部分封顶,基本完成田东中学基建收尾工程。

文化事业取得新进展。"中英街"历史博物馆土建工程已完工,陈列方案通过专家论证。完善了梅沙文化设施,沙头角文化站获得"广东省十佳明星特级文化站"评审小组的肯定。组织中国南方盐田舞蹈艺术团出访土耳其、突尼斯等国,荣获2个奖项,并成功地承办了'98深圳市国际民间艺术节盐田分区演出。为纪念十一届三中全会召开二十周年推出了精品组歌《丰碑颂》,并开展了全区的合唱比赛,得到市委领导和有关部门的赞赏。深入开展扫黄打非活动,使文化市场走上了健康有序的发展轨道。

卫生事业稳步前进。医德医风明显好转,沙头角人民医院被评为全省"百家文明医院",医疗卫生设施得到进一步完善。新开办了梅沙医院,盐田中心医院2万多平方米用地已全部落实。卫生防疫工作取得显著成绩,未发生1例疫情。妇幼保健的各项指标及"爱婴医院"复审工作已达标,城市初级卫生保健工作通过市级评审。计划生育工作得到全面加强,完成了市下达的各项指标,规范了生育指标和生育证管理,认真落实了"三为主"方针,清理了党员干部违反计划生育政策问题,一镇、两办计划生育服务站的软硬件建设逐步完善。

民政事业不断发展。实施了居民最低生活保障制度,已向59户困难家庭发放了生活保障金,区社会福利中心建设项目已经立项。进一步推进殡葬改革,开展了移风易俗的殡葬改革宣传月活动,户籍人口死亡火化率达100%。开展了"拥军优属、拥政爱民"活动,积极安置复员退伍军人,安置率达100%,并拨出专款为辖区部队解决各方面困难,成立了24个双拥共建单位。加强对居委会工作人员的培训,解决了

居委会办公用房和经费不足的困难。

八、城区建设

新区成立后,我区城市功能建设步伐加快。1998年,年末辖区建成区面积4.99平方公里,年末实有铺装道路面积36.36万平方米;下水道排水管长度41.98公里;辖区用电总量3.48亿千瓦时,比上年增长20.0%;自来水日供水能力7.5万吨;年供水总量1790万吨,增长25.7%。

九、人口和人民生活

人口总量稳步增长。全区年末常住人口11.05万人,比上年增长8.0%。其中,户籍人口2.59万人,增长2.4%;暂住人口8.46万人,增长9.9%。

户籍人口自然增长率有所升高。辖区户籍人口出生率为10.98‰,户籍人口自然增长率为9.62‰,分别比上年上升4.65个千分点和3.72个千分点;户籍人口计划生育率为97.7%,比上年下降0.3个百分点。

职工人数增长较快,工资水平稳步提高。区属年末职工人数5.84万人,比上年增长16.2%;职工年工资总额74656万元,增长17.8%;职工年人均工资13046元,增长6.8%。

注:国内生产总值及增加值绝对数按现行价格计算,增长速度按同口径价格计算。

1998年宝安区国民经济和社会发展情况

深圳市宝安区计划统计局

1998年,宝安区深入贯彻落实十五大、省八次党代会和市委二届八次全会精神,全面实施"九五"发展战略,按照新一届区委、区政府提出的奋斗目标,围绕"增创新优势,更上一层楼"的指导方针,深化经济体制改革,加快国有企业改制步伐,继续调整产业结构,加大招商引资力度,抓好基础设施建设,实施"科教兴区"战略,深入开展创建花园式文明城区活动,克服了东南亚金融危机的影响,促进了国民经济的持续、稳定、健康发展。

1998年全区国内生产总值169亿元,比上年增长16.5%,完成计划100.6%;工业总产值242亿元,比上年增长19.9%,完成计划100.8%;农业总产值5.55亿元,比上年增长2.6%,完成计划100.9%;社会消费品零售总额45.6亿元,比上年增长19.6%,完成计划101.3%;外贸出口总额76.5亿美元,比上年增长9%,达到预期目标;一般贸易出口0.4亿美元,比上年减少22.3%,完成计划66.7%;"三来一补"工缴费收入2.96亿美元,比上年增长2.8%,完成计划102.8%;全社会固定资产投资31.7亿元,比上年增长18.2%,完成计划113.2%;地方预算内财政收入14.77亿元,比上年增长21.7%;农村人平年所得8000元,比上年增长14.3%,完成计划100%;中小学在校学生数84990人,比上年增长10.6%,完成计划110.4%;医院病床数2003张,比上年增长15.5%,完成计划105.4%;年末总人口126万人,比上年增长1.94%,完成计划100%;其中户籍人口24.9万人,比上年增长2.9%,完成计划94%;户籍人口出生率13.46‰,实现了控制人口出生的目标。

1998年宝安区国民经济和社会发展具有如下特点:

一、经济增长率高,产业结构进一步优化

1998年,宝安区产业结构升级步伐加快,整体经济素质得到提高,三大产业结构比例为5:58:37,与1997年相比,第一和第三产业占国民经济的比重分别下降0.9和0.7个百分点,第二产业比重上升1.6个百分点。第二产业在国民经济中的支柱地位更加稳固和加强。从生产、投资、消费、出口、物价等各项相关指标看,宝安区国民经济在良性轨道中运行。

二、工业持续大幅度增长,高新技术工业发展迅速

1998年,宝安工业行业技术含量逐步提高,工业产品出口畅旺,产销平衡;高新技术工业迅速发展,一批技术含量高的产品已经形成相当的生产规模;重点、大型工业项目逐渐成为工业发展的中坚;对外加工贸易工业结构升级取得成效,实现了"三来一补"工缴费收入的稳步增长。

三、农业生产稳定,农业发展空间进一步拓展

年内完成了西部二万亩"三高"水产养殖地建设,建立了4千亩无公害蔬菜基地,并培育了花卉生产等新的农业经济增长点,拓宽了城郊型、出口创汇型农业的发展空间,使农业生产稳步发展。主要农产品产量除水果是小年外，蔬菜、畜禽、水产品产量均获得增长。

四、商贸业规模扩大，档次提高，消费和出口稳中有升

消费品市场货源充裕，物价稳中略降，年内开业了一批较大型商场，使消费品零售保持畅旺。外贸出口虽受亚洲金融危机影响，但全年出口总额(海关口径)仍比上年增长9%。旅游方面启动了西部田园海上风光旅游区、光明生态农业观光区和羊台山溪之谷等项目的规划建设。房地产市场活跃，商品房销售总额达到20.3亿元，比上年增长76.7%。

五、投资力度加大，基础设施建设加强

梅龙引水工程、铁岗水库、福永河、新桥河等排洪工程，以及洲石公路、观公公路、公黄公路等道路工程正在抓紧施工，石岩北环路已竣工通车；有线电视光纤铺设工作进展顺利，宝安信息网建设(一期)工程已启动；同时，还完成了宝安垃圾处理场、107国道综合整治(一期)工程的总体规划论证和深圳和记内陆集装箱仓储区一期的规划审批，进行了宝城前进路改造，加强了城市以及镇、村的建设规划及花园式城区的创建。

六、"科教兴区"成效显著，社会事业全面进步

科技事业发展加快，形成了一批高新技术企业和项目，科学研究、技术引进、科普工作全面展开，全年科技立项45项。教育强区建设初见成效，教育基础设施逐步完善，入学难问题得到缓解，高中教育结构和普通高中布局作了科学调整，教育质量不断提高。文化事业繁荣，文艺演出和创作活跃，知识工程全面展开，新发展"百村书库"网点50个。群众体育运动蓬勃发展，体育成绩提高，成功举办了宝安区首届运动会。卫生保健工作取得较大进展，医疗技术水平进一步提高，保健网络健全，全区设立了80个社区保健服务站，新增医院病床数288张。精神文明建设进一步加强，两个综合治理成效显著，社会生活环境、治安环境有所改善；医疗保险、劳动保险和养老保险制度等社会保障体系进一步健全。总人口的增长速度是建区以来最低的一年；人民生活水平提高；"同富裕工程"实施顺利，全年下达"同富裕工程"92个，计划投资2.4亿元。

1998年宝安区经济社会发展的成就，是在国内外经济环境较为不利的情况下取得的，来之不易。在经济社会发展过程中仍存在着一些问题，主要有：①由于受亚洲金融危机影响，外商实际投资回落，一般贸易出口和农产品出口下降，"三资"企业外商实际投资总额比上年减少65.1%。②区属企业改革步入攻坚阶段，改革中的深层次矛盾一时难于根本解决，企业总体经济效益仍然较低。③生产、生活水源不足问题较为突出，严重影响经济社会发展。

1998年龙岗区国民经济和社会发展统计公报

深圳市龙岗区计划统计局

(1999年4月8日)

1998年,龙岗区按照"迎接挑战、稳中求进、重点突破、协调发展"的工作思路,开拓进取、艰苦奋斗,积极克服和化解亚洲金融危机所带来的各种困难及负面影响,全区国民经济继续保持较快的增长势头,社会各项事业全面发展,两个文明建设取得显著成就。

一、综　合

国民经济总体运行良好,改革和发展的各项目标基本完成。1998年,全区实现国内生产总值136.6亿元(当年价),完成年计划100.5%,按可比口径计算比上年(下同)增长16.5%。其中第一产业增加值为5.6亿元,增长2.1%;第二产业增加值为83.5亿元,增长19%;第三产业增加值为47.5亿元,增长13.6%。三次产业的比例为4.1:61.1:34.8。人均国内生产总值15118元,增长14.4%。

市场价格总水平下降。全年居民消费价格总水平比上年下降0.9%,其中食品类价格下降4%,服务性项目价格上升7%。商品零售价格总水平比上年下降2.2%,其中食品类价格下降4.6%,燃料类价格上升7.6%。

劳动就业工作有所加强。年末全区从业人员44.2万人,比上年末增加0.1万人,增长0.2%。其中城镇从业人员15.9万人,农村从业人员28.3万人。再就业工程取得较好的效果,劳动部门通过现场招聘等各种途径,为下岗职工提供再就业岗位2350个,工种523个,使690名下岗职工实现了再就业。我区城镇居民登记失业率与上年基本持平。

国民经济和社会发展中存在的问题和薄弱环节是:区、镇属企业的经济效益未明显地好转;产业结构调整进展不快;东西部经济发展不平衡;农民收入增长缓慢;有效需求不足,特别是农村市场销售不旺;旅游景气下滑。

二、农　业

以发展"三高"、"三化"农业为目标,大力抓好农业重点项目建设,依靠科技进步,深化农村改革,使全区的农业生产和农村工作有了新的发展。全年共实现农业总产值3.7亿元(90年不变价),比上年增长7.2%;农村三级经济总收入为54.2亿元,增长11.3%;农民人均所得6668元,增长17.5%。

在农业生产上,一是积极抓好蔬菜基地建设。完成一万亩菜地的土地产权的移交工作,并进入正常的生产轨道。全年的蔬菜种植面积达7.1万亩,增长6.44%;产量为9.42万吨,增长19.58%。二是积极抓好养殖基地的建设。康达尔金沙万头猪场扩建工程已全面完成。全年生猪饲养量24.63万头,增长10.06%。活鸡饲养量1293万只,减少6.45%。水产品养殖面积为788.53公顷,其中淡水养殖面积264.13公顷,海水养殖面积524.4公顷。水产品总产量为6595吨,增长5.8%。其中淡水产品产量为1877吨,比上年减少0.9%,海水产品产量为4718吨,比上年增长8.6%。

三、工　业

面对亚洲金融危机的冲击和国内市场疲软、需求乏力所带来的前所未有的困难,我们及早准备,迎刃而上,坚持以工业为主导的发展思路,在积极巩固、提高发展"三来一补"、"三资"企业和民营个体工业企业的同时,加快龙城工业园、坂雪岗和宝龙工业区三大工业区(园)的开发和引商工作,工业生产继续快速增长。全年工业总产值175.02亿元(90年不变价),比上年增长22.5%。其中国有工业产值为7.52亿元,比上年下降9.2%;集体经济产值为33.5亿元,比上年增长18%;其他经济产值为134亿元,比上年增长26.1%。

国有工业企业及年产品销售收入500万元以上的非国有工业企业实现增加值61.3亿元,比上年增长20%。其中国有工业企业2.5亿元,比上年下降15%;集体企业8.5亿元,比上年增长14%;其他经济类型企业50.3亿元,比上年增长23.6%。

产品结构继续得到改善,产销衔接良好。增产的产品居多,占产品类型总量的54%;下降的占36%;持平的占10%。

主要工业产品产量如下:

产品名称	计量单位	数　量	增减±%
自行车	万辆	77.21	151.8
黑白电视机	万台	68	353.3
组合音响	万部	75.2	155.9
电风扇	万台	410.11	2.9
酱　油	吨	473	427.5
磁　头	万只	3052	-38.1
电话机	万部	698.52	-20.1
服　装	万件	3242.66	-67.3

工业产品销售率为98%,与上年持平。独立核算工业企业劳动生产率27039元/人(按增加值计算),与上年相比增长19%。

四、固定资产投资

投资总量有明显增长。区政府投入资金5.7亿元,用于市政建设、公共事业设施、为民办实事、同富裕工程等项目,有力地带动了全区固定资产投入。1998年全区完成固定资产投资33.14亿元,比上年增长了11.43%。其中国有经济投资12.02亿元,增长18.77%;城镇集体投资13.23亿元,增长12.02%;农村集体投资5.17亿元,增长19.68%;私人投资2.72亿元,下降22.2%。

基本建设仍为投资重点,而第二产业的固定资产投资则为重中之重。制造业全年完成投资7.52亿元,比上年增长67.1%;市政基础设施投资11.2亿元,比上年增长6.1%;房地产投资7.64亿元(不含私人建房),增长16.46%;其他行业投资6.78亿元,下降17%。

45个重点投资项目,资金到位,进展顺利。其中,中心城长途汽车客运站已正式投入使用,区计生服务中心大楼、交警大楼已竣工。

全年施工项目302个(不包括私人建房户数),竣工项目184个。全社会新增固定资产21.49亿元,增长6.4%。

五、商贸和房地产业

1998年,我区继续深化商贸企业体制改革,鼓励和支持个体、私营经济发展,逐步完善市场基础设施和营销体系。在市场疲软,居民消费价格指数和商品零售价格指数均低位运行,以及旅游景气下滑的情况下,通过增加投资和一系列扩大内需的政策,有效地拉动了社会消费。全区社会消费品零售总额达30.5亿元,比上年增长14%,其中个体私营经济发展迅速,商品零售总额为17.4亿元,占全区社会消费品零售总额的57%,比上年增长21.2%。

在房地产业方面,由于加强了监控和管理,并制定了一些优惠政策,使商品房的销售势头强劲。1998年,我区商品房销售面积64.87万平方米,销售收入18.35亿元,分别比上年增长

74.1%和68.5%,"购房入户"既增加了我区的"人气",也促进了消费市场的繁荣。

六、财政和金融

财税部门通力合作,通过以组织收入为中心,强化财税收入征管,调整支出结构,从而保证了全年财政收入圆满完成,较好地支持了我区经济建设和社会各项事业的发展。全年实现预算内地方财政收入10.03亿元,完成年计划的114%,比上年增长20.1%。其中工商税收9.22亿元,增长28.7%;农业税收0.1亿元,增长27.4%;罚没收入0.58亿元,比上年下降15.7%;专项收入0.18亿元,下降38.2%。预算内地方财政支出11.13亿元,比上年增长8.6%。其中基本建设支出1.23亿元,增长10.6%;企业改造资金0.3亿元,与上年持平;城市维护费0.39亿元,增长56.9%;科技资金0.1亿元,增长33.3%;文教卫生事业支出2.81亿元,比上年下降1.9%。

我区金融机构在全国性金融改革大环境下,保持了平稳运行态势,为经济发展和人民生活提供了有效服务。1998年末全区金融机构存款余额199.96亿元,贷款余额111.04亿元,分别比上年增长23.2%和23.6%。现金总收入469.22亿元,现金总支出442.21亿元,分别比上年增长19.8%和21.4%。现金回笼27.01亿元,比上年增长6.9%。

七、对外经济

1998年,在亚洲金融危机和引资形势日趋严峻的情况下,我区仍引进了378个项目,实际利用外资金额4.28亿美元。"三来一补"实收工缴费2.39亿美元,比上年增长2%。

通过制定鼓励出口优惠政策,开拓新兴市场等一系列措施,外贸出口取得好成绩。1998年,全区贸易出口额达34.1亿美元,比上年增长2.7%。其中一般贸易出口完成0.4亿元,比上年增长28.1%;加工贸易出口完成33.7亿美元,比上年增长2.4%。

八、交通运输、邮电业

交通运输发展平稳。区中心城长途客运汽车站正式投入使用。全社会营运车辆达11960辆,比上年增长13.2%。全年货运总量1200.7万吨,比上年增长2%;货物周转量83228万吨公里,增长1%;客运总量582万人,比上年增长1.9%;旅客周转量52476万人公里,增长2%。

邮电通信业仍继续快速增长。全年完成邮电业务总量8.9亿元,比上年增长17.4%。住宅电话用户12.33万户,比上年增长23.7%。邮政储蓄年末余额3.88亿元,比上年增长38.4%。

九、科技、文化、教育、卫生

科技队伍稳步发展,1998年科研机构和高科技企业共40家,职工人数10523人,比上年增长23.8%。其中从事科研的技术人员1634人,增长16.7%。科技经费投入增加,全年用于高科技开发的经费1.14亿元,比上年增长22.6%;其中区财政投入0.1亿元,比上年增长33.3%。

文化事业健康蓬勃发展,突出抓好以广场文化为主的特色文化建设。坚持在龙城广场举办周五文艺演出和周六电影晚会活动。先后主办、协办了1998年深圳国际民间艺术节开幕式和第三届中国国际舞狮邀请赛;举办了第三届文艺汇演和"红五月"歌咏比赛。龙城广场成为宣传我区精神文明建设成就的大舞台,并被评为广东省首届"十佳文化广场"。各镇也加快了广场、公园、图书馆、书店、文体活动中心"五个一"的建设。区有线电视全区联网工作已圆满完成。全区现有有线电视台(站)11个,有线电视用户8.9万户,比上年增长27.1%。

教育事业稳步发展。政府加大了教育投入,推进幼儿园和中小学校布局调整和上等级工作,提高了整体办学的水平。全区现有各类学校85所,在校学生58579人,比上年增长11.2%;其中小学生44561人,普通中学和中专学生14018人。专任教师2177人。

卫生事业不断发展。实施了卫生系统改革,强化了医院分级管理的成果,医疗药品市场和诊所得到整治,加强了医疗保健工作。区中心医院的创"三甲"基础工作、区人民医院和中心血站的建设进展顺利。全区共有医疗机构21间,医院床位1257张,比上年增长18.5%;卫生工作人员2690人,其中卫生技术人员2099人,比上年增长8.2%。

十、市政设施和环境保护

市政设施日趋完善。全年政府共投入5.7亿元用于市政工程建设、公共事业设施和同富裕工程。完善了中心城18条道路网建设,加强了交通、供配电、供配水、防洪排涝和通讯网络的建设。全年供电量47622万度,比上年增长6.3%;自来水供应量13249万吨,比上年增长13.8%。

环境保护事业加快发展。全区饮用水源水质达标率为99.1%。城市生活污水处理率21.02%,比上年提高6.14个百分点。工业废水处理率99.38%,工业废水排放达标率92.92%,工业废气处理率99.94%,分别比上年提高0.45个百分点、9.88个百分点和8.74个百分点。区域环境噪声平均值为57.3分贝。空气污染指数为56,空气质素良好。森林覆盖率为52.5%。环境保护的水平明显提高。

十一、人口与人民生活

全区总人口93.1万人,比上年增长6.3%。其中户籍人口18.2万人,增长6.4%;流动人口74.9万人,增长6.3%。计划生育工作取得良好成绩,全区人口出生率为14.79‰,自然增长率11.28‰,计划生育率95.87%,多孩率0.72%,圆满完成了市下达给我区的计划生育指标和任务。全区城镇居民人均可支配收入19168元,农村人均纯收入18223元,分别比上年增长1.8%和16.4%,城镇人均居住面积为19.87平方米。

城乡居民储蓄存款持续增长。1998年末各银行、信用社的居民储蓄存款余额99亿元,比上年增长20%。

社会保障事业发展迅速。全区有56.6万职工参加了基本养老保险,有4.7万农民参加了农村养老保险,有1227名退休人员参加了离退休费社会统筹,有2.6万职工参加了医疗保险,有54万职工参加了工伤保险。

注:①本公报部分统计数据为初步统计数,如有调整,以统计年鉴为准;②国内生产总值、增加值、人均国内生产总值绝对数,按现行价格计算,增长速度按可比价格计算。

15-1 各区主要经济指标
MAIN INDICATORS BY DISTRICT
(1998)

指标	Item	罗湖区 Luohu	福田区 Futian	南山区 Nanshan	盐田区 Yantian	宝安区 Baoan	龙岗区 Longgang
一、年末常住人口数(万人)	Year-end Population (10 000 persons)	60.04	70.67	42.87	11.05	121.26	89.08
#户籍人口(万人)	Population with Residence Cards (10 000 persons)	28.62	27.48	12.79	2.59	24.92	18.20
暂住人口(万人)	Population with Temporary Residence Cards(10 000 persons)	31.42	43.19	30.08	8.46	96.34	70.88
二、国内生产总值(万元)	Gross Domestic Product (10 000 yuan)	272 555	196 341	2 174 328	144 200	1 685 038	1 366 228
三、基本建设投资(万元)	Investment in Capital Construction (10 000 yuan)	33 797	37 401	565 946	27 714	317 043	331 442
四、房地产开发投资(万元)	Investment in Real Estate Development(10 000 yuan)	30 179	79 346	324 480	17 860	111 344	76 392
五、预算内财政收入(万元)	Financial Revenue in Budget (10 000 yuan)	104 454	123 398	99 682	26 962	147 653	100 314
预算内财政支出(万元)	Financial Expenditure in Budget (10 000 yuan)	120 631	145 652	109 588	32 472	167 550	111 261
六、年末职工人数(人)	Year-end Staff and Workers(person)	44 947	36 858	68 091	58 422	79 871	48 139
#国有单位(人)	State-owned Units (person)	13 987	13 582	14 666	15 952	30 489	33 031
七、职工工资总额(万元)	Total Wages of Staff and Workers (10 000 yuan)	66 865	56 703	96 031	74 656	114 082	73 954
#国有单位(万元)	State-owned Units (10 000 yuan)	34 987	30 477	29 119	22 316	61 360	56 673
八、农业	Agriculture						
1. 农业增加值(万元)	Value Added of Agriculture	1 105	448	8 639	1 127	87 363	63 559
2. 农业总产值(当年价)(万元)	Gross Output Value of Agriculture (at current prices)(10 000 yuan)	2 534	902	16 500	2 060	154 811	111 488
3. 农业总产值(1990年不变价)(万元)	Gross Output Value of Agriculture (at constant prices of 1990) (10 000yuan)	855	539	15 500	695	55 512	37 023
4. 主要农产品产量	Main Farm Output						
粮食(吨)	Grain (ton)					2 223	1 558
花生(吨)	Peanuts (ton)					54	444
蔬菜(吨)	Vegetable (ton)	2 449	1 834	10 500	1 873	74 952	94 172
水果(吨)	Fruit (ton)	29	40	403	46	22 056	11 652
水产品(吨)	Aquatic (ton)	59	180	13 550	183	29 790	6 595
生猪饲养量(头)	Raised Hogs (head)	490	410	65 000	5125	525 541	246 313
家禽饲养量(万只)	Poultry (10 000 head)	0.5	0.5	55	6	1 809	1 372

15－1续表　continued

指　标	Item	罗湖区 Luohu	福田区 Futian	南山区 Nanshan	盐田区 Yantian	宝安区 Baoan	龙岗区 Longgang
九、工　业	Industry						
1. 工业增加值(万元)	Value Added of Industry (10 000 yuan)	34 349	65 193	321 000	110 100	1 054 169	760 225
2. 工业总产值(当年价)(万元)	Gross Output Value of Industry (at current prices)(10 000 yuan)	163 196	249 039	1 184 088	940 871	3 715 789	2 185 206
3. 工业总产值(1990年不变价)(万元)	Gross Output Value of Industry (at constant prices of 1990) (10 000 yuan)	134 634	232 493	1 054 639	995 091	2 422 675	1 750 677
4. 主要工业产品产量	Production of Main Industrial Products						
发电量(万千瓦小时)	Electricity (10 000 kwh)		16 017	82 947	14 133	59 450	34 295
电话机(万部)	Telephone Sets (10 000 sets)	228	377	301		450	530
收录机(万台)	Radio and Recorder (10 000 sets)	93	161	273		248	
服装(万件)	Garments (10 000 pieces)	7 407	508	1 132	4 040	8 090	3 243
化学纤维(吨)	Chemical Fiber(ton)					758	
塑料制品(吨)	Plastics Production (ton)	1 320	3 431	13 352	842	16	239 600
十、商业	Commerce						
1. 社会消费品零售总额(万元)	Retail Sales of Consumer Goods (10 000 yuan)	205 973	45 902	271 031	51 557	456 074	305 145
2. 商品购进总额(万元)	Total Goods purchases (10 000 yuan)	21 993	56 575	110 098	50 318	179 438	121 107
3. 商品销售总额(万元)	Total Sales (10 000 yuan)	24 741	62 739	121 941	54 730	180 791	134 053
4. 商品年末库总额(万元)	Year－end Inventory (10 000 yuan)	1 455	6 105	10 217	4 051	19 643	8 725
5. 利润总额(万元)	Total Profits (10 000 yuan)	－857	－20	4 778	3 797	2 061	3 403
十一、外贸出口总额(万美元)	Total Exports (USD 10 000)	18 304	20 900	256	99 500	761 341	340 955
外贸进口总额(万美元)	Total Imports (USD 10 000)		18 000			472 649	
十二、利用外资	Utilization of Foreign capital						
1. 签订协议(合同)项目(项)	Number of Through Signed Contracts (unit)	9	5	255	38	237	378
2. 协议利用外资额(万美元)	Value of Foreign Business Contracts (USD 10 000)	1 161	582	140 645	4 409	43 989	17 583
3. 实际利用外资额(万美元)	Total Value of Foreign Capital Actually Used (USD 10 000)	3 018	700	20 129	3 104	21 933	42 771

统计信息大事记

1998 年大事记

1　月

本月,深圳市信息化专家'98 新春座谈会在北京、深圳两地召开。在北京,国务院信息办副主任宋玲及中科院士张效祥、杨芙清等领导和专家出席了会议;在深圳,郑通扬副市长、统计信息局周理局长和深圳的信息化专家出席了座谈会。会议对信息系统建设、信息产业、网络建设、信息立法及其他有关问题提出了宝贵的意见和建议。

2　月

15 至 19 日　国际城市和地区统计委员会主席罗莎·奇艾莫、前主席阿斯塔以及欧共体统计联合会主席涂务畴一行三人到深圳进行考察。孔爱玲副局长汇报了深圳市对国际城市和地区统计委员会(SCORUS)第 22 届会议筹备工作的进展情况。双方研讨了第 22 届会议论文议题,正式确定在深圳市召开 SCORUS 第 22 届会议,并通过了深圳市的筹备方案。郑通扬副市长接见了来访的外宾,并代表市政府表示支持在深圳召开 SCORUS 第 22 届会议。

17 日　国际城市统计委员会前主席阿斯塔在深圳市统计信息局作了题为《国际城市统计工作的现状和发展》的学术报告。

24 至 26 日　全国消费价格调查统计工作会议在深圳市召开。

25 日　深圳市计算机网络互联互通工作会议在市政府召开,刘利华副秘书长主持了会议,市信息办、市邮电局、市有线电视台、市联通公司等单位有关人员参加了会议。会议就深圳市计算机网络互联互通问题进行了认真的讨论,达成了共识。

3　月

4 日　深圳市信息办组织召开了信息库定级评审工作座谈会。会议讨论了“关于开展深圳市数据库评优定级活动的方案(讨论稿)”和“信息库功能及其服务水平测评标准提纲(草案)”。

5 日　为规范深圳市 IC 卡的管理和应用,深圳市统计信息局主持召开了由《深圳商报》等新闻媒介记者参加的“一卡多用座谈会”,为制定、出台《IC 卡管理规定》做好社会舆论准备工作。《深圳商报》从 3 月 23 日起连续 5 日作了《一卡多用在何时》的系列报道。

9 日　深圳市机关电脑专网保密论证会在深圳市统计信息局召开。会议听取了市统信局关于机关电脑专网安全保密情况的汇报,对网络进行了实地考查,并对网络保密情况进行了认真的评估。

15 至 21 日　德国科隆大学现代中国研究中心专家施华德先生来深圳市访问调查,对深圳市人口的迁移、流动、就业等相关问题进行了调研。

26 至 27 日　广东省信息化工作会议在广州召开。会议由卢钟鹤副省长主持。深圳市副市长、信息委副主任郑通扬出席了会议,并在会上作了有关信息化保障体系的发言。

4　月

22 日　深圳市信息工程质监站与市软件行业协会在深圳市统计信息局联合举办了“软件行业实施 ISO9000”研讨会。研讨会详细讲解和介绍了软件行业实施 ISO9000 的要点、实施步骤及 ISO9000 同 CMM 的比较。

23 日　深圳市信息化工作经验交流大会在市人大会堂召开。大会由市信息办主任、统计信息局局长周理主持,郑通扬副市长在会上作了重要讲话。会议传达了广东省信息化工作会议精神并提出了工作意见。

24 日　深圳市统计信息局根据有关文件和法规,制定了《深圳市信息网络服务机构资格证书管理办法》,目的是为加强对全市信息服务行业的管理,规范数据库、网络服务机构的行为,维护信息市场秩序。

5　月

14 日　美国天合系统集成集团(TRW)景天祺博士(亚洲工程项目经理)、徐希平博士及国家信息中心的专家到深圳市统计信息局网络中心考察,对深圳市统计信息局利用三期日元贷款和市政府配套资金建设的深圳市经济信息系统进行了审验评定,并签署了专家评审意见。

17 日　由深圳市信息办、政协经科委、邮电局、科技局等七家单位联合主办的《第二届深圳通讯暨 Internet 展览会》在市科学馆举行,。

22 日　由深圳市信息办、市科技顾问委员会、IBM 中国有限公司深圳分公司联合举办的“计算机 2000 年问题”报告会在深圳市统计信息局举行。

22 日　深圳市统计信息局组织召开了反对和制止在统计上弄虚作假座谈会。与会代表就贯彻落实“两办通知”精神,坚持实事求是、反对弄虚作假等问题进行了座谈。

6　月

11 日　1998 中国(深圳)智能卡技术与应用研讨会在银湖举行。

12 日　深圳市信息办与深圳市计算机用户协会联合举办了 ISO9000 与系统集成报告会。

本月,深圳市统计信息局基层统计组织建设调研工作小组分别前往各区计统局及有关街道办事处进行调研,实地考察了区、镇级统计机构设置等有关问题。

7　月

4 日　全国经济信息系统日元贷款工作会议深圳现场会在深圳市统计信息局召开,参加会议的有全国各地的代表及专家共 200 多人。

10 日　深圳市统计信息局主持召开了深圳市个体商业、饮食业及小型商业、餐饮业抽样调查论证会。

17 日　经中共深圳市委、市人民政府同意,深圳市统计信息局代拟了《中共深圳市委办公厅、深圳市人民政府办公厅关于贯彻落实〈中共中央办公厅、国务院办公厅坚决反对和制止在统计上弄虚作假的通知〉的意见》(深办发[1998]15 号)下发,要求各有关单位认真贯彻执行,广泛深入地宣传统计法律法规,努力营造支持实事求是、反对弄虚作假、搞准统计数据的社会环境。

22 日　深圳市宝安区计统局主持召开了《宝安区信息化建设规划纲要(1998—2010)》专家评审会。

30 日　深圳市统计法制工作会议召开。市政府副秘书长刘应力、市人大预算审查工委主任陈棠颐到会并作了重要讲话。

8 月

13 至 14 日　全国重点城市贸易外经统计工作交流会代表一行 25 人来深圳市统计信息局参观学习。代表们就贸易外经专业统计抽样调查在贸易统计中的运用等问题进行了交流。

18 至 19 日　广东省投资统计工作会议在深圳市召开。

21 至 22 日　由深圳市信息办、市科技局、市经发局联合组织的"信息产业座谈会"在深圳举行。国务院信息办负责人、信息产业部信息化推进司司长宋玲、深圳市副市长郑通扬、国家发展计划委员会发展规划司副司长黄丕义等领导到会作了讲话。来自全国各地的信息专家和代表就信息产业规划与发展大计、如何加快区域性信息中心城市建设等问题进行了研讨。

26 至 28 日　深圳市统计信息局组织有关信息化专家组成的第二次信息工程单位资质评定专家委员会,对深圳市 32 个信息工程单位报送的有关材料进行评审,并对 1997 年已评审的企业进行了年检。

本月,深圳市统计信息局干部职工积极为深受洪水侵害的灾区人民奉献爱心,第一批自发捐款 25065 元,衣物 1165 件送交市民政部门并发往灾区。

9 月

7 至 11 日　深圳市统计信息局组织本局有关处室及各区计统局负责人赴北京市,对县属地统计管理模式、组织实施统计登记和基本单位普查以及统计普法、执法的做法和经验进行了考察学习。

14 至 19 日　全国固定投资统计工作会议在深圳召开。国家统计局翟立功副局长到会并做了重要讲话,投资司李启明司长主持会议,广东省统计局及深圳市统信局的有关领导也出席了会议。

15 日　粤港合作联席会议信息技术与产业化合作专责小组在深圳举行第一次会议,双方就开展粤港信息技术与产业方面的合作等到有关问题进行了磋商,并就有关问题达成共识。深圳市副市长郑通扬到会祝贺。

24 日　《深圳市经济特区信息化建设条例》(送审稿)经市政府二届第 113 次常务会议原则通过。

本月,为强化统计法律意识,根据深圳市统计执法大检查领导小组的部署,市统计信息局组织了由全市 4000 余名统计负责人和统计人员参加的全市统计法律、法规统一考试。

本月,深圳市统计信息局统计信息系统工程建设完成了设计联网及专业传输测试,并在工交、核算、投资等专业处室对口的部分专业单位联网试运行成功。

10 月

19 日　香港理工大学中国商业研究中心研究员朱文晖先生受香港特别行政区政府委托,就香港如何借助深圳信息产业发展的优势,促进港深两地信息产业的发展与合作课题来深圳调研。市信息办接待了来宾,并就深圳信息产业的发展现状、规划及深港信息产业合作等问题举行了座谈会。

30 日　为了进一步确定粤港政府信息互联的技术标准规范,粤港政府信息网络互联技术小组第二次会议在深圳市统计信息局召开。香港资讯科技及广播局首席助理局长郑恩赐先生等有关人员参加了会议。

11 月

11 日　"深圳市统计信息系统技术鉴定会"在深圳市统计信息局召开。国家统计局和中科院软件所的统计及信息系统专家对深圳市统计信息系统的功能及软件的技术性能进行了现场考核。鉴定会认为:该系统作为一个复杂的应用系统,设计思想合理,技术先进,在国内统计系统中具有先进水平。

13日　深圳市计算机2000年问题工作领导小组办公室在市统计信息局(市信息办)正式挂牌。深圳市计算机2000年问题工作领导小组由郑通扬副市长任组长,市政府副秘书长刘应力、市统信局局长周理任副组长,主要负责全市解决计算机2000年问题的组织协调、宣传指导和督促检查工作。

18日　深圳市1998年统计年报工作会议在龙岗召开。

12　月

10至13日　深圳市信息办在市统计信息局及用户现场组织开办了信息化建设项目应用系统培训班。

25日　深圳市统计现代化工程运行推进工作会议召开。至此,深圳市统计信息局已完成14个专业信息子系统的功能测试,8个专业已进行基层统计上报单位的培训,参加培训的单位达380家;5个专业进行了联网试运行,253家基层统计上报单位开始了联网,试运行单位达168家。

28日　由深圳市计算机2000年问题工作领导小组办公室主持召开的解决计算机2000年问题工作会议在市统计信息局举行。

本月,根据国务院关于进行第五次全国人口普查的通知精神,深圳市政府批准成立了深圳市第五次全国人口普查领导小组及办公室。郑通扬副市长任普查领导小组组长,邓树勇副局长任领导小组副组长兼办公室主任,日常办事机构设在统计信息局。

光荣榜

光　荣　榜

特等奖

获奖项目、等级	颁奖单位	颁奖日期
《深圳统计信息年鉴—1997》获全国地方统计年鉴乙组特等奖、装帧设计奖	国家统计局	1998 年 1 月
《深圳统计信息年鉴—1998》获全国地方统计年鉴乙组特等奖	国家统计局	1998 年 12 月

一等奖(第一名)

获奖项目、等级	颁奖单位	颁奖日期
城调队获 1997 年度统计优质服务评比一等奖	国家统计局城调总队	1998 年 1 月
城调队获 1997 年度住户调查统计评比一等奖	国家统计局城调总队	1998 年 1 月
城调队获 1997 年度消费价格统计评比一等奖	国家统计局城调总队	1998 年 1 月
城调队获 1997 年度综合评比一等奖	国家统计局城调总队	1998 年 1 月
核算专业 1997 年统计年报获省第一名	广东省统计局	1998 年 7 月
运输邮电专业 1997 年统计年报获省第一名	广东省统计局	1998 年 7 月
农业专业 1997 年统计年报获省第一名	广东省统计局	1998 年 7 月
劳动专业 1997 年统计年报获省第一名	广东省统计局	1998 年 7 月
1997 年省劳动社会科技年度考核第一名	广东省统计局	1998 年 8 月
1997 年工资水平比较调查工作一等奖	广东省统计局、省人事厅	1998 年 8 月
核算处获 1997 年度国民经济核算报表特等奖	国家统计局国民经济核算司	1998 年 10 月
深圳信息网获 1998 年深圳市科技进步一等奖	深圳市科技局	1998 年 11 月

二等奖(第二名)

获奖项目、等级	颁奖单位	颁奖日期
投资专业 1997 年统计年报获省第二名	广东省统计局	1998 年 7 月
建筑专业 1997 年统计年报获省第二名	广东省统计局	1998 年 7 月

外经旅游专业 1997 年统计年报获省第二名	广东省统计局	1998 年 7 月
科技专业 1997 年统计年报获省第二名	广东省统计局	1998 年 7 月
能源专业 1997 年统计年报获省第二名	广东省统计局	1998 年 7 月
单位调查 1997 年统计年报获省第二名	广东省统计局	1998 年 7 月

三～五等奖(第三～五名)

获奖项目、等级	颁奖单位	颁奖日期
原材料专业 1997 年统计年报获省第五名	广东省统计局	1998 年 7 月

其他奖项

获奖项目、等级	颁奖单位	颁奖日期
1997 年度工会财务工作先进单位	深圳市总工会	1998 年 2 月
1997 年度福田区计划生育先进单位	福田区人民政府	1998 年 3 月
城调队获 1997 年度全省城调系统先进单位	广东省城市社会经济调查队	1998 年 3 月
城调队获 1997 年度全国城市社会经济调查工作先进集体	国家统计局人事司 国家统计局城调总队	1998 年 4 月
人口抽样调查领导小组获 95、96、97 年度计划生育先进单位	深圳市委、市政府	1998 年 4 月
深圳市贯彻《廉政准则》促进机关作风建设创一流工作效益活动先进单位	深圳市政府	1998 年 4 月
社科处获"热爱儿童"先进集体	深圳市妇儿工委	1998 年 5 月
1998 年市直机关"心中的歌献给党"歌咏大赛优秀节目奖和组织奖	深圳市直机关工委	1998 年 6 月
1997 年统计年报工作先进单位	广东省统计局	1998 年 7 月
1997 年度全国统计执法大检查先进单位	国家统计局	1998 年 9 月
投入产出办公室获全面数据质量管理优秀奖	国家统计局	1998 年 10 月
法规处获 1998 年度计算机应用先进单位	深圳市计算机用户协会	1998 年 12 月

附　录

附录一　主要统计指标解释
Explanatory Notes to Major Statistical Indicators

【国内生产总值】 是按市场价格计算的国内生产总值的简称。它是一个国家(地区)所有常住单位在一定时期内生产活动的最终成果。国内生产总值有三种表现形态,即价值形态、收入形态和产品形态。从价值形态看,它是所有常住单位在一定时期内所生产的全部货物和服务价值超过同期投入的全部非固定资产货物和服务价值的差额,即所有常住单位的增加值之和;从收入形态看,它是所有常住单位在一定时期内所创造并分配给常住单位和非常住单位的初次分配收入之和;从产品形态看,它是最终使用的货物和服务减去进口货物和服务。在实际核算中,国内生产总值的三种表现形态表现为三种计算方法,即生产法、收入法和支出法。三种方法分别从不同的方面反映国内生产总值及其构成。

Gross Domestic Product refers to gross domestic product calculated at market prices, which is the final products of all resident units in a country(or region)during a certain period of time. Gross domestic product is expressed in three different forms, i. e. value added, income, and products respectively. The form of value added refers to the total value of all products and services produced by all resident units during a certain period of time minus total value of input of materials and sevices of the nature of non-fixed assets or the summation of the value added of all resident units; the form of income includes all the income created by all resident units and distributed primarily to all resident and non-resident units; the form of products refers to all final goods and services minus imports of goods and services. In the practice of national accounting, gross domestic product is calculated with three approaches, i. e. product approach, income approach, and expenditure approach respectively to reflect gross domestic product and its composition from different aspects.

【可比价格】 指在进行不同时期的价值指标对比时,扣除了价格变动的因素,以确切反映物量的变化。按可比价格计算有两种方法:一种是直接用产品产量乘某一年的不变价格计算;另一种是用价格指数换算。

Comparable Prices are applied when comparing indicators of value over time to reflect accurately the changes in real term. Two methods are used for calculating comparable prices: 1. Multiplying the output of products by their constant prices of certain year; 2. Conversion of the data in current prices by relevant price index.

【不变价格】 指用同类产品的年平均价格作为固定价格来计算各年产品价值。按不变价格计算的产品价值消除了价格变动因素,不同时期对比可以反映生产的发展速度。新中国成立后,随着工农业产品价格水平的变化,国家统计局先后五次制定了全国统一的工业产品不变价格和农业产品不变价格,从1949年到1957年使用1952年工(农)业产品不变价格,从1957年到1971年使用

1957年不变价格,从1971年到1981年使用1970年不变价格,从1981年到1990年使用1980年不变价格,从1990年开始使用1990年不变价格。

Constant Price refers to the average price of a given product in certain year, which is used for comparison of output value over time. As the output value at constant prices removes the factor of price changes, it reflects the trend of production development over time. Since 1949, with the changes in general price level, the State Statistical Bureau has issued nationally unified constant prices five times: the 1952 constant prices for 1949 - 1957; the 1957 constant prices for 1958 - 1970; the 1970 constant prices for 1971 - 1981; the 1980 constant prices for 1981 - 1990; and the 1990 constant prices have been used since 1991.

【平均每年增长速度】 在我国计算平均增长速度有两种方法,一种是习惯上经常使用的"水平法",又称几何平均法,是以间隔期最后一年的水平同基期水平对比来计算平均每年增长(或下降)速度。另一种是"累计法",又称代数平均法或方程法,是以间隔期内各年水平的总和同基期水平对比来计算平均每年增长(或下降)速度。

在一般正常情况下,两种方法计算的平均每年增长速度比较接近,但在经济发展不平衡,出现大起大落时,两种方法计算的结果差别较大。

本年鉴内所列的平均每年增长速度,均用"水平法"计算。从某年到某年平均增长速度的年份,均不包括基期年在内。如1980—1997年的平均增长速度,是以1979年为基期计算的。

Average Annual Growth Rate Two methods for calculating average annual growth rate are applied in China, one is often called "level approach" or the method of calculating geometric average, which is derived by comparing the level of the last year of the interval with that of the beginning year; the other is called "accumulative approach" or algebraic average or equation method, which is derived by the summation of the actual figure of each year in the interval divided by the figure in the base year.

Usually the results calculated by the two methods are fairly close, but they differed sharply when uneven economic development occurred with striking fluctuations in growth.

The average annual growth rates listed in this statistical yearbook are all calculated by "level approach". The base years are not listed when the years are listed for average annual growth rates. For instance, the average annual growth rates since 1980 - 1997 are calculated with the year 1979 as the base year.

【各个计划时期】 本年鉴内所用各个"时期"代表的年份如下:第六个五年计划时期(简称六五时期)为1981年到1985年;第七个五年计划时期(简称七五时期)为1986年到1990年;第八个五年计划时期(简称八五时期)为1991年到1995年。

Various Planning Periods The conventional division of time period in this statistical yearbook is as follows: The sixth five - year plan period, 1981 - 1985; The seventh five - year plan period, 1986 - 1990; The eighth five - year plan period, 1991 - 1995.

【国有经济单位】 指生产资料归国家所有的各种企业、事业单位,以及各级国家机关、人民团体等单位。

State - owned Economic Units refer to various enterprises, institutions, and government administrative organizations at various levels, social organizations and etc., with state ownership of production means.

【集体经济单位】 指生产资料归公民集体所有的各种企业、事业单位。包括农村各种经济组织经营的农、林、牧、副、渔业,乡、村经营的企业、事业单位;城市、县、镇以及街道举办的集体经济性质的企业、事业单位。

Collective - owned Economic Units refer to various enterprises and institutions with collective ownership of production means, including various rural economic organizations engaged in farming, forestry, animal husbandry, sideline production, and fishery, enterprises and institutions run by townships and villages; collective enterprises and institutions run by cities, counties, towns and subdistrict offices.

【私营经济单位】 指生产资料归公民私人所有的单位。包括私营独资企业、私营合伙企业和私营有限责任公司。

Private - owned Economic Units refer to economic units owned by private individuals, including individual owned private enterprises, jointly owned private enterprises, and private owned companies, Ltd.

【联营经济单位】 指不同所有制性质的企业之间或者企业、事业单位之间共同投资组成新的经济实体。包括紧密型联营企业,半紧密型联营企业和松散型联营企业。

Joint Owned Units refer to economic entities jointly invested by enterprises of different types of ownership or by enterprises and institutions, and the partnerships among the joint owned units can be close ,half close, or loose.

【外商投资经济单位】 指外国投资者根据中华人民共和国有关涉外经济的法律、法规,以合资、合作或独资的形式在中国大陆境内开办企业。包括中外合资经营企业、中外合作经营企业和外商独资企业。

Foreign Owned Economic Units refer to enterprises established by foreigners in the territory of mainland China according to related economic laws and regulations of the People's Republic of China as joint ventures, cooperative corporations, or ventures exclusively with sole investment, including joint ventures, cooperative enterprises, and foreign enterprises.

【港、澳、台投资经济单位】 指港、澳、台地区投资者参照中华人民共和国有关涉外经济的法律、法规,以合资、合作或独资的形式在大陆举办企业,包括合资经营企业、合作经营企业和独资企业。

Economic Units Funded by Entrepreneurs from Hong Kong, Macao, and Taiwan refer to enterprises established by entrepreneurs from Hong Kong, Macao, and Taiwan in the territory of mainland China according to related economic laws and regulations of the People's Republic of China as joint ventures, cooperative corporations and ventures exclusively with sole investment, including joint ventures, cooperative enterprises, and exclusively invested enterprises.

【三次产业】 根据社会生产活动历史发展的顺序对产业结构的划分,产品直接取自自然界的部门称为第一产业,对初级产品进行再加工的部门称为第二产业,为生产和消费提供各种服务的部门称为第三产业。它是世界上通用的产业结构分类,但各国的划分不尽一致。我国的三次产业划分是:

第一产业:农业(包括种植业、林业、牧业和渔业)。

第二产业:工业(包括采掘业,制造业,电力、煤气及水的生产和供应业)和建筑业。

第三产业:除第一、第二产业以外的其他各业。由于第三产业包括的行业多、范围广,根据我国的实际情况,第三产业可分为两大部门:一是流通部门,二是服务部门。具体又可分为四个层次。

第一层次:流通部门,包括交通运输、仓储及邮电通信业,批发和零售贸易、餐饮业。

第二层次:为生产和生活服务的部门,包括金融、保险业,房地产业,地质勘查业,水利管理业,社会服务业,综合技术服务业。

第三层次:为提高科学文化水平和居民素质服务的部门,包括教育、文化艺术及广播电影电视业,科学研究,卫生、体育和社会福利业等。

第四层次:为社会公共需要服务的部门,包括国家机关、政党机关、社会团体以及军队和警察等。

Three Industries Industry structure has been classified according to the historical sequence of development. Primary industry refers to extraction of natural resources; secondary industry involves processing of primary products; and tertiary industry provides services of various kinds for production and consumption. The above classification is universal although it varies to some extent from country to country. Industry in China comprises:

Primary industry: agriculture (including farming, forestry, animal husbandry and fishery).

Secondary industry: industry (including mining and quarrying, manufacturing, production and supply of electricity, gas and water) and construction.

Tertiary industry: all other industries not included in primary or secondary industry.

Due to the fact that tertiary industry involves in a large variety of industries in China, it is divided into two sectors: circulation sector and service sector and further into four levels:

The first level: circulation sector, including transportation storage, postal and telecommunications services, wholesale and retail sale trades, catering trade.

The second level: service sector providing services for production and consumption, including banking, insurance, real estates, geological prospecting and survey, water conservancy, social services and polytechnical services.

The third level: service sector for upgrading scientific, educational and cultural level of the people, including education, culture, arts, radio, film and television, scientific research, public health, sports, and social welfare, etc.

The fourth level: sector providing services for public needs, including government agencies, party agencies and social organizations, armies, and policemen.

【人口数】 指一定时点、一定地区范围内的有生命的个人总和。

年度统计的年末人口数是指每年12月31日24时的人口数。

Total Population refers to the total number of people alive at a certain point of time within a given area.

The annual statistics on total population is taken at midnight, the 3lst of December.

【出生率(又称粗出生率)】 指在一定时期内(通常为一年)平均每千人所出生的人数的比率,一般用千分率表示。计算公式:

$$出生率 = \frac{年出生人数}{年平均人数} \times 1000‰$$

出生人数是指活产婴儿,即胎儿脱离母体时(不管怀孕月数),有过呼吸或其他生命现象。

年平均人数是年初、年底人口数的平均数,也可用年中人口数代替。

Birth Rate (or Crude Birth Rate) refers to the ratio of the number of births to the average population during a certain period of time (usually a year), which is often expressed in ‰. The following formula is used:

$$\text{Birth Rate} = \frac{\text{Number of Births}}{\text{Average Number of Population}} \times 1000‰$$

Number of Births refers to live births, i. e. the births when babies had showed any vital phenomena regardless of the length of pregnancy.

Annual Average Number of Population is the average of the number of population at beginning of the year and that at the end of the year. Sometimes it is substituted for with the mid-year population.

【死亡率(又称粗死亡率)】 指在一定时期内(通常为一年)一定地区的死亡人数与同期平均人数(或期中人数)之比,一般用千分率表示。计算公式:

$$\text{死亡率} = \frac{\text{年死亡人数}}{\text{年平均人数}} \times 1000‰$$

Death Rate (or Crude Death Rate) refers to the ratio of the number of deaths to the average population (or mid-year population) during a certain period of time (usually a year), which is often expressed in ‰. The following formula is used:

$$\text{Death Rate} = \frac{\text{Number of Deaths}}{\text{Annual Average Number of Population}} \times 1000‰$$

【人口自然增长率】 指在一定时期内(通常为一年)人口自然增加数(出生人数减死亡人数)与该时期内平均人数(或期中人数)之比,一般用千分率表示。计算公式:

$$\text{人口自然增长率} = \frac{\text{本年出生人数} - \text{本年死亡人数}}{\text{年平均人数}} \times 1000‰$$

人口自然增长率 = 人口出生率 - 人口死亡率

Natural Growth Rate of Population refers to the ratio of natural increase in population (number of births minus number of deaths) in a certain period of time (usually a year) to the average population (or mid-year population) of the same period, which is often expressed in ‰. The following formulas are applied:

$$\text{Natural Growth Rate of Population} = \frac{\text{Number of Births} - \text{Number of Deaths}}{\text{Average Number of Population}} \times 1000‰$$

Natural Growth Rate of Population = Birth Rate - Death Rate

【从业人员】 指从事一定社会劳动并取得劳动报酬或经营收入的人员。包括:

(1)全部职工

(2)再就业的离退休人员

(3)私营业主

(4)个体户主

(5)私营和个体从业人员

(6)乡镇企业从业人员

(7)农村从业人员

(8)其他从业人员(包括民办教师、宗教职业者、现役军人等)

这一指标反映了一定时期内全部劳动力资源的实际利用情况,是研究我国基本国情国力的重要指标。

各单位的从业人员是指在各级国家机关、政党机关、社会团体及企业、事业单位中工作,并取得劳动报酬的全部人员。包括职工、再就业的离退休人员、民办教师以及在各单位中工作的外方人员和港、澳、台方人员。

各单位的从业人员反映了各单位实际参加生产或工作的全部劳动力。

Employed Persons refers to the persons who are engaged in social labour and receive remuneration payment or earn business income, including:

(1) total staff and workers,

(2) re-employed retirees,

(3) employers of private enterprises,

(4) employers of individual economy,

(5) employed persons in private enterprises and individual economy,

(6) employed persons in the enterprises in the urban areas,

(7) employed persons in the rural areas,

(8) other employed persons (including teachers in the schools run by the local people, people engaged in religious profession and the servicemen, etc.).

This indicator reflects the actual utilization of total labour force during a certain period of time and is often used for the research on China's economic affairs and national power.

Persons employed in various units refer to all the persons working in government agencies of various levels, political and party organizations, social organizations, and enterprises and institutions and receiving payment, including staff and workers, re-employed retirees, teachers in schools run by the local people, foreigners, and Chinese compatriots from Hong Kong, Macao, and Taiwan working in various units. This indicator reflects the total number of laborers actually engaged in production or other operations in various units.

【经济活动人口】 指在16岁以上,有劳动能力,参加或要求参加社会经济活动的人口。包括:从业人员和失业人员。

Economically Active Population refers to the population, the members of which are aged 16 and over, capable to labour, participating in or desirous to participate in the social and economic activities, including employed persons and unemployed persons.

【职工】 指在国有经济、城镇集体经济、联营经济、股份制经济、外商和港澳台投资经济、其他经济单位及其附属机构工作,并由其支付工资的各类人员。

Staff and Workers refers to the persons who work in (and receive payment therefrom) enterprises and institutions of state ownership, collective ownership, joint ownership, share holding, foreign ownership, and ownership by entrepreneurs from Hong Kong, Macao, and Taiwan, and other types of ownership and their affiliated units.

【职工工资总额】 指各单位在一定时期内直接支付给本单位全部职工的劳动报酬总额。

工资总额的计算原则应以直接支付给职工的全部劳动报酬为根据。各单位支付给职工的劳动报酬以及其他根据有关规定支付的工资,不论是计入成本的还是不计入成本的,不论是按国家规定列入计征奖金税项目的,还是未列入计征奖金税项目的,不论是以货币形式支付的还是以实物形式支付的,均包括在工资总额内。

Total Wages of Staff and Workers refers to the total remuneration payment to staff and workers in various units during a certain period of time.

The calculation of total wages is based on the total remuneration payment to the staff and workers. Therefore, all the wages and salaries and other payments to staff and workers are included in the total wages regardless of their sources, category, and forms(in kind or cash).

【职工平均工资】 指企业、事业、机关单位的职工在一定时期内平均每人所得的货币工资额。它表明一定时期职工工资收入的高低程度,是反映职工工资水平的主要指标。计算公式为:

$$职工平均工资=\frac{报告期实际支付的全部职工工资总额}{报告期全部职工平均人数}$$

Average Wage of Staff and Workers refers to the average wage in money term per person during a certain period of time for staff and workers in enterprises, institutions, and government agencies, which reflects the general level of wage income during a certain period of time and is calculated as follows:

$$\text{Average Wage of Staff and Workers}=\frac{\text{Total Wages of Staff and Workers in Reference Period}}{\text{Average Number of Staff and Workers in Reference Period}}$$

【职工平均实际工资】 指扣除物价变动因素后的职工平均工资。计算公式为:

$$职工平均实际工资=\frac{报告期职工平均工资}{报告期居民消费价格指数}$$

Average Real Wage of Staff and Workers refers to average wage of staff and workers after removing the effects of price changes, which is calculated as follows:

$$\text{Average Real Wage of Staff and Workers}=\frac{\text{Average Wage of Staff and Workers in Reference Period}}{\text{Consumer Price Index of Urban Residents in Reference Period}}$$

【农林牧渔业总产值】 是以货币表现的农、林、牧、渔业全部产品的总量,它反映一定时期内农业生产的总规模和总成果。

农业总产值的计算方法通常是按农林牧渔业产品及副产品的产量分别乘以各自单位产品价格求得,少数生产周期较长,当年没有产品或产品产量不易统计的,则采用间接方法匡算其产值,然后将四业产品产值相加即为农业总产值。

Gross Output Value of Farming, Forestry, Animal Husbandry and Fishery refers to the total volume of products of farming, forestry, animal husbandry and fishery in value terms, which reflects the total scale and total result of agricultural production during a given period of time.

Gross output value of agriculture is obtained by first multiplying the output of each product or by-product by its price, resulting in the output value of each single item. For a small number of products, annual output of which is not available or difficult to get due to the long production/growing process involved, the output value is estimated through an indirect approach. The sum of output value of all products of farming, forestry, animal husbandry, and fishery is then equal to the gross output value of agriculture.

【粮食产量】 包括国有经济经营的、集体统一经营的和农民家庭经营的粮食产量,还包括工矿企业办的农场和其他生产单位的产量。粮食除包括稻谷、小麦、玉米、高粱、谷子及其他杂粮外,还包括薯类和豆类。

Grain Yield refers to the yield in the whole country including grains produced by state farms, collective units, rural households, industrial enterprises and mines. Grain includes rice, wheat, corn, sorghum, millet and other miscellaneous grains as well as tubers and beans.

【水产品产量】 指人工养殖的水产品和天然生长的水产品的捕捞量。包括海水的鱼类、虾蟹类、贝类和藻类以及内陆水域的鱼类、虾蟹类和贝类,不包括淡水生植物。

Output of Aquatic Products refers to catches of both artificially cultured and naturally grown aquatic products, including fish, shrimps, crabs and shellfish in sea and inland water as well as seaweed. Freshwater plants are not included.

【耕地面积】 指年初可以用来种植农作物、经常进行耕锄的田地,除包括熟地、当年新开荒地、连续撂荒未满三年的耕地和当年的休闲地(轮歇地)外,还包括以种植农作物为主并附带种植桑树、茶树、果树和其他林木的土地,以及沿海、沿湖地区已围垦利用的"海涂"、"湖田"等面积。但不包括属于专业性的桑园、茶园、果园、果木苗圃、林地、芦苇地、天然或人工草地面积。

Cultivated Area(Area under cultivation) refers to farmland which is plowed constantly for growing crops, including cultivated land, newly cultivated land in the current year, farmland left without cultivation for less than three years and fallow land in the current year, rotation land, farmland with some mulberry trees, tea trees, fruit trees, and other trees and cultivated seashore land, lake land, and etc. The land of mulberry plantation, tea plantations, orchards, nurseries of young plants, forest land, reed land, natural and man-made grassland are not included in cultivated land.

【农作物播种面积】 指实际播种或移植有农作物的面积。凡是实际种植有农作物的面积,不论种植在耕地上还是种植在非耕地上,均包括在农作物播种面积中。在播种季节基本结束后,因遭灾而重新改种和补种的农作物面积,也包括在内。

Sown Area of Crops refers to area of land sown or trans planted with crops regardless of being in cultivated area or non-cultivated area. Area of land resown due to natural disasters is also included.

【工业】 指从事自然资源的开发,对采掘品和农产品进行加工和再加工的物质生产部门。具体包括:(1)对自然资源的开采,如采矿、晒盐、森林采伐等(但不包括禽兽捕猎和水产捕捞);(2)对农副产品的加工、再加工,如粮油加工、食品加工、轧花、缫丝、纺织、制革等;(3)对采掘品的加工、再加工,如炼铁、炼钢、化工生产、石油加工、机器制造、木材加工等,以及电力、自来水、煤气的生产和供应等;(4)对工业品的修理、翻新,如机器设备的修理、交通运输工具(包括小卧车)的修理等。

Industry refers to the material production sector which is engaged in extraction of natural resources and processing and reprocessing of minerals and agricultural products, including (1)extraction of natural resources, such as mining, salt production, logging(but not including hunting and fishing); (2)processing and reprocessing of farm and sideline products, such as rice husking, flour milling, wine making, oil pressing, cotton ginning, silk reeling, spinning and weaving, and leather making; (3) manufacture of industrial products, such as steel making, iron smelting, chemicals manufacturing, petroleum processing, machine building, timber processing; water and gas production and electricity generation and supply; (4)repairing of industrial products such as the repairing of machinery and means of transport (including cars).

【轻工业】 指主要提供生活消费品和制作手工工具的工业。按其所使用的原料不同,可分为两类:(1)以农产品为原料的轻工业,是指直接或间接以农产品为基本原料的轻工业。主要包括食品制造、饮料制造、烟草加工、纺织、缝纫、皮革和毛皮制作、造纸以及印刷等工业;(2)以非农产品为原料的轻工业,是指以工业品为原料的轻工业。主要包括文教体育用品、化学药品制造、合成纤维制造、日用化学制品、日用玻璃制品、日用金属制品、手工工具制造、医疗器械制造、文化和办公用机械制造等工业。

Light Industry refers to the industry which produces consumer goods and hand tools. It consists of two categories, depending on the materials used:

(1) Industries using farm products as raw materials. These are branches of light industry which directly or indirectly use farm products as basic raw materials, including the manufacture of food and beverages, tobacco processing, textile, clothing, fur and leather manufacturing, paper making, printing, etc.

(2) Industries using non – farm products as raw materials. These are branches of light industry which use manufactured goods as raw materials, including the manufacture of cultural, educational articles and sports goods, chemicals, synthetic fiber, chemical products for daily use, glass products for daily use, metal products for daily use, hand tools, medical apparatus, and the manufacture of cultural and clerical machinery.

【重工业】 是指为国民经济各部门提供物质技术基础的主要生产资料的工业。按其生产性质和产品用途,可以分为下列三类:(1)采掘(伐)工业,是指对自然资源的开采,包括石油开采、煤炭开采、金属矿开采、非金属矿开采和木材采伐等工业;(2)原材料工业,指向国民经济各部门提供基本材料、动力和燃料的工业。包括金属冶炼及加工、炼焦及焦炭化学、化工原料、水泥、人造板以及电力、石油和煤炭加工等工业;(3)加工工业,是指对工业原材料进行再加工制造的工业。包括装备国民经济各部门的机械设备制造工业、金属结构、水泥制品等工业,以及为农业提供的生产资料如化肥、农药等工业。

根据上述划分原则,修理业中以重工业产品为修理作业对象的划为重工业,反之划为轻工业。

Heavy Industry refers to the industry which produces capital goods, and provides various sectors of the national economy with necessary material and technical basis. It consists of the following three branches according to the purpose of production or the use of products:

(1)Mining, quarrying and logging industry refers to the industry that extracts natural resources, including extraction of petroleum, coal, metal and non – metal ores and logging.

(2)Raw materials industry refers to the industry that provides various sectors of the national economy with raw materials, fuels and power. It includes smelting and processing of metals, coking and coke chemistry, chemical materials and building materials such as cement, plywood, and electric power, petroleum refining and coal processing.

(3)Manufacturing industry refers to the industry that processes raw materials. It includes machine – building industry which equips sectors of the national economy, industries of metal structure and cement products, industries producing means of agricultural production, such as chemical fertilizers and pesticides.

According to the above principle of classification, the repairing trades which are engaged in repairing products of heavy industry are classified into heavy industry while these engaged in repairing products of light industry are classified into light industry.

【工业总产值】 是以货币表现的工业企业在一定时期内生产的已出售或可供出售的工业产品总量,它反映一定时间内工业生产的总规模和总水平。它包括:在本企业内不再进行加工,经检验、包装入库(规定了不需包装的产品除外)的成品价值,工业性作业价值,自制半成品、在产品期初期末差额价值(生产周期较长的企业计算)。工业总产值采用"工厂法"计算,即以工业企业作为一个整体,按企业工业生产活动的最终成果来计算,企业内部不允许重复计算,不能把企业内部各个车间(分厂)生产的成果相加。但在企业之间、行业之间、地区之间存在着重复计算。

轻重工业总产值的划分也是按"工厂法"计算的,即一个工业企业在正常情况下生产的主要产品的性质属于轻工业,则该企业的全部总产值作为轻工业总产值;一个工业企业生产的主要产品的性质属于重工业,则该企业的全部总产值作为重工业总产值。

Gross Industrial Output Value is the total Volume of industrial products sold or available for sale in value terms which reflects the total achievements and overall scale of industrial production during a given period. It includes the value of the finished products, which are not to be further processed in the enterprises and have been inspected, packed and put in storage, the value of industrial services rendered to other units and the changes in the value of the semi - finished products and products in process between the beginning and closing of the period (only the enterprises with long production cycle are required to calculate the changes). The gross industrial output value is calculated with "factory method". No double calculations are to be made within the same enterprise. However, double counting does occur among different enterprises.

Output value of light and heavy industries is also classified with the "factory" method. Under normal conditions, if the major products of an industrial enterprise belong to light industry products, the gross output value of that enterprise is classified wholly into light industry; the same principle applies to heavy industry.

【工业增加值】 指工业企业在报告期内以货币表现的工业生产活动的最终成果。

Value Added of Industry refers to the final results of industrial production of the industrial trade in money terms during the reference period.

【固定资产原价】 固定资产原价指企业在建造、购置、安装、改建、扩建、技术改造某项固定资产时所支出的全部货币总额。它一般包括买价、包装费、运杂费和安装费等。

Original Value of Fixed Assets refers to the original value of all fixed assets owned by industrial enterprises, calculated at the cost paid at the time of construction, purchase, installation, reconstruction, expansion, and technical innovation and transformation of the said assets, which includes expenses on purchase, package, transportation, and installation, etc.

【固定资产净值】 是指固定资产原价减去历年所提折旧后的净额。

Net Value of Fixed Assets is obtained by deducting depreciation over years from the original value of fixed assets.

【流动资产】 流动资产是指可以在一年内或者超过一年的一个营业周期内变现或者耗用的资产,包括现金及各种存款、短期投资、应收及预付货款、存货等。

Working Capital (Circulating Assets) refers to assets which can be cashed in or spent or consumed in an operating cycle of one year or over one year, which includes cash, various deposits, short term investment, and receivable payments, and advance payments, stock, etc.

【利税总额】 指企业利润总额、产品销售税金及附加和应交增值税之和。

Total Value of Profit and Tax (Pre - tax Profits) refers to the sum of the total profits, products sales tax and surcharges and the value added tax payable of industrial enterprises. It is also called pre - tax profits.

【工业成本费用利润率】 指在一定时期内实现的利润与成本费用之比,是反映工业生产成本及费用投入的经济效益指标,同时也是反映企业降低成本的经济效益指标。计算公式为:

$$\text{工业成本费用利润率}(\%) = \frac{\text{利润总额}}{\text{成本费用总额}} \times 100\%$$

Ratio of Profits to Total Industrial Costs refers to the ratio of profits realized in a given period to the total costs in the same period, which reflects the economic efficiency of input cost and is calculated as follows:

$$\text{Ratio of Profits to Total Industrial Cost } (\%) = \frac{\text{Total Profits}}{\text{Total Costs}} \times 100\%$$

【工业增加值率】 指报告期工业增加值占工业总产值的比重，是反映工业生产降低中间消耗的经济效益指标。计算公式为：

$$\text{工业增加值率}(\%) = \frac{\text{工业增加值(现价)}}{\text{工业总产值(现价)}} \times 100\%$$

Value Added Rate of Industry refers to the ratio of value added of industry in a given period to the gross output value in the same period, which reflects the economic efficiency of cutting down the intermediate input and is calculated as follows:

$$\text{Value Added Rate of Industry } (\%) = \frac{\text{Value Added of Industry (at Current Prices)}}{\text{Gross Output Value (at Current Prices)}} \times 100\%$$

【流动资产周转次数】 指一定时期内流动资产完成的周转次数，是反映流动资产的周转速度。计算公式为：

$$\text{流动资产周转次数} = \frac{\text{产品销售收入}}{\text{全部流动资产平均余额}}$$

Number of Times of the Turnover of Working Capital refers to the number of times of turnover of working capital in a given period of time, which reflects the speed of the turnover of working capital and is calculated as follows:

$$\text{Turnover of Working Capital} = \frac{\text{Sales Revenue of Products}}{\text{Average Balance of Total Working Capital}}$$

【产品销售率】 指一定时期内销售产值与同期全部工业总产值之比，反映工业产品生产已实现销售的程度。计算公式为：

$$\text{工业产品销售率}(\%) = \frac{\text{报告期现价工业销售产值}}{\text{报告期现价工业总产值}} \times 100\%$$

Sales Rate of Industrial Products refers to the ratio of total sales in a given period to the gross output value in the same period, which reflects the extent of industrial output sold and is calculated as follows:

$$\text{Sales Rate of Industrial Products}(\%) = \frac{\text{Total Sales (at Current Prices)}}{\text{Gross Output Value(at Current Prices)}} \times 100\%$$

【产品销售收入】 指企业销售产品的销售收入和提供劳务等主要经营业务取得的业务总额。

Sales Revenue of Industrial Products refers to the revenue from the sales of products by industrial enterprises and the revenue from services provided and etc.

【产品销售成本】 指企业销售产品和提供劳务等主要经营业务的实际成本。

Sales Cost of Industrial Products refers to the actual cost of products sales of industrial enterprises and industrial servies provided, etc.

【产品销售税金及附加】 指企业销售产品和提供工业性劳务等主要经营业务应负担的城市维护建设税、消费税、资源税和教育费附加。

Tax and Extra Charges on Sales of Products refer to the tax on city maintenance and construction, consumption tax, resources tax and extra charges for education, which should be borne by the enterprises in selling products and providing industrial services.

【产品销售利润】 指企业销售产品和提供工业性劳务等主要经营业务收入扣除其成本、费用、税金后的利润。

Sales Profits of Products refers to the profits gained by the enterprises by deducting cost, charges and taxes from the business income of the enterprises obtained in selling products and providing industrial services.

【利润总额】 指企业实现的利润。

Total Profits refer to the profits gained by the enterprises.

【应交增值税】 指企业在报告期内应交纳的增值税额。

Value Added Tax Payable refers to the amount of the value added tax which should be paid by the enterprises in the reporting period.

【产值利税率】 指报告期已实现的利润、税金总额(包括利润总额、产品销售税金及附加和应交增值税)占同期全部工业总产值的百分比,计算公式为:

$$\text{产值利税率}(\%)=\frac{\text{利税总额}}{\text{工业总产值}}\times 100\%$$

Ratio of Pre-tax Profits to Gross Output Value refers to the ratio of the total amount of pre-tax profits gained (including total profits, sales tax and extra charges of products as well as the value added tax payable) in the reporting period to the gross output value in the same period (the ratio is expressed in percentage). The formula is as follows:

$$\text{Ratio of Pre-tax Profits to Gross Output Value}(\%)=\frac{\text{Total Amount of Pre-tax Profits}}{\text{Gross Output Value}}\times 100\%$$

【全员劳动生产率】 指根据产品的价值量指标计算的平均每一个职工在单位时间内的产品生产量。是考核企业经济活动的重要指标,是企业生产技术水平、经营管理水平、职工技术熟练程度和劳动积极性的综合表现。目前我国的全员劳动生产率是将工业企业的工业增加值除以同一时期全部职工的平均人数来计算的。计算公式为:

$$\text{全员劳动生产率}=\frac{\text{工业增加值}}{\text{全部职工平均人数}}\times 100\%$$

Overall Labour Productivity of Industrial Enterprises refers to the average output per staff and workers in industrial enterprises in value terms. At present, the value added and the average number of staff and workers of an industrial enterprises in a given period are used to calculate the overall labour productivity. The formula used is:

$$\text{Overall Labour Productivity}=\frac{\text{Value Added of Industry}}{\text{Average Number of Staff and Workers}}\times 100\%$$

【资本金】 指企业在工商行政管理部门登记的注册资金合计。企业资本金按投资主体分为国家资本金、法人资本金、个人资本金以及外商资本金等。资本金合计包括企业各种投资主体注册的全部资本金。

Capital refers to the corporation's capital registered in the departments of administration for industry and commerce. According to the different nature of investors, corporations' capital can be divided into state capital, legal person's capital, personal capital, foreign capital, etc. Total capital includes total registered capital of all investors in the corporation.

【总资产】 指企业拥有或控制的全部资产。包括流动资产、长期投资、固定资产、无形及递延资产、其他长期资产、递延税项等,即为企业资产负债表的资产总计项。

(1)流动资产　指企业可以在一年内或者超过一年的一个生产周期内变现或耗用的资产合计。包括现金及各种存款、短期投资、应收及预付款项、存货等。

(2)固定资产　指企业固定资产净值、固定资产清理、在建工程、待处理固定资产损失所占用的资金合计。

(3)无形资产　指企业长期使用而没有实物形态的资产。包括专利权、非专利技术、商标权、著作权、土地使用权、商誉等。

Total Assets refer to all assets which are owned or controlled by enterprises, including circulating assets, long－term investment, fixed assets, intangible assets and deferred assets, other long－term assets, and deferred taxes, etc. The summation of above items is equal to total assets shown in the balance sheets of the enterprises.

(1) Circulating assets (working capital) refer to assets which can be cashed in or spent or consumed in an operating cycle of one year or over one year, including cash, all kinds of deposits, short term investment, receivables, advance payment, stock, etc.

(2) Fixed assets refer to the net value of fixed assets, clearance of fixed assets, project under construction, fixed assets losses in suspense. These are corporations' fund holdings.

(3) Intangible assets refer to the assets without material form used by enterprises over a long time, such as patents, non－patent technologies, trade marks, copyright, land use right, business reputation, etc.

【总负债】 指企业承担并需要偿还的全部债务。包括流动负债和长期负债、递延税项等,即为企业资产负债表的负债合计项。

(1)流动负债　指企业在一年内或者超过一年的一个营业周期内需要偿还的债务合计,其中包括短期借款、应付及预收款项、应付工资、应交税金和应交利润等。

(2)长期负债　指企业在一年以上或者超过一年的一个生产周期以上需要偿还的债务合计,其中包括长期借款、应付债务、长期应付款项等。

Total Liabilities refer to the debts that enterprises are responsible for repayment, including liquid liabilities, long－term liabilities and deferred taxes, etc. Total liabilities correspond to the summation item of liabilities shown in the balance sheets of the enterprises.

(1) Liquid liabilities (also called quick liabilities or immediate liabilities) refer to enterprises total debt payable within an operating cycle of one year or over one year, including short term loans, payables and advance receipt, wages payable, taxes payable and profit payable, etc.

(2) Long－term liabilities refers to total debt payable within an operationg cycle of one year or over one year, including long－term loans, payable liabilities, long－term payables, etc.

【所有者权益】 指企业投资人对企业净资产的所有权。企业净资产等于企业全部资产减去全部负债后的余额,其中包括投资者对企业的最初投入,以及资本公积金、盈余公积金和未分配利润,对股份制企业即为股东权益。

Creditors' Equity refers to investors' ownership of net assets of the enterprise. It is equal to the total assets of the enterprise minus its total liabilities, including the primary input from investors, capital accumulation fund, surplus accumulation fund and undistributed profit. It is the stock holders' equity in stock companies.

【货(客)运量】 指在一定时期内,各运输部门实际运送的货物(旅客)数量。是反映运输业为国民经济和人民生活服务的数量指标,也是制定和检查运输生产计划,研究运输发展规模和速度的重要指标。货运按吨计算,客运按人计算。货物不论运输距离长短,货物类别,均按实际重量统计;旅客不论行程远近或票价多少,均按一人一次作为客运量统计。半价票、小孩票也按一人统计。

Freight (Passenger) Traffic refers to the volume of freight (passenger) transported with various means. Freight transport is calculated in tons and passenger traffic is calculated in the number of persons. Despite the type of freight and travelling distance, the freight transport is calculated in the actual weight of the goods: and despite the travelling distance and ticket price, the passenger traffic is calculated by the principle that one person can be counted noly once in one travel. The passenger who travel with a half - price ticket or a child ticket is also calculated as one person. The freight (passenger) traffic provides a quantitative measure to show how the transport industry serves the national economy and people, and is also an important indicator for planning the transport industry and for studying the development scale and speed of the transport industry.

【货物(旅客)周转量】 指在一定时期内,由各种运输工具运送的货物(旅客)数量与其相应运输距离的乘积之总和,是反映运输业生产总成果的重要指标,也是编制和检查运输生产计划,计算运输效率、劳动生产率以及核算运输单位成本的主要基础资料。通常以吨公里和人公里为计算单位。计算货物周转量通常按发出站与到达站之间的最短距离,也就是计费距离计算。

Freight Ton - kilometers (Passenger - kilometers) refers to the sum of the product of the volume of transported cargo (passengers) multiplying by the transport distance, usually using ton - kilometer and passenger - kilometer as units for measurement. Normally, the shortest distance between the departure station and the destination station(i. e., the payable distance)is the basis to calculate the freight ton - kilometers. This is an important indicator to show the total results of the transport industry, to prepare and examine the transport plan and to measure the efficiency, the labour productivity and the unit cost of transport.

【沿海主要港口货物吞吐量】 指由水运进出沿海主要港区范围,并经过装卸的货物数量,包括邮件及办理托运手续的行李、包裹以及补给运输船舶的燃、物料和淡水。其计量单位为吨。货物吞吐量的货种分类及其主要流向流量,反映了港口在国内外物资交流和对外贸易运输中的地位和作用。吞吐量可以分为进口、出口,又可以分为国内贸易、对外贸易。

Volume of Freight Handled in Major Coastal Ports refers to the volume of cargo passing in and out the harbor area of the major coastal ports and having been loaded and unloaded. The volume includes that of the postal matters, registered luggages and fuels, materials and fresh water as supplies of the ships. The volume of freight handled may be classified as import, export, or as domestic trade and foreign trade. The volume of freight handled by type of cargo and by main flow direction and volume reflects the position and function of the ports in the flow of Chinese and foreign goods and in the transportation for foreign trade.

【邮电业务总量】 指以货币表现的邮电部门用于传递信息和提供其他邮电服务的总数量。它综合反映了一定时期邮电工作的总成果,是研究邮电业务量构成和发展趋势的重要指标。根据邮电管理体制不同,分为中央国营业务总量和地方国营业务总量。它用各种邮电分类业务量,如函件件数、电报份数、长话张数、市内电话和农村电话的年均户数、订销报刊累计份数等,分别乘以相应的平均单价(不变价),加总后再加上出租电路和设备的收入、代用户维护电话交换机和线路等设备的收入、其他业务收入求得。

Business Volume of Post and Telecommunications refers to the total amount (in money terms) of the information delivered and other post and telecommunications services provided by the post and telecommunications departments for the customers. It is derived by first multiplying the business volume of different types, such as number of letters, telegrams, long distance calls, city and rural telephone subscribers and accumulated number of newspapers and journals subscribed and sold, etc. by their respective average unit price (fixed price) and then adding these products together: plus the income from maintenance of telephone exchanges and lines, and the income from other business operations. The business volume of post and telecommunications indicates the total achievements made by the post and telecommunications department during a given period of time in a comprehensive way, and is an important indicator to study the composition and development of the post and telecommunications business.

【全社会固定资产投资】 固定资产投资是社会固定资产再生产的主要手段。通过建设和购置固定资产的活动,国民经济不断采用先进技术装备,建立新兴部门,进一步调整经济结构和生产力的地区分布,增强经济实力,为改善人民物质文化生活创造物质条件。这对我国的社会主义现代化建设具有重要意义。

固定资产投资额是以货币表现的建造和购置固定资产活动的工作量,它是反映固定资产投资规模、速度、比例关系和使用方向的综合性指标。全社会固定资产投资包括国有经济单位投资、城乡集体经济单位投资、各种经济类型的单位投资和城乡居民个人投资。按照我国现行计划管理体制,国有经济单位固定资产投资总额分为基本建设、更新改造、房地产开发投资和其他固定资产投资四个部分;城乡集体经济单位投资包括城镇集体所有制单位投资和农村集体投资;各种经济类型的单位投资包括联营经济、股份制经济、中外合资经营、中外合作经营、外商独资、与大陆合资经营、与大陆合作经营、港澳台独资及其他经济类型的单位投资。城镇居民个人投资包括城市、县城、镇、工矿区所辖范围内的个人建房和农村个人建房及购买生产性固定资产的投资。

Total Investment in Fixed Assets in the Whole Country: Investment in fixed assets is the main means for social reproduction of fixed assets. By means of construction and purchase of fixed assets, more advanced technologies and equipment are adopted in the national economy, and new sectors are established, which promote the adjustment of economic structure and regional distribution of productive forces and enhance the economic strengths so as to provide the material conditions for improving people's livelihood. This is significant for speeding up the drive of socialist modernization in China.

Amount of investment in fixed assets refers to the volume of activities in construction and purchases of fixed assets in monetary terms. It is a comprehensive indicator which shows the size, pace, proportional relations and use orientation of the investment in fixed assets. Total investment in fixed assets in the whole country includes the investment by the state-owned units, the investment by the urban and rural collective units, the investment by the units of other types of ownership and the investment by the individuals in the urban and rural areas. According to China's current planning management system, the investment is fixed assets in the whole country is classified into the following four parts: investment in capital construction, investment in innovation, investment in real estates development and other investment in fixed assets. The investment by the urban and rural collective units includes the investment by the urban collective units and the investment by the rural collective units.

The investment by the units of other types of ownership includes the investment by the units of joint-owned economy, share-holding economy, Sino-foreign joint economy, Sino-foreign cooperative economy, economy exclusively with foreign investment, Mainland-Hong Kong or Mainland-Macao or Mainland-Taiwan joint economy, Mainland-Hong Kong or Mainland-Macao or Mainland-Taiwan cooperative economy, and economy exclusively with investment of Hong Kong or Macao or Taiwan. The investment by the individuals in the urban and rural areas includes the investment in personal house building in the areas under the jurisdiction of city, county, town and special industrial and mining areas as well as the investment in personal house building and purchase of productive fixed assets in the rural areas.

【基本建设投资】 基本建设是企业、事业、行政单位以扩大生产能力或工程效益为主要目的的新建、扩建工程及有关工作。包括(1)列入中央和各级地方本年基本建设计划的建设项目,以及虽未列入本年基本建设计划,但使用以前年度基建计划内结转投资(包括利用基建设备材料)在本年继续施工的建设项目;(2)本年基本建设计划内投资与更新改造计划内投资结合安排的新建项目和新增生产能力(或工程效益)达到大中型项目标准的扩建项目,以及为改变生产力布局而进行的全厂性迁建项目;(3)国有单位既未列入基建计划,也未列入更新改造计划的总投资在5万元以上的新建、扩建、恢复项目和为改变生产力布局而进行的全厂性迁建项目,以及行政、事业单位增建业务用房和行政单位增建生活福利设施的项目。

Investment in Capital Construction Capital construction refers to the new construction projects or extension projects and the related work of the enterprises, institutions or administrative units mainly for the purpose of expanding production capacity or improving project efficiency. It includes: (1) projects listed in the capital construction plan of the current year of the central government and the local governments at various levels as well as the projects, though not listed in the capital construction plan of the current year, but continued to be constructed in this year, using the investment listed in the plan of capital construction of previous years and carried forward to this year (also using the equipment and materials kept in stock of the capital construction); (2) new construction projects arranged both in the plan of capital construction and the plan of innovation; extension projects with the newly increased production capacity (or project efficiency) up to the standard of a large and medium-sized project; and the projects of moving the whole factory to a new site so as to improve the distribution of productive forces; (3) new construction projects, extension projects or restoration projects with the total investment more than 50 thousand RMB yuan by the state-owned units, though listed neither in the plan of capital construction nor in the plan of innovation; the projects in the state-owend units of moving the whole factory to a new site so as to improve the distribution of productive forces; and the projects of building additional business houses by the administrative units and institutions and builing welfare facilities by the administrative units.

【更新改造投资】 更新改造是指企业、事业单位对原有设施进行固定资产更新和技术改造,以及相应配套的工程和有关工作(不包括大修理和维护工程)。包括:(1)列入中央和各级地方本年更新改造计划的项目和虽未列入本年更新改造计划,但使用上年更新改造计划内结转和投资在本年继续施工的项目;(2)本年更新改造计划内投资与基本建设计划内投资结合安排的对企、事业单位原有设施进行技术改造或更新的项目,和增建主要生产车间、分厂等其新增生产能力(或工程效益)未达到大中型项目标准的项目,以及由于城市环境保护和安全生产的需要而进行的迁建工作;(3)

国有企、事业单位既未列入基建计划也未列入更新改造计划,总投资在5万元以上的属于改建或更新改造性质的项目,以及由于城市环境保护和安全生产的需要而进行的迁建工程。

Investment in Innovation: Innovation refers to the renewal of fixed assets and technological innovation of the original facilities by the enterprises and institutions as well as the corresponding supplementary projects and the related work (excluding major overhaul and maintenance projects). It includes: (1) projects listed in the innovation plan of the current year of the central government and the local governments at various levels as well as the projects, though not listed in the innovation plan of the current year, but continued to be constructed in this year, using the investment listed in the plan of innovation of previous years and carried forward to this year; (2) projects of technological innovation or renewal of the original facilities, arranged both in the plan of innovation and in the plan of capital construction; extension projects (main workshops or a branch of the factory) with the newly increased production capacity (or project efficiency) not up to the standard of a large and medium - sized project; and the projects of moving the whole factory to a new site so as to meet the requirements of urban environmental protection or safe production; (3) projects of reconstruction or technological innovation with the total investment more than 50 thousand RMB yuan by the state - owned units, though listed neither in the plan of capital construction nor in the plan of innovation; the projects in the state - owned units of moving the whole factory to a new site so as to meet the requirements of urban environmental protection or safe production.

【房地产开发投资】 包括各种经济类型的房地产开发公司、商品房建设公司及其他房地产开发单位统一开发的包括代建、拆迁还建的住宅、厂房、仓库、饭店、宾馆、度假村、写字楼、办公楼等房屋建筑物和配套的服务设施、土地开发工程,如道路、给水、排水、供电、供热、通讯、平整场地等基础设施工程的投资。包括非房地产企业实际从事房地产开发或经营活动,不包括单纯的土地交易活动。

Investment in Real Estate Development: It includes the investment by the real estate development companies, commercial buildings construction companies and other real estate development units of various types of ownership in the construction of house buildings, such as residential buildings, factory buildings, warehouses, hotels, guesthouses, holiday villages, office buildings, and the complementary service facilities and land development projects, such as roads, water supply, water drainage, power supply, heating, telecommunications, land levelling and other projects of infrastructure. It covers the activities of the non - real estate companies in real estate development or management, but excludes the activities in simple land transactions.

【其他固定资产投资】 全社会固定资产投资中未列入基本建设、更新改造和房地产开发投资的建造和购置固定资产的活动。包括:

(1)国有单位按规定不纳入基本建设计划和更新改造计划管理,总投资在5万元以上的以下工程:①用油田维护费和石油开发基金进行的油田维护和开发工程;②煤炭、铁矿、森工等采掘采伐业用维简费进行的开拓延伸工程;③交通部门用公路养路费对原有公路、桥梁进行改建的工程;④商业部门用简易建筑费建造的仓库工程。

(2)集体经济单位固定资产投资:包括城镇集体经济单位和农村集体经济单位建造和购置固定资产计划总投资在5万元以上的项目。

(3)联营经济、股份制经济、外商投资经济、港澳台投资经济及其它经济类型的企、事业单位建造和购置固定资产其计划总投资在5万元以上的、未列入基本建设计划和更新改造计划的项目。

(4)城镇和工矿区私人建房投资和农村个人投资。城镇和工矿区私人建房包括市、县城、镇、工矿区所辖范围内的全部私人建房,不论其房主是否系本地的常住户口均应包括;农村个人投资包括农村个人建房及购置生产性固定资产的投资。

Other Investment in Fixed Assets refers to the construction and purchases of fixed assets not listed in the investment in capital construction, investment in innovation and investment in real estate development. It includes:

(1) The following projects of the state - owned units with the total investment more than 50 thousand yuan, which are not included in the plan of capital construction and the plan of innovation: ① projects of oil fields maintenance and exploitation with the oil fields maintenance funds and petroleum development funds; ② opening and extending projects with the maintenance funds in coal, ore and other mining enterprises and logging enterprises; ③ project of reconstruction of the original highways and bridges with the highway maintenance funds in the department of transportation; ④ projects of construction of warehouses with the funds of simple construction in the commercial department.

(2) The investment in fixed assets by the collective units: including the projects of construction and purchases of fixed assets by the urban and rural collective units with the planned total investment more than 50 thousand yuan.

(3) The projects of construction and purchases of fixed assets by the enterprises or institutions of joint - owned economy, share - holding economy, foregn - funded economy, economy funded by the entrepreneurs form Hong Kong, Macao and Taiwan and other economy with the planned total investment more than 50 thousand yuan, which are not included in the plan of capital construction and the plan of innovation.

(4) The private investment in house construction in the urban areas and industrial and mining areas as well as the individual investment in the rural areas; The private house construction in the urban areas and industrial and mining areas includes all the private house construction under the jurisdiction of cities, countries, towns and industrial and mining areas, no matter whether the owner of the house is registered as the permanent resident in the locality or not. The individual investment in the rural areas includes the investment in house construction and purchase of producitive fixed assets by the individuals in the rural areas .

【新增生产能力】 指通过固定资产投资活动而增加的设计能力或工程效益,它是用实物形态表示的固定资产投资的成果。新增生产能力的计划,是以能独立发挥生产能力或效益的单项工程(或项目)为对象。当单项工程(或项目)建成,经有关部门鉴定合格,正式移交投入生产,即可计算新增生产能力。

新增生产能力或工程效益有以下几种表现形式:

(1)以建设项目或单位工程建成后的年产能力表示。如煤炭开采、石油开采等。

(2)以建设项目或单项工程建成后处理原料的能力表示。如选矿工程的年处理矿石能力,洗煤厂年洗原煤能力等。

(3)以新增的主要设备数量或容量表示。如棉纺锭枚数,发电机组容量等。

(4)以建筑物容积、容量、面积或长度表示。如水库容量、铁路公路里程等。

新增生产能力的数量一般按设计能力计算。设计能力是指设计文件中规定的正常情况下能够达到的生产能力，而不论投产后的实际产量如何。以设备数量、建筑物容积、面积、长度等表示的新增生产能力（或效益），则按建成的实际数量计算。

Newly Increased Production Capacity refers to the increase of designed capacity and project efficiency through investment in fixed assets, which reflects the accomplishment of investment in fixed assets in kind. The calculation of newly increased production capacity is based on individual projects wich operate independently. When an individual project is completed and checked and accepted and put into production, it is counted as newly increased production capacity.

The newly increased production capacity and project efficiency are usually expressed in one of the following forms:

(1)annual production capacity, such as extraction of coal and petroleum;

(2)raw material processing capacity, such as ore dressing capacity of ore dressing projects, the dressing capacity of a coal washery;

(3)number or capacity of major equipment increased, such as the number of cotton spindles increased and the capacity of generating sets increased;

(4)physical measures of construction, such as volume, capacity, area, and length, for instance, the capacity of reservoirs, the length of railways or highways.

Newly increased production capacity in terms of quantity is calculated in designed capacity in general, which refers to the production capacity of a project under normal conditions designed in construction documents regardless of the actual output.

【施工和竣工房屋建筑面积】 房屋建筑面积是从房屋外墙线算起的各层平面面积的总和，包括房屋结构（如柱、墙）占用的面积和地下室面积。多层建筑按各自然层面积总和计算，包括房屋内的楼隔层，突出墙面的眺望间、门斗、有柱雨罩的面积。不包括突出墙面结构的构件、艺术装饰等所占的面积，如台阶等。凹阳台、挑阳台按其水平投影面积一半计算建筑面积。

Floor Space of Buildings Under Construction and Completed refers to total floor space in each story of buildings calculated from the outside line of building walls, including the space occupied by constructions like pillars or walls and basements. The floor space of multi－story building includes the total floor space of each story, including area occupied by separating walls, watching rooms, doorways, and pillars, but excluding protruding wall structures, artistic decoration, etc. (for example, flight of steps). The space of balcony is counted by half of the projection area.

【住宅建筑面积】 指施工和竣工房屋建筑面积中供居住用的施工和竣工房屋建筑面积。

Floor Space of Residential Buildings refers to the floor space of the residential buildings under construction and completed among the total space of buildings under construction and completed.

【竣工面积】 指在报告期内房屋建筑按照设计要求已全部完工，达到住人和使用条件，经验收鉴定合格，正式移交使用单位的建筑面积。

Floor Space of Buildings Completed refers to the floor space of buildings completed in the reference period, which have come up to the designed standards and have been put into use.

【房屋建筑面积竣工率】 指一定时期内房屋竣工面积占同期房屋施工面积的比率。这是从房屋建筑施工速度的角度反映投资效果和建筑业经济效益的指标。

Completion Rate of Floor Space of Buildings refers to the ratio of the floor space of buildings completed in certain period of time to the floor space of buildings under constrution in the same period, which reflects the investment result and economic efficiency of the construction industry from the angle of the speed of project construction.

【新增固定资产】 指通过投资活动所形成的新的固定资产价值。包括已经建成投入生产或交付使用的工程价值和达到固定资产标准的设备、工具、器具的价值及有关应摊入的费用。它是以价值形式表示的固定资产投资成果的综合性指标,可以综合反映不同时期、不同部门、不同地区的固定资产投资成果。

Newly Increased Fixed Assets refer to the newly increased value of fixed assets through investment, including the value of projects completed and put into production, the value of equipment, tools, and vessels considered as fixed assets, as well as the relevant expenses as investment in fixed assets. This is a comprehensive indicator of investment in fixed assets, reflecting the achievements of investment in fixed assets in different periods, different sectors, and different regions.

【建设项目投产率】 指一定时期内全部建成投入生产项目个数占同期正式施工项目个数的比率。它是从项目建设速度的角度反映投资效果的指标。

Rate of Construction Projects Completed and Put into Use refers to the ratio of the number of construction projects completed and put into use in certain period of time to the number of projects under construction in the same period. This reflects the investment efficiency from the angle of the speed of projects construction.

【固定资产交付使用率】 指一定时期新增固定资产与同期完成投资额的比率。它是反映各个时期固定资产动用速度,衡量建设过程中投资效果的一个综合性指标。

Rate of Projects of Fixed Assets Completed and put into Operation refers to the ratio of the newly increased fixed assets to the total investment made in the same period. This is a comprehensive indicator, reflecting the speed of the employment of fixed assets and the investment efficiency.

【社会消费品零售额】 指各种经济类型的批发零售贸易业、餐饮业、制造业和其他行业对城乡居民和社会集团的消费品零售额。这个指标反映通过各种商品流通渠道向居民和社会集团供应的生活消费品,是研究人民生活、社会消费品购买力、货币流通等问题的重要指标。社会消费品零售额包括:(1) 售给城乡居民作为生活用的商品;(2)售给机关、团体、学校、部队、企业、事业单位的职工食堂和旅店(招持所)附设专门供本店旅客食用,不对外营业的食堂的各种食品、燃料;企业、事业单位和国营农场直接售给本单位职工和职工食堂的自己生产的产品;(3)售给部队干部、战士生活用的粮食、副食品、衣着品、日用品、燃料;(4)售给来华的外国人、华侨、港澳台同胞的消费品;(5)居民自费购买的中、西药品、中药材及医疗用品;(6)报社、出版社直接售给居民和社会集团的报纸、图书、杂志,集邮公司出售的新、旧纪念邮票、首日封、集邮册、集邮工具等;(7)旧货寄售商店自购、自销部分的商品零售额;(8)煤气公司、液化石油气站售给居民和社会集团的煤气灶具和罐装液化石油气;(9)城市建设、房产管理等部门,企业、事业单位售给居民的商品房;(10)农民售给非农业居民和社会集团的商品。不包括售给国民经济各部门企业、事业单位(包括国有经济的农场)生产经营用的各种原材料、燃料、设备、工具等和售给批发零售贸易业、餐饮业作为转卖用的商品,旧货寄售店受托寄售卖出的商品,服务业的营业收入,邮局出售邮票的收入,自来水、电力、煤气生产(供应)单位的产品供应收入,也不包括农民之间的商品销售。

Total Retail Sales of Consumer Goods refer to the sum of retail sales of consumer goods by the establishments in wholesale trade, retail sale trade, catering trade, manufacturing industry and other industries of different types of ownership, to urban and rural residents and social groups. This indicator is used to show the supply of consumers goods through various channels to households and institutions to meet their demands, and is therefore very important for the study of the issues on people's livelihood, on the purchasing power of consumer goods and on the circulation of money. The retail sales of consumer goods include:(1) commodities sold to urban and rural residents for residential use and building materials sold to them for the construction or repair of houses;(2) food and fuels sold to canteens of institutions, enterprises, schools, military units and to canteens of hotels and hostels that only serve their guests, and commodities produced by enterprises, institutions or state farms and sold directly to their employees or their canteens; (3) grain and non－staple food, clothing, daily articles and fuels sold to military personnel; (4) consumer goods sold to foreigners, overseas Chinese, and Chinese compatriots from Taiwan, Hong Kong and Macao during their stay in the mainland of China; (5) Chinese and western medicines, herbs and medical facilities purchased by residents;(6) newspapers, books and magazines directly sold to residents and social groups by publishers, new and old commemorative stamps, special stamps, first－day covers, stamp albums and other stamp－collection articles sold by stamp companies; (7) consumer goods purchased and then sold by second－hand shops; (8) stoves and other heating facilities and liquified gas sold by gas companies to households and institutions; (9) commodities sold by farmers to non－agricultural residents and social groups. Excluded under this heading are: raw materials, fuels, equipment, tools sold to enterprises, institutions and state farms for production purpose; commodities sold to trade establishments for re－selling; commissioned sales at second－hand shops; operational income of urban public utilities; stamps sold at post offices; income of water, power, gas production and supply establishments from the supply of their products; and sales of commodities among farmers.

【批发零售贸易业商品购、销、存总额】 指以各种经济类型的批发、零售贸易业(不包括个体)为总体的商品购、销、存。

Purchase, Sales and Stock of Commodities by Wholesale and Retail Trade refer to the purchase, sales and stock of commodities by wholesale and retail establishments of different ownership(excluding individual sellers).

【商品购进总额】 指从本企业(单位)以外的单位和个人购进(包括从国外直接进口)作为转卖或加工后转卖的商品。这个指标反映批发零售贸易业从国内、国外市场上购进商品的总量。商品购进总额包括:(1)从工农业生产者购进的商品;(2)从出版社、报社的出版发行部门购进的图书、杂志和报纸;(3)从各种经济类型的批发零售贸易企业(单位)购进的商品;(4)从其他单位购进的商品,如从机关、团体、企业、单位购进的剩余物资,从餐饮业、服务业购进的商品,从海关、市场管理部门购进的缉私和没收的商品,从居民收购的废旧商品等;(5)从国(境)外直接进口的商品。不包括企业(单位)为自身经营用,和未通过买卖行为而收入的商品以及销售退回、商品升溢等。

Total Purchases of Commodities refer to the purchases of commodities by the establishments from other establishments or individuals (including direct import from abroad) for the purpose of re－selling, either with or without further processing of the commodities purchased. This indicator is used to show the total value of purchases of commodities by wholesale and retail establishments from domestic and overseas markets. The total purchases include:(1) agricultural and industrial products purchased from producers; (2) books, magazines and newspapers purchased from distribution departments of the publishers;(3) commodities purchased from wholesale and retail establishments;(4) commodities purchased from other units, such as surplus materials purchased from government agencies, enterprises or institutions, commodities purchased from catering and service establishments, confiscated goods purchased from customs authorities or market management agencies, second - hand goods and wastes purchased from residents; (5) commodities directly imported from abroad. Excluded are commodities purchased by establishments (units) for use in their - own business operation, commodities obtained without buying or selling procedures, rejected commodities, etc.

【商品销售总额】 指对本企业(单位)以外的单位和个人出售(包括对国(境)外直接出口)的商品。这个指标反映批发零售贸易业在国内市场上销售商品以及出口商品的总量。商品销售总额包括:(1)售给城乡居民和社会集团消费用的商品;(2)售给工业、农业、建筑业、运输邮电业、批发零售贸易业、餐饮业、服务业等作为生产、经营使用的商品;(3)售给批发零售贸易业作为转卖或加工后转卖的商品;(4)对国(境)外直接出口的商品。不包括:出售本企业(单位)自用的废旧包装用品,未通过买卖行为付出的商品,经本单位介绍,由买卖双方直接结算,本单位只收取手续费的业务,购货退出的商品以及商品损耗和损失等。

Total Sales of Commodities refer to selling of commodities by the establishments to other establishments and individuals (including direct export). This indicator is used to show the total value of sales of commodities at domestic markets and export. The total sales include: (1) commodities sold to urban and rural residents and social groups for their consumption; (2) commodities sold to establishments in industry, agriculture, construction, transportation, post and telecommunications, wholesale and retail trades, catering trade and public utility for their production and operation; (3) commodities sold to wholesale and retail establishments for re - selling, with or without further processing; (4) commodities for direct export to other countries. Excluded are selling of waste packaging materials used by the establishments (units) themselves, commodities transferred without buying or selling procedures, commission income from brokerage in transactions whose settlement is directly handled by buyers and sellers, rejected commodities in the purchase, loss in commodities, etc.

【批发零售贸易业年末库存】 指年末各种经济类型的批发零售贸易企业(单位)已取得所有权的商品。它反映各地区、各批发零售贸易企业(单位)的商品库存情况,和对市场商品供应的保证程度。期末库存包括:(1)存放在批发零售贸易业经营单位(如门市部、批发站、经营处)仓库、货场、货柜和货架中的商品;(2)挑选、整理、包装中的商品;(3)已记入购进而尚未运到本单位的商品,即发货单或银行承兑凭证已到而货未到部分;(4)寄放他处的商品,如因购货方拒绝承付而暂时存放在购货方的商品和已办完加工成品收回手续而未提回的商品;(5)委托其他单位代销(未作销售或调出)尚未售出的商品;(6)代其他单位购进尚未交付的商品。不包括所有权不属于本单位的商品、拨付除批发零售贸易业以外的其他行业所属独立核算加工厂等加工生产尚未收回成品的商品、代国家物资储备部门保管的商品等。期末库存总额计算方法是:农副产品采购单位按购进价计算,批发单位按进货价计算,零售单位按什么价格核算就按什么价格计算。

Commodity Stock of Wholesale and Retail Enterprises at Year - end refers to total commodities possessed by wholesale and retail enterprises (units) of various types of ownership, which reflects the commodity stock level of various wholesale and retail enterprises and the potential for market supply. It includes: (1) commodities deposited in storage, counters, and shelves of operating units (such as sale stores, wholesale centers, and operating offices) of wholesale and retail enterprises; (2) commodities in the process of selecting, sorting, and packing; (3) commodities not arrived but recorded as purchase in the account, i. e. commodities not arrived but payment receipts for the commodities from the sellers or the banks arrived; (4) commodities deposited in other places rather than places mentioned above, for instance: commodities in the hold of purchasers temporarily due to the refusal of payment and commodities not taken back after going through the formalities; (5) commodities entrusted to other units to sell but not sold yet; (6) commodities purchased for other units but not delivered yet. Commodities not included as stock are those not owned by the enterprises (units), those allocated to financially independent factories rather than wholesale and retail enterprises for processing but not taken back yet, and finally those put in stock by wholesale and retail enterprises on behalf of the state material reserves units. In the calculation of the value of commodities stock at the end of period, the value is calculated at purchasing prices in agricultural goods purchasing units and wholesale units, and at the accounting prices in retail units.

【法人机构】 指独立核算批发零售贸易业、餐饮业法人企业。独立核算法人批发零售贸易企业、餐饮企业应同时具备以下条件:

(1)依法成立,有自己的名称、组织机构和场所,能够承担民事责任;

(2)独立拥有和使用(或授权使用)资产,承担负债,有权与其他单位签订合同;

(3)会计上独立核算,并能编制资产负债表。

Corporate Enterprise refers to the corporate enterprises in the wholesale trade and retail sale trade with independent accounting system. An enterprise can be called a corporate enterprise only when it meets the following requirements:

(1) It is established according to law; it has its own name, organization and place for business operation and can assume the civil responsibility;

(2) It owns and uses (or uses with the holding power) its assets independently; assumes the liabilities and has the right to sign contracts with other units;

(3) It has the independent accounting system and is able to compile the balance sheet.

【网点】 指本批发零售贸易企业(单位)设立的从事批发、零售贸易业务的自然单位[包括本企业(单位)自身],凡具有独立固定的营业场所,配备一定的业务人员,不论单位大小,不论是否单位核算,均按自然网点计算,即有一个点就算一个网点。不包括同一营业场所内各柜组以及派出的流动推销小组,流动售货车等。

Establishment (Note: The Chinese term can be translated literally as a point in the commercial network) refers to the natural unit set up by the wholesale or retail sale enterprise (or unit) and engaged in the business of wholesale or retail sale trade, including the enterprise or unit itself. Every unit having an independent and fixed place for commercial business operation and a number of commercial business personnel engaged in it is called an establishment (or usually called a shop or store), regardless of its size or whether it has the independent accounting system or not. But the counters in the same place for business operation, the mobile selling groups or vending vehicles ("shop - on - wheels") dispatched by the shop cannot be counted as an establishment.

【人员】 指在批发、零售贸易网点工作并取得劳动报酬的从业人员。包括职工、聘请的离退休人员等。

Personnel refers to the persons who are employed in the establishments of wholesale or retail sale trade and receive the remuneration payment, including staff and workers as well as the retirees invited to work in the establishments again.

【零售价格指数】 是反映城乡商品零售价格变动趋势的一种经济指数。零售物价的调整变动直接影响到城乡居民的生活支出和国家的财政收入,影响居民购买力和市场供需平衡,影响消费与积累的比例。因此,计算零售价格指数,可以从一个侧面对上述经济活动进行观察和分析。

Retail Price Index reflects the general change in retail prices of commodities. The change and adjustment in retail prices directly affect the living expenditure of urban and rural residents, government revenue, purchasing power of residents and the equilibrium of market supply and demand, and the ratio of consumption to accumulation. Therefore, the calculation of retail price index is useful to analyse the changes of the above economic activities.

【居民消费价格总指数】 是反映一定时期内城乡居民所购买的生活消费品价格和服务项目价格变动趋势和程度的相对数。是综合了城市居民消费价格指数和农民消费价格指数计算取得。利用居民消费价格指数,可以观察和分析消费品的零售价格和服务价格变动对城乡居民实际生活费支出的影响程度。

Consumer Price Index reflects the relative change in prices of consumer goods and services purchased by urban and rural residents, and is a composite index derived from the urban consumer price index and the rural consumer price index. Consumer price index can be used to analyse the impact of consumer price change on actual expenditure for living cost of urban and rural residents.

【利用外资】 指我国各级政府部门、企业和其他经济组织通过对外借款、吸收外商直接投资以及用其他方式筹措的境外现汇、设备、技术等。

Utilization of Foreign Capital refers to remittance, equipment and technology financed from abroad, by loans, foreign direct investment and other forms undertaken by the Chinese governments at all levels, by various departments, enterprises and other economic units.

【对外借款】 是我国利用外资的主要部分。包括我国通过外国政府贷款,国际金融组织贷款,外国银行商业贷款,出口信贷以及对外发行债券,股票等方式,从境外筹措的资金。

Foreign Loans a major part of China's utilization of foreign capital, refer to funds borrowed from abroad, including loans of foreign governments, loans of international financial institutions, commercial loans of foreign banks, export credit, and funds raised by Chinese bonds and shares issued abroad.

【外商直接投资】 是指外国企业和经济组织或个人(包括华侨、港澳台胞以及我国在境外注册的企业)按我国有关政策、法规,用现汇、实物、技术等在我国境内开办外商独资企业、与我国境内的企业或经济组织共同举办中外合资经营企业、合作经营企业或合作开发资源的投资(包括外商投资收益的再投资)以及经政府有关部门批准的项目投资总额内,企业从境外借入的资金。

Direct Investment by Foreign Entrepreneurs refers to the investments inside China by foreign enterprises and economic organizations or individuals (including overseas Chinese, compatriots from Hong Kong, Macao and Taiwan, and Chinese enterprises registered abroad), following the relevant policies and laws of China, for the establishment of ventures exclusively with foreign own investment, Sino-foreign joint ventures and cooperative enterprises or for co-operative exploration of resources with enterprises or economic organizations in China. It includes the re-investment of the foreign entrepreneurs with the profits gained from the investment and the funds that enterprises borrow from abroad in the total investment of projects which are approved by the relevant department of the government.

【对外承包工程】 包括各对外承包公司以招标议标承包方式承揽的下列业务(1)承包国外工程建设项目;(2)承包我国对外经援项目;(3)承包我国驻外机构的工程建设项目;(4)承包我国境内利用外资进行建设的工程项目;(5)与外国承包公司合营或联合承包工程项目时我国公司分包部分;(6)以服务成果向业主收费的技术服务项目(包括承担地形地貌测绘;地质资源勘探与普查;建设区域规划;提供设计文件、图纸、生产工艺技术资料和工程技术经济咨询;工程项目的可行性考察、研究和评估;进行技术指导和培训人员等);(7)对外承包兼营的房屋开发业务。对外承包工程的营业额是以货币表现的本期内完成的对外承包工程的工作量,包括以前年度签订的合同和本年度新签订的合同在报告期完成的工作量。

Contracted Projects with Foreign Countries refer to projects undertaken by Chinese contractors (project contracting companies) through bidding process. They include: (1) overseas civil engineering construction projects financed by foreign investors; (2) overseas projects financed by the Chinese government through its foreign - aid programs; (3) construction projects of Chinese diplomatic missions, trade offices and other institutions stationed abroad; (4) construction projects in China financed by foreign investment; (5) sub - contracted projects to be taken by Chinese contractors through a joint umbrella project with foreign contractor (s); (6) technical assistance projects in the form of service results and chargeable to the owners (such as topographic surveying, geological prospecting, development zone programming, provision of designing documents, blueprint, materials on production process, technical consultation, project feasibility studies and evaluation, personnel training, etc.); (7) housing development projects. The Business income from international contracted projects is the work volume of contracted projects completed during the reference period, expressed in monetary terms, including completed work on projects signed in previous years.

【对外劳务合作】 指以收取工资的形式向业主或承包商提供技术和劳动服务的活动。我国对外承包公司在境外开办的合营企业,中国公司同时又提供劳务的,其劳务部分也纳入劳务合作统计。劳务合作营业额按报告期内向雇主提交的结算数(包括工资、加班费和奖金等)统计。

Service Co - operation with Foreign Countries refers to the activities of providing technology and labour services to employers or contractors in the forms of receiving salaries and wages. Labour services providing by contractual joint ventures of Chinese international contraction corporations should be included in the statistics of service co - operation with foreign countries. The business income of labour service co - operation is the income in the form of wages and salaries, overtime pay , bonuses and other remuneration received from the employers during the reference period.

【旅游人数】 指来我国参观、访问、旅行、探亲、访友、休养、考察、参加会议和从事经济、科技、文化、教育、体育、宗教等活动的外国人、华侨、港澳台胞的人数。不包括外国在我国的常驻机构,如使领馆、通讯社、企业办事处的工作人员;来我国常驻的外国专家、留学生以及在岸逗留不过夜人员。

Number of Tourists refers to the number of foreigners, overseas Chinese, and compatriots from Hong Kong, Macao and Taiwan coming to China for sightseeing, visits, tours, family reunions, vacations, study tours and other activities of an economic, scientific and technological, cultural, physical culture and religious nature. This does not include the number of employees of foreign organizations stationed in China such as embassies, consulates, news agencies, the offices of corporations and enterprises and foreign experts and students residing in China and the persons staying briefly in China but not for passing the night.

【国际旅游(外汇)收入】 指入境旅游的外国人、华侨、港澳台同胞在中国大陆旅游过程中发生的一切旅游支出,对于国家来说就是国际旅游(外汇)收入。

Foreign Exchange Earnings from International Tourism refer to the total expenditures of the foreigners, overseas Chinese, compatriots from Hong Kong, Macao and Taiwan in the process of their tourism in the mainland of China. Their expenditures mentioned above are foreign exchange earnings to China.

【进出口总额】 海关进出口总额指实际进出我国国境的货物总金额。包括对外贸易实际进出口货物,来料加工装配进出口货物,国家间、联合国及国际组织无偿援助物资和赠送品,华侨港澳台同胞和外籍华人捐赠品,租赁期满归承租人所有的租赁货物,进料加工进出口货物,边境地方贸易及边境地区小额贸易进出口货物(边民互市贸易除外),中外合资经营企业、中外合作经营企业、外商独资经营企业进出口货物和公用物品,到、离岸价格在规定限额以上的进出口货样和广告品(无商业价值、无使用价值和免费提供出口的除外),从保税仓库提取在中国境内销售的进口货物,以及其他进出口货物。进出口总额用以观察一个国家在对外贸易方面的总规模。我国规定出口货物按离岸价格统计,进口货物按到岸价格统计。

Total Imports and Exports at Customs refer to the value of commodities imported into and exported from the boundary of China. They include the actual imports and exports through foreign trade, imported and exported goods under the processing and assembling trades and materials, supplies and gifts as aid given gratis between governments and by the United Nations and other international organizations, and contributions donated by overseas Chinese, compatriots from Hong Kong Macao and Taiwan and Chinese with foreign citizenship, leasing commodities owned by tenant at the expiration of leasing period, the imported and exported commodities processed with imported materials, commodities trading in border areas (excluding mutual exchange goods), the imported and exported commodities and articles for public use of the Sino-foreign joint ventures, cooperative enterprises and ventures exclusively with foreign own investment. Also included are import or export of samples and advertising goods for whose CIF or FOB value are beyond the permitted ceiling (excluding goods of no trading or use value and free commodities for export), imported goods sold in China from bonded warehouse and other imported or exported goods. The indicator of the total imports and exports at customs can be used to observe the total size of external trade in a country. In accordance with the stipulation of the Chinese government, imports are calculated at CIF, while exports are calculated at FOB.

【存款】 企业、机关、团体或居民根据可以收回的原则,把货币资金存入银行或其他信用机构保管并取得一定利息的一种信用活动形式。根据存款对象的不同可划分为企业存款、财政存款、机关团体存款、基本建设存款、城镇储蓄存款、农村存款等科目。它是银行信贷资金的主要来源。

Deposit is a form of credit by which enterprises, institutions, organizations or residents can put money into banks and other credit institutions for safekeeping and interest earning under the principle of free withdrawal. According to different depositors, deposits are divided into enterprise deposits, treasury deposits, deposits of government agencies and organizations, capital construction deposits, urban saving deposits, rural deposits and other deposits. Deposits are major sources of the credit funds of banks.

【贷款】 银行或其他信用机构根据必须归还的原则,按一定利率,为企业、个人等提供资金的一种信用活动形式。我国银行贷款分为流动资金贷款、固定资产贷款、城乡个体工商户贷款以及农业贷款等科目。

Loan is a form of credit by which banks and other credit institutions provide funds at certain interest rate to enterprises and individuals in the light of the principle of unconditional repayment. Loans from Chinese banks include circulating capital loans, fixed assets loans, loans to urban and rural individuals engaged in industrial and commercial business and agricultural loans.

【普通高等学校】 指按照国家规定的设置标准和审批程序批准举办,通过国家统一招生考试,招收高中毕业生为主要培养对象,实施高等教育的全日制大学、独立设置的学院和高等专科学校、短期职业大学。

Regular Institutions of Higher Learning refer to educational establishments set up according to the government evaluation and approval procedures, enrolling graduates from senior secondary schools and providing higher education courses and training for senior professionals. They include full－time universities, colleges, high professional schools and short－term professional universities.

【研究与发展经费支出】 指报告期内用于研究与实验发展课题活动(基础研究、应用研究、实验发展)的全部实际支出。包括用于研究与发展课题活动的直接支出,还包括间接用于研究与发展活动的一切支出(院、所管理费、维持院、所正常运转的必需费用和与研究发展有关的基本建设支出)。

Total Expenditure on Research and Development refers to all actual expenditure made for R & D (bassic research, applied research and experimental development) in reference period. It includes direct expenditure on R & D and indirect expenditure on R & D (including management expenses, administrative and investment in capital construction ralating to R & D).

【艺术表演团体】 指从事戏曲、音乐、舞蹈、杂技等专业艺术表演,有独立帐户,实行单独核算的团体。不包括半工半艺、半农半艺和民间职业剧团。

Art Troupe refers to the troupe which engaged in drama, opera, music, dance, acrobatics or other art performance, opens independent accounts with banks and has self－supporting accounting system; excluding the troupes which are engaged partly in industrial or agricultural activities, partly in art performance and the professional troupes organized by the people.

【电影放映单位】 指具有放映机器设备、固定或不固定的放映场所与专职或兼职的放映技术人员,经有关部门登记批准,经常为一定的观众对象放映电影的机构。包括经批准对外开放进行营业,并与电影发行放映管理机构分帐的专用放映单位和军委系统租片单位。

Film Projection Units refer to units with film projection equipment, full or part－time projectionists, permanent or non－permanent places, approved by related administrative departments to show films regularly for certain groups of audience, including those film projection units which have been approved to give commercial shows and run business with independent accounting system as well as those film－renting units of the military system.

【医院】 指名称为医院,设有固定床位能收容病人住院并能为病人提供医疗、护理服务的医疗机构。包括县及县以上医院、农村乡卫生院、其他医院三部分。按所属性质分为卫生部门、工业及其他部门,集体经济单位三类。其中县及县以上医院按业务性质分为综合医院和专科医院。

Hospitals refer to medical institutions named as "hospital" with permanent hospital beds, which are able to take in patients and provide them with medical and nursing services. Hospitals are classified into three categories: hospital at or above the county level, hospitals of rural townships, and other hospitals. According to their ownership, hospitals can be classified into three categories: hospitals under the public health departments, hospitals under industrial and other departments and collective－owned hospitals. Hospitals at or above county level are divided into comprehensive and specialized hospitals.

【卫生技术人员】 指卫生事业机构支付工资的全部固定职工和合同制职工中现任职务为卫生技术工作的专业人员。包括中医师、西医师、中西医结合高级医师、护师、中药师、检验师、其他技师、中医士、西医士、护士、助产士、中药剂士、西药剂士、检验士、其他技士、其他中医、护理员、中药剂员、西药剂员、检验员,其他初级卫生技术人员。

Medical Technical Personnel refers to all permanent medical staff and workers employed by medical institutions, including doctors of Chinese and Western medicine, senior doctors who integrate traditional Chinese therapeutics with Western thrapeutics in practice, senior nurses, pharmacists of Chinese and Western medicine, laboratory specialists, other specialists, paramedics of Chinese and Western medicine, nurses, midwives, druggists in Chinese and Western medicine, laboratory technicians, other technicians, other practitioners of Chinese medicine, nursing attendants, pharmacological workers of Chinese and Western medicine, laboratory workers, and other primary medical personnel.

【医生】 指经卫生部门审查合格,从事医疗工作的专业人员。分为中医医生和西医医生。包括卫生技术人员中的中医师、西医师、中西结合高级医师、中医士、西医士和其他中医。

Doctors refer to qualified professional medical workers approved to practice by public health departments. They are classified into doctors of Chinese medicine, doctors of Western medicine, senior doctors who integrate traditional Chinese therapeutics with Western therapeutics in practice, paramedics of Chinese medicine and Western medicine, and other specialists of Chinese medicine.

【工业废水排放量】 指经过企业厂区所有排放口排到企业外部的工业废水量。包括生产废水、外排的直接冷却水、超标排放的矿井地下水和与工业废水混排的厂区生活污水,不包括外排的间接冷却水(清污不分流的间接冷却水应计算在内)。

Volume of Industrial Waste Water Discharged refers to the volume of industrial waste water discharged, through all outlets, to the outside of industrial enterprises, including waste water produced, direct－cooling water, underground water from mines that does not meet the standard of discharge, and the domestic sewage mixed up with industrial waste water when discharged, but excluding discharged indirect－cooling water.

【工业废水处理量】 指报告期内各种水治理设施实际处理的工业废水量,包括处理后外排的和处理后回用的工业废水量。虽经处理但未达到国家或地方排放标准的废水量也应计算在内。计算时,如遇有车间和厂排放口均有治理设施,并对同一废水分级处理时,不应重复计算工业废水处理量。

Volume of Treated Industrial Waste Water refers to the volume of industrial waste water after being treated and purified through various water treatment facilities in the reference period, including the volume discharged or recovered after being treated. The volume of waste water that fails to meet the national or local standards after treatment is also included. If there are treatment facilities both at the outlets of workshops and at the outlets of the factory, and the same volume of waste wate has been treated twice, duplication should be avoided in the calculation of the volume of treated industrial waste water.

【工业废气排放量】 指企业厂区内燃烧和生产工艺过程中产生的各种排入空气的含有污染物的气体的总量,以标准状态[273K,101325Pa]计。

Volume of Waste Gas Emission refers to waste gas emitted from burning of fuels and from production process in the area of the factory, and is measured by 10 000 standard cubic metres each year under normal condition.

【二氧化硫排放量】 指企业在燃料燃烧和生产工艺过程中排入大气的二氧化硫量。

Volume of Sulphur Dioxide Discharged refers to the volume of sulphur dioxide discharged to the air in the process of fuel burning or in the production process.

【工业粉尘排放量】 指企业在生产工艺过程中排放的颗粒物重量。如钢铁企业的耐火材料粉尘、焦化企业的筛焦系统粉尘、烧结机的粉尘、石炭窑的粉尘、建材企业的水泥粉尘等。不包括电厂排入大气的烟尘。

Industrial Dust Discharged refers to the total weight of solid dust discharged by industrial enterprises in the production process, such as dust of refractory materials from iron plants, dust from coke-screening system or from sintering machines of coking plants, dust from lime kilns, cement dust from building material enterprises, etc., but excluding smoke and dust discharged by power plants.

【工业固体废物产量】 指企业在生产过程中产生的固体状、半固体状和高浓度液体状废弃物的总量,包括危险废物、冶炼废渣、粉煤灰、炉渣、煤矸石、尾矿、放射性废物和其他废物等;不包括矿山开采的剥离废石和掘进废石(煤矸石和呈酸性或碱性废石除外)。酸性或碱性废石是指采掘的废石其流经水、雨淋水的 pH 值小于 4 或 pH 值大于 10.5 者。

Volume of Industrial Solid Wastes Produced refers to the total volume of solid, semi-solid or high concentration liquid residue produced by industrial enterprises in their production process, including dangerous wastes, residues from melting, slag, powdered coal ash, gangue, chemical residues, tailings, radioactive residues and other residues, but excluding stripped or dug stones in mining (except gangue and acid or alkali stones which are stones washed or soaked by water with a pH value smaller than 4 or larger than 10.5.)

【工业固体废物处置量】 指将固体废物焚烧或者最终置于符合环境保护规定要求的场所并不再回取的工业固体废物量(包括当年处置往年的工业固体废物累计贮存量)。处置方法如:填埋(其中危险废物应安全填埋)、焚烧、专业贮存场(库)封场处理、深层灌注、回填矿井等。

Volume of Industrial Solid Wastes Treated refers to solid wastes disposed of in a non-recoverable place that meet the requirement of environmental protection, such as burying (The dangerous wastes should be buried safely), burning, piling in designated sites, pouring water into the deep strata, filling of old mines, etc. (including treatment of solid wastes piled up in the previous years).

【城镇居民家庭就业人口】 指城镇居民从事社会劳动并取得劳动报酬或经营收入的人口。就业人口包括通过国家统筹规划和指导由劳动部门介绍就业,自愿组织起来的就业和自谋职业等方式,在国有制、集体所有制、中外合资、中外合作 、外资在华独资的企事业单位和私营企业单位工作或从事个体劳动的有固定性职业或临时性职业的人口。被聘用和留用的离退休人员也计入就业人口。本指标可以反映城镇居民的就业情况,是计算就业面、负担系统的重要资料。

Employed Population in Urban Households refers to urban residents engagd in certain work and receiving payment for their labour of income from their business operation, including those who work in state-owned or collective units, joint ventures, foreign-owned units and private units with permanent or temporary jobs. The self - employed individuals and re - employed retirees are also included. This indicator reflects the situation of urban employment and is the basic data for calculating employment rate and dependency ratio.

【城镇居民家庭全部收入】 指被调查城镇居民家庭全部的实际现金收入,包括经常或固定得到的收入和一次性收入。不包括周转性收入,如提取银行存款、向亲友借入款、收回借出款以及其他各种暂收款。

Total Income of Urban Households refers to the total actual cash income of the sample households, including regular or fixed income and occasional income. The income of a circulating nature such as withdrawal from bank deposits, loans borrowed from relatives or friends, repayment of loans received and various temporary collection of money is excluded.

【城镇居民家庭可支配收入】 指被调查城镇居民家庭在支付个人所得税之后,所余下的实际收入。

Disposable Income refers to the income of the sample households which can be used for daily expenses, i. e. total income minus income tax.

【城镇居民家庭消费性支出】 指被调查的城镇居民家庭用于日常生活的全部支出,包括购买商品支出和文化生活、服务等非商品性支出。不包括罚没、丢失款和缴纳的各种税款(如个人所得税、牌照税、房产税等),也不包括个体劳动者生产经营过程中发生的各项费用。

Expenditure for Consumption refers to total expenditure of the sample households for consumption in daily life, including expenditure for various commodities and expenses for non - commodity items such as culture and service, etc., but excluding fines and confiscation, loss, tax payments (such as income tax, license tax, real estates tax, etc.) and various expenses by individual laborers for business purposes.

【农村居民家庭纯收入】 指农村常住居民家庭总收入中,扣除从事生产和非生产经营费用支出、缴纳税款和上交承包集体任务金额以后剩余的,可直接用于进行生产性、非生产性建设投资、生活消费和积蓄的那一部分收入。它是反映农民家庭实际收入水平的综合性的主要指标。农民家庭纯收入,既包括从事生产性和非生产性的经营收入,又包括取自在外人口寄回带回和国家财政救济、各种补贴等非经营性收入;既包括货币收入,又包括自产自用的实物收入。但不包括向银行、信用社和向亲友借款等属于借贷性的收入。

Net Income of Rural Households refers to the total income of the permanent residents of the rural households during a year after the deduction of the expenses for productive and non - productive business operation, the payment for taxes and the payment for collective units for their contracted tasks. The net income can be spent for investments in productive and non - productive construction, for consumption in daily life and for savings deposit. It is a comprehensive indicator to show the actual level of the income of the peasants' household. The net income of the rural households includes not only the income from the productive and non - productive business operation, but also the income from the non - business operation, such as the money remitted or brought back by the members of the household who are in other places, the government relief payment and various subsidies. It includes not only the money income, but also the income in kind. But the income from borrowing from banks, friends and relatives is excluded.